Zur *Neuen Selbständigkeit*

AF816699

Europäische Hochschulschriften

Publications Universitaires Européennes
European University Studies

Reihe V
Volks- und Betriebswirtschaft

Série V Series V
Sciences économiques, gestion d'entreprise
Economics and Management

Bd./Vol. 2832

PETER LANG
Frankfurt am Main · Berlin · Bern · Bruxelles · New York · Oxford · Wien

Alexandra Uhly

Zur *Neuen Selbständigkeit*

Eine segmentationstheoretische Analyse auf der Datenbasis des Sozio-ökonomischen Panels

PETER LANG
Europäischer Verlag der Wissenschaften

Die Deutsche Bibliothek - CIP-Einheitsaufnahme

Uhly, Alexandra:

Zur neuen Selbständigkeit : eine segmentationstheoretische Analyse auf der Datenbasis des sozio-ökonomischen Panels / Alexandra Uhly. - Frankfurt am Main ; Berlin ; Bern ; Bruxelles ; New York ; Oxford ; Wien : Lang, 2002
(Europäische Hochschulschriften : Reihe 5, Volks- und Betriebswirtschaft ; Bd. 2832)
Zugl.: Trier, Univ., Diss., 2000
ISBN 3-631-38682-6

D 385
ISSN 0531-7339
ISBN 3-631-38682-6

© Peter Lang GmbH
Europäischer Verlag der Wissenschaften
Frankfurt am Main 2002
Alle Rechte vorbehalten.

Das Werk einschließlich aller seiner Teile ist urheberrechtlich geschützt. Jede Verwertung außerhalb der engen Grenzen des Urheberrechtsgesetzes ist ohne Zustimmung des Verlages unzulässig und strafbar. Das gilt insbesondere für Vervielfältigungen, Übersetzungen, Mikroverfilmungen und die Einspeicherung und Verarbeitung in elektronischen Systemen.

www.peterlang.de

VORWORT

Die vorliegende Arbeit wurde im März 2000 an der Universität Trier im Fach Volkswirtschaftslehre als Dissertation angenommen.
An dieser Stelle möchte ich mich herzlich bei Herrn Prof. Dr. Hardes bedanken, der diese Arbeit betreut hat und an dessen Lehrstuhl ich seit 1995 tätig bin. Grossen Dank schulde ich ihm für seine Unterstützung und dafür, dass er mir große Freiräume zur Bearbeitung der Dissertation gewährt hat. Besonderen Dank auch für die ausgesprochen kollegiale Zusammenarbeit am Lehrstuhl.
Ebenso bedanke ich mich bei Herrn Prof. Dr. Sadowski, der Zweitgutachter meiner Dissertation war, und bei Herrn Prof. Dr. Windolf, der den Prüfungsvorsitz in der Disputation übernommen hat. Beiden vielen Dank auch für die kritischen Anregung.
Viele Kollegen und Freunde haben mich während der Arbeit an der Dissertation auf fachliche und menschliche Art unterstützt. Hier kann mein Dank nicht im Einzelnen Ausdruck finden, doch möchte ich mich besonders bedanken bei Frieder Schmitz, Conny Weins, Uli Brinkmann, Dieter Kulke, Sebastian Schief, Thomas Zimmermann, Christa Reis, Pia Schmalen und Beate Braßler. Vor allem ist es schön, dass die Promotionszeit mir so nicht nur als Zeit des Arbeitens und Disziplinierens in Erinnerung sein wird, sondern auch mit vielen Freundschaften verknüpft ist.
Bedanken möchte ich mich bei meinem Vater, Werner Uhly, und meiner Mutter, Brigitte Wietzel, die mich mit ihrer liebvolle Besorgnis um mein Wohlergehen in meiner Arbeit sehr unterstützt haben.

Gerne würde ich mich auch bei Judith Mall bedanken, die während unserer gemeinsamen Promotionszeit nicht nur durch fachliche Diskussionen, sondern auch mit ihrer besonderen Herzlichkeit immer eine sehr schöne Atmosphäre geschaffen hat. Vielen ist sie an der Uni Trier als ganz besonderer Mensch aufgefallen. Seit ihrem Tod im April 2000 fehlt sie uns allen sehr. Ihr möchte ich diese Arbeit widmen.

Für Judith

Inhaltsverzeichnis

ABBILDUNGSVERZEICHNIS

Übersichten- und Abbildungen

TABELLENVERZEICHNIS

A EINLEITUNG

Die arbeitsmarktpolitische Diskussion in Deutschland ist derzeit dadurch gekennzeichnet, dass einerseits starre Strukturen und Trägheit kritisiert und andererseits „neue" Entwicklungstrends konstatiert und Zukunftsszenarien entworfen werden. Selbständige Erwerbstätigkeit, die Gegenstand dieser Arbeit ist, ist eines der zentralen Themen in diesem Spannungsfeld.
Seit den 80er Jahren, stärker noch seit den 90ern kann man ein zunehmendes Interesse an der selbständigen Erwerbstätigkeit sowohl seitens der Wissenschaft als auch seitens der politischen Akteure erkennen. Die Wiederbelebung des Interesses an der Selbständigkeit ist zum einen durch empirische Beobachtungen begründet. So zeigen sich seit den 70er bzw. 80er Jahren in vielen Industriestaaten Veränderungen der Entwicklung der Selbständigenquoten, außerdem haben Befunde zum Beschäftigungsbeitrag von kleinen und mittelgroßen Unternehmen (KMU) die Aufmerksamkeit weg von der großbetrieblichen Beschäftigung hin zu KMU gelenkt. In Reaktion auf eine Studie von BIRCH (1979), der feststellte, dass zwei Drittel der zwischen 1969 und 1976 in den USA neu geschaffenen Arbeitsplätze in Betrieben mit weniger als 20 Beschäftigten entstanden, hat sich eine umfangreiche Debatte über die Vorteile der kleinbetrieblichen Produktion entwickelt (vgl. LEICHT 1995). Zum anderen ist dieses Interesse aber insbesondere vor dem Hintergrund anhaltend hoher Arbeitslosigkeit und weiterer Probleme der Wirtschaftsentwicklung zu sehen, wodurch die eben genannten Befunde ihre besondere Bedeutung erlangen (vgl. PFEIFFER 1994: 9, LOUTFI 1991: 1). „Dabei kann sich dem Beobachter teilweise allerdings der Eindruck aufdrängen, als sei das Pendel gänzlich zur anderen Seite ausgeschlagen, denn kleine Firmen fungieren neuerdings gelegentlich als Allheilmittel zur Lösung gesellschaftlicher Defizite. In dem selben Maße, wie kleine Firmen stärker in den Vordergrund gerückt sind, ist auch an der Kategorie der selbständigen Erwerbspersonen ein gesteigertes Interesse zu beobachten" (BÖGENHOLD/STABER 1990: 265).

Insgesamt wird die Entwicklung der selbständigen Erwerbstätigkeit unterschiedlich eingeschätzt und bewertet. Zum einen in quantitativer Hinsicht, so sehen manche eine Trendwende der selbständigen Erwerbstätigkeit (vgl. PFEIFFER 1994; OECD 1992), andere dagegen lediglich eine vorübergehende Abweichung vom langfristigen Trend (vgl. ACS/AUDRETSCH/EVANS 1994). Zum anderen unterscheiden sich die Bewertungen in qualitativer Hinsicht; viele sehen in der Selbständigkeit die Chance für ein selbstbestimmtes und flexibel gestaltbares Erwerbsleben. Überwiegend sieht man in Existenzgründern die künftigen Hoffnungsträger am Arbeitsmarkt, die Motoren des Fortschritts und des Beschäftigungswachstums. Daher wird vielerseits eine neue Gründungskultur gefordert. Roman Herzog, der Trägheit und mangelnde Risikobereitschaft in

Deutschland kritisiert hat, bringt diese Sichtweise auf plakative Weise zum Ausdruck. „Wir brauchen in Deutschland wieder Gründerjahre, eine neue Wagniskultur, einen Mentalitätswandel hin zu mehr Risikobereitschaft, Flexibilität und Offenheit gegenüber dem Wandel. Dazu gehört auch eine neue Gründerwelle, damit wieder so viele junge und junggebliebene Menschen wie in den fünfziger und sechziger Jahren mit guten Ideen den Sprung in die berufliche Selbständigkeit wagen. Junge Menschen müssen erkennen: Unternehmer kann man nicht nur durch Erbschaft, sondern auch durch eigene Leistungen werden. Nicht die lebenslange Tätigkeit beim Staat oder in Großunternehmen, sondern die berufliche Selbständigkeit bietet heute die besten Zukunftsaussichten“ (ROMAN HERZOG 1997)[1].
Doch werden auch kritische Stimmen laut, die die Bedeutung selbständiger Erwerbstätigkeit am Arbeitsmarkt gänzlich anders betrachten. In Deutschland ist BÖGENHOLD einer der Hauptvertreter letzterer Position. „Deshalb lenkt der vorliegende Beitrag den Blick in eine dem Zeitgeist entgegengesetzte Richtung. ... Kann es nicht auch sein, dass eine Zunahme der Selbständigen in erster Linie nicht so sehr positive Startschüsse zur Vermehrung von Arbeitsplätzen indiziert, sondern stattdessen umgekehrt als (negatives) Resultat einer Kette von Prozessen anzusehen ist und insofern ein Symptom defizitärer Arbeitsmarktentwicklung ist?“ (BÖGENHOLD/STABER 1994: 62). Eine Extremposition nimmt zum Beispiel GOLDBERG ein: „Die Förderung der Selbständigkeit ist das konservative Pendant zu der aufgekündigten Sozialstaatlichkeit” (GOLDBERG 1987: 320).

Gleich welcher Position man folgen will, offensichtlich ist, dass das Wissen um die selbständige Erwerbstätigkeit und KMU noch äußerst begrenzt ist. Empirische Befunde und insbesondere theoretische Erkenntnisse sind noch relativ rar. Lange Zeit fand die selbständige Erwerbstätigkeit insbesondere in arbeitsmarkttheoretischen Analysen wenig Beachtung, wurde und wird meist noch als Residualkategorie der Erwerbstätigkeit betrachtet. Nicht nur in der deutschen Literatur, sondern auch international kann man diese Vernachlässigung feststellen. 1989 konstatieren STEINMETZ/WRIGHT (1989:975): "In a keyword search of the major recent English, French, and German literature in sociology, economics, and history, we were able to find only about 20 articles that dealt centrally with the question of self-employment as opposed to the somewhat different question of small business or the »informal economy«, none of which constituted a rigorous statistical investigation of the category”.
Im Gegensatz zu dem mangelnden Wissen um die selbständige Erwerbstätigkeit steht das Ausmaß der Hoffnungen, die in diese gelegt werden. „Der Ruf nach einer «neuen Kultur der Selbständigkeit» ist in Deutschland vor einer breiteren

[1] Wie häufig fehlerhaft zitiert, findet man diese Aussage nicht in Herzogs Berliner Rede, sondern in einem Sterninterview (Ausgabe 40, 25.09.1997: 136ff.)

Öffentlichkeit erstmals 1991 auf einem Symposium der Bertelsmann-Stiftung zum 70. Geburtstag Reinhard Mohns erhoben worden und hat in der Folge in Politik und Wirtschaft immer breitere Akzeptanz gefunden" (LAGEMANN/FRICK/WELTER 1999: 61). Die Forderung nach neuem Gründergeist hängt mit den Hoffnungen, die mit dem Entrepreneur im SCHUMPETERSCHEN Sinne in Verbindung gebracht werden, zusammen. Hinter dem Konzept des Entrepreneurs stehen spezifische Vorstellungen zur Funktion des Unternehmers im Wirtschaftsprozess. Insbesondere in den Analysen SCHUMPETERS wird dem Entrepreneur die zentrale Rolle für wirtschaftliche Dynamik, Wirtschaftswachstum und Beschäftigung zugesprochen. Im Lichte dieser Sichtweise erscheint der Entrepreneur als die eigentliche treibende Kraft wirtschaftlicher Entwicklung. Im Prozess der „kreativen Zerstörung" kommt es durch ihn zwar auch zur Zerstörung bestehender Industrien, doch eben nur durch seine Funktion zum Aufbau neuer. Vor dem Hintergrund gegenwärtiger Probleme der wirtschaftlichen Entwicklung und der Arbeitslosigkeit scheint man sich nun angesichts mangelnder wirtschaftspolitischer Problemlösungen insbesondere auf die sogenannten Entrepreneurs bzw. Gründerinnen und Gründer stützen zu wollen. Auch auf internationaler Ebene rückt die selbständige Erwerbstätigkeit zunehmend in das beschäftigungspolitische Interesse. „Selbständige Erwerbstätigkeit ist zunehmend zu einem Brennpunkt der europäischen Beschäftigungsstrategie geworden, vor allem aus der Überlegung heraus, dass Neugründungen von Unternehmen und die Stärkung des Unternehmergeistes nicht nur die Anzahl der Selbständigen, sondern zudem die Beschäftigung insgesamt positiv beeinflussen" (EUROPÄISCHE KOMMISSION 1998a: 22). Die OECD erhebt ebenfalls die Förderung selbständiger Erwerbstätigkeit bzw. des Entrepreneurship zur zentralen beschäftigungspolitischen Aufgabe, denn - so der Generalsekretär JOHNSTON - „.. stimulating entrepreneurship is one of the most promising ways of increasing job creation and boosting the economy, without distorting market forces" (OECD 1998: 3). Deutlich wird, dass mit der Förderung selbständiger Erwerbstätigkeit nicht nur Beschäftigung gefördert werden soll, sondern umfassende wirtschaftspolitische Konzeptionen verknüpft sind. „Government interest in promoting entrepreneurship has various motivations. While seen as a means of combating unemployment and poverty, the promotion of entrepreneurship is perceived to yield additional benefits such as raising the degree of competition in a given market, fuelling the drive for new economic opportunities, and helping to meet the challenges of rapid change in a globalising economy. A reliance on private initiative as a source of employment creation is also clearly attractive in a context both of restricted public expenditures and a preference among many policymakers for supply-side solutions to unemployment" (OECD 1998: 34). Auch in Deutschland werden vor allem solche Leitbilder mit der Förderung der selbständigen Erwerbstätigkeit verknüpft. „Zum einen wird ein zumeist nicht präzise formuliertes Unbehagen an den deutschen Zuständen artikuliert, das nicht bei der Feststellung unternehmerischer Defizite in der deutschen Wirtschaft stehen bleibt, sondern auch eine massive Kritik an institutionellen Gegebenheiten - z.B. sozialstaatliches Regelwerk, Arbeitsmarktverfassung, föderale Abstimmungsprozeduren – einschließt. ... Zum anderen wird eine grundlegende gesellschaftliche Neuorientierung eingefordert ... zur Diskussion steht vielmehr die künftige Ausgestaltung der Sozialen Marktwirtschaft bzw. die Zukunftsfähigkeit des »rheinischen Kapitalismus«“. (LAGEMAN/FRICK/WELTER 1999: 62). Insofern stehen diese Forderungen im Kontext der vor dem Hintergrund der Globalisierungs- und Standortdebatte dominierenden angebotstheoretischen, wirtschaftspolitischen Position. Sie gehen einher mit der Forderung nach einer Stärkung der Marktkräfte bzw. des Abbaus markthemmender Interventionen und Regulierungen. Interessant ist dabei, dass die aktuelle Forderung nach einer Ausweitung von Unternehmertum und selbständiger Erwerbstätigkeit, aber auch aus einer gänzlich anderen gesellschaftspolitischen Richtung kommt. Sie geht nämlich ebenso einher mit der Forderung nach einem selbstbestimmten, emanzipatorischen Lebensideal, das auch im Bereich der Erwerbsarbeit verwirklicht werden soll. „»Selbständigkeit« ist aus dieser Sicht nicht primär Attribut eines bestimmten Erwerbsstatus, sondern eine Handlungsmaxime, die jeder Erwerbstätige (gleich ob in abhängiger oder selbständiger Position) in seinem beruflichen Wirkungskreis befolgen kann. ... Die Tätigkeit des wirtschaftlich Selbständigen erscheint in dieser ... Perspektive als »Spezialfall« eines allgemeinen Aufbruchs in eine Gesellschaft emanzipierter Individuen“ (LAGEMANN/ FRICK/WELTER 1999: 63).

Was sich also hinter der Forderung nach einer neuen Kultur der Selbständigkeit verbirgt, ist vielfältiger Natur und kommt aus gänzlich unterschiedlichen gesellschafts- und wirtschaftspolitischen Richtungen und Überzeugungen, die zum Teil in Einklang stehen, zum Teil aber auch widersprüchlichen Leitbildern entsprechen. Insbesondere an der Frage nach der Ausgestaltung der künftigen Arbeitsmarktordnung scheiden sich die Geister. Mehr Flexibilität scheint noch konsensfähig zu sein, doch die Frage, wie stark auf Eigenverantwortung, Selbstvorsorge oder auf Marktkräfte einerseits und auf Sozialstaatlichkeit, Solidarprinzipien und Regulierung andererseits gesetzt werden soll, wird unterschiedlich bewertet.

In der beschäftigungspolitischen Diskussion werden starke Hoffnungen in die beschäftigungsfördernde Wirkung der Förderung von Existenzgründungen gesetzt, so dass der Vorwurf berechtigt sein mag, in ihr werde ein Allheilmittel bei der Lösung von Beschäftigungsproblemen gesehen. Selbständige Erwerbstätigkeit bietet Möglichkeiten, birgt aber auch Risiken und zwar sowohl für die erwerbstätigen Individuen als auch in gesamtwirtschaftlicher und gesamtgesellschaftlicher Hinsicht. Eine systematische Analyse der Erwerbssituation und der Erwerbsverläufe der Selbständigen soll dazu beitragen, die Diskussion zu fundieren. Insbesondere wird es dabei darum gehen, die Selbständi-

gen nicht als eine undifferenzierte Kategorie zu betrachten, sondern zwischen verschiedenen Erscheinungsformen zu unterscheiden und Selbständigkeit nicht mit Unternehmertum gleichzusetzen.
Vor dem Hintergrund der bestehenden Forschungslücken sowie der Tatsache, dass von beschäftigungspolitischer Seite zunehmend auf die Förderung von selbständiger Erwerbstätigkeit und Existenzgründungen gesetzt wird und man davon ausgehen kann, dass dies auch künftig ein zentraler Bestandteil der beschäftigungspolitischen Strategien sein wird, erscheint die Beschäftigung mit der selbständigen Erwerbstätigkeit notwendig.
Grundsätzlich bieten sich zwei ökonomische Theoriebereiche an, in deren Rahmen man die selbständige Beschäftigung analysieren kann. Es ist die Industrieökonomie und die Arbeitsmarktökonomie, wobei der Schwerpunkt der bisherigen theoretischen Analysen auf ersterer liegt (vgl. auch MEAGER 1993, S. 4f und ARONSON 1991, S. 117ff). Selbständige werden im Rahmen der Industrieökonomie vor allem in ihrer Bedeutung als Eigentümer bzw. Gründer von KMU thematisiert. Es geht hierbei um Fragen der Unternehmensgründung, der Markteintritts- und -austrittsbewegungen bzw. Eintritts- und Austrittsbarrieren, der Wettbewerbsfähigkeit der KMU, der Bedeutung von KMU für den technologischen Fortschritt. Die Analyse der Bedeutung der Selbständigen als Arbeitsnachfrager stellt die deutlichste Verbindung der industrieökonomischen Betrachtungsweise mit der arbeitsmarkttheoretischen dar. Im Rahmen der Arbeitsmarkttheorie werden Selbständige aber auch als Arbeitskräfte bzw. Beschäftigte thematisiert. Analysiert werden Fragen der Wahl der selbständigen Beschäftigung als Arbeitsangebotsentscheidung oder Berufswahl, der Bewegungen in die und aus der Selbständigkeit, der Einkommen der Selbständigen.
In dieser Arbeit soll die **selbständige Beschäftigung als Arbeitsmarktphänomen** betrachtet werden, da sie als solches noch kaum erforscht ist. „The study of self-employment as a labor market phenomenon is clearly at an early, perhaps only an incipient, stage" (ARONSON 1991, S. 136). Die Relevanz einer solchen grundlegenden, arbeitsmarkttheoretischen Betrachtung leiten MEAGER (1991) und ARONSON (1991) anhand von Daten für GB und USA ab. Eigene Befunde für Deutschland könnten mit diesen verglichen werden. Die bisherigen Beiträge, die sich explizit mit dieser Erwerbsform beschäftigen, sind überwiegend empirisch explorativ. Wenn überhaupt eine theoretische Fundierung vorliegt, dann vor allem ökonometrische Analysen, die zum einen unter Anwendung eines neoklassischen Modells der individuellen Nutzenmaximierung die Wahrscheinlichkeit der selbständigen Beschäftigung und zum anderen Einkommensdeterminanten bestimmen. „Einerseits wird untersucht, durch welche Merkmale sich Selbständige und abhängig Beschäftigte unterscheiden. Diese Variablen werden nicht immer ganz zu Recht als Determinanten der Selbständigenentscheidung interpretiert. Andererseits steht häufig das Einkommen der Selbständigen im Mittelpunkt der Betrachtung" (HÜBLER 1992, S. 113). Es

mangelt an einer systematischen theoriegeleiteten Analyse der selbständigen Erwerbstätigkeit, die über die Modellierung der Erwerbsentscheidung nutzenmaximierender Individuen hinausgeht. So nehmen zwar die Literaturbeiträge zur selbständigen Erwerbstätigkeit zu, doch handelt es sich überwiegend um empirisch ausgerichtete Analysen, die als theoretischen Bezugsrahmen allenfalls eine Auflistung relevanter Determinanten der selbständigen Erwerbstätigkeit aufführen. Die Interpretation und Einordnung der Befunde bleibt dann häufig unklar. Zudem wird zwar in den meisten Beiträgen herausgestellt, dass es *den typischen* Selbständigen bzw. die typische Selbständige nicht gibt, sondern dass es sich bei dieser Erwerbskategorie um eine äußerst heterogene Gruppe von Erwerbspersonen handelt. Dennoch unterscheiden nur wenige Studien in ihren Analysen systematisch unterschiedliche Gruppen von Selbständigen.

Im Rahmen dieser Arbeit wird nicht die Zielsetzung verfolgt, die ökonometrische Modellbildung voranzutreiben. Vielmehr soll die Analyse der selbständigen Erwerbstätigkeit arbeitsmarkttheoretisch fundiert werden. Arbeitsmarkttheoretisch, da die Selbständigkeit als spezifische Erwerbsform analysiert werden soll, und theoretisch fundiert, da die empirische Analyse vor dem Hintergrund eines systematisch entwickelten Bezugsrahmens versucht wird, bei dem theoretisch begründete Gruppen selbständig Erwerbstätiger unterschieden werden. Dabei soll keine Beschränkung auf neoklassische Modelle der Erwerbswahl von Individuen erfolgen. Die Fragestellung, die hier verfolgt wird, ist die nach den **Eintrittsdeterminanten, den Erwerbsbedingungen und -verläufen unterschiedlicher Subgruppen von Selbständigen**. Deren systematische, theoriegestützte Analyse soll dazu beitragen, die Diskussionen um die selbständige Erwerbstätigkeit zu versachlichen.

Für die empirische Analyse solcher Fragestellungen sind zum einen repräsentative und zum anderen Längsschnittdaten erforderlich. Das **Sozio-ökonomische Panel** (SOEP) bietet für die geplante Studie geeignete Daten. Die Fragestellungen im SOEP sind zwar nicht auf die selbständige Erwerbstätigkeit ausgerichtet, eignen sich aber zum einen insbesondere für einen Vergleich der abhängigen mit der selbständigen Erwerbstätigkeit und zum anderen auch für eine - wenn auch, aufgrund der relativ geringen Anzahl an Selbständigen,[2] nur begrenzte - Differenzierung verschiedener Selbständigen-Kategorien. Paneldaten erlauben zudem die Analyse von Erwerbsverläufen, die im Zusammenhang mit selbständigen Erwerbsformen bisher kaum analysiert worden sind und insbesondere aus segmentationstheoretischen Überlegungen interessant erscheinen. Die Daten des SOEP wurden bereits im Rahmen einiger ökono-

[2] Seit 1984 sind pro Welle die Angaben zum Erwerbsstatus von 363 bis 497 nicht-landwirtschaftlichen Selbständigen sowie von 43 bis 68 landwirtschaftlichen Selbständigen in Westdeutschland und seit 1990 von 92 bis 514 nicht-landwirtschaftliche Selbständigen sowie bis zu 51 landwirtschaftlichen Selbständigen in Ostdeutschland enthalten.

metrischer Studien hinsichtlich der selbständigen Erwerbstätigkeit analysiert (HÜBLER 1991; HÜBLER 1992; BÖRSCH-SUPAN/ PFEIFFER 1992; LECHNER 1995; LECHNER/PFEIFFER 1993; PFEIFFER 1994; BÜCHEL/ PANNENBERG 1992). Doch beschränken sich diese weitgehend auf formale, neoklassisch orientierte Modelle der individuellen Nutzenmaximierung von Selbständigen.

Diese Arbeit ist folgendermaßen aufgebaut: Zunächst werden im Abschnitt B zentrale Begriffe geklärt. Es geht hierbei darum, zentrale Begriffe im Kontext der Selbständigkeit systematisch zu differenzieren und ihren Bedeutungsinhalt herauszuarbeiten. Ziel ist eine erste begriffliche Differenzierung verschiedener Selbständigenkategorien sowie eine explizite Abgrenzung von Fragestellungen der Entrepreneurshipforschung.
Bevor die eigene Analyse erfolgt, werden in Kapitel C Befunde aus internationalen Studien zur makroökonomischen Entwicklung der selbständigen Erwerbstätigkeit dargestellt. Wobei zum einen sogenannte stilisierte Fakten, also allgemeine Entwicklungsmuster bzw. Phänomene, extrahiert werden. Zum anderen erfolgt die Einordnung der Entwicklungen in Deutschland; es wird also der Frage nach etwaigen Besonderheiten nachgegangen. Außerdem werden Befunde zu den Determinanten der Selbständigenquoten erörtert. Insgesamt soll hiermit geklärt werden, welche („neuen") Phänomene in der aktuellen Entwicklung der selbständigen Erwerbstätigkeit gesehen werden.
Kapitel D umfasst die arbeitsmarkttheoretische Analyse selbständiger Erwerbstätigkeit. Hierbei werden zunächst die Hauptaussagen neoklassisch orientierter Modelle der Berufs- bzw. Erwerbsformenwahl dargestellt, wie sie in der arbeitsmarkttheoretischen Analyse selbständiger Erwerbstätigkeit zur Zeit dominieren. Da deren Fokussierung auf individuelle Erwerbsentscheidungen und Ausblendung arbeitgeberseitiger Personaleinsatzstrategien sowie deren nahezu ausschließlichen Betrachtung von Selbständigkeit als Unternehmertum von der Autorin als unangemessen kritisiert werden, soll dieser Ansatz nicht als Theorierahmen der eigenen Untersuchung verwendet werden. Ein anderer arbeitsmarktorientierter Forschungszweig, der selbständige Erwerbstätigkeit explizit thematisiert, ist die Analyse atypischer Erwerbsformen. Hier werden solche Selbständigkeitsformen analysiert, die dem Typus des Entrepreneurs quasi diametral entgegenstehen. Doch auch bei dieser Forschungsrichtung ist die mangelnde theoretische Fundierung zu kritisieren, und zudem erscheint sie wenig geeignet, differenzierte Analysen selbständiger Erwerbstätigkeit vorzunehmen, da sie ebenso auf nur einen Selbständigkeitstyp, den der Scheinselbständigen fokussiert. Deshalb soll hier ein segmentationstheoretischer Bezugsrahmen für die empirische Analyse entwickelt werden, der – wie an entsprechender Stelle noch ausführlich begründet wird - geeignet scheint, eine arbeitsmarktorientierte Analyse unterschiedlicher Subgruppen selbständig Erwerbstätiger theoretisch zu fundieren.

Die empirische Analyse erfolgt in Kapitel E. Es wird zunächst die Zusammensetzung der hier unterschiedenen Selbständigen-Subgruppen nach tätigkeits- und personenbezogenen Merkmalen analysiert. Es folgt eine Analyse zur quantitativen Entwicklung der beruflichen Selbständigkeit in Westdeutschland. Schließlich werden Eintritte in die selbständige Erwerbstätigkeit sowie die Erwerbsverläufe analysiert.
Abschließend erfolgt ein Fazit, in dem die zentralen Aussagen und Befunde der eigenen theoretischen und empirischen Analysen nochmals zusammenfassend dargestellt und vor dem Hintergrund beschäftigungs- und sozialpolitischer Überlegungen reflektiert werden.

B DER BEGRIFF DER SELBSTÄNDIGEN ERWERBSTÄTIGKEIT UND ABGRENZUNGSPROBLEME

Mit dem Begriff „selbständig Erwerbstätige" werden eine Vielzahl unterschiedlicher Kategorien von Erwerbspersonen erfasst. Verschiedene Erscheinungsformen sind zum Beispiel Eigentümer kleiner Handwerksbetriebe, Eigentümerinnen von Großunternehmen, freiberuflich tätige Werkvertragsarbeitskräfte, hochqualifizierte Freiberufler wie Ärzte oder Anwältinnen, selbständig tätige Handelsvertreter oder Franchisenehmer. Man kann selbständige Erwerbstätigkeiten nicht durch die Auflistung verschiedener Berufe oder Berufsgruppen abgrenzen, da die meisten Berufe sowohl in selbständiger als auch abhängiger Erwerbsform ausgeübt werden können und ausgeübt werden. In negativer Abgrenzung sind letztendlich all diejenigen darunter gefasst, die erwerbstätig sind und nicht in einem abhängigen Beschäftigungsverhältnis stehen, keine Lohn- oder Gehaltsempfänger sind. „In broad terms, self-employment can be considered to be the residual category of gainful employment not remunerated by a wage or salary" (OECD 1992: 155). Eine exakte begriffliche Abgrenzung der selbständigen von der abhängigen Erwerbstätigkeit erscheint nicht unproblematisch. Die Abgrenzungsprobleme und die Frage der Scheinselbständigkeit sind nicht neu (vgl. BRAND 1996: 402; DIETRICH 1998b: 135f), allerdings wird behauptet, dass aktuelle Entwicklungen zu neuen Formen der Erwerbstätigkeit geführt haben, bei denen eine Zuordnung zu den Selbständigen bzw. Arbeitnehmern besonders problematisch ist.[3] In der Literatur lassen sich eine Vielzahl von Wortkreationen finden, die diese Mischformen zum Ausdruck bringen sollen. Die Rede ist von „Scheinselbständigkeit" (vgl. DIETRICH 1998a), dies ist der am häufigsten verwendete Begriff in diesem Zusammenhang. Weitere sind beispielsweise „abhängige Selbständigkeit" (vgl. MAYER/PAASCH 1990), „Arbeitskräfteunternehmer" (vgl. VOß/PONGRATZ 1998) und „Selbstangestellte" (vgl. FISCHER 1995). Mit anderen Begriffen wird dagegen eher hervorgehoben, dass es sich um einen spezifischen bzw. neuen Typus an Selbständigen handelt „kleine Selbständige" oder „neue Selbständigkeit". Der Begriff der „neuen" Selbständigen geht ursprünglich auf VONDERACH zurück, der damit vor allem Entwicklungen in Richtung Alternativökonomie, insbesondere von Hochschulabsolventen und „Aussteigern" beschreibt (vgl. VONDERACH 1980: 153f.; HODENIUS 1994: 107ff.). Er wird aber auch im Sinne von Formen „kleiner Selbständigkeit" und insbesondere solchen im Grenzbereich benutzt, so dass häufig

[3] Nahezu alle Beiträge zu Grenzformen der Erwerbstätigkeit (seit den 80er Jahren) thematisieren die Frage der Scheinselbständigkeit, also Probleme im Kontext der Beschäftigung von formal Selbständigen, die aber de facto Kriterien von abhängig Beschäftigten erfüllen. Eine Ausnahme ist der Beitrag von BRAND, der konstatiert, dass das aktuelle Problem eher das der Scheinarbeitnehmer sei (vgl. BRAND 1996: 402).

eine Gleichsetzung mit dem Begriff der abhängigen Selbständigen bzw. den Scheinselbständigen erfolgt (vgl. PAASCH 1991: 217; FISCHER 1991: 113; WANK 1992 und 1996, SCHMIDT/ SPIEGELHALTER 1997; HROMADKA 1997).

Einem Großteil der bisherigen Studien selbständiger Erwerbstätigkeit liegen Daten nationaler und internationaler amtlicher Statistiken zu Grunde, daher werden deren Begriffsverwendungen und Operationalisierungen knapp dargestellt. Erwerbsstatistiken erfassen nach dem Erwerbskonzept der International Labour Organisation (ILO) selbständige als spezifische Erwerbskategorie. Es zeigt sich, dass die Kategorie der Selbständigen äußerst unpräzise und undifferenziert erfasst wird und eine genauere Begriffsanalyse notwendig macht. Zwei spezifische Kategorien stehen in der aktuellen Diskussion um die selbständige Erwerbstätigkeit im Vordergrund, es ist die der Entrepreneurs und die der Scheinselbständigen, daher werden diese beiden im Folgenden näher betrachtet. Dabei soll die Analyse des Begriffs der Entrepreneurs eine präzise Abgrenzung des Gegenstandsbereiches dieser Arbeit liefern, in der selbständige Erwerbstätigkeit nicht im Sinne von Entrepreneurship, sondern als spezifische Erwerbsform analysiert wird. Hierzu erfolgt ein knapper Exkurs zu „Theorien" der Entrepreneurs, wobei es an dieser Stelle noch nicht um die Entwicklung einer Theorie der selbständigen Erwerbstätigkeit geht. Theoretische Konzepte im Kontext der Begriffsverwendung werden zunächst lediglich zu dem Zwecke analysiert, um die spezifischen Konnotationen und Bedeutungsinhalte der Begriffe im Kontext der selbständigen Erwerbstätigkeit herauszustellen. Es folgt ein Überblick über die Begriffsverwendung verschiedener Erwerbsformen selbständiger Erwerbstätigkeit, wie man sie in ökonomischer und soziologischer Literatur derzeit finden kann. In der anschließenden Analyse der Kategorie der Scheinselbständigkeit geht es um juristische Abgrenzungsprobleme sowie arbeits- und sozialrechtliche Implikationen; hierbei werden auch die entsprechenden Neuregelungen in Deutschland dargestellt und diskutiert. Diese Analyse soll zum einen Ansatzpunkte einer Abgrenzung verschiedener Selbständigenkategorien aufzeigen und zum anderen den arbeits- und sozialrechtlichen Diskussionskontext liefern, vor dessen Hintergrund die eigenen Analysen abschließend reflektiert werden. In Arbeitsmarktanalysen werden Scheinselbständige auch als atypische Erwerbsform betrachtet. Auch hier scheint eine präzisere Begriffsverwendung notwendig. Die Analyse der Selbständigkeit als atypische Erwerbsform mag zudem empirische Indikatoren zur Klassifizierung verschiedener Erscheinungsformen selbständiger Erwerbstätigkeit liefern. Schließlich wird der Begriff der selbständigen Erwerbstätigkeit, wie er im Rahmen dieser Arbeit verwendet wird, expliziert.

1. Der Begriff und die Operationalisierung selbständiger Erwerbstätigkeit in der amtlichen Statistik

Auf der „Thirteenth International Conference of Labour Statisticans", durchgeführt von der INTERNATIONAL LABOUR ORGANISATION, wurden Selbständige in relativ breiter Abgrenzung folgendermaßen definiert:
„Employers, own account workers and members of producers' co-operatives should become considered as in self-employment and classified as »at work« or »not at work«, as the case may be. .. Unpaid family workers at work should be considered as in self-employment irrespective of the number of hours worked during the reference period. Countries which prefer for special reasons to set a minimum time criterion for the inclusion of unpaid family workers among the employed should identify and separately classify those who worked less than the prescribed time. .. Persons engaged in the production of economic goods and services for own and household consumption should be considered as in self-employment if such production comprises an important contribution to the total consumption of the household" (ILO 1982: 2).
Eine solche Definition lässt sich i.d.R. mit dem vorliegenden empirischen Material nicht differenzieren, so dass sich die internationalen Studien meist auf „... employers and own-account workers, i.e. persons who operate their own economic enterprise or who follow a profession or trade on their own account, whether they employ other persons or not" (OECD 1986: 43) beschränken. Allerdings sind die nationalen amtlichen Daten nicht einheitlich hinsichtlich der Kategorisierung der Selbständigen. Zum einen werden mithelfende Familienangehörige nicht immer als gesonderte Erwerbsstatuskategorie erfasst (z.B. UK), weiterhin bestehen verschiedene Vorgehensweisen bei der Einordnung von Eigentümerunternehmern körperschaftlicher Unternehmen; diese werden in einigen nationalen Statistiken[4] als Arbeitnehmer erfasst. Außerdem bestehen keine generellen verbindlichen Vorgehensweisen bei der Einordnung von Grenzfällen, wie Heim-, Werkvertragsarbeitskräften oder freien Mitarbeitern (vgl. OECD 1992: 185ff.).
Insgesamt wird deutlich, dass die Erwerbskategorie der Selbständigen eher als residuale Erwerbskategorie behandelt wird, unter die all diejenigen Erwerbstätigen gefasst werden, die keiner abhängigen Lohnarbeit nachgehen. Zentrales Abgrenzungskriterium scheint hierbei das Arbeiten „own account", also das Arbeiten auf eigene Rechnung. Die ILO bemüht sich zwar um die Vereinheitlichung und Präzisierung der verschiedenen Erwerbskategorien, so erfolgte 1993 auf der 15. Konferenz eine Revision, mit der die „International Classification of

[4] Eigentümermanager körperschaftlicher Unternehmen werden in den USA, Australien, Kanada, Frankreich, Japan, den Niederlanden, Neuseeland und Norwegen als Arbeitnehmer reklassifiziert.

Status in Employment (ICSE-93) festgelegt worden ist, bei der die oben genannten Hauptkategorien beibehalten werden, aber eine konzeptionelle Klärung der Abgrenzung der einzelnen Erwerbstätigkeitskategorien versucht wird (vgl. ILO 1993)[5]. Zentrale Unterscheidungskriterien zwischen selbständiger Erwerbstätigkeit und Arbeitnehmerstatus sind demnach „risk“ und „authority“, wobei das Risiko anhand der Entgeltgestaltung sowie der Kontinuität einer Vertragsbeziehung und Autorität anhand der Verantwortlichkeit für unternehmerische Entscheidungen sowie des Eigentums an Produktionsmitteln definiert wird. „Self-employment jobs are those jobs where the remuneration is directly dependent upon the profits (or the potenzial for profits) derived from the goods and services produced (where own consumption is considered to be part of profits). The incumbents make the operational decisions affecting the enterprise, or delegate such decisions while retaining responsibility for the welfare of the enterprise (in this context enterprise includes one-person operations.)”(ILO 1993: 2). Die Unterscheidung zwischen „own account worker“ und Arbeitgebern erfolgt nach dem Kriterium, ob die Selbständigen „... engage one or more persons to work for them in their business as »employee(s)« ...” (ILO 1993: 3). Auch bei dieser Resolution bleiben einige Abgrenzungsfragen offen, zudem erfolgt in den meisten nationalen Statistiken die Zuordnung zu einem Erwerbsstatus anhand der Selbsteinschätzung der Befragten, wobei i.d.R. nur wenige oder keine Anweisungen zur Einordnung von Grenzfällen gegeben werden.

Das Statistische Bundesamt (1998: 199) der Bundesrepublik Deutschland definiert selbständig Erwerbstätige als „Personen, die einen Betrieb oder eine Arbeitsstätte gewerblicher oder landwirtschaftlicher Art wirtschaftlich und organisatorisch als Eigentümer/-innen oder Pächter/-innen leiten (einschließlich selbständiger Handwerker/-innen sowie alle freiberuflich Tätigen, Hausgewerbetreibenden und Zwischenmeister”. Hierbei wird also für die Abgrenzung der Selbständigen auf die beiden Kriterien Betriebsleitung und Eigentum bzw. Pacht rekurriert. Zentrale Datenquelle zur Erwerbstätigkeit ist der Mikrozensus. Wie bei den meisten internationalen Statistiken erfolgt auch beim Mikrozensus die Ermittlung des Erwerbsstatus mittels Selbsteinschätzung der Befragten. Vorgegebene Antwortkategorien bzgl. der Erwerbstätigkeit sind - neben verschiedenen Unterkategorien abhängiger Beschäftigung - Selbständige mit und solche ohne Beschäftigte sowie mithelfende Familienangehörige. Zusätzlich wird mit der Frage nach der Stellung im Betrieb die Kategorie der Selbständigen kommentiert mit „alleinschaffend; Selbständige(r) mit 1 bis 4 Beschäftigten (u.a. freiberuflich tätig, selbständige Landwirtin/selbständiger

---

[5] Die Resolution zur Klassifikation der „Status in Employment“ findet man auf folgender Internetseite der ILO: http://www.ilo.org/public/english/120stat/res/icse.htm (Stand: Dezember 1999).

Landwirt)". Laut Auskunft von ZUMA und dem Statistischen Bundesamt bestehen keine Intervieweranweisungen hinsichtlich der Einordnung von Grenzfällen. Man kann davon ausgehen, dass die Praxis arbeits- und sozialrechtlicher Definitionen, wie auch steuerrechtliche Abgrenzungen (s.u.) Einfluss auf die Entscheidung der Befragten nimmt, letztendlich bleibt aber unklar, wie sich Grenzfälle selbst einordnen.

Die knappe Darstellung der Operationalisierungen selbständiger Erwerbstätigkeit in der internationalen und nationalen amtlichen Statistik hat gezeigt, dass die Definition selbständiger Erwerbstätigkeit relativ vage bleibt. Es handelt sich um weitgehend undifferenzierte Kategorien von Erwerbsformen, wobei in empirischen Erhebungen meist die Selbsteinschätzung der Befragten ausschlaggebend ist und i.d.R. keine Hinweise zur Einordnung von Grenzfällen gegeben wird. Um den Begriff zu konkretisieren, wird im Folgenden zunächst analysiert, in welcher Weise er in soziologischer und ökonomischer Literatur sowie juristischer Abgrenzung verwendet wird.[6]

2. Ökonomische, soziologische und juristische Abgrenzungen

Derzeit dominieren in der wirtschafts- und arbeitsmarktpolitischen Diskussion die Sicht der Selbständigen als Entrepreneurs einerseits und als Scheinselbständige andererseits, so dass hier insbesondere auf diese beiden Aspekte eingegangen wird. Da der Rolle des Entrepreneurs in der aktuellen Diskussion, insbesondere bei Initiativen der Förderung selbständiger Erwerbstätigkeit, eine herausragende Bedeutung zukommt, sei ein Exkurs zur Rolle der Entrepreneurs, wie sie in der ökonomischen Literatur zu finden ist, erlaubt. Anschließend werden die verschiedenen Begriffe, die im Kontext der selbständigen Erwerbstätigkeit auftauchen im Überblick dargestellt und abgegrenzt und schließlich Abgrenzungsprobleme im Grenzbereich zwischen abhängiger und selbständiger Erwerbstätigkeit dargestellt und diskutiert.

2.1 Der Begriff des Entrepreneurs in der ökonomischen Theorie

Nicht nur in der politischen Diskussion, sondern auch in wissenschaftlichen Beiträgen werden Selbständige als Entrepreneurs besonders hervorgehoben. In zahlreichen Studien werden selbständig Erwerbstätige implizit mit dem Begriff des Entrepreneurs gleichgesetzt; beispielsweise werden bei Analysen zu Entrepreneurs häufig Daten selbständig Erwerbstätiger herangezogen „Empirisch ausgerichtete Forschungsrichtungen haben sich dann vor allem aus der Per-

---

6 Soziologische, ökonomische und juristische Analysen sind derart verwoben, dass diese hier nicht getrennt nach Disziplin dargestellt werden, sondern nach Themenaspekten, die mit den Abgrenzungsproblemen verknüpft sind.

spektive des Unternehmensgründers und der Gründungsentscheidung mit dem Unternehmer befasst. Personenzentrierte Ansätze versuchen dabei, die Entscheidung zur Selbständigkeit auf bestimmte Merkmale oder Einstellungen des (potenziellen) Unternehmers zurückzuführen" (RWI 1998: 27). Oftmals erfolgt auch eine begriffliche Gleichsetzung: „Self-employed individuals include all sole proprietors, members of partnerships, and (depending upon the particular definition being used) owners of small incorporated businesses. They constitute the vast majority of those individuals, in the United States, who own and control their own businesses and who are therefore entrepreneurs by Knight' s (1921) definition (ACS/AUDRETSCH/EVANS 1994: 1). „A general definition of the self-employed is of people in business on their own account who provide their own equipment, hire helpers, take a degree of financial risk, take responsibility for investment and management, and for the opportunity of profiting from sound management and the performance of their jobs (Leighton, 1983, p. 198). It is this entrepreneurial function and the dependence on their own activities for their income and psychic rewards which differentiate the self-employed from the wage employed" (BAYLISS 1990: 2).
Eine derartige Begriffsverwendung scheint allerdings nicht gerechtfertigt, da mit den Konzepten des Entrepreneurs ganz spezifische ökonomische Konstrukte verbunden sind, die keinesfalls mit dem Begriff der Selbständigen übereinstimmen. „Also there seems to be a degree of mismatch between the widespread use of data on self-employment as a type of *social indicator*, or *labour market indicator* which reflects trends in entrepreneurial activity, and the fact that self-employment statistics actually count one person businesses and labour-only sub-contracting far better than the kind of entrepreneurial activity which underlies the formation of small businesses." (HAKIM 1988: 422).[7] Nicht alle Selbständigen sind zugleich Entrepreneurs (vgl. HÜBLER 1992: 107), eine klare begriffliche Abgrenzung erscheint notwendig.

Der Begriff des Entrepreneurs geht ursprünglich auf CANTILLON zurück, später wurde er durch SAY populärer[8]. Im Rahmen der aktuellen Diskussion wird er meist im Sinne KNIGHTS und SCHUMPETERS verwendet. Daher sollen deren Konzepte näher betrachtet werden. In diesem Zusammenhang wird auch die Definition CASSONS dargestellt, mit der er versucht das gemeinsame Element der

---

[7] Dass man Selbständige und Entrepreneurs nicht gleichsetzten sollte, mag auch folgende Überlegung verdeutlichen: „... führt die Statistik eine naive Gleichsetzung von Selbständigenquote und unternehmerischer Mobilisierung schnell ad absurdum. Die Vereinigten Staaten, die zurecht ob ihres für »entrepreneurship« günstigen soziokulturellen Klimas gerühmt werden, weisen z.B. im Vergleich zu Deutschland eine deutlich niedrigere Selbständigenquote auf" (LAGEMAN/FRICK/WELTER 1999: 72).

[8] Eine umfassende Analyse des Entrepreneurs liegt von CASSON (1982) vor. Einen knappen Überblick findet man in CASSON 1987.

Funktion des Entrepreneurs, wie es den Definitionen KNIGHTS und SCHUMPETERS (sowie den Definitionen anderer Autoren) innewohnt, zu erfassen (vgl. CASSON 1987: 151).
KNIGHT stellt auf die Rolle des Entrepreneurs als Akteur, der Entscheidungen unter Unsicherheit übernimmt und die Konsequenzen dieser Unsicherheiten trägt, ab. Mit seiner Differenzierung von Risiko und Unsicherheit unterscheidet er messbare und somit versicherbare Risiken von nicht messbaren Unsicherheiten (vgl. KNIGHT 1921/1971: 19f.). Ökonomische Situationen seien insbesondere durch Unsicherheiten gekennzeichnet, da „a *priori* reasoning is simply irrelevant ... (and) statistical inference is impossible because the situation involves a unique event" (CASSON 1982: 371). Da Unsicherheiten prinzipiell nicht versicherbar seien, ist es die besondere Funktion des Entrepreneurs, die Konsequenzen dieser zu tragen. Als solcher erhält er den Gewinn aus der wirtschaftlichen Aktivität. „The essence of enterprise is the specialization of the function of *responsibility direction* of economic life ... With the specialization of functions goes also a differentiation of reward. The produce of society is similarly divided into *two kinds of income*, and two only, contractual income, which is essentially *rent* ... and residual income or *profit*" (KNIGHT 1921/1971: 271).
Noch deutlicher stellt SCHUMPETER auf eine funktionale Definition des Entrepreneurs ab. „Schumpeter, perhaps more than any other writer, is very explicit about the economic function of the entrepreneur" (CASSON 1982: 373). Er weist die Funktion des Trägers von Unsicherheit bzw. Risiko dem Kapitalisten zu. Die besondere Funktion des Entrepreneurs sieht er in ihm als innovativen, genauer im Innovationen wirtschaftlich nutzenden Unternehmer. "Diese Funktion besteht ihrem Wesen nach weder darin, irgendetwas zu erfinden, noch sonst wie Bedingungen zu schaffen, die die Unternehmung ausnützt. Sie besteht darin, dass sie die Dinge in Gang setzt" (SCHUMPETER 1972^3: 215). Konkurrenz im kapitalistischen Wirtschaftssystem sieht er in dynamischer Betrachtung weniger als Preiskonkurrenz. „In der kapitalistischen Wirklichkeit jedoch, im Unterschied zu ihrem Bild in den Lehrbüchern, zählt nicht diese Art von Konkurrenz, sondern die Konkurrenz der neuen Ware, der neuen Technik, der neuen Versorgungsquelle, des neuen Organisationstypus ... - jene Konkurrenz, die über einen entscheidenden Kosten- oder Qualitätsvorteil gebietet und die bestehenden Firmen nicht an den Profit- und Produktionsgrenzen, sondern in ihren Grundlagen, ihrem eigentlichen Lebensmark trifft" (SCHUMPETER 1972^3: 140). SCHUMPETER sieht im Entrepreneur einen spezifischen Persönlichkeitstyp, nämlich den der Führungspersönlichkeit (vgl. SCHUMPETER 1928/1987: 149ff). Im Ideal sieht er die Funktionen des Unternehmers im Gründer, „der Idee nach rein auf die Unternehmerfunktion beschränkt wäre endlich der Typus des » Gründers « (*promotor*)" (SCHUMPETER 1928/1987: 155).
SCHUMPETER und KNIGHT betonen die Rolle des Entrepreneurs hinsichtlich des Auffindens bzw. Wagens neuer Geschäftsmöglichkeiten und somit wirtschaftli-

cher Aktivität, der Produktion und der effizienten Ressourcenallokation. Die Definition CASSONS, mit der er das gemeinsame Element verschiedener Definitionen des Entrepreneurs herauszustellen versucht, lautet folgendermaßen: „An entrepreneur is someone who specializes in taking judgmental decisions about the coordination of scare resources“ (CASSON 1982: 23). Was die Funktion des Entrepreneurs betrifft, so sind die beiden Aspekte „taking judgmental decisions“ und „coordination of scare resources“ zentral. Vor dem Hintergrund unvollständiger Informationen müssen Entscheidungen gefällt werden, so dass es einer spezifischen Urteilskraft, einer besonderen Weitsicht oder auch der Bereitschaft zu Risiko (im Sinne KNIGHTS zur Verantwortungsübernahme bei Unsicherheit) bedarf. Bei diesen Entscheidungen geht es um den Einsatz knapper Ressourcen - ein fundamentaler Gegenstand ökonomischer Analysen - und dabei insbesondere nicht um das Festhalten an einer einmal getroffenen Entscheidung über die Ressourcenallokation, sondern in dynamischer Perspektive um das Auffinden neuer, rentabler Koordinationsmöglichkeiten.
Im Vordergrund wirtschaftspolitischer Interessen steht dieser Unternehmer- bzw. Unternehmerinnentypus, da man in diesen die Hoffnung auf Wirtschaftswachstum und Schaffung von weiteren Arbeitsplätzen legt. Es geht in dem Ruf nach Gründergeist und Unternehmertum um diesen Typus, der über knappe Eigenschaften verfügt, die für die wirtschaftliche Entwicklung als zentral angesehen werden. Dass aktuell diese Hoffnungen so stark hervortreten, mag unter anderem auch mit dem von der Mehrheit der wirtschaftspolitischen wie auch wissenschaftlichen Akteure konstatierten Veränderungen der allgemeinen Wirtschaftsbedingungen einhergehen. So wird heute nahezu einvernehmlich von einer durch stärkere Unsicherheit und ausgeprägter Dynamik gekennzeichneten Umwelt ausgegangen; zudem erfahren die meisten Industriestaaten Wachstumsprobleme bzw. geringes Wirtschaftswachstum, so dass konstatiert wird, dass der internationale, gar globale Konkurrenzdruck ein bisher nicht gekanntes Niveau erreicht. Daher scheint der Bedarf an Personen mit Fähigkeiten zur Erfüllung der soeben herausgestellten Funktionen der Entrepreneurs besonders hoch zu sein. „Given that the entrepreneur specializes in judgemental decision-making, it is possible to formulate a derived demand for entrepreneurial services which varies according to the demands which the business environment places upon judgement. The more complex the environment, the faster the pace of change, and the more radical the structural adjustments that these changes call for, the greater will be the demand for entrepreneurs" (CASSON 1987: 152). Doch erscheint es nicht angebracht, diesen Unternehmerbegriff mit dem der Selbständigen gleichzusetzen oder die Entwicklung des Unternehmer- bzw. Unternehmerinnentums im Sinne von Entrepreneurs an der Zahl der Selbständigen zu messen. Es scheint einigermaßen erstaunlich, dass die Begriffe immer noch derart unpräzise verwendet werden, konstatiert doch schon SCHUMPETER: „Unter unseren Begriff (des Unternehmers; Anm.d.Verf.) fallen

nicht alle selbständigen, für eigene Rechnung handelnden Wirtschaftssubjekte, ... schließt Selbständigkeit in diesem Sinne nicht schon von selbst die Erfüllung der für unseren Begriff konstitutiven Funktion ein" (SCHUMPETER 1964^6: 112).

Worin liegt nun der Unterschied zwischen den Begriffen Entrepreneur und selbständig Erwerbstätige? In einem OECD-Bericht wird zwischen selbständig Erwerbstätigen und Entrepreneurs folgendermaßen differenziert: „One measure of the extent of the combination of entrepreneurship and ownership is the numbers of self-employed" (OECD 1998: 44). Insofern werden also Selbständige als eine Untergruppe der Entrepreneurs bezeichnet; nämlich solche, die als Eigentümer ihr Unternehmen managen. Unklar bleibt allerdings die weitere Abgrenzung der Selbständigen von Entrepreneurs; so fährt der Bericht folgendermaßen fort: „However, because of the fact that the level of self-employment is determined by a variety of factors, some of which may be cyclical, self-employment cannot by itself be used as an indicator of entrepreneurship" (OECD 1998: 44). KNIGHT sieht gerade nicht in Selbständigen die Entrepreneurs, sondern eher in Managern großer Firmen. Dies scheint rational, da auf diese Weise die Kosten der zu tragenden Unsicherheit vermindert bzw. die Unsicherheit diversifiziert werden kann (vgl. KNIGHT 1921/1971). „However, it does not follow that individuals with foresight will become self-employed and make decisions on their own behalf. They may instead become managers of a large firm. ... He (Knight; Anm.d.Verf.) believes that uncertainty is reduced mainly through the pooling of uncertainties by the large firm." (CASSON 1982: 372). CASSON stellt ebenso wie SCHUMPETER heraus, dass Entrepreneurs sowohl als Selbständige als auch als Manager von Großunternehmen tätig sein können.[9] BALKIN (1989: 13f.) unterscheidet den Selbständigen vom Entrepreneur anhand der Profitorientierung. Kennzeichen für den Entrepreneur sei, dass er wirtschaftlichen Profit erzielt, außerdem werden Entrepreneurs als kühn und erfinderisch erachtet. Dagegen arbeiten Selbständige zwar auch für den Markt und nicht für einen Arbeitgeber, doch sieht BALKIN deren Motive darin, sich selbst einen Arbeitsplatz zu schaffen und nicht primär darin, ökonomischen Profit zu erzielen oder Firmenwachstum zu erreichen. Ähnlich differenziert WIEßNER (WIEßNER 1998a: 6): „Diesem Berechnungsansatz liegt die Unterscheidung zugrunde zwischen Gründern, die Selbständigkeit mit dem Ziel der Selbst-Beschäftigung betreiben und »Entrepreneuren«, die ein klares Wachstumsziel vor Augen haben.".
Wie kann man also Selbständige und Entrepreneurs unterscheiden? In welchem Verhältnis stehen beide Begriffe zueinander? Was die Intension beider Begriffe

---

[9] CASSON unterscheidet außerdem noch weitere Typen von Entrepreneurs, wie z.B. den „political entrepreneur" oder den „revolutionary entrepreneur". Die beiden oben genannten sind die in seiner Differenzierung wesentlichen Entrepreneurs privatwirtschaftlicher Betätigung (hinzu kommt noch der „financial speculator") (vgl. CASSON 1982: 347ff.).

betrifft, so scheint es sinnvoll (und auch mit den oben dargestellten Definitionen vereinbar), diese folgendermaßen trennscharf abzugrenzen. Der Begriff des Entrepreneurs zielt auf eine spezifische Funktion ab, die Wirtschaftssubjekte im Rahmen der Erstellung von Gütern und Dienstleistungen erbringen. Der Begriff selbständig (vs. abhängig) Erwerbstätige stellt auf die spezifische Koordination bzw. Vertragsform der Erbringung von (Arbeits-) Leistungen im Rahmen des Wirtschaftens ab. Hinsichtlich der Begriffsextension kann man feststellen, dass beide eine gemeinsame Schnittmenge umfassen mögen; nämlich alle Entrepreneurs, die selbständig erwerbstätig sind. Allerdings erfasst die Extension beider Begriffe auch jeweils eine Objektmenge, die der andere nicht erfasst. So gibt es Entrepreneurs, die nicht als selbständig erwerbstätig zu bezeichnen sind (z.B. Manager großer Firmen), wie auch Selbständige, die nicht mit dem Begriff des Entrepreneurs erfasst werden (z.B. Werkvertragsnehmer, die einfache Dienstleistungen für andere Unternehmen erbringen). Im Rahmen dieser Arbeit soll es ausschließlich um die Kategorie der selbständigen Erwerbstätigkeit gehen. Die Frage, ob diese Personen auch im Sinne eines Entrepreneurs agieren bzw. entsprechende Eigenschaften aufweisen, ist dabei nicht von Interesse.

2.2 Formen selbständiger Erwerbstätigkeit

Nach der grundlegenden Unterscheidung der Begriffe Entrepreneurs und Selbständige sollen nun Typen von Selbständigen begrifflich unterschieden werden. Zur Klärung werden die verschiedenen Konzepte erörtert, die in der Literatur zur selbständigen Erwerbstätigkeit auftauchen.

Aus soziologischer Perspektive erscheint eine Klassifizierung von Erwerbstätigen nach unterschiedlichen sozialen Lagen relevant. Klassischer Weise werden Arbeiter bzw. Arbeitnehmer von Arbeitgebern bzw. Kapitalisten unterschieden. Die gesellschaftliche Position wird entsprechend der Stellung im Produktionsprozess bzw. nach Besitz oder Nicht-Besitz von Produktionsmitteln differenziert. Selbständige als Eigentümer von Produktivkapital werden als Kapitalisten bzw. Bourgeoisie erfasst, insbesondere wenn sie Arbeitnehmer beschäftigen („ausbeuten"). So findet sich als Bezeichnung für Selbständige, die keine Arbeitnehmer beschäftigen, der Begriff der *„petit bourgeoise"* (vgl. HAKIM 1998: 204). STEINMETZ/WRGHT (1989: 979ff.) differenzieren neben der *„petty burgeoisie", die „entrepreneurial capitalist"*, die Kapital besitzen, Arbeitnehmer beschäftigen und selbst auch arbeiten sowie - als Mischform der beiden - die *„small employers"*, die nur wenige Arbeitnehmer beschäftigen. BÖGENHOLD unterscheidet nach divergierenden Arbeitsrollen vier Selbständigentypen, wobei er davon ausgeht, dass mit diesen i.d.R. auch Einkommensabstufungen einhergehen; er unterscheidet „a. die *Self-Employed*, die auf eigene Rechnung selbständig arbeiten und gewöhnlich keine fremde (Lohn-)Arbeit beschäftigen, b. *Small Employers*, die Hand in Hand mit ihren Angestellten arbeiten, zusätzlich aber die Verwaltungs- und Managementaufgaben für das Betreiben ihrer Firma wahrnehmen, c. die *Owner-Controllers*, die nicht mit ihren Angestellten unmittelbar zusammenarbeiten und stattdessen ausschließlich und allein für Verwaltung und Management ihres Unternehmens verantwortlich sind, d. die *Owner-Directors*, die Unternehmen mit entwickelten Managerhierarchien kontrollieren, so dass Verwaltungs- und Administrationsaufgaben geteilt und an ausführende Direktoren und anderes Führungspersonal delegiert werden kann" (BÖGENHOLD/STABER 1990: 267).

Mit diesen Begriffsdifferenzierungen wird deutlich, welch heterogene Personengruppen - aus soziologischer Sicht: soziale Lagen – unter die Gruppe der Selbständigen fallen. Da hier eine ökonomische und keine soziologische Analyse der selbständigen Erwerbstätigkeit vorgenommen wird, werden diese Begriffe nicht weiter analysiert, allerdings verweist diese Differenzierung auf Unterscheidungskriterien, die auch aus arbeitsmarktökonomischer Perspektive Relevanz haben. Es ist zum einen die Frage der Zuordnung zur Arbeitsnachfrage- oder Arbeitsangebotsseite am Arbeitsmarkt. Selbständige können als Arbeitgeber auftreten oder auch lediglich ihre eigene Arbeitskraft bzw. deren Ergebnis am Gütermarkt, in Form von produzierten Waren oder am Arbeitsmarkt bzw. Markt für Dienstleistungen, z.B. in Form von Beratungstätigkeiten für Unternehmen, anbieten. „Where the focus is on the role of the self-employed in creating employment for themselves and for others, it is helpful to consider self-employment in terms of own account workers and employers only" (vgl. LOUTFI 1991: 2). Allerdings werden in angelsächsischen Beiträgen die Arbeitgeber oftmals von den *self-employed* differenziert und nicht unter diese subsumiert (OECD 1998: 44; vgl. auch BÖGENHOLD). „Many think self-employment means only employment of the individual, that is, a sole proprietorship business with no employees, but this is not correct" (BALKIN 1989: 27). Da als Oberbegriff für alle Selbständigen außer dem der *self-employed* kein weiterer verwendet wird und für solche ohne weitere Beschäftigte spezifische Begriffe bereits Verwendung finden, scheint es adäquat, den Begriff der *self-employed* als übergeordnete Kategorie zu verwenden. Der Begriff der *„own account worker"* ist dem des „Arbeitens auf eigene Rechnung", wie er im deutschen Sprachgebrauch zur Kennzeichnung selbständig Erwerbstätiger verwendet wird, ähnlich. Doch wird in der angelsächsischen Literatur damit ein spezifischer Typus an Selbständigen gekennzeichnet; eben solche, die keine Arbeitnehmer beschäftigen. Bei diesen bleibt die Frage zu klären, ob es sich überhaupt um Selbständige handelt oder ob eher ein Arbeitnehmerstatus vorliegt. Welche Kriterien zur Unterscheidung dieser Fälle herangezogen werden können und welche Konsequenzen damit verknüpft sind, wird im Folgenden analysiert.

2.3 Grenzbereiche selbständiger und abhängiger Erwerbstätigkeit

Es fehlt im deutschen Arbeits- und Sozialrecht eine klare Definition des Selbständigenbegriffs. Hinweise findet man im HGB (§84 Abs. 1 Satz 2) sowie im SGB IV (§7 Abs. 1) (vgl. STEINMEYER 1996: 350). Letztendlich entscheidet in Zweifelsfällen Richterrecht über das Vorliegen eines Arbeitnehmer- bzw. Selbständigenstatus. Im Folgenden werden zunächst relevante rechtliche Regelungsbereiche dargestellt, es folgt die Rechtsprechung des BAG sowie Kritik an der vorherrschenden Rechtsprechung. Schließlich werden die Neuregelungen zur Scheinselbständigkeit seit dem 01.01.1999 dargestellt.

2.3.1 Relevante arbeits- und sozialrechtliche Regelungsbereiche

Die Differenzierung selbständiger und abhängiger Erwerbstätigkeit in juristischer Perspektive ist insofern relevant, als spezifische Rechtsbereiche differenziert Anwendung finden und sie zur Abgrenzung eines arbeits- und sozialrechtlich schutzbedürftigen Personenkreises dient (vgl. STEINMEYER 1996: 349). Das Arbeitsrecht bezieht sich im Wesentlichen ausschließlich auf Arbeitnehmer, das Sozialrecht auf abhängig Beschäftigte und das Steuerrecht differenziert nach abhängig und selbständig Erwerbstätigen. Dass das Phänomen der Erwerbstätigen im Graubereich zwischen abhängiger und selbständiger Erwerbstätigkeit schon lange Zeit bekannt ist, kommt in einer Vielzahl an besonderen rechtlichen Regelungen zum Ausdruck. Es handelt sich hierbei vorwiegend um punktuelle Einzelregelungen für z.B. freie Mitarbeiter und Mitarbeiterinnen, Handelsvertreter und Heimarbeitskräfte, die hier nicht im Einzelnen aufgeführt werden sollen (vgl. hierzu PAASCH 1991: 218; STEINMEYER 1996: 349; DIETRICH 1998b: 135f.).[10] Abgesehen von den verschiedenen Ausnahmeregelungen bleibt für diejenigen, die nicht als Arbeitnehmer gelten, arbeits- und sozialrechtlicher Schutz weitgehend aus. Das Arbeitsrecht findet bei Selbständigen keine Anwendung. Für Selbständige besteht keine Pflicht zur gesetzlichen Kranken- und Rentenversicherung. Außerdem haben sie nicht die Möglichkeit der Arbeitslosenversicherung. Allerdings gilt für Personen, die vor der Selbständigkeit arbeitslosen-

---

[10] Zentrale Sonderregelungen sind: Arbeitnehmerähnliche Personen können bei Streitigkeiten mit Arbeitgeber/Auftraggeber Arbeitsgerichte statt der allgemeinen Zivilgerichtbarkeit anrufen (§1 Abs. 1 Arbeitsgerichtgesetz); für sie können Tarifverträge abgeschlossen werden (§ 12a TVGesetz) und sie haben Anspruch auf Mindesturlaub (Bundesurlaubsgesetz). Für arbeitnehmerähnliche HandelsvertreterInnen ist der Abschluss von Tarifverträgen ausgeschlossen, es besteht allerdings die Möglichkeit Mindestentgelte festzusetzen (§92a HGB), davon wurde bisher aber noch nie Gebrauch gemacht; Arbeitsgerichte sind nur für diejenigen zuständig, die weniger als 2000,- DM monatliches Einkommen beziehen (§5Abs. 3 ArbGG). Freie Mitarbeiter/innen werden nur im Tarifvertragsrecht berücksichtigt; für Heimarbeiter/innen gilt das Heimarbeitgesetz (HAG), außerdem erfolgt eine Gleichstellung mit Arbeitnehmer/innen in arbeitsrechtlichen Gesetzen und im Sozialversicherungsrecht.

versichert waren, im Zuge der sogenannten Rahmenfrist, die Arbeitslosenversicherung bei zwischenzeitlicher selbständiger Erwerbstätigkeit fort. Diese Rahmenfrist ist mit dem SGB III von drei auf fünf Jahre verlängert worden.

2.3.2 Die Rechtsprechungspraxis des BAG

In der aktuellen Rechtsprechung werden sowohl im Arbeits-, im Sozial- wie auch im Steuerrecht verschiedene Kriterien herangezogen, anhand derer im Einzelfall eine Entscheidung, wer Selbständige(r) oder Arbeitnehmer(in) bzw. Beschäftigte(r) ist, erfolgt (vgl. BRAND 1996: 404ff.). Es wird dabei eine Gesamtwürdigung der Umstände vorgenommen, wobei den einzelnen Kriterien jeweils unterschiedliches Gewicht beigemessen werden kann. Zentrales Kriterium ist die persönliche Abhängigkeit vom Arbeitgeber bzw. Auftraggeber. Nach der Rechtsprechung des BAG und BSG „... unterscheidet sich das Rechtsverhältnis eines freien Mitarbeiters oder eines Selbständigen (Dienstvertrag) vom Arbeitsvertrag oder Beschäftigungsverhältnis durch den Grad der *persönlichen Abhängigkeit*, in welcher der zur Dienstleistung Verpflichtete jeweils steht" (STEINMEYER 1996: 351). Das Weisungsrecht des Arbeitgebers bzw. Auftraggebers und die Eingliederung in dessen Arbeitsorganisation gelten dabei als zwei zentrale Charakteristika der persönlichen Abhängigkeit (vgl. HROMADKA 1997: 570; WANK 1996: 389; STEINMEYER 1996: 352; BRAND 1996: 406). Dabei ist nach Rechtsprechung allein die tatsächliche Vertragsbeziehung ausschlaggebend; „einig sind sich BAG und BSG darin, dass für die Einordnung eines Rechtsverhältnisses eine von den Parteien gewählte Bezeichnung oder eine von ihnen gewünschte Rechtsfolge, die dem Geschäftsinhalt in Wahrheit nicht entspricht, nicht erheblich ist" (STEINMEYER 1996: 353). An der Vorgehensweise der Gesamtschau im Einzelfall wird kritisiert, dass sie Rechtsunsicherheit hervorruft (vgl. STEINMEYER 1996: 355; BRAND 1996: 409). Da aber die Rechtsprechung lediglich auf die persönliche und nicht - wie von einigen Autoren gefordert - auf die wirtschaftliche Abhängigkeit abstellt, erscheine diese Rechtsunsicherheit besonders problematisch, insofern gerade wirtschaftlich abhängige „Auftragnehmer" das Risiko einer Klage kaum eingehen können (PAASCH 1991: 218). Allerdings erscheint es vor dem Hintergrund vielfältiger Erscheinungsformen des Arbeitslebens problematisch eine klare Formel zu finden (vgl. STEINMEYER 1996: 35). Andererseits nennt STEINMEYER (1996: 353) den Vorteil, dass man auf diese Weise verhindern kann „... dass durch eine besondere Ausgestaltung des Verhältnisses zwischen den Beteiligten (Arbeitgeber/Arbeitnehmer bzw. Auftraggeber/Auftragnehmer) zu leicht die gewünschte Rechtsfolge manipuliert werden kann".

2.3.3 Probleme der Abgrenzung eines schutzwürdigen Personenkreises

Die Frage der arbeits- und sozialrechtlichen Abgrenzung von Arbeitnehmern bzw. abhängig Beschäftigten ist eine Frage der Abgrenzung eines schutzwürdigen Personenkreises. Vorrangig aus der Perspektive des Sozialrechts hat BRAND die bisherige Praxis der Rechtsprechung kritisiert. Seine Argumente werden zunächst aufgeführt. Anschließend erfolgt die Darstellung der Kritik WANKs aus arbeitsrechtlicher Perspektive.

BRAND kritisiert, dass bei der Rechtsprechung der Sozialgerichte der Schutzgedanke nicht ausreichend berücksichtigt werde und das Kriterium der wirtschaftlichen Abhängigkeit des Auftragnehmers von dem Auftraggeber nicht einbezogen wird (BRAND 1996: 408). Da aber, so BRAND, verschiedene Definitionsvorschläge im Einzelfall zu keinen eindeutigen Ergebnissen führen, schlägt er das Einkommen als Abgrenzungskriterium vor; „die grundsätzliche Versicherungspflicht bestimmter Personenkreise unterhalb einer bestimmten Einkommensgrenze" (BRAND 1996: 411).

WANK (1991: 391) kritisiert „dass die herkömmliche Arbeitnehmerdefinition den Anforderungen an eine juristische Definition schon im Ansatz nicht genügt, liegt daran, dass sie nur beschreibend, ontologisch verfährt. Rechtsbegriffe müssen aber teleologisch gebildet werden, d.h. zwischen den Merkmalen, die den Begriff konstituieren, und den an den Begriff anknüpfenden Rechtsfolgen muss ein Sinnzusammenhang bestehen". Die Schutzbedürftigkeit sei nun aber nicht aus der persönlichen Abhängigkeit bzw. Weisungsgebundenheit abzuleiten (vgl. auch STEINMEYER 1996: 351). WANK (1996: 392) greift dagegen auf den „maßgeblichen Gesichtspunkt, weshalb für den Selbständigen keine arbeitsrechtlichen Schutzgesetzte anzuwenden sind" zurück, den er darin sieht, „... dass er freiwillig einen Beruf gewählt hat, der ihm einen unternehmerischen Spielraum und damit die Möglichkeit zu Gewinnen und zur Eigenvorsorge ermöglicht". Entscheidend ist für ihn also, dass jemand freiwillig ein Unternehmerrisiko trägt und auch entsprechende Chancen wahrnehmen kann (vgl. auch MAYER 1999: 211f.). Entsprechend schlägt er folgende operationale Merkmale zur Kennzeichnung des Unternehmers vor: eine eigene Organisation und eigenes Kapital, die Beschäftigung von weiteren Mitarbeitern und das Auftreten am Markt gegenüber unbestimmt vielen Vertragspartnern. Im Zweifelsfall sei dann die Arbeitnehmereigenschaft zu bejahen, wenn ein Unternehmerrisiko nicht freiwillig übernommen worden ist, der Vertrag keine ausgewogene Mischung aus Chancen und Risiken enthält, keine eigene Organisation und kein eigenes Kapital verfügbar ist, keine Mitarbeiter beschäftigt werden und nur ein Vertragspartner vorliegt.

Ebenso stellt STEINMEYER heraus, dass eine Abgrenzung „... halbwegs verlässlich nur erfolgen (kann), wenn man einen funktionalen Ansatz wählt" (STEINMEYER 1996: 370). Im Sozialrecht gehe es dabei „... um die Frage, ob ein

Bedürfnis besteht, einen Personenkreis in die soziale Absicherung gegen die Wechselfälle des Lebens einzubeziehen, ... während das Arbeitsrecht die typischerweise bestehenden Ungleichgewichtigkeit ausgleichen will" (STEINMEYER 1996: 372). Im Falle der Sozialversicherung kommt die Sicherung des Solidarprinzips hinzu.
Wesentlicher Streitpunkt ist, ob nicht die wirtschaftliche Abhängigkeit oder die Frage, ob unternehmerische Spielräume wahrgenommen werden können, als Abgrenzungskriterium herangezogen werden soll.

Der Anteil der Personen, die dem Graubereich und der Scheinselbständigkeit zugerechnet werden, dürften nach den verschiedenen vorgeschlagenen Modellen zur Abgrenzung entsprechender Erwerbstätiger deutlich variieren. Die Datenlage ist bislang zwar sehr dürftig.[11] Die aktuellste und methodisch versierteste Studie, die derzeit vorliegt, hat das Institut für Arbeitsmarkt- und Berufsforschung (IAB) im Auftrag des Bundesministeriums für Arbeit und Sozialordnung durchgeführt (vgl. DIETRICH 1996). Der empirischen Studie wurden drei verschiedene Modelle der Abgrenzung der Selbständigen von den Arbeitnehmern zugrunde gelegt; zum einen ein Modell entsprechend der Rechtsprechung des BAG, zum anderen ein Modell entsprechend des Vorschlags von WANK (Alternativmodell) und schließlich ein Modell entsprechend dem Vorschlag der Spitzenverbände der Sozialversicherungsträger.[12] Je nach verwendetem Modell (BAG- bzw. Alternativmodell) ergibt sich eine hochgerechnete Zahl an Scheinselbständigen von ca. 500 Tausend bzw. 1,3 Mio. Den Hauptanteil machen jeweils diejenigen aus, die nicht im Haupterwerb, sondern in ihrer Nebenerwerbstätigkeit den Scheinselbständigen zugeordnet worden sind, nämlich 329 Tausend bzw. 901 Tausend Personen.

2.3.4 Rechtliche Neuregelungen zur Scheinselbständigkeit

Mit dem „Gesetz zu Korrekturen in der Sozialversicherung und zur Sicherung der Arbeitnehmerrechte" vom 19. Dezember 1998, das ab dem 01.01.1999 Geltung hat, wurden mehrere Neuregelungen getroffen (vgl. BUNDESMINISTERIUM FÜR JUSTIZ 1998: 3836ff). Erstens erfolgte eine **Beweislastumkehr**, diese liegt jetzt bei Vermutung des Vorliegens einer abhängigen Beschäftigung bei den betroffenen Auftraggebern bzw. -nehmern. Zweitens wird der Aspekt der **wirtschaftlichen Abhängigkeit** zur Abgrenzung von Scheinselbständigen stärker

[11] Wenige Zahlen wurden erhoben, meist handelt es sich um vage Schätzungen, die weit voneinander abweichen. Der geschätzte Umfang von Personen in Scheinselbständigkeit geht dabei von 100.000 bis zu über 1 Mio. Personen (vgl. PAASCH 1991).

[12] Bei letzterem Modell ergaben sich Zuordnungsprobleme, so dass hier ausschließlich die Befunde der ersten beiden dargestellt werden.

gewichtet (vgl. BMA[13] 1999a; KERSCHBAUMER/TIEFENBACHER 1999). Scheinselbständigkeit wird vermutet, wenn bei (formal) Selbständigen mindestens zwei der folgenden Bedingungen erfüllt sind:
Personen, die erwerbsmäßig tätig sind und
1. im Zusammenhang mit ihrer Tätigkeit mit Ausnahme von Familienangehörigen keinen versicherungspflichtigen Arbeitnehmer beschäftigen,
2. regelmäßig und im Wesentlichen nur für einen Auftraggeber tätig sind,
3. für Beschäftigte typische Arbeitsleistungen erbringen, insbesondere Weisungen des Auftraggebers unterliegen und in die Arbeitsorganisation des Auftraggebers eingegliedert sind oder
4. nicht aufgrund unternehmerischer Tätigkeit am Markt auftreten ..." (§7 Abs.4 SGB IV).

Die Vermutungsregelung tritt dann in Kraft, wenn mindesten zwei der vier Kriterien erfüllt sind. Ausgenommen sind hierbei „... Handelsvertreter, die im Wesentlichen frei ihre Tätigkeit gestalten und über ihre Arbeitszeit bestimmen können" (§7 Abs.4 SGB IV).
Drittens wird eine neue Rechtsfigur eingeführt, nämlich die der **arbeitnehmerähnlichen Selbständigen,** die im Gesetz definiert werden als „Personen, die im Zusammenhang mit ihrer selbständigen Tätigkeit mit Ausnahme von Familienangehörigen ... keinen versicherungspflichtigen Arbeitnehmer beschäftigen sowie regelmäßig und im Wesentlichen nur für einen Auftraggeber tätig sind ..." (§2 Nr.9 SGB VI). Diese sind mit der Neuregelung generell rentenversicherungspflichtig. Dieser Paragraph greift bei Handelsvertretern und bei Personen, die die Vermutung einer nichtselbständigen Tätigkeit (aufgrund §7 Abs. 4) widerlegen können, bei denen aber die ersten beiden Kriterien des §7 Abs.4 SGB IV zutreffen.

Dieses Gesetz hat zu einer ausgeprägten Kontroverse geführt, woraufhin die Bundesregierung eine Expertenkommission – unter dem Vorsitz des früheren Präsidenten des Bundesarbeitsgerichts DIETRICH - mit der Prüfung beauftragt hat und vermutlich das Gesetz nachbessern wird. Die Debatte soll hier im Einzelnen nicht nachgezeichnet werden, sondern lediglich die zentralen Argumente aufgeführt werden. Diese Diskussion wird dann vor dem Hintergrund der eigenen Analysen und Befunde im abschließenden Fazit nochmals aufgegriffen.
Hauptkritikpunkte an den Neuregelungen sind, dass die Beweislastumkehr selbständig Erwerbstätigen und deren Auftraggebern Kosten aufbürdet; dass durch den Einbezug des Kriteriums der wirtschaftlichen Abhängigkeit und die daraus resultierende Ausdehnung der als scheinselbständig eingestuften Personen - aus Sicht auftraggebender Unternehmen - Beschäftigung verteuert wird und somit

[13] Bundesministerium für Arbeit und Sozialordnung

beschäftigungssenkende Effekte induziert werden; zum anderen Existenzgründungen erschwert werden, da bei Neugründungen oftmals zunächst Bedingungen vorliegen, die den Kriterien zur Abgrenzung von Scheinselbständigkeit entsprechen (insbesondere nur ein Auftraggeber) und sich kein Auftraggeber dem Risiko aussetzen werde als Arbeitgeber des Selbständigen aufgefasst zu werden.
Was die Beweislastumkehr betrifft, so mögen ökonomische Argumentationen durchaus gegen diese Neuregelung sprechen. Die Abgrenzung selbständiger und abhängiger Erwerbstätigkeit bleibt in vielen Fällen uneindeutig, so dass den Betroffenen mit der Beweislast erhebliche Risiken und hohe potenzielle Kosten der Beweisführung entstehen. Was aber die Erweiterung der Abgrenzung durch die Aufnahme von Kriterien der wirtschaftlichen Abhängigkeit betrifft, so erscheinen die Argumente wenig überzeugend, zumindest greifen sie die Neuregelung nicht grundsätzlich an. Die Tatsache, dass Existenzgründer üblicherweise nicht am Beginn ihrer Erwerbstätigkeit eine größere Anzahl von Auftraggebern nachweisen können, kann als Sonderfall sowohl bei der Formulierung der Gesetze als auch bei gerichtlichen Einzelfallentscheidungen berücksichtigt werden. Das Gesetz zielt nicht auf solche Fälle ab, doch für all diejenigen, die längerfristig und nicht nur in der Gründungsphase für nur einen Auftraggeber arbeiten, bleibt die Frage bestehen, was ihn oder sie von Arbeitnehmern unterscheidet. Die von der Bundesregierung beauftragte Expertenkommission hat im Juni 1999 einen Zwischenbericht vorgelegt und Ende September 1999 ihre Beratungen abgeschlossen (vgl. BMA 1999b und 1999c). Neben Vorschlägen zu Verfahrenserleichterungen und Übergangsregelungen empfiehlt sie hinsichtlich der Merkmale der Vermutungsregelung erstens Familienmitglieder bei der Frage, ob versicherungspflichtige Arbeitnehmer beschäftigt werden, zu berücksichtigen.[14] Zweitens soll klargestellt werden, dass Tätigkeiten für nur einen Auftraggeber auf Dauer angelegt sein müssen, wobei die Kommission insbesondere auf die Interessen von Existenzgründern verweist. Arbeitnehmertypische Tätigkeiten sollen verdeutlicht werden.[15] Schließlich soll der Begriff des Unternehmers als Gegenbegriff in die Prüfung einbezogen werden. Außerdem soll die Vermutung erst dann angewendet werden, wenn mindestens drei der Kriterien zutreffen. Hinsichtlich der Abgrenzung des rentenversicherungspflichtigen Personenkreises (arbeitnehmerähnliche Selbständige) schlägt sie eine Präzisierung der Kriterien vor (s.o.), außerdem soll geprüft werden, ob hier nicht eine weitergehende Differenzierung angebracht ist. Schließlich wird

[14] Allerdings nur solche, die ein Entgelt von mindestens 630 DM monatlich beziehen und regelmäßig beschäftigt werden.

[15] Dabei soll maßgeblich sein, ob gleiche Tätigkeiten bei demselben oder einem vergleichbaren Auftraggeber von Arbeitnehmern ausgeübt werden. Außerdem soll darauf abgestellt werden, ob die bisher im Rahmen einer abhängigen Beschäftigung ausgeübte Tätigkeit in ihrem äußeren Erscheinungsbild unverändert geblieben ist.

eine Befreiungsmöglichkeit für künftige Versicherungspflichtige von 3 Jahren (v.a. zur Entlastung von Existenzgründern) bzw. dauerhaft für alle, die bei Eintritt das 58. Lebensjahr vollendet haben, vorgeschlagen.
Problempunkte der Neuregelungen könnten durchaus mit einer Nachbesserung der Gesetze bewältigt werden. Das Ausmaß der Debatte zeigt, dass Erwerbsverhältnisse im Graubereich quantitativ bedeutsam sind und allgemeine Regelungen bei der Heterogenität der Erscheinungsformen selbständiger Erwerbstätigkeit schwer durchsetzbar sind. Vor allem aber, dass eine eindeutige Abgrenzung abhängiger und selbständiger Erwerbstätigkeit problematisch bleibt.

2.4 Selbständige Erwerbstätigkeit als atypische Beschäftigungsform

Seit den 80er Jahren werden zunehmend Trends der Veränderungen am Arbeitsmarkt konstatiert, die einen grundlegenden Wandel der Arbeitsarrangements darstellen (vgl. z.B. OECD 1997: 10).[16] Insbesondere werden hierbei auch Strategien der Externalisierung von Beschäftigung - wie die Auftragsvergabe an Selbständige, Werkvertragskräfte etc. - diskutiert. "... the major trend is not so much towards the »end of work« but to strategic expansion, through economic concentration and the externalization of labour" (APPAY 1998: 161). Selbständige Erwerbstätigkeit spielt im Kontext der Diskussion um atypische Erwerbsformen und Arbeitsmarktflexibilisierung in zweierlei Hinsicht eine spezifische Rolle. Zum einen wird die Notwendigkeit flexibler Arbeitsmärkte für die sogenannten Entrepreneurs, insbesondere für solche, die ein Unternehmen neu gründen, herausgestellt. "Flexible labour markets are important to entrepreneurship insofar as they enable firms to respond quickly and easily to changes in circumstances" (OECD 1998: 18). Zum anderen insofern selbständige Erwerbstätigkeit selbst als eine atypische, flexible Erwerbsform betrachtet wird.[17] Um letzteren Aspekt soll es im Folgenden gehen.

---

[16] Das Ausmaß der Veränderungen ist umstritten. Auch wenn in Deutschland schon von der „Krise des Normalarbeitsverhältnisses“ die Rede war (vgl. MÜCKENBERGER 1985), so machen diese doch noch die Mehrheit der Beschäftigungsverhältnisse aus. Die starke Aufmerksamkeit, die der Entwicklung der atypischen Erwerbsformen entgegengebracht wird, ist nicht allein durch das Ausmaß deren Zunahme bedingt, sondern durch Entwicklungen, die auf einen qualitativen Wandel hindeuten; zum einen da Normalarbeitsverhältnisse substituiert werden (vgl. BÜCHTEMANN/QUACK 1989: 112) und zum anderen, da deren Zunahme nicht allein durch Strukturwandel oder steigende Frauenerwerbsbeteiligung erklärt werden kann, sondern auch durch rechtliche Faktoren, veränderte betriebliche Personalpolitik sowie ein Wandel im Angebotsverhalten (vgl. HOFFMANN/WALWEI 1998).

[17] Für Westdeutschland hat WALWEI (1998a) anhand der Daten des Mikrozensus gezeigt, dass der Anteil von Normalarbeitsverhältnissen an allen Erwerbstätigen von 1990 bis 1995 um mehr als 3 Prozentpunkte zurück ging, wohingegen deren Anteil zwischen 1985 und 1990 stabil bei ca. 60% lag. Von den atypischen Erwerbsformen hat neben der Teilzeitbeschäfti-

Es liegt keine exakte Definition der atypischen Beschäftigung vor, i.d.R. werden verschiedene Erwerbsformen, die vom sogenannten Normalarbeitsverhältnis abweichen, als atypische Erwerbsformen bezeichnet. Gemeinhin werden folgende Erwerbsformen als atypische Beschäftigungsformen benannt: Teilzeitarbeit, befristete Beschäftigung, Zeit- und Leiharbeit, geringfügige Beschäftigung, Scheinselbständigkeit, Heimarbeit und Telearbeit. Selbständigkeit wird also i.d.R. ausschließlich in der Form der Scheinselbständigkeit als atypische Beschäftigungsform betrachtet. In empirischen Beiträgen werden allerdings meist - aufgrund mangelnder differenzierter Datenbasis - alle Selbständigen in die Analyse atypischer Erwerbsformen einbezogen. Bevor eine Präzisierung der Abgrenzungen Selbständigen erfolgt, sollen zunächst die Bedeutungsinhalte der relevanten Begriffe analysiert werden. Im Rahmen der Analyse der Entwicklung verschiedener Erwerbsformen werden unterschiedliche Begriffe verwendet. Hier werden lediglich drei zentrale Begriffe geklärt. Es sind dies die der atypischen, der flexiblen und der prekären Beschäftigung. Neben diesen werden in der Literatur noch weitere Begriffe zur Charakterisierung atypischer Erwerbsformen verwendet, wie marginale Erwerbstätigkeit, Erwerbsarbeit in sehr geringem zeitlichen Umfang bzw. mit sehr geringem Einkommen, und "casual" oder "contingent employment", Erwerbstätigkeit, die von den Individuen nur gelegentlich ausgeübt wird bzw. in starkem Maße zyklischen Schwankungen unterworfen ist. Diese Aspekte letztgenannter Begriffe werden im Rahmen der drei ausführlicher analysierten Begriffe einbezogen.

2.4.1 Atypische Beschäftigungsformen als Abweichungen vom Normalarbeitsverhältnis

Da atypische Beschäftigungsverhältnisse in Bezug zum Normalarbeitsverhältnis definiert werden, muss zur Klärung der Bedeutungsdimensionen und -relevanz das Konstrukt des Normalarbeitsverhältnisses näher betrachtet werden. Die meisten Definitionen des Normalarbeitsverhältnisses, die in der arbeitsökonomischen und -rechtlichen Literatur vorfindbar sind, zählen verschiedene charakteristische Beschäftigungsmerkmale. Die Anzahl der Merkmale, mit denen das Normalarbeitsverhältnis abgegrenzt wird, schwankt; dabei kann man "in Übereinstimmung mit der internationalen Debatte ... den Begriff der typischen Beschäftigung aus im Wesentlichen vier Merkmalen konstruieren" (HÖLAND 1994: 9): der abhängigen Beschäftigung, dem unbefristeten Arbeitsvertrag, der Vollzeitbeschäftigung und der Ausübung der Tätigkeit in einem Betrieb bzw. Unternehmen. Zumindest für das deutsche Normalarbeitsverhältnis wird zudem übereinstimmend die auf Kontinuität ausgerichtete Beschäftigung als zentrales Merkmal herangezogen. MÜCKENBERGER (1990: 173).

gung insbesondere die selbständige Erwerbstätigkeit außerhalb der Landwirtschaft zugenommen.

Will man begreifen, was sich hinter diesen Kategorien von Normalität verbirgt und was sich mit der Zunahme atypischer Beschäftigungsverhältnisse verändert, erscheint es angebracht sich über die Auflistung von Normalitätsmerkmalen hinausgehend mit dem Begriff des Normalarbeitsverhältnisses auseinanderzusetzen. Den Begriff des *Normal*arbeitsverhältnisses kann in empirischer Abgrenzung als vorherrschenden Typus an Arbeitsverhältnissen bzw. Erwerbsformen verstanden werden. Normalität wäre in diesem Sinn empirisch-quantitativ zu fassen. Doch trägt dies offensichtlich nicht zu einem weiteren Verständnis bei. Der entscheidende Aspekt ist der rechtlich bzw. normative Bedeutungsgehalt (der ökonomisch ebenso relevant erscheint). Das Normalarbeitsverhältnis ist ein mit spezifischen arbeits- und sozialrechtlichen Normen verbundenes Arbeitsverhältnis, dagegen sind atypische Arbeitsverhältnisse "weniger verrechtlicht" (WALWEI 1995b: 182). Es ist allerdings nicht nur in dem Sinne normativ als mit ihm Rechtsnormen verknüpft sind, sondern auch indem es ein Leitbild darstellt, "... eine vorherrschende handlungsleitende Fiktion dessen, was als Arbeitsverhältnis zu gelten habe, nicht eine Deskription dessen, was empirisch an Arbeitsverhältnissen vorfindbar ist" (MÜCKENBERGER 1990:173). Die Vorstellungen über die Merkmale eines Normalarbeitsverhältnisses haben sich historisch entwickelt; sie entspringen gewachsenen Traditionen, die sich zunehmend zu verändern scheinen. Diesen Aspekt heben CARLEY/SURI hervor, indem sie atypische bzw. Nicht-Standard-Beschäftigungsformen definieren als "... alle diejenigen Formen von Beschäftigung .., die nicht charakterisiert sind durch 'traditionelle' Verträge unbegrenzter Dauer für Personen, die auf Vollzeitbasis beschäftigt sind" (CARLEY/SURI 1993: 600). In Deutschland hat sich das Normalarbeitsverhältnis während der Industrialisierung entwickelt (vgl. KRESS 1998: 489f.). MÜCKENBERGER differenziert drei maßgebliche Funktionen des Normalarbeitsverhältnisses. Zum einen die *Schutzfunktion*, insofern Arbeitskräfte im Rahmen der gesetzlichen Sozialversicherung, arbeitsrechtlicher Regulierungen und betrieblicher sowie überbetrieblicher Interessensvertretungen vor Beschäftigungsrisiken geschützt werden oder bei eingetretenen Risikofällen Kompensationsleistungen erhalten. Zweitens eine *Anreizfunktion*, insofern durch materielle Anreizsysteme die Bereitschaft zu kontinuierlicher fremdbestimmter Arbeit geschaffen wurde. Hierin sieht MÜCKENBERGER "... die historische Leistung des deutschen Sozialversicherungssystems sowie des arbeitsrechtlichen Bestandsschutzsystems, das das Leistungsniveau mit Beitrags*höhe* und -dauer koppelt und damit soziale Sicherung von Erwerbs*kontinuität* abhängig macht ... (bzw.) den gesicherten sozialen Besitzstand systematisch mit der *Dauer* kontinuierlicher Beschäftigung verknüpft und die erforderliche Arbeitsdisziplin auf diese Weise prämiert beziehungsweise ihr Fehlen sanktioniert" (MÜCKENBERGER 1989: 213). Drittens eine *Selektionsfunktion*, insofern das Normalarbeitsverhältnis durch Chancen nach dem Grundkriterium der Beschäftigungskontinuität differenziert zuweist. Kritisiert wird, dass dieser Begriff und dessen implizite Orientierung am Normalarbeitsverhältnis stigmatisierend wirkt. Ebenso wirkt die arbeits- und sozialrechtliche Orientierung am Normalarbeitsverhältnis.

2.4.2 Die Flexibilität atypischer Beschäftigungsverhältnisse

Zentrales Thema der Arbeitsmarktliteratur sowie der politischen Diskussion in Europa ist seit Beginn der 80er Jahre die These der Starrheit der europäischen Arbeitsmärkte (Eurosklerose) als Ursache für die anhaltend hohe Arbeitslosigkeit bzw. die Notwendigkeit der Flexibilisierung der Arbeitsmärkte als Strategie zur Reduktion der Arbeitslosigkeit. In diesem Kontext steht auch die Diskussion atypischer Beschäftigung. Zumindest aus ökonomischer Perspektive erscheint im Rahmen der Diskussion um atypische Beschäftigungsverhältnisse die Frage der Flexibilität der Arbeitsmärkte zentral.[18] Der Vorteil atypischer Beschäftigungsformen wird vor allem in deren Potenzialen der Flexibilisierung des betrieblichen Arbeitskräfteeinsatzes gesehen, der somit rentabler werde und makroökonomisch zu einer Ausweitung der Beschäftigung und einem Abbau der Arbeitslosigkeit führen soll. Häufig werden die Begriffe atypische und flexible Beschäftigungsformen synonym verwendet bzw. Beschäftigungsverhältnisse, die üblicherweise als atypisch bezeichnet werden, flexible Beschäftigungsformen (vgl. FISCHER 1991) oder auch "contingent work" (vgl. POLIVKA/NARDONE 1989:) genannt. Hier scheint allerdings eine differenzierte Betrachtung und Begriffsverwendung angebracht. An der Diskussion der Teilzeitbeschäftigung lässt sich beispielsweise verdeutlichen, dass sich in der Literatur zu neuen Erwerbsformen häufig allzu pauschalisierte Äußerungen finden, die den Erkenntnisstand nicht fördern und einer klaren Analyse entgegenstehen.[19]

Da der Flexibilisierung der Arbeitsmärkte in der wissenschaftlichen und politischen Diskussion eine derart zentrale Bedeutung beigemessen wird und diese

---

[18] Für die Zunahme atypischer Beschäftigungsverhältnisse werden überwiegend Flexibilitätsinteressen - sowohl angebotsseitig als auch nachfrageseitig begründet - verantwortlich gemacht (vgl. KLEINHENZ 1998, BREWSTER/MAYNE/TREGASKIS 1997, DE GRIP/HOEVENBERG /WILLEMS 1997; WALWEI 1995a, 1995b, 1993; KELLER/SEIFERT 1995; DELSEN 1995, DÖSE ET AL. 1994; BOLLINGER/ CORNETZ/PFAU-EFFINGER 1991; RODGERS 1989).

[19] Insbesondere bei der abhängigen Teilzeitbeschäftigung lässt sich die Flexibilität hinterfragen. Solange Teilzeitbeschäftigung nicht mit flexiblen Arbeitszeitformen verknüpft wird, ist deren Potenzial für betrieblich flexiblen Arbeitskräfteeinsatz vermutlich gering. Es spricht einiges dafür, dass Teilzeitbeschäftigung in den meisten Staaten wenig Flexibilitätspotenziale bietet. So tritt sie in Deutschland mit knapp 74% überwiegend in Form der Vormittagsarbeit auf und wird in allen Staaten vor allem von Frauen mit Kindern ausgeübt (vgl. DELSEN 1995: 161, 159). Flexibilitätsspielräume hinsichtlich des Umfangs wie auch der Lage der Arbeitszeiten dieser Beschäftigung scheinen offensichtlich nur in begrenztem Maße zu bestehen.

auch im Zusammenhang mit der selbständigen Erwerbstätigkeit thematisiert wird, sollen hier die verschiedenen Flexibilitätsdimensionen atypischer Beschäftigungsformen knapp herausgestellt werden. Eine umfassende Analyse der verschiedenen Maßnahmen betrieblicher Flexibilitätssteigerungen sowie der dabei tangierten Interessen der Arbeitgeber und Arbeitskräfte erfolgt im Rahmen der segmentationstheoretischen Analyse.
ATKINSON hat die Debatte um betriebliche Flexibilisierung des Personaleinsatzes geprägt. Sein Modell der flexiblen Firma gilt zwar als sehr umstritten, doch seine Differenzierung von Flexibilitätsformen ist in der arbeitsmarktökonomischen Literatur wie auch in arbeitsmarktpolitischen Schriften übernommen worden. „Nonetheless, Atkinson's work has been extremly influential. His vision of flexibility has influenced policy debates internationally..." (BREWSTER/ MAYNE/TREGASKIS 1997: 87; vgl. auch HAKIM 1990: 163). Diese Unterscheidung von Flexibilitätsformen soll hier herangezogen werden, um *Flexibilitätspotenziale selbständiger Erwerbsformen aus Sicht der Betriebe* darzustellen. ATKINSON (1985: 11ff.) unterscheidet drei Flexibilitätstypen, wobei die Unterscheidung von numerischer und funktionaler Flexibilität zentral erscheint. Mit ***numerischer Flexibilität*** wird die kurzfristige und kostengünstige Anpassung der Arbeitsstunden an Niveauveränderungen der Produktnachfrage bezeichnet; hierbei geht es also um die quantitative Anpassung des eingesetzten Arbeitsvolumens, so dass im Ideal die Anzahl der eingesetzten Arbeitskräfte und Arbeitsstunden den benötigten entsprechen. ***Funktionale Flexibilität*** "... is sought so that employees can be redeployed quickly and smoothly between activities and tasks" (ATKINSON 1985: 11); sie meint somit die Möglichkeit des aufgabenflexiblen Einsatzes der Belegschaften. Die dritte Dimension von Flexibilität ist die der ***Kostenflexibilität,*** worunter er zum einen versteht, dass Löhne und andere Arbeitskosten die Angebots- und Nachfragebedingungen am externen Arbeitsmarkt reflektieren und - laut ATKINSON längerfristig bedeutsamer - zum anderen betriebliche Entgeltsysteme, die das Flexibilitätsbewusstsein und somit funktionale Flexibilität fördern. Neben diesen drei Formen der Flexibilität, die in der Arbeitsmarktliteratur und arbeitsmarktpolitischen Diskussion weitestgehend übernommen worden sind, findet man bei ATKINSON noch einen weitere Begriff, nämlich den des „Distancing", den er definiert als „... the displacement of employment contracts by commercial contracts, as exemplified by sub-contracting" (ATKINSON 1986: 12); wobei er einräumt, dass es sich eher um eine Alternative zur Flexibilität als um eine spezifische Flexibilitätsform handelt, da hiermit betriebliche Flexibilitätsprobleme externalisiert werden. Da diese Strategie unmittelbar auch die Auftragsvergabe an selbständig Erwerbstätige betrifft, wird sie an entsprechender Stelle näher betrachtet.
Betriebliche Vorteile atypischer Beschäftigungsformen werden vor allem in der damit erzielbaren numerischen Flexibilität gesehen. Die Anpassung des eingesetzten Arbeitsvolumens an den schwankenden Bedarf kann durch eine kurz-

fristige Variation der Arbeitszeit vorhandener Belegschaftsmitglieder oder durch die kurzfristige Anpassung des Bestandes an Beschäftigten erfolgen. Atypische Beschäftigungsformen erleichtern dies, insofern sie nicht auf Dauer angelegt sind oder verbesserte Anpassungs*potenz*iale dadurch bieten, dass sie in einem geringen zeitlichen Umfang ausgeübt werden und somit eine quantitativ genauere Abstimmung des Arbeitsbedarfs und des -einsatzes bieten oder mit flexiblen Arbeitszeitoptionen verknüpft sind. Numerische Flexibilität kann mit flexiblen Arbeitszeitarrangements als auch mit flexiblen Vertragsformen erzielt werden (vgl. BREWSTER et al. 1996: 4). Funktionale Flexibilität mag man auch tendenziell immer dann mit atypischen Beschäftigungsformen erzielen, wenn ein solches im originären Interesse der Arbeitskräfte liegt und somit die Mobilitätsbereitschaft hinsichtlich der Arbeitsaufgaben sowie insgesamt die Loyalität gegenüber dem Arbeitgeber gefördert werden kann.

Auch *aus Sicht der Arbeitskräfte* werden *Flexibilitätsvorteile* atypischer Erwerbsformen hervorgehoben. Allen voran die bessere (oder überhaupt erst eine) Vereinbarkeit von Erwerbsarbeit und anderen Tätigkeiten, aber auch das Interesse mancher Arbeitskräfte an wechselnden betrieblichen Einsatzorten (vgl. WALWEI 1995b: 196). So dass solche Arbeitsverhältnisse aus Sicht der Arbeitskräfte nicht nur aufgrund mangelnder Alternativen eingegangen werden, sondern auch in ihrem Interesse sein können (vgl. BOLLINGER/CORNETZ/PFAU-EFFINGER 1991: 196).

Dem stehen allerdings beträchtliche *potenz*ielle Nachteile für atypisch Beschäftigte entgegen, die mit dem Begriff der prekären Beschäftigung zum Ausdruck gebracht werden.

2.4.3 Die Prekarität atypischer Beschäftigungsverhältnisse

Der Begriff der prekären Beschäftigungsformen enthält eine Bewertung der vom Normalarbeitsverhältnis abweichenden Beschäftigungsformen, insofern solche als problematisch bzw. für die Erwerbsperson besonders risikoreich betrachtet werden. Betriebe können mit atypischen Erwerbsformen Risiken auf die Arbeitnehmer verlagern bzw. externalisieren; inwieweit diese Risikoexternalisierung als für das Individuum tragbar beurteilt wird, ist für die Frage der Prekarität von Beschäftigungsformen entscheidend (vgl. KRESS 1998: 499). Nicht alle atypischen Erwerbsformen werden als prekär bezeichnet. Im Folgenden sollen die in der Literatur genannten Prekaritätsdimensionen analysiert werden.

Es ist aus mehreren Gründen nicht unproblematisch, zu klären, welche Beschäftigungsformen prekär sind bzw. als solche gelten. Erstens, da es sich um einen wertenden Begriff handelt und somit die Frage nach den zumutbaren Risiken enthält, die letztendlich nicht objektiv zu bestimmen ist; zweitens, da zwar verschiedene Merkmale von Beschäftigungsformen genannt werden, die aber alle für sich allein betrachtet noch nicht zwingend als prekär beurteilt werden, sondern darauf verwiesen wird, dass "it is some combination of these factors which identifies precarious jobs, and the boundaries around the concept are inevitably to some extent arbitrary" (RODGERS 1989: 3); drittens, da die Frage, welche Erwerbsformen als prekär eingestuft werden können, auch dadurch erschwert ist, dass nicht allein objektive Merkmale der Beschäftigungssituation zur Abgrenzung herangezogen werden, sondern auch eine Einbeziehung der sonstigen Lebenssituation atypisch Beschäftigter als notwendig erachtet wird, wie zum Beispiel die Frage der sonstigen, nicht durch das Arbeitsverhältnis gewährleisteten, sozialen Absicherung der Beschäftigten.

Was sind nun die wesentlichen *Merkmale prekärer Beschäftigungsformen*? Als zentrales Merkmal gelten die mit diesen verbundenen ***Beschäftigungsrisiken*** (insbesondere das der Arbeitslosigkeit), die zudem aufgrund des ***fehlenden oder geringeren Sozialversicherungsschutzes*** vieler atypischer Erwerbsformen in stärkerem Ausmaß von den betreffenden Individuen getragen werden müssen als bei Normalarbeitsverhältnissen, bei denen zumindest Ansprüche entsprechender Kompensationsleistungen bei eingetretenen Risikolagen, wie Arbeitslosigkeit, Krankheit, Erwerbsunfähigkeit oder Ruhestand erworben werden (vgl. z.B. KELLER/SEIFERT 1995: 232).
Ein weiteres Merkmal ist ein ***Einkommen,*** *das* ***unterhalb eines existenzsichernden Niveaus*** liegt (vgl. KRESS 1998: 492). "Prekäre Beschäftigungsverhältnisse sind in der Regel nicht auf Dauer angelegt, Instabilität und Arbeitgeberwechsel sind Teil dieses spezifischen Arbeitsmarktsegments, eine kontinuierliche, stabile oder gar existenzsichernde Beschäftigungssituation ist nicht möglich" (HOLST/MAIER 1998: 512). RODGERS (1989: 3) nennt neben diesen drei Merkmalen noch die ***fehlende*** (individuelle oder kollektive) ***Kontrolle über die Arbeitsbedingungen***.
Prekarität ergibt sich somit *potenz*iell zum einen aufgrund der geringen Einkommen, die Konsum- und Lebenschancen einschränken und zum anderen aus mangelnder arbeitsrechtlicher, sozialrechtlicher und kollektiver Sicherung der individuellen Arbeitsverhältnisse; wobei die mangelnde kollektive Absicherung wiederum die Wahrscheinlichkeit ungünstiger Erwerbsbedingungen, wie starker Beschäftigungsinstabilität und/oder deutlich unterhalb sozialen Standards liegenden Beschäftigungsbedingungen, wie z.B. Einkommen unterhalb des Existenzsicherungsniveaus, erhöhen mag.

Wie bereits erwähnt, wird für die Frage, ob sich die Individuen in atypischen Beschäftigungsverhältnissen in einer prekären Lage befinden als bedeutsam erachtet, in welcher sonstigen, über diese Beschäftigungssituation hinausgehenden Lebenssituation sie sich befinden. Im Wesentlichen geht es hierbei um die Frage, ob die Individuen in irgendeiner Form sozial abgesichert sind. Dies kann dann der Fall sein, wenn die atypische Beschäftigung lediglich als Nebentätigkeit ausgeübt wird und entweder die Haupttätigkeit keine Erwerbstätigkeit ist (Schüler/innen und Studierende, Hausfrauen/männer; Rentner/innen) oder durch den Haupterwerb ein existenzsicherndes Einkommen sowie Sozialversicherungsschutz vorliegt (vgl. WALWEI 1995a: 17). Außerdem wird argumentiert, dass für Ehefrauen, die durch einen "Hauptverdiener" abgesichert seien, atypische Beschäftigung lediglich ein Hinzuverdienst darstellt, so dass die mangelnde Existenzsicherung aufgrund der atypischen Beschäftigung nicht als prekär bewertet wird. In einer solchen Perspektive scheint nicht das individuelle Einkommen, sondern das ***Haushaltseinkommen zur Beurteilung der Prekarität*** geeignet (vgl. BÜCHTEMANN/QUACK: 1989: 121ff.). So sind auch Frauen deutlich überproportional unter den atypisch Beschäftigten vorzufinden. Es scheinen sich "... die Geschlechterverhältnisse in Westdeutschland in Richtung Versorgerehe mit zuverdienender Ehefrau (zu entwickeln). ...Männer werden in diesem Konzept in ihrer traditionellen Rolle belassen, die Rolle der Frau hingegen durch partielle Integration in den Arbeitsmarkt ergänzt" (HOLST/MAIER 1998: 515). Diese Entwicklung mag aber aus Sicht der Frauen durchaus prekär sein. Zum einen, da i.d.R. für diese Frauen eine Doppelbelastung entsteht, insofern die Erwerbstätigkeit zu der Familienarbeit hinzukommt, wohingegen meist bei den Männern zur Erwerbsarbeit keine oder kaum mehr Familienarbeit geleistet wird und zum anderen, da das Modell der Versorgerehe in Anbetracht der Scheidungsraten zu hinterfragen ist. So schließen auch HOLST/MAIER (1998: 515) "In der Konsequenz müssen die individuellen Risiken abgesichert und die individuellen Chancen verbessert werden".

Zur Beurteilung der Prekarität atypisch Beschäftigter wird auch angemerkt, dass die Frage der Vergleichsbasis entscheidend sei, also die des Vergleichs mit dem Normalarbeitsverhältnis oder mit der Arbeitslosigkeit (vgl. WALWEI 1995a: 19). Doch kann man kritisieren, dass die Einschätzung der Prekarität nicht in diesem Sinne relativiert werden sollte. Eine gegebene Beschäftigungssituation wird nicht weniger prekär, auch wenn sie immer noch besser als Arbeitslosigkeit ist oder längerfristig Chancen eines Aufstiegs in ein Normalarbeitsverhältnis bietet. Fragen der Beurteilung einer gegebenen Situation und die des weiteren Erwerbsverlaufs sollten nicht gänzlich vermengt werden, auch wenn sie in einem Zusammenhang stehen. So ist es von Bedeutung, ob Arbeitskräfte, die atypische Beschäftigungsformen eingehen, in spezifischen Beschäftigungssegmenten quasi eingeschlossen werden oder diesen Erwerbsformen eine sogenannte Brückenfunktion zukommt. Für Arbeitslose oder Personen, die ein Normalarbeitsverhältnis präferieren, aber keine solche Beschäftigung erhalten, wie auch für Personen, die aufgrund ihrer Lebenssituation und Präferenzen keine Vollbeschäftigung suchen, mag es von Vorteil sein, atypische Beschäftigungsverhältnisse einzugehen, um den Kontakt zum Arbeitsmarkt zu halten. Hysterese-Ansätze der Arbeitslosigkeit haben die Bedeutung des längerfristigen Verlustes eines solchen Kontaktes herausgestellt (vgl. PFAHLER 1994;

KÖSTERS/BELKE 1992). Humankapitalverluste (inklusive des Verlustes von Verhaltensmustern, wie Pünktlichkeit, die Einbindung in ein betriebliches Sozialgefüge, etc.) wie auch bloße Stigmatisierungseffekte aufgrund längerfristiger Phasen der Erwerbslosigkeit können die Beschäftigungschancen erheblich vermindern. Entsprechende Bewerber und Bewerberinnen geraten in eine ungünstige Position der Bewerberschlange (vgl. THUROW 1978), so dass sie, solange ausreichend präferierte Arbeitsanbieter vorhanden sind, keine oder kaum Chancen auf Wiederbeschäftigung haben. Die Ausübung einer atypischen Beschäftigung mag solche Humankapitalverluste und Stigmatisierungseffekte verhindern. Andererseits kann sich aber die Aufnahme einer atypischen Beschäftigung ebenso als Stigma auswirken und eine negative Berufskarriere einleiten (WALWEI 1995a: 20). Insofern gesetzliche Rentenansprüche gar nicht oder nur in geringem Umfang erworben worden sind, können sich atypische Erwerbsformen zudem über das Erwerbsleben hinausgehend negativ für die Individuen auswirken und als "traps" erweisen (vgl. BÜCHTEMANN/QUACK 1989: 138). Auf den Aspekt der Effekte im Verlauf von Erwerbsbiografien wird bei der segmentationstheoretischen Analyse[20] näher eingegangen.

Die Prekarität verschiedener Beschäftigungs- und Lebensverhältnisse kann man auch in einer gesamtwirtschaftlichen bzw. gesamtgesellschaftlichen Perspektive sehen. Mit diesen Beschäftigungsformen können die Steuer- und Sozialversicherungssysteme, die am Normalarbeitsverhältnis orientiert sind, unterwandert werden, so dass eine zunehmende Ausbreitung solcher Erwerbsformen unter den gegebenen rechtlichen Systemen negative gesamtwirtschaftliche Effekte bewirken kann. Sozialversicherungsfreie oder instabile Erwerbsformen bedingen geringere Einnahmen der Sozialkassen; bei nicht abgesicherten Risiken entstehen Belastungen für die Sozialhilfe, für die die Allgemeinheit der Steuerzahler aufkommen muss bzw. im Falle eines abgeleiteten Versicherungsschutzes die Gesamtheit der Beitragszahler der Sozialversicherungen. (vgl. FRIEDRICH-EBERT-STIFTUNG 1996: 2 u. 43; RÜRUP/SESSELMEIER 1995).

2.4.4 Selbständige Erwerbstätigkeit als atypische, flexible oder prekäre Beschäftigungsform

Selbständige Erwerbstätigkeit weist i.d.R. - abgesehen von den punktuellen Ausnahmeregelungen - das zentrale Merkmal von Normalarbeitsverhältnissen, nämlich arbeits-, sozialrechtlichen und kollektivvertraglichen Schutz, nicht auf. Dennoch ist es offensichtlich nicht sinnvoll alle Selbständigen als atypisch Beschäftigte zu klassifizieren, da selbständiges Unternehmertum nicht als schutzbedürftige Beschäftigungsform angesehen wird bzw. zumindest in der

[20] Siehe Kapitel D dieser Arbeit.

klassischen Begriffsverwendung bei Unternehmern (wie auch bei einigen Freien Berufen) überhaupt kein Beschäftigungsverhältnis vorliegt.
In der deutschen erwerbsstatistischen Abgrenzung wird die Kategorie der Erwerbstätigen in abhängig Beschäftigte und selbständig Erwerbstätige differenziert. Zur Kategorie der Beschäftigten werden also i.d.R. ausschließlich abhängig Erwerbstätige gezählt. Entsprechend werden in der Literatur zur atypischen Beschäftigung in Deutschland bei der Auflistung verschiedener atypischer *Beschäftigungs*formen zwar auch Selbständige genannt, allerdings - in nahezu allen Beiträgen - lediglich Scheinselbständige. Bei dieser Kategorie dürfte unumstritten sein, dass es sich um eine atypische Beschäftigungsform handelt, da einerseits typische Merkmale einer abhängigen Beschäftigung vorliegen, wie Weisungsgebundenheit gegenüber (nur) einem Auftrag- bzw. Arbeitgeber, kein Auftreten am Markt etc., aber andererseits zentrale Kriterien des Normalarbeitsverhältnisses, wie arbeitsrechtliche und sozialrechtliche Absicherung, nicht gegeben sind. Diese Begrenzung selbständiger atypischer Beschäftigungsformen erscheint allerdings zu eng, da verschiedene Formen des Graubereichs zwischen abhängiger und selbständiger Erwerbstätigkeit, die weder der Scheinselbständigkeit noch einem Normalarbeitsverhältnis, noch dem klassischen Begriff des Unternehmertums (siehe Kapitel B dieser Arbeit) entsprechen, nicht erfasst werden. "Auf der anderen Seite ist der deutsche Begriff des Normalarbeitsverhältnisses durch seine Beschränkung auf abhängige Beschäftigungsverhältnisse weniger gut in der Lage, benachbarte Entwicklungen etwa im Bereich der arbeitnehmerähnlichen Personen oder der Selbständigen zu erfassen" (HÖLAND 1994: 9). Es erscheint sinnvoll, weitere Formen atypischer selbständiger Erwerbstätigkeit einzubeziehen und diese empirisch zu analysieren.[21]
In der angelsächsischen Literatur werden dagegen zu den atypischen Erwerbsformen auch bei der theoretisch-konzeptionellen Differenzierung alle "self-employed" zum Teil auch noch gesondert genannt, sogenannte "contract employees" (Werkvertragsarbeitskräfte) oder "own account worker". Der Begriff atypischer Selbständigkeitsformen wird also weiter gefasst, doch muss man auch hier die Unklarheit der begrifflichen Abgrenzungen kritisieren. Mal wird "self-employment" als Oberbegriff aller Selbständigkeitsformen verwendet, mal

---

[21] Anekdotisch lassen sich verschiedene Erscheinungsformen selbständiger Erwerbstätigkeit beschreiben, die man weder als Scheinselbständige noch im klassischen Sinne als Unternehmer oder Freiberufler klassifizieren mag; ein Beispiel mag hier genügen. Personen, die ein Fremdsprachenstudium absolviert haben und unregelmäßig kleinere Übersetzungs- oder Sprachschulungsaufträge kurzer (Werk-)Vertragsdauer für verschiedene Unternehmen übernehmen. Warum sollte man solche Erscheinungsformen selbständiger Tätigkeit nicht ebenso als eine atypische Beschäftigungsform analysieren?

wird er neben den oben genannten sowie in Abgrenzung von den Entrepreneurs erwähnt.[22]
Bei empirischen Analysen werden sowohl in der deutschen als auch in der angelsächsischen Literatur zur atypischen Beschäftigung aufgrund der bestehenden Datenlage oftmals alle Selbständigen bzw. "self-employed" (in weiter Abgrenzung entsprechend der deutschen Abgrenzung von Selbständigen) einbezogen. Die Heterogenität der Selbständigenformen und die bestehende Datenlage machen es schwierig, Selbständigkeitsformen, die man zu atypischen Erwerbsformen zählen könnte, systematisch zu differenzieren und empirisch zu analysieren (vgl. CARLEY/SURI 1993: 607).
Wie bereits deutlich gemacht wurde, ist es zwar auch nicht unproblematisch festzulegen, bei welchen Formen von Selbständigkeit Unternehmertum vorliegt, praktikabel scheint aber, vor allem wenn man mit vorhandenem statistischen Datenmaterial arbeitet, eine Abgrenzung nach dem Kriterium, ob weitere Mitarbeiter beschäftigt werden oder die selbständig Erwerbstätige ausschließlich die eigene Arbeitskraft einsetzt. So kann man zumindest als *potenz*iell atypisch Beschäftigte solche Selbständigen klassifizieren, die ohne weitere Mitarbeiter arbeiten.[23] Letztendlich ist für die Beurteilung der Frage, ob eine einer Beschäftigungsform ähnliche Erwerbssituation vorliegt, davon abhängig, ob Selbständige im Auftrag von anderen Unternehmen tätig sind, wobei dies eine notwendige, nicht aber eine hinreichende Bedingung darstellt. Wenn sogenanntes Outsourcing, also die Auslagerung zuvor unternehmensintern erstellter Leistungen, oder die Vergabe von Werkverträgen an Selbständige erfolgt, so können diese zum einen typische Zulieferer/Abnehmer-Unternehmensbeziehungen, zum anderen aber auch spezifische flexible Beschäftigungsformen darstellen. Letzteres mag der Fall sein, wenn man bei den Selbständigen nicht Unternehmertum annehmen kann; es mögen dann kein Auftreten auf (Absatz-)Märkten, kein Kapitaleigentum, keine Beschäftigung weiterer Arbeitnehmer vorliegen. Man müsste demnach aufgrund theoretisch-analytischer Überlegungen also Selbständige ohne weitere Beschäftigte weiterhin differenzieren in solche, die für andere Unternehmen arbeiten oder ihre Güter bzw. Dienste direkt für Endverbraucher anbieten. Erstere mag man als "own account worker" bezeichnen, letztere als Ein-Personen-Unternehmen. Da vorliegendes statistisches Daten-

---

[22] MÜCKENBERGER (1995: 203) nennt auch Beschäftigungsauslagerung und meint damit Scheinselbständigkeit, die er mit dem angelsächsischen Begriff des Self-Employment gleichsetzt.

[23] Diese Abgrenzung ist zwar auch nicht unproblematisch, da auch die Erwerbssituation selbständig Erwerbstätiger, die z.B. zu zweit (in einer Partnerschaft) ihre Dienste für Unternehmen anbieten, eher der von Arbeitnehmern und weniger der von Unternehmern ähneln mag, allerdings erlauben vorliegende statistische Erhebungen keine trennschärfere Abgrenzung.

material allerdings keine entsprechenden Informationen liefert, kann man letztere Differenzierung in empirischen Sekundäranalysen nicht vornehmen.

Welche Bedeutung der selbständigen Erwerbstätigkeit als atypische Erwerbsform zukommt, kann man verdeutlichen, wenn man sie aus Sicht der Arbeit- bzw. Auftraggeber einerseits und der Arbeitskräfte andererseits mit der abhängigen Beschäftigung vergleicht. Die Vorteile selbständiger Erwerbstätigkeit werden vor allem in deren Flexibilität gesehen. "Most consider the increase in self-employment an economic and social plus. They see it as a sign of efficiency, flexibility, and adaptability" (DENNIS 1996: 645). Aus Sicht der auftragsvergebenden Unternehmen stellt selbständige Erwerbstätigkeit eine kostengünstige (Personalnebenkosten entfallen), flexible Beschäftigungsform dar, insofern diese Vertragsformen im Vergleich zum Arbeitsvertrag hinsichtlich der numerischen Flexibilität größere Anpassungsspielräume ermöglichen, da arbeitsrechtliche, sozialrechtliche sowie kollektivvertragliche Regulierungen entfallen (vgl. FISCHER 1991: 113; BUCH 1999: 88ff). APPAY beschreibt beispielhaft die betriebliche Strategie des "cascading subcontracting" einer englischen Firma: "The labour externalization process here is clear: from main contractor to subcontractor, which in turn transfers the process down to individual level. The self-employed in this case are specialists, ready to work as and when required, and prepared to do other tasks if necessary" (APPAY 1998: 171). Mit atypischen Beschäftigungsformen werden zum Teil betriebliche Risiken auf die Arbeitskräfte verlagert (externalisiert); im Falle der Auftragsvergabe an Selbständige, statt der Beschäftigung von Arbeitnehmern, werden entsprechende Risiken vollständig externalisiert (vgl. HÖLAND 1994: 15f.). "In dem jedenfalls theoretisch engen funktionalen Bezug zu Unternehmen und in der Tatsache, dass viele dieser Funktionen früher (d.h. vor der Beschäftigungskrise) in der Form integrierter abhängiger Arbeit verrichtet wurden, liegt die Rechtfertigung, bestimmte Formen der Selbständigkeit als »atypisch« zu beschreiben" (HÖLAND 1994: 16). Die Auftragsvergabe an Selbständige ermöglicht den Betrieben eine Erhöhung der numerischen Flexibilität, da der Arbeitskräfteeinsatz ausschließlich für die Erledigung eines spezifizierten Auftrags erfolgt und nach dessen Beendigung für den Auftraggeber keine weitere Verpflichtung gegenüber dem Selbständigen besteht (vgl. WALWEI 1995a: 13). "... employers' reasons for using self-employed labour are not very different from their use of any type of non-core worker, with an emphasis on the need for greater workforce flexibility and reduced labour cost" (HAKIM 1988: 438). Insofern dient abhängige Selbständigkeit "... als funktionales Äquivalent zur Variation der Arbeitszeit oder des Personalbestandes ..." (BOLLINGER/CORNETZ/PFAU-EFFINGER 1991: 185). Verschiedene empirische Studien belegen, dass solche „Outsourcing"- und „Subcontracting"-Maßnahmen von Unternehmen auch in Deutschland zunehmen (BREWSTER/MAYNE/TREGASKIS 1997: 92, BREWSTER et al. 1996: 8 OECD 1992: 155).

Bei solchen betrieblichen Auftragsvergaben an Selbständige muss allerdings nicht unbedingt Scheinselbständigkeit vorliegen, noch ist - wie anhand der oben vorgenommenen Begriffsanalyse deutlich werden sollte - eine Kategorisierung als prekäre Beschäftigung notwendig. "Schließlich hängt es bei »ausgelagerten« Selbständigen von der Marktposition (Käufer- oder Verkäufermarkt) ab, ob sich ihre Erwerbssituation - im Vergleich zur abhängigen Normalbeschäftigung - verbessert oder verschlechtert" (WALWEI 1995a: 17). Will man also die Erwerbssituation atypisch beschäftigter Selbständiger beurteilen, müsste man diese Marktsituation berücksichtigen. Analysiert man vorliegendes empirisches Datenmaterial, so sind allerdings kaum entsprechende Informationen vorhanden. Allenfalls kann man zumindest bei einigen Branchen und Berufsgruppen auf diese Marktsituation schließen. Daher benötigt man weitere Kriterien, um Selbständigkeitsformen zu differenzieren, hierzu kann man die in der Analyse der Begriffe und Konzepte um atypische Erwerbsformen herausgestellten Beschäftigungs- bzw. Erwerbsmerkmale heranziehen.

Die Stabilität der Erwerbstätigkeit der Selbständigen mag ein Indikator für atypische Beschäftigung liefern. So können zwar auch Unternehmensgründungen scheitern und somit eine Fluktuation unter den selbständig Erwerbstätigen bewirken, allerdings scheint die Vermutung plausibel, dass bei häufigeren Wechseln zwischen selbständiger Erwerbstätigkeit einerseits und Nicht-Erwerbstätigkeit oder abhängiger Beschäftigung andererseits eher Formen atypischer Beschäftigung vorliegen. So sieht HÖLAND (1994: 28) in der hohen Fluktuation einen Hinweis darauf, dass es sich bei manchen Selbständigen eher um atypisch Beschäftigte handelt. Im Extremfall können Formen von Selbständigkeit auftreten, die man als Gelegenheitserwerbstätigkeiten bezeichnen kann, insofern die Erwerbstätigkeit durch häufige Erwerbsunterbrechungen gekennzeichnet ist. Solche Formen der selbständigen Erwerbstätigkeit finden in der Literatur zu atypischer Beschäftigung auch Erwähnung. "Non-standard forms of employment include a variety of situations ranging from clearly defined wage employment to casual self-employment..." (MARSHALL 1989: 17; vgl. auch DELSEN 1995: 65); allerdings sind sie noch nicht systematisch empirisch analysiert.

Weiterhin können Arbeitszeitumfang und Einkommen ebenso bei selbständigen wie auch bei abhängigen Erwerbsformen für eine solche Analyse herangezogen werden. Selbständige, die diese Erwerbstätigkeit in sehr geringem zeitlichen Umfang ausüben bzw. sehr geringe Einkommen erzielen, mögen als atypisch selbständig Erwerbstätige darstellen (vgl. RUBERY 1989: 55).

Bei der Beurteilung der Selbständigkeit ist weiterhin zu prüfen, inwieweit eine prekäre Erwerbssituation der Individuen vorliegt bzw. durch die Ausweitung solcher Erwerbsformen Probleme der gesamtwirtschaftlichen bzw. -gesellschaftlichen Solidarprinzipien auftreten können. So finden sich in der Literatur ebenso Hinweise auf eine zunehmende Bedeutung prekärer Selbständigkeitsformen. "Among those classified as self-employed we certainly find many workers who are in some sense precarious, some undertaking irregular, marginal or illegal forms of work, others sub-contracting their labour in disguised forms of wage work which by-pass most forms of social protection ..." (RODGERS 1989: 5; vgl. auch BOLLINGER/CORNETZ/PFAU-EFFINGER 1991: 188). RUBERY konstatiert eine Zunahme prekärer Selbständigkeitsformen in Großbritannien vor allem während des Anstiegs der Selbständigenquote seit 1980. "The one employment form associated with precarious non-direct employment that expands unambiguously over the 1980s is self-employment" (RUBERY 1989: 53). Folgende Befunde interpretiert sie als Indikatoren dafür, dass hinter dem Anstieg der selbständigen Erwerbstätigkeit eher die Zunahme prekärer Beschäftigung als eine Wiederbelebung des "entrepreneurial spirit" steht: Überproportionaler Anstieg der selbständigen Erwerbstätigkeit bei Jüngeren, bei Frauen und im Bereich der Teilzeiterwerbstätigkeit; Zunahme der "own account worker"; hohe Anteile an Selbständigen mit sehr geringen Wochenarbeitsstunden, insbesondere unter den Frauen; die starke Verbreitung selbständiger Erwerbstätigkeit im Bau- und Dienstleistungsgewerbe. RUBERY schlussfolgert daher "... that these trends are not evidence of a revival of small-firm, dynamic entrepreneurship. They are more likely to be associated with the decline in opportunities for full-time direct employment, the increase in the proportion of women seeking some form of paid employment, and a possible increase in the share of individuals seeking direct control over their own tax returns, because of the considerable opportunities for evasion available to the self-employed" (RUBERY 1989: 55). Bei der Auswahl der Indikatoren für prekäre Selbständigkeit vermengt RUBERY allerdings Kriterien atypischer und prekärer Beschäftigung. Teilzeitselbständige müssen nach oben dargestellter Begriffsdifferenzierung nicht unbedingt prekäre Selbständige darstellen. Auch RODGERS nennt Kriterien, die Selbständige in prekärer Beschäftigungssituation ausmachen. "Yet it would be important to distinguish the precariously self-employed from stable, productive own-account workers" (RODGERS 1989: 5). Er schlägt folgende Differenzierungskriterien vor: Einkommen, Kapital, Qualifikationen sowie Arbeitsstunden. Damit bleibt auch er relativ vage, was die Abgrenzung prekärer Selbständigkeitsformen betrifft. Das höhere Beschäftigungsrisiko der atypisch beschäftigten Selbständigen mag dann nicht als prekär gelten, wenn mit der Tätigkeit ein hohes Einkommen erzielt und so eine individuelle Risikovorsorge ermöglicht wird. Man kann entsprechend dann von prekärer Selbständigkeit sprechen, wenn zu den Charakteristika selbständiger atypischer Beschäftigung noch ein Einkommen unterhalb des Existenzsicherungsniveaus hinzu kommt und diese Tätigkeit als Haupterwerb ausgeübt wird. Allerdings müssen nicht alle solche Selbständigkeitsformen, die nicht dem Bild von Unternehmertum entsprechen, unfreiwillig ausgeübt werden. Wie bei atypischen Beschäftigungsformen insgesamt mögen solche Erwerbsmuster zum Teil von den Selbständigen freiwillig ausgeübt werden, den individuellen Präferenzen entsprechen. Auch aus Arbeitnehmersicht mögen bei selbständiger Erwerbstätigkeit Flexibilitätsvorteile bestehen, da diese - wenn nicht die Form der Scheinselbständigkeit vorliegt - ebenso keine über den vereinbarten Auftrag hinausgehende Verpflichtung gegenüber dem Auftraggeber eingehen, mit wechselnden Auftraggebern zumindest in Teilen immer wieder neuartige Tätigkeiten verbunden sein können und keine vertragliche Festlegung des Umfangs wie auch der Lage der Arbeitszeit erfolgt. Diesen *potenz*iellen Vorteilen stehen die Nachteile des fehlenden Arbeitnehmerschutzes entgegen. Dies mag sich insbesondere dann gravierend auf die Erwerbssituation der Selbständigen auswirken, wenn auftragsvergebende Unternehmen Risiken auf die Selbständigen abwälzen, ohne entsprechende Kompensationsleistungen zu gewähren. HÖLAND sieht gerade - neben der hohen Fluktuation - in der deutlichen Pluralität der persönlichen Merkmale und Lebenslagen von Selbständigen einen weiteren Hinweis auf den Charakter einer atypischen Erwerbsform, die von der allgemeinen Entwicklung der Individualisierung und Pluralisierung vermutlich nicht ausgenommen werden könne (HÖLAND 1994: 28). Entsprechend mögen für die Entwicklung dieser Erwerbsform sowohl angebots- als auch nachfragebezogene Faktoren ausschlaggebend sein. Insbesondere wird bei unterschiedlichen Erscheinungsformen der selbständigen Erwerbstätigkeit jeweils das eine oder das andere Faktorenbündel überwiegend ausschlaggebend sein. Allerdings sollte man die Frage der Freiwilligkeit getrennt von der eigentlichen Klassifizierung der Erwerbstätigkeit als atypische Beschäftigung vornehmen.

Zusammenfassend lässt sich herausstellen, dass zumindest bei Teilen der selbständig Erwerbstätigen eine Kategorisierung als atypisch Beschäftigte sinnvoll erscheint. Dabei sollte man keine Beschränkung auf sogenannte Scheinselbständigkeit vornehmen. Wie schon die Analyse der Abgrenzungsprobleme der Scheinselbständigkeit gezeigt hat, zeigt sich auch in der Literatur zur atypischen Beschäftigung, dass eine präzise und verallgemeinerungsfähige Differenzierung von Selbständigen, Unternehmern und Arbeitnehmern nicht erbracht wird. Schon die theoretische Abgrenzung der Konzepte ist problematisch; eine empirische Abgrenzung mit vorliegendem Datenmaterial der Erwerbsstatistik ist kaum möglich. Empirisch praktikabel ist zum einen das Kriterium der Mitarbeiterbeschäftigung, das aber alleine nicht hinreichend erscheint, um überhaupt von einer Beschäftigungsform zu sprechen. Dennoch kann man es bei empirischen Analysen heranziehen, muss aber berücksichtigen, dass es sich bei solchen Selbständigen nicht generell um atypisch Beschäftigte handelt. Weitere Erwerbsmerkmale, die als Kennzeichen atypischer Beschäftigungsformen betrachtet werden, wie niedriges Einkommen, geringer Erwerbsumfang und Erwerbsinstabilität mögen ebenso Indikatoren atypischer Erwerbsmuster darstellen und im Falle der Selbständigen als Hinweise dafür dienen, dass es sich eher nicht um Unternehmertum handelt. Die Bezeichnung atypisch beschäftigter Selbständiger erscheint ausschließlich für solche Selbständige geeignet, die man überhaupt als Beschäftigte bezeichnen kann; also für solche, die ohne weitere Beschäftigte ausschließlich für andere auftraggebende Unternehmen tätig sind. Bei diesen mögen Arbeitszeit, Einkommen und Erwerbsstabilität systematisch häufiger in solchen Ausprägungen auftreten, die man als atypisch bezeichnet. Diese können aber auch bei den Selbständigen vorliegen, die ihre Leistungen unmittelbar für Endverbraucher oder nicht überwiegend im Auftrag anderer Unternehmen erbringen und/oder weitere Arbeitnehmer beschäftigten. Übersicht B-1 fasst die Abgrenzungskriterien zusammen, nach denen man Selbständige als atypisch Erwerbstätige bzw. Beschäftigte klassifizieren kann.

Übersicht B-1: Typologie atypischer Selbständigkeit

Selbständig Erwerbstätige

ohne Beschäftigte, die ausschließlich oder überwiegend im Auftrag anderer Unternehmen tätig sind: **atypisch beschäftigte Selbständige** (im Graubereich zwischen abhängiger und selbständiger Erwerbstätigkeit)	♦ mit Beschäftigten ♦ sowie solche die (mit oder ohne Beschäftigte) nicht oder nicht überwiegend im Auftrag anderer Unternehmen tätig sind

Selbständig Erwerbstätige

atypisch Erwerbstätige	**typisch Erwerbstätige**
⇒ mit weniger als 35 (15) Wochenarbeitsstunden: Teilzeitselbständige (geringfügig selbständig Erwerbstätige)	⇒ Vollzeitselbständige
⇒ mit marginalem Einkommen: marginale Selbständige	⇒ mit mindestens durchschnittlichem Einkommen
⇒ mit häufigen Erwerbsunterbrechungen: Gelegenheitsselbständige	⇒ ohne Erwerbsunterbrechung

Neben den in Übersicht B-1 genannten Merkmalen selbständiger Erwerbstätigkeit werden auch die schulische und berufliche Qualifikation oder die für die Tätigkeiten erforderlichen Qualifikationen und Fertigkeiten als Differenzierungskriterien verschiedener Selbständigkeitstypen genannt. Diese Kriterien wurden in der Typologie nicht verwendet, da sie einer anderen analytischen Ebene zuzuordnen sind. Die Typologie differenziert Selbständigkeitsformen nach Merkmalen der Erwerbssituation. Qualifikationen mögen Determinanten des jeweiligen Selbständigkeitstypus darstellen. Die segmentationstheoretische Analyse in Kapitel D soll helfen, eine Differenzierung selbständiger Erwerbstätigkeitsformen theoretisch zu begründen.

3. Der Begriff „Selbständige" in der vorliegenden Arbeit

Die bisherigen Ausführungen haben gezeigt, wie heterogen der Begriff der Selbständigen bzw. der selbständigen Erwerbstätigkeit verwendet wird, und dass im Graubereich zwischen abhängiger und selbständiger Erwerbstätigkeit erhebliche Abgrenzungsprobleme bestehen. Ziel ist hier nicht, einen Vorschlag zur Lösung der Abgrenzungsprobleme im Graubereich zu entwickeln.[24] Ob letztendlich ein Beschäftigungsverhältnis oder selbständige Erwerbstätigkeit vorliegt oder nicht, kann nicht immer zweifelsfrei entschieden werden; Weisungsgebundenheit, persönliche und wirtschaftliche Abhängigkeit sowie fehlendes Auftreten an einem Markt, wo die eigenen Dienste oder Produkte einer (*potenz*iell) großen Anzahl von Abnehmern angeboten werden, wie ein vertraglich fixiertes Arbeitseinkommen (nicht ein Residualeinkommen) mögen für das Vorliegen eines Beschäftigungsverhältnisses sprechen. Hier soll keine differenzierte Vertragsanalyse vorgenommen werden, vielmehr sollen vor der theoretischen und empirischen Analyse selbständiger Erwerbstätigkeit einige grundlegende Begriffsklärungen erfolgen.
In Anbetracht der gegenwärtigen wirtschafts- und beschäftigungspolitischen Diskussion hat sich zunächst die klare Abgrenzung des Begriffs der Entrepreneurs von dem der selbständig Erwerbstätigen als notwendig erwiesen. Im Folgenden werden unter **selbständig Erwerbstätigen** bzw. Selbständigen **nicht Entrepreneurs** verstanden. Diese beiden Begriffe mögen hinsichtlich ihres Objektbereiches eine Schnittmenge aufweisen, zielen inhaltlich aber auf unterschiedliche Bedeutungsaspekte ab. Selbständige Erwerbstätigkeit wird hier als eine **spezifische Erwerbsform** verstanden (gleich welche Motive diejenigen, die diese ausüben, hegen), die sich durch ihre (faktische) Vertragsbeziehung zwischen Auftraggeber (bzw. Arbeitgeber) und Auftragnehmer (bzw. Arbeitnehmer) von der abhängigen Beschäftigung unterscheidet.
Sowohl aus ökonomischer und soziologischer Perspektive, wie auch im Rahmen der juristischen Abgrenzung hat sich die Unterscheidung von Selbständigen mit und ohne Arbeitnehmer als zentrales Kriterium der Differenzierung von

[24] Man kann auch davon ausgehen, dass es Graubereiche immer geben wird, für die juristische Einzellfallprüfungen erforderlich sind.

Subgruppen selbständig Erwerbstätiger erwiesen. Bei einer arbeitsmarkttheoretisch orientierten Analyse der Erwerbsbedingungen selbständig Tätiger erscheint es in besonderer Weise angebracht, Selbständige nach diesem Kriterium zu differenzieren. Bei solchen, die keine weiteren Arbeitnehmer beschäftigen, erscheint zumindest die Vermutung berechtigt, dass eine Erwerbstätigkeit im Graubereich vorliegt (die keine Scheinselbständigkeit darstellen muss) bzw. Erwerbsmerkmale vorliegen, die sich nicht wesentlich von denen der Arbeitnehmer unterscheiden. Die Mitarbeiterzahl ist auch aus Praktikabilitätsgründen ein geeignetes Abgrenzungskriterium, wenn man mit vorliegendem statistischen Datenmaterial arbeitet. Im Folgenden wird also von Arbeitgeber-Selbständigen gesprochen, wenn von Selbständigen mit Beschäftigten die Rede ist und von „own account worker“ bzw. Selbständigen in „own account“-Tätigkeiten, bei solchen ohne Mitarbeiter. Bei dieser Differenzierung wird der Begriff des Unternehmers bzw. Unternehmens nicht herangezogen. Diesen bzw. den des Ein-Personen-Unternehmens mag man immer dann heranziehen, wenn Fragen der Produktion im Vordergrund stehen, den der Arbeitgeber oder „own account worker” wenn eine arbeitsmarkttheoretische Analyse vorgenommen wird. Beide mögen jeweils immer noch eine heterogene Gruppe darstellen, weitere Abgrenzungskriterien sollen aus der theoretischen Analyse abgeleitet werden.

Des Weiteren wurde herausgestellt, dass es weder sinnvoll erscheint alle Selbständigen noch ausschließlich Scheinselbständige als atypische Erwerbstätige zu klassifizieren. Bei der Analyse der Erwerbssituation selbständiger Erwerbstätigkeit können Arbeitszeitumfang, Einkommen und Erwerbsstabilität als Differenzierungskriterien verwendet werden. Wie auch bei der Unterscheidung von atypisch Beschäftigten und solchen in Normalarbeitsverhältnissen mag man typisch und atypisch erwerbstätige Selbständige differenzieren. Ein zentrales Merkmal der Normalarbeitsverhältnisse ist zwar die abhängige Beschäftigung, außerdem werden die Erwerbsbedingungen der Selbständigen aufgrund der fehlenden tariflichen Arbeitszeit- und Einkommensregelungen und dem fehlenden Kündigungsschutz stärker streuen, doch können Normalitätsvorstellungen hinsichtlich Arbeitszeit, Einkommen und Erwerbsverlauf auch auf selbständige Erwerbstätigkeit angewendet werden. So dass man der Frage nachgehen kann, wie viele der Selbständigen Erwerbsmuster aufzeigen, die solchen Normalitätsvorstellungen von Erwerbsarbeit entsprechen.

Bevor die arbeitsmarkttheoretische Analyse erfolgt, sollen im Folgenden Kapitel die zentralen Befunde bisheriger empirischer Studien zur selbständigen Erwerbstätigkeit heraus gearbeitet werden.

C MAKROÖKONOMISCHE ENTWICKLUNGEN SELBSTÄNDIGER ERWERBSTÄTIGKEIT

Seit Beginn der 70er bzw. 80er Jahre ist in vielen OECD-Staaten eine Abkehr vom historischen Trend der Abnahme der Selbständigenzahlen bzw. -quoten zu erkennen. Infolge dieser empirischen Entwicklungen erlangt die selbständige Erwerbstätigkeit nach langen Jahren der Vernachlässigung als theoretisch und politisch-praktisches Thema zunehmend Aufmerksamkeit. So liegen heute auch eine wachsende Zahl an Studien zur gesamtwirtschaftlichen Entwicklung der selbständigen Erwerbstätigkeit vor. Zentrale Befunde dieser Studien werden im Folgenden dargestellt, wobei eine Auswahl der Studien erfolgt, die sich primär mit der selbständigen Erwerbstätigkeit beschäftigen und die sich auf westliche Industriestaaten beziehen. Die meisten Studien sind empirisch explorativ ausgerichtet. Die Zahl an mikroökonomischen Analysen hat ebenso zugenommen. Hier werden allerdings zunächst lediglich makroökonomische Muster der selbständigen Erwerbstätigkeit dargestellt. Mikroökonomische Analysen, die größtenteils – wenn überhaupt theoretisch fundiert - im Rahmen neoklassisch orientierter Modelle der individuellen Berufswahlentscheidung vorliegen, werden im Zusammenhang mit der arbeitsmarkttheoretischen Analyse, in Kapitel D dieser Arbeit, dargestellt und diskutiert.

Der Überblick über die Befunde makroökonomischer Studien orientiert sich an folgenden Fragestellungen:

⇨ Welche *Gemeinsamkeiten und* welche *Länderspezifika* sind hinsichtlich der quantitativen Bedeutung selbständiger Erwerbstätigkeit zu beobachten?

⇨ Inwieweit kann von einer *Trendwende* hinsichtlich der Entwicklung der Selbständigkeit oder lediglich einer *vorübergehenden Abweichung vom historischen Trend* abnehmender selbständiger Erwerbstätigkeit ausgegangen werden?

⇨ Welche *Determinanten* beeinflussen die Entwicklung der selbständigen Erwerbstätigkeit?

⇨ Lassen sich typische Unterschiede zwischen Selbständigen und Arbeitnehmern hinsichtlich verschiedener Erwerbscharakteristika feststellen?

Im Folgenden werden daher zum einen stilisierte Fakten, also zentrale Befunde, die sich mehr oder weniger übereinstimmend in den meisten Studien ergeben, dargestellt und potenzielle Determinanten diskutiert, zum anderen werden Besonderheiten in Westdeutschland herausgestellt. Dass die international vergleichenden Analysen überwiegend Selbständigenquoten betrachten und nur sehr wenige Daten zu den Erwerbsbedingungen im Vergleich zwischen Selbständigen und Arbeitnehmern vorliegen, wird sich im Umfang der entsprechenden Abschnitten widerspiegeln.

1. Selbständigenquoten im internationalen Vergleich

1.1 Stilisierte Fakten

Die quantitative Bedeutung selbständiger Erwerbstätigkeit wird im internationalen Vergleich i.d.R. anhand der Selbständigenquote gemessen. Es bestehen voneinander abweichende Definitionen dieser Quote, die an dieser Stelle lediglich dargestellt werden. Im Kontext der Diskussion des Zusammenhangs zwischen Arbeitslosenquote und Selbständigenquote sind diese Unterschiede von besonderer Bedeutung. Die Selbständigenquote wird zum einen definiert als der Anteil der (hauptberuflich) selbständig Erwerbstätigen[25] an allen Erwerbstätigen; im Folgenden SQ I genannt. Eine zweite Definition der Selbständigenquote setzt die Anzahl der Selbständigen in Relation zur Anzahl der Erwerbspersonen; im Folgenden SQ II genannte. SQ I unterscheidet sich von SQ II dadurch, dass im Nenner lediglich die Erwerbstätigen und nicht auch die Arbeitslosen erfasst werden. Insofern variiert SQ I mit der Zahl der Arbeitslosen und zwar allein schon aufgrund der Veränderung des Nenners. Für Zeitverlaufsanalysen erscheint dieser Indikator daher problematisch. Selbständigenquoten können zum einen global, für alle Erwerbstätigen bzw. Erwerbspersonen und zum anderen nach personenbezogenen und betriebsbezogenen Merkmalen für Subgruppen dargestellt werden. Dabei werden dann Zähler und Nenner der Quote jeweils aus der entsprechenden Abgrenzung gewählt.
Selbständigenquoten sind aufgrund national unterschiedlicher Abgrenzungen und Operationalisierungen der Selbständigen (siehe hierzu Kapitel B dieser Arbeit) nur eingeschränkt vergleichbar. Außerdem ist insbesondere bei Längsschnittanalysen problematisch, dass die Abgrenzung der Personengruppe der Selbständigen im Zeitverlauf Definitions- bzw. Erfassungsvariationen unterliegt. Die Erfassungsmethoden und Abgrenzungen differieren allerdings nicht in einem solchen Maße, dass der Vergleich jegliche Rechtfertigung verlöre.
Auch wenn im internationalen Vergleich deutliche Unterschiede im Niveau der Selbständigenquoten bestehen und ebenso die Entwicklungsmuster in einigen Staaten unterschiedlich ausfallen, so lassen sich doch für eine Vielzahl von Staaten ähnliche Entwicklungen seit den 70er bzw. 80er Jahren feststellen.

---

[25] Zur Definition und Operationalisierung der Erwerbskategorie der Selbständigen siehe Kapitel B.

Daher werden zunächst sogenannte stilisierte Fakten der Entwicklung der Selbständigenquoten herausgestellt. Anschließend wird die Entwicklung in Deutschland vor dem Hintergrund dieser internationalen Entwicklungsmuster eingeordnet.

Als sogenannte stilisierte Fakten im internationalen Vergleich kann man die in Übersicht C-1 dargestellten Befunde ausmachen (vgl. EUROPÄISCHE KOMMISSION 1998b; LUBER/GANGL 1997; ACS/AUDRETSCH/EVANS 1994; BÖGENHOLD/STABER 1994; MEAGER 1993; OECD 1992 u. 1986; LOUTFI 1991; BAYLISS 1990).

Übersicht C-1: Stilisierte Fakten selbständiger Erwerbstätigkeit im internationalen Vergleich: Selbständigenquoten

(1) **Länderspezifische Niveaus der Selbständigenquoten**

⇨ Nord-Süd-Gefälle in den Saaten der EU: SQ in südeuropäischen Staaten sind höher als die in nordeuropäischen Staaten

⇨ mittlere SQ in den USA

(2) **Entwicklung der SQ im Zeitverlauf**

⇨ 1950er[26] - 70er bzw. 80er Jahre: Sinken der gesamtwirtschaftlichen SQ

⇨ seit 1970er bzw. 80er Jahre: Stabilisierung bzw. Anstieg der gesamtwirtschaftlichen SQ

(3) **Sektoren-, branchen und berufsspezifische Konzentration von SQ**

⇨ Im primären Sektor höchste SQ, die aber sinken; im tertiären Sektor relativ hohe SQ; im sekundären Sektor geringste SQ, die aber ansteigen

⇨ SQ sind besonders hoch in den Branchen: Groß- und Einzelhandel, Gaststätten, Bau, soziale und persönliche Dienstleistungen, Finanzdienstleistungen und Versicherungen, Immobilien, Unternehmensdienstleistungen

⇨ Die SQ variieren berufsspezifisch

(4) **SQ variieren nach personenbezogenen Merkmalen**

⇨ Männer weisen höhere SQ auf als Frauen

⇨ Die SQ der Frauen steigen seit den 80er Jahren überproportional stark an

⇨ Ältere weisen höhere SQ auf

⇨ keine eindeutige qualifikationsspezifische Konzentration

(5) **"Neue" Formen selbständiger Erwerbstätigkeit**

⇨ überproportionaler Anstieg der SQ bei den "own occount worker"; die Mehrheit der Selbständigen beschäftigt keine Arbeitnehmer/innen

[26] Die makroökonomischen Zeitverlaufsanalysen arbeiten meist mit Daten ab 1950; der Rückgang der Selbständigenquoten ist allerdings bereits in mehreren Jahrzehnten zuvor zu beobachten.

Die Selbständigenquoten der Staaten der europäischen Union weisen - mit Ausnahme weniger Staaten - ein deutliches Nord-Südgefälle auf. In Spanien, Italien, Portugal und Griechenland liegen diese 1995[27] zwischen 22,6 und über 38,5%. Auch Irland hat relativ hohe Selbständigenquoten zu verzeichnen (21%). Dagegen betragen die Selbständigenquoten in Dänemark, den Niederlanden, Schweden, aber auch in Deutschland, Luxemburg, Österreich und Frankreich zwischen 8,5 und 11,8%. Mittlere Werte (zwischen 13,1 und 15,8%) weisen die Quoten in Belgien und Großbritannien, aber auch in Finnland auf. Betrachtet man lediglich die Selbständigenquoten außerhalb der Landwirtschaft, so bleibt dieses Nord-Süd-Gefälle bestehen bzw. wird sogar noch deutlicher (vgl. EUROPÄISCHE KOMMISSION 1998b: 6). Im Zeitverlauf erscheinen diese Relationen auch weitgehend konstant (vgl. LUBER/GANGL 1997: 19).
Die länderspezifischen Unterschiede in den Selbständigenquoten werden auf verschiedene Faktoren zurückgeführt; genannt werden in den meisten Studien der Grad der wirtschaftlichen Entwicklung, Arbeitslosigkeit, demographische Faktoren (insbesondere der Anteil der Frauen, der verschiedenen Alters- und Qualifikationsgruppen sowie Immigranten an den Erwerbspersonen) sowie kulturelle Faktoren (Kultur der Selbständigkeit/kleinbetrieblichen Produktion). Die OECD führt zudem das Ausmaß der Regulierung der Arbeitsmärkte auf, da insbesondere solche Länder mit restriktiver Arbeitsschutzgesetzgebung und hohen Arbeitgeberbeiträgen zu den Sozialversicherungen hohe Selbständigenquoten aufweisen (vgl. OECD 1992:).
Allerdings liegen hierzu nur wenige Befunde vor. Lediglich der Grad der wirtschaftlichen Entwicklung als Erklärungsfaktor für die Differenzen in den Selbständigenquoten scheint ein gut gestützter Befund zu sein. LOUTFI (1991: 2f) stellt anhand der Analyse von Aggregatdaten aus West- und Osteuropa für Ende der 1980er Jahre einen negativen Zusammenhang zwischen der Selbständigenquote und dem Grad der wirtschaftlichen Entwicklung, welche sie anhand des Pro-Kopf-Einkommens operationalisiert, fest.[28] Wobei dieser Zusammenhang durch die Quoten außerhalb der Landwirtschaft bedingt ist (dort betragen sie 37% bzw. 6% für die beiden oben genannten Ländergruppen).[29] Der Befund dieser deskriptiven Analyse wird auch durch komplexere Analyseverfahren[30]

---

[27] Hier wird SQ I verwendet; vgl. für 1993 auch LUBER/GANGL 1997: 18f.

[28] Sie differenziert dabei fünf Ländergruppen und kann zeigen, dass mit zunehmendem Pro-Kopf-Einkommen die Selbständigenquote deutlich sinkt; von 48% in Ländern mit einem Pro-Kopf-Einkommen unter 500 $ auf 9% in solchen mit 12.000 und höherem Pro-Kopf-Einkommen.

[29] Im landwirtschaftlichen Sektor schwanken diese über die Ländergruppen zwischen 40 und 60%.

[30] Die Autoren schätzen eine Regressionsfunktion zwischen Pro-Kopf-Einkommen und Selbständigenquote als Querschnitt- wie auch als Längsschnittanalyse der OECD-Staaten sowie der LCDs (vgl. ACS/AUDRETSCH/EVANS 1994:11); neben dem Pro-Kopf-Einkommen

gestützt, die ACS/AUDRETSCH/EVANS im Rahmen ihrer Analysen der nicht-landwirtschaftlichen Selbständigenquoten im internationalen Vergleich[31] durchführen. Sie kommen zu dem Schluss, dass für die Variation der Selbständigenquoten zwischen den verschiedenen Staaten sowie im Zeitverlauf „a major explanation for this diversity is the stage of economic development" (ACS/AUDRETSCH/EVANS 1994: 25).

Die Entwicklung der selbständigen Erwerbstätigkeit im Zeitverlauf wird mehrheitlich als Trendwende, zumindest aber als Beendigung des Jahrzehnte langen Abwärtstrends und Stabilisierung der Selbständigenquoten seit den 70er bzw. 80er Jahren beschrieben. Zwar gibt die OECD noch im 1986er „Employment Outlook" folgende Einschätzung „... the picture for the non-agricultural sector is mixed ... only in a minority of the 17 Member countries have experienced sustained growth in self-employment since 1970" (OECD 1992: 44) und auch LOUTFI stellt aufgrund ihrer Analyse der europäischen Selbständigenquoten im Verlauf der 70er und 80er Jahre fest: „Whether this is merely an interruption or a shift in the longer-term trend remains to be seen" (LOUTFI 1991: 10). So kommt die OECD in ihrem 1992er Beschäftigungsausblick mit ihrer Analyse der selbständigen Erwerbstätigkeit bereits zu folgendem Schluss: „The most recent economic cycle, 1979-1990, saw a reversal of the long-term trend away from self-employment in many OECD countries" (OECD 1992: 156). Von diesem allgemeinen Entwicklungstrend unterscheiden sich insbesondere Dänemark, Österreich und in geringerem Ausmaß auch Griechenland, wo die Selbständigenquoten bis heute stetig abnehmen. Hervor tritt auch Großbritannien, wo die Selbständigenquote bereits seit den 60er Jahren und dann noch deutlicher seit den 80er Jahren anwächst. Seit den 60er Jahren stetig steigende Selbständigenquoten finden sich auch in Irland.
Ein Trend, der sich in den 80er Jahren bereits schwach abgezeichnet hatte, ist mit der Entwicklung der 90er Jahre somit deutlicher zu Tage getreten. Mehrheitlich wird die Entwicklung der Selbständigenquoten derart beurteilt.[32] Lediglich ACS/AUDRETSCH/EVANS (1994: 26) kommen aufgrund ihrer Analysen zu

---

verwenden sie noch die Entwicklung der Kapitalmärkte als Indikator der wirtschaftlichen Entwicklung. Außerdem analysieren sie noch weitere Determinanten der Selbständigenquoten, die dabei resultierenden Befunde werden an entsprechender Stelle erläutert. Zu der Datenauswahl dieser Studie siehe folgende Fußnote .

[31] Sie analysieren Daten der Labor Force Statistics sowie des Yearbook of Labour Statistics der ILO für die OECD-Staaten sowie für sogenannte „Lesser Developed Countries (LDCs)" (Korea, Mexiko, Thailand und andere) im Zeitraum 1966-1987 bzw. - insbesondere für die LDCs - für einzelne Jahre dieses Zeitraums, soweit Daten zur Verfügung standen (vgl. ACS/AUDRETSCH/EVANS 1994: 5ff).

[32] Vgl. HAKIM 1998: 200f.; LUBER/GANGL 1997: 39f.; BÖGENHOLD/STABER 1994: 67; PFEIFFER 1994: 9 u. 39; MEAGER/KAISER/DIETRICH 1992.

dem Schluss, dass nur eine befristete Abweichung vom historischen Trend sinkender Selbständigenquoten vorliegt. Sie konstatieren: „Self-employment will, most likely, continue its downward trend as per capita wealth increases in the developed and lesser-developed countries“. Zu diesem Schluss kommen sie aufgrund ihrer Analyse verschiedener Determinanten, worauf im Folgenden noch im einzelnen eingegangen wird. Es sei an dieser Stelle allerdings bereits festgehalten, dass ihre Schlussfolgerung wenig überzeugend erscheint[33] und auch von der Mehrheit der Autoren nicht geteilt wird.

Dabei zeigen sich in den meisten Staaten ähnliche sektorale und branchenbezogene Strukturen. Selbständigenquoten sind in der Landwirtschaft am höchsten, es folgen der Dienstleistungssektor und schließlich das produzierende Gewerbe, wobei der Anstieg der Selbständigenquoten in den letzten beiden, insbesondere im Dienstleistungssektor, erfolgt. Hier findet ein starkes Wachstum selbständiger Erwerbstätigkeit vor allem in den Bereichen Finanzdienstleistungen, Versicherungen, Immobilien, persönliche und Unternehmensdienstleistungen statt.

Auch hinsichtlich personenbezogener Merkmale zeigen sich international vergleichbare Strukturen. Insbesondere variieren die Selbständigenquoten deutlich geschlechtsspezifisch, aber auch nach Altersgruppen. Die Quoten der Männer liegen deutlich über denen der Frauen, die der Älteren deutlich über denen der Jüngeren. Allerdings lässt sich in vielen Staaten eine Zunahme der Selbständigenquoten von Jüngeren, insbesondere aber von Frauen feststellen (BAYLISS 1990: 11f.; ARONSON 1991: 19; MEAGER/KAISER/ DIETRICH 1992: 9ff.; MEAGER 1993: 25). Der jüngste Anstieg der allgemeinen Selbständigenquote geht zu einem Großteil auf den Anstieg der Quoten der Frauen zurück. Schließlich fallen die Selbständigenquoten bei unterschiedlichen Qualifikationsgruppen unterschiedlich hoch aus. Allerdings sind die Zusammenhänge nicht linear. Vielmehr weisen sowohl hochqualifizierte als auch gering bzw. unqualifizierte Erwerbspersonen relativ hohe Selbständigenquoten auf. Was die aktuellen Entwicklungen angeht, sind die Befunde heterogen.

Außerdem kann zu den stilisierten Fakten noch die Beobachtung zunehmender Bedeutung sogenannter „neuer“ Formen selbständiger Erwerbstätigkeit, die in einem Graubereich zwischen selbständiger und abhängiger Erwerbstätigkeit liegen, gerechnet werden. „Der Anteil solcher Mischformen (und illegalen

---

[33] Obwohl deren Analysen, insbesondere vor dem Hintergrund der bereits mehrfach bemängelten „Theorielosigkeit“ der Selbständigkeitsforschung, sehr positiv zu beurteilen sind, da sie die Determinanten jeweils vor dem Hintergrund theoretischer Ansätze bzw. von begründeten Hypothesen prüfen. Allein deren Schlussfolgerungen sollen hier in Frage gestellt werden.

Praktiken) scheint in allen Mitgliedsstaaten zugenommen und mittlerweile bereits ein erhebliches Gewicht innerhalb der selbständigen und der Gesamterwerbstätigkeit erreicht zu haben“ (EUROPÄISCHE KOMMISSION 1998b: 4). Fundierte empirische Befunde liegen hierzu aber kaum vor; lediglich hinsichtlich der Differenzierung von Selbständigen mit und ohne Beschäftigte findet man entsprechendes Datenmaterial. Empirisch zeigt sich im internationalen Vergleich, dass eine deutliche Mehrheit der Selbständigen, solche ohne weitere Mitarbeiter („own account worker“) sind, diese machen in nahezu allen Staaten 60% und mehr aller Selbständigen aus. Im längerfristigen Entwicklungstrend zeigt sich zudem eine Zunahme deren Anteils an allen Selbständigen (vgl. OECD 1992: 159; MEAGER 1993: 51). Ebenso wird in den oben genannten Befunden der veränderten Zusammensetzung der Selbständigen nach personenbezogenen Merkmalen ein Effekt der zunehmenden Bedeutung spezifischer Selbständigentypen gesehen. Inwieweit deutliche qualitative Veränderungen in der Entwicklung der selbständigen Erwerbstätigkeit zum Ausdruck kommen, ist umstritten.

1.2 Determinanten der Entwicklung der Selbständigen Erwerbstätigkeit

Im Rahmen der internationalen Vergleiche findet man zur Erklärung der Entwicklung der selbständigen Erwerbstätigkeit meist lediglich eine Auflistung potenzieller Determinanten. An dieser Stelle wird es noch nicht um die Entwicklung eines theoretischen Analyserahmens gehen, es sollen lediglich in einem Überblick zentrale empirische Befunde zu den verschiedenen Erklärungsfaktoren dargestellt werden.

Grundsätzlich kann die Entwicklung einerseits durch intersektoralen Strukturwandel oder Veränderungen der strukturellen Zusammensetzung der Erwerbspersonen zustande kommen; durch Veränderung der Anteile von Sektoren und Branchen mit hohen Selbständigenquoten bzw. die Zunahme des Anteils der Erwerbspersonen mit hoher Neigung zur selbständigen Erwerbstätigkeit. Andererseits durch intrasektorale Veränderungen bzw. die innerhalb bestimmter Personengruppen; steigende Selbständigenquoten innerhalb von Sektoren und Branchen bzw. von Personengruppen. Zudem können die Entwicklungen einen längerfristigen Trend oder zyklische (vorübergehende) Abweichung von einem Trend darstellen.

Eigentliche **Ursachen** zunehmender bzw. nicht mehr sinkender Selbständigenquoten mögen demnach aus der Perspektive der Arbeitsnachfrageseite bedingt sein:

- durch strukturelle Veränderungen der Marktbedingungen wie ein Nachfrage-Shift in Richtung Dienstleistungssektoren,

- aber auch durch einen Nachfragewandel weg von Massenprodukten, veränderte Wettbewerbsbedingungen im Kontext einer Internationalisierung der Märkte wie auch technologischer Innovationen, mit der Folge des Bedeutungsverlustes von Betriebsgrößenvorteilen und erhöhten Flexibilitätserfordernissen;
  letzteres mag zum einen positiv gewendet, in industrieökonomischer Perspektive, zunehmende Marktchancen kleinbetrieblicher (bis hin zu Ein-Mann/Frau-Betrieben) Strukturen implizieren, kann aber zum anderen auch, in arbeitsmarkttheoretischer Perspektive, als Reflex veränderter Arbeitgeberstrategien (Kosteneinsparung durch z.B. „outsourcing") und somit mangelnder Beschäftigungsmöglichkeiten im Bereich (großbetrieblicher) abhängiger Beschäftigung darstellen. Im Extremfall mögen sich lediglich die Vertragsbedingungen mit ihren spezifischen Risiko- und Ertragsallokationen verändert haben (z.B. abhängig Beschäftigte arbeiten unter sonst gleichen Bedingungen statt als Arbeitnehmer beschäftigt als Selbständige für den selben Arbeitgeber).

Als Arbeitsangebotsseitige Faktoren werden betrachtet:

- demographische Veränderungen des Erwerbspersonenpotenzials (wie z.B. veränderte Altersstruktur),

- insbesondere die zunehmende Erwerbsbeteiligung von Frauen sowie

- ein genereller Wandel der Einstellung und Neigung zur selbständigen Erwerbstätigkeit der Individuen.

Weiterhin werden institutionelle/ politische Faktoren genannt, wie

- direkte staatliche Maßnahmen zur Förderung der selbständigen Erwerbstätigkeit,

- aber auch indirekt wirksame Faktoren, wie Steuersysteme (z.B. Steuersätze bei größeren Möglichkeiten der Minderung des zu versteuernden Einkommens für Selbständige) oder Regulierungen (z.B. Handwerk in Deutschland (s.u.)).

Gesicherte Befunde zu den verschiedenen Determinanten liegen allerdings nur wenige vor. Die Studie von BLANCHFLOWER/OSWALD (1990a) ist eine der wenigen Studien, die sich explizit mit der Frage eines Wertewandels bzw. einer aufkommenden „enterprise culture“ als Ursache der ansteigenden Selbständigenquoten befasst. Sie analysieren Daten der 80er Jahre für Großbritannien und kommen zu dem Schluss, dass zumindest für diesen Zeitraum kein solcher kultureller Wandel für den Anstieg der Selbständigenquote verantwortlich ist.[34] Sie führen diesen Trend eher auf strukturelle und konjunkturelle Faktoren der wirtschaftlichen Entwicklung zurück. Relativ eindeutig sind die Befunde zur Frage eines inter- oder intrasektoralen Effektes. Ein Großteil der empirischen Makrostudien hat sich zudem mit dem Zusammenhang von Arbeitslosigkeit und Selbständigenquoten und somit mit der Frage danach befasst, ob die Veränderung der Selbständigenquoten Ausdruck einer Trendumkehr ist oder lediglich zyklische Schwankungen darstellt. Zentrale Befunde zu diesen beiden Fragestellungen werden im Folgenden dargestellt.

Ein Erklärungsfaktor ist der *intersektorale Strukturwandel,* nämlich die Expansion von Dienstleistungsbranchen mit relativ hohen Anteilen an selbständiger Erwerbstätigkeit.
Mittels „shift-share“-Analysen lässt sich die Veränderung der gesamtwirtschaftlichen Selbständigenquote in den Anteil, der durch einen sektoralen Shift zustande kam, und den, der aufgrund veränderter Selbständigenanteile innerhalb der Sektoren erfolgt ist, zerlegen. Die OECD (1986: 52f.) hat für 6 OECD-Staaten (Australien, Japan, die Niederlande, Norwegen, Schweden und die USA) für den Zeitraum ca. Mitte der 70er bis Mitte der 80er Jahre eine solche Analyse vorgenommen. Drei wesentliche Befunde sind: Erstens ein stark negativer intrasektoraler Effekt abnehmender Selbständigenquoten im Groß- und Einzelhandel, Restaurants und Hotels, zweitens ein positiver Effekt steigender Selbständigenquoten, der größtenteils durch sektorale Shifts - des Bedeutungszuwachses der Sektoren Finanzdienstleistungen, Versicherungen, Immobilien und Unternehmensdienstleistungen – bedingt ist und drittens - in geringem Ausmaß - ein negativer sektoraler Shift-Effekt durch den Rückgang des produzierenden Gewerbes. STEINMETZ/WRIGHT (1989: 998ff.) stellen für die USA fest, dass im Zeitverlauf (1940-1980) die sektoralen Shift-Effekte in Relation zu den intrasektoralen (“class”) Effekten für die Veränderung der Selbständigenquoten deutlich an Bedeutung verloren haben. Den größten positiven Beitrag zur Veränderung der Selbständigenquoten lieferten in den 70er Jahren die Unternehmensdienstleistungen, überwiegend durch einen sektoralen Shift-Effekt, und die Baubranche vornehmlich durch einen “class”-Shifteffekt. Insgesamt ist

[34] Als direkten Indikator verwenden sie dabei die Veränderung des Anteils der Arbeitnehmer, die angeben, dass sie die Aufnahme einer selbständigen Erwerbstätigkeit (ernsthaft) bedacht haben; außerdem prüfen sie anhand eines ökonometrischen Modells, ob nicht eher die Zusammensetzung der Erwerbspersonen sowie gesamtwirtschaftliche Veränderungen für den Anstieg der Selbständigenquote verantwortlich sind (Vgl. BLANCHFLOWER/ OSWALD 1990a: 133f.)

aufgrund dieser Befunde nicht davon auszugehen, dass sich die Selbständigenquoten alleine aufgrund des sektoralen Strukturwandels verändern, sondern auch ein *intrasektoraler Wandel* stattfindet. Dies spricht für grundsätzliche Verhaltensänderungen, nämlich zunehmender Nachfrage nach Leistungen der Selbständigen bzw. eines zunehmenden Angebotes an Personen, die solche Erwerbsformen ausüben.

Die Frage zyklischer oder trendmäßiger Veränderung der Selbständigenquote ist vor allem hinsichtlich des Zusammenhangs zwischen *Arbeitslosigkeit und selbständiger Erwerbstätigkeit* analysiert worden. Dieser wurde und wird in makro- wie mikroökonomischen Studien kontrovers diskutiert. Einerseits ist ein positiver Zusammenhang zu vermuten, wenn Personen aufgrund mangelnder Beschäftigungsmöglichkeiten eine selbständige Erwerbstätigkeit aufnehmen (*Arbeitslosigkeits-Push-Hypothese*). In den 80er Jahren sind zudem in nahezu allen OECD-Staaten spezifische arbeitsmarktpolitische Programme zur Förderung von Existenzgründungen durch Arbeitslose eingeführt oder ausgebaut worden.[35] Betrachtet man Arbeitslosigkeit als einen Indikator wirtschaftlicher Entwicklungstrends, so mag man andererseits argumentieren, dass ein negativer Zusammenhang zu vermuten ist, insofern Personen bei ungünstiger Wirtschaftslage und Gewinnaussichten von Existenzgründungsvorhaben absehen bzw. bei prosperierender Wirtschaftsentwicklung und günstigen Gewinnaussichten eher ein Unternehmen gründen (*Arbeitslosigkeits-Pull-Hypothese*).
Insbesondere die Makrostudien weisen inkonsistente Befunde auf. Für OECD-Staaten erhalten ACS/AUDRETSCH/EVANS (1994: 19f.) und BÖGENHOLD/STABER (1990 und 1994) einen signifikant positiven Zusammenhang zwischen Arbeitslosenquoten und Selbständigenquoten. STEINMETZ/WRIGHT (1989: 997) erhalten für die USA ebenso einen signifikant positiven Zusammenhang, stellen allerdings fest, dass dieser Effekt im Zeitverlauf abnimmt. Die Analyse von CROUCHLEY/ABELL/SMEATON (1994: 15) anhand von Daten für Großbritannien ergibt ebenfalls einen positiven Zusammenhang, den sie allerdings auf die antizyklische Entwicklung der Erwerbstätigenzahlen und nicht der Selbständigenzahlen zurückführen. Einen signifikant negativen Effekt der Arbeitslosenquote stellen BLACHFLOWER/OSWALD (1990a: 134ff.) in der bereits zitierten Studie für Großbritannien fest. Sie interpretieren diesen folgendermaßen "... it is likely that people are inhibited from starting their own businesses in depressed

[35] Einen Überblick über die Programme in Deutschland, Dänemark, Großbritannien und Frankreich gibt MEAGER 1995 (zudem werden dort auch Befunde zweier experimenteller Programme in den USA referiert); zusätzlich zu diesen Staaten findet sich auch noch für Australien, Kanada, Irland und die Niederlande ein Programmüberblick in WILSON/ADAMS 1994; vgl. auch WANDNER 1992.

economic conditions, and are more willing to take risk when there are plenty of jobs to fall back upon if their enterprise fails".
Die Heterogenität dieser Befunde kann durch verschiedene methodische Aspekte (vgl. MEAGER 1992) verursacht sein.[36] Zum Teil resultieren die Unterschiede aus der Verwendung unterschiedlicher abhängiger Variablen und Definitionen der Selbständigenquote. BÖGENHOLD verwendet als abhängige Variable die Selbständigenquote, die er als Anteil der Selbständigen an allen Erwerbstätigen definiert. Allein durch den Anstieg der Zahl der Arbeitslosen – bei unveränderter Zahl selbständig Erwerbstätiger – kann es zu einem Anstieg der Selbständigenquote kommen, indem der Zähler sinkt. Ebenso mögen unterschiedliche Aggregationsebenen einen Einfluss auf die Befunde nehmen. Zum Teil werden die Analysen über alle Sektoren, zum Teil nur außerhalb der Landwirtschaft vorgenommen. Insbesondere aber wird die heterogene Erwerbskategorie aller Selbständigen aggregiert betrachtet, doch „*a priori* there is no reason to assume that the response of these different »segments« of self-employment to cyclical, structural or labour market policy factors will be similar" (MEAGER 1992: 92).[37] Zudem werden in den Studien unterschiedliche Staaten und Zeiträume einbezogen, was ebenfalls zu unterschiedlichen Befunden führen kann. Arbeitslosigkeit mag sich hinsichtlich des Eintritts in die berufliche Selbständigkeit sowohl als Push-Faktor als auch als Pull-Faktor auswirken. Unterschiedliche gesamtwirtschaftliche Zusammenhänge mögen darauf zurückzuführen sein, dass in manchen Staaten und zu manchen Zeiten der eine oder der andere Effekt überwiegt. Zudem ist davon auszugehen, dass bei unterschiedlichen Selbständigkeitsformen jeweils eher der eine oder der andere Zusammenhang zur Arbeitslosigkeit besteht (insbesondere hierauf wird noch zurückzukommen sein). Insgesamt erscheint die Analyse aggregierter, makroökonomischer Bestandsdaten wenig geeignet um den Zusammenhang zwischen Arbeitslosigkeit und selbständiger Erwerbstätigkeit zu prüfen. Hier sollen allerdings noch keine umfassenden theoretischen Analysen vorgenommen, sondern lediglich ein Überblick über die empirischen Befunde gegeben werden. In Kapitel D werden diese Fragestellungen nochmals aufgenommen.

[36] Die Kontroverse zwischen BÖGENHOLD/STABER und MEAGER ist insbesondere in den drei Beiträgen BÖGENHOLD/STABER (1990 u.1993) und MEAGER (1992) dokumentiert.

[37] Hierfür spricht auch folgender Befund aus einer mikroökonomischen Studie: "Wichtigstes Resultat dieser Arbeit ist die Erkenntnis, dass selbständig und selbständig nicht das Gleiche bedeuten muss. Freiberufler und Unternehmer unterscheiden sich deutlich voneinander, und die Zusammenfassung in eine einzige Kategorie bewirkt Aggregationsfehler, die in einer Analyse der Determinanten der Selbständigkeit wichtige Variablen (wie z.B. den Einfluss der regionalen Arbeitsmarktsituation) verzerren" (BÖRSCH-SUPAN/ PFEIFFER 1992: 284).

Neben der Arbeitslosigkeit werden weitere Indikatoren zur Beurteilung der Frage, ob die Entwicklung der Selbständigenquote Ausdruck zyklischer Schwankungen ist, verwendet. Die OECD (1986: 53) verwendet als Zyklusindikator den Quotienten aus aktuellem und trendmäßigem Bruttosozialprodukt. Sie erhält so für mehrere OECD-Staaten[38] zwar eine antizyklische Entwicklung der Selbständigenquoten, allerdings bedingt durch die prozyklische Entwicklung der Zahl der abhängig Beschäftigten, wobei die Zahl der selbständig Erwerbstätigen keinen zyklischen Schwankungen unterliegt. EVANS/LEIGHTON (1989b: 113) verwenden in ihrer Probitanalyse für die USA die Wachstumsrate des realen Bruttosozialproduktes sowie den nationalen Zinssatz als Zyklusindikatoren. Deren Koeffizienten sind aber größtenteils nicht signifikant und sie stellen fest, dass "the evidence reported here suggests that self-employment is procyclical, although not strongly so" (ebenda: 116).

2 Erwerbscharakteristika selbständig Erwerbstätiger: Stilisierte Fakten

Zu den Erwerbscharakteristika der Selbständigen im Vergleich zu denen der Arbeitnehmer liegen relativ wenige international vergleichende Studien vor. Der Großteil der im Folgenden dargestellten Befunde stammt aus zwei Beiträgen; einem EU-Vergleich von MEAGER (1993) und einem OECD-Vergleich, der in drei Bänden des „Employment Outlook" der OECD (1986, 1992 u. 2000) dargestellt ist. Auch wenn zu diesem Bereich vergleichsweise wenige Befunde vorliegen, so lassen sich doch einige stilisierte Fakten hinsichtlich Arbeitszeit und Einkommen sowie einiger Stromgrößen erkennen, die in Übersicht C-2 aufgeführt sind.

[38] Ausnahmen sind Großbritannien, Frankreich, Schweden und Österreich, für die sich keine zyklischen Schwankungen der Selbständigenquoten ergeben haben und Japan, wo eine prozyklische Entwicklung festgestellt worden ist (OECD 1986: 53).

Übersicht C-2: Stilisierte Fakten selbständiger Erwerbstätigkeit im internationalen Vergleich: Erwerbscharakteristika selbständig Erwerbstätiger

(1) **Einkommen und Arbeitszeit**

⇨ höhere Streuung der Selbständigeneinkommen

⇨ geringere Medianeinkommen der Selbständigen

⇨ höhere Streuung und insgesamt höhere durchschnittliche Wochenarbeitsstunden der Selbständigen im Vergleich zu den Arbeitnehmern

⇨ Anteil der Selbständigen mit sehr hoher Arbeitszeit geht seit den 80er Jahren zurück

(2) **Dynamik selbständiger Erwerbstätigkeit: Zu- und Abströme**

⇨ Zuströme überwiegen die Abströme

⇨ die Mehrheit der Zuströme kommt aus einem Arbeitnehmerstatus

⇨ Arbeitslose sind überproportional (im Vergleich zu ihrem Anteil an allen nicht selbständig erwerbstätigen Erwerbspersonen) unter den Eintritten vertreten

⇨ die Mehrheit der Abströme wechselt in den Status von Nicht-Erwerbspersonen, ein Großteil auch in einen Arbeitnehmerstatus

Reliable Einkommensdaten für Selbständige sind selten, doch zeigen sich in den vorhandenen internationalen Daten relativ einheitliche Muster, so dass auch hier stilisierte Fakten ausgemacht werden können. Die Einkommen der Selbständigen streuen deutlich stärker als die der Arbeitnehmer; sowohl sehr hohe als auch sehr niedrige Einkommensklassen sind von den Selbständigen stärker besetzt. Insgesamt aber weisen die Selbständigen geringere Medianeinkommen als die Arbeitnehmer auf, wobei dieser Unterschied bei den Frauen stärker ausgeprägt ist (vgl. OECD 1986: 60ff.; OECD 1992: 162f.).

Die durchschnittliche Arbeitszeit der Selbständigen liegt über der der Arbeitnehmer (vgl. OECD 1992: 161f.). Diese Unterschiede sind in den meisten Staaten sehr stark ausgeprägt und bei Männern noch deutlicher als bei Frauen; 1989 arbeiteten von den selbständig erwerbstätigen Männern in den meisten Staaten (z.T. deutlich) mehr als 30% mindestens 60 Wochenstunden, bei den Männern in abhängiger Beschäftigung waren dies lediglich zwischen 1,6 und 7,6% (vgl. MEAGER 1993: 54f.). Allerdings ist in den 80er Jahren ein Rückgang der durchschnittlichen Arbeitszeit festzustellen, der bei den Selbständigen stärker ausgeprägt ist als bei den Arbeitnehmern. Unklar ist bisher, ob es sich hier um einen Struktureffekt (veränderte Zusammensetzung der Selbständigen) oder um eine Verhaltensveränderung (Rückgang der Arbeitszeit bei allen Selbständigengruppen) handelt (vgl. MEAGER 1993: 56).

Hinsichtlich der Stromgrößen zeigen sich einige Parallelen im internationalen Vergleich. Da im Wesentlichen lediglich Daten zum Vergleich zweier Erwerbsjahre vorliegen,[39] beschränken sich diese auf wenige Informationen über den Umfang der Ein- und Austritte sowie über die Ein- und Austrittswege. In der Mehrheit der Staaten kommt der Anstieg der selbständigen Erwerbstätigkeit durch die die Austrittszahlen übersteigende Zahl an Eintritten zustande (MEAGER 1993: 64ff.). Dabei kommen die Eintritte größtenteils aus einem Arbeitnehmerstatus, vergleichsweise gering sind die Eintritte aus Arbeitslosigkeit, doch sind diese im Vergleich zu ihren Anteilen an allen Erwerbspersonen überproportional häufig unter den Eintritten vertreten. Die Muster der Austrittswege sind im internationalen Vergleich weniger konsistent. Die überwiegende Mehrheit wechselt in den Status von Nicht-Erwerbspersonen oder in Beschäftigung, wobei in verschiedenen Staaten jeweils der eine oder der andere Status überwiegt (vgl. OECD 1992: 166; ABELL/KHALAF/SMEATON 1995).

Ob die aus internationalen Vergleichen ermittelten stilisierten Fakten auch alle für Westdeutschland zutreffen, wird im Folgenden analysiert.

3 Besonderheiten der selbständigen Erwerbstätigkeit in Westdeutschland

Die oben dargestellten stilisierten Fakten der Struktur und Entwicklung der Selbständigenquoten treffen größtenteils auch für Westdeutschland zu. Die diesbezügliche Situation in Ostdeutschland stellt sich anders dar, was vor dem Hintergrund der spezifischen historischen Situation nicht erstaunlich ist. Es werden hier lediglich die bisherigen Befunde für Westdeutschland dargestellt.
Hier zeigen sich vor dem Hintergrund internationaler Befunde durchschnittlich hohe Selbständigenquoten, 1995 beträgt sie ca. 10%. Somit ist diese Quote deutlich niedriger als in den südeuropäischen Staaten wie Griechenland (33,8%) oder Italien (24,5%), aber auch höher als z.B. in Dänemark (8,3) oder auch in den USA (8,7); wobei sich diese Relationen auch dann ergeben, wenn man die Quoten lediglich für außerlandwirtschaftliche Sektoren vergleicht (vgl. LUBER/GANGL 1997: 21 u. 25).
Was die Entwicklung der Selbständigenquote betrifft, so kann man auch hier eine längerfristige Abnahme feststellen, die seit den 80er Jahren beendet zu sein scheint. Der Anstieg der Quoten fand im Ländervergleich somit relativ spät statt; nach PFEIFFER (1994: 19) „... kann man den Zeitpunkt der Trendumkehr etwa auf das Jahr 1981 legen“.[40] Außerdem fällt der Anstieg in Westdeutschland vergleichsweise moderat aus, so dass eher von einer Stabilisierung bzw. von einer schwachen Zunahme gesprochen werden kann. Seit Mitte der 70er

---

[39] I.d.R. werden die Individuen – wie im Mikrozensus - neben dem gegenwärtigen Erwerbsstatus auch zu dem, den sie ein Jahr zuvor inne hatten, befragt.

[40] PFEIFFER verwendet hierbei die Daten des Mikrozensus.

Jahre ist die Selbständigenquote außerhalb der Landwirtschaft um weniger als 2% auf 8,9% in 1995 gestiegen. In Großbritannien, wo der Anstieg im internationalen Vergleich deutlich herausragt, ist diese Quote dagegen bereits seit Ende der 60er Jahre gestiegen, und zwar um mehr als 6%-Punkte auf 12,2% in 1995. Ansonsten lassen sich aber in Westdeutschland ähnliche Sektoren- und Branchenstrukturen der selbständigen Erwerbstätigkeit finden, wie sie in den stilisierten Fakten für die Mehrheit der Industriestaaten dargestellt sind. Als Besonderheiten fallen diesbezüglich lediglich die geringen Selbständigenquoten in der Baubranche auf (MEAGER 1993: 45).

Deutlicher unterscheidet sich in Westdeutschland der Anteil der Selbständigen ohne weitere Mitarbeiter. Dieser fällt im Vergleich zu den stilisierten Fakten des internationalen Vergleichs sehr gering aus. 1990 waren dies in Westdeutschland knapp 40%; lediglich Dänemark weist ähnlich geringe Anteile auf, in den meisten anderen Staaten liegen die Anteile der „own account worker" an allen Selbständigen deutlich über diesem Wert.[41]

Was die Struktur der Selbständigenquoten nach personenbezogenen Merkmalen betrifft, entsprechen diese in Westdeutschland weitgehend den internationalen Mustern, lediglich hinsichtlich der Qualifikation kann man in Westdeutschland deutlicher einen positiven Zusammenhang zwischen beruflichem Ausbildungsabschluss und Selbständigenquote erkennen (vgl. MEAGER/KAISER/DIETRICH 1992:32). Dies wird vor allem in Zusammenhang mit Regulierungen im Handwerkssektor gesehen; dieser macht in Deutschland einen relativ hohen Anteil der Selbständigen aus und ist dadurch gekennzeichnet, dass für die Aufnahme einer entsprechenden selbständigen Tätigkeit i.d.R. ein Meistertitel erforderlich ist (vgl. MEAGER/KAISER/DIETRICH 1992: 43f.).

Besonders auffällig scheint Westdeutschland aus dem Bild der international zu beobachtenden Einkommensmuster selbständiger Erwerbstätigkeit zu fallen. In einem Vergleich der relativen Medianeinkommen von Selbständigen zu Arbeitnehmern in fünf Staaten ist Deutschland das einzige Land, in dem die Selbständigeneinkommen über denen der Arbeitnehmer liegen. Wobei auch hier seit 1969 ein Rückgang feststellbar ist; doch sind die Unterschiede derart ausgeprägt, dass auch noch 1984 die Medianeinkommen der Selbständigen ca. 150% der Medianeinkommen der Arbeitnehmer betragen (OECD 1986: 62). In Finnland, Japan, Schweden und den USA liegt diese Quote dagegen zwischen 60

[41] In Frankreich sind dies knapp 53%, in Großbritannien mehr als 68%, in Griechenland mehr als 75% und in Italien sogar über 95% (vgl. OECD 1992: 159).

und 85%.[42] Nach Einkommensklassen differenziert fällt auf, dass in Westdeutschland bei Selbständigen vor allem die höheren Einkommensklassen überproportional besetzt sind; bei allen anderen Staaten sind dies die niedrigen Einkommensklassen.

Hinsichtlich der stilisierten Fakten zur Arbeitszeit, gehört Westdeutschland zu den Ländern, bei denen die Unterschiede zwischen Selbständigen und Arbeitnehmern sehr deutlich sind; knapp 47% der selbständigen Männer geben 60 und mehr Wochenstunden an, die Arbeitnehmer dagegen mit über 90% zwischen 30 und 50 Wochenstunden. Ähnlich sind die Unterschiede bei den Frauen, wobei hier allerdings sowohl bei den Selbständigen als auch bei den Arbeitnehmerinnen deutlich höhere Anteile geringere Arbeitszeiten aufweisen (vgl. MEAGER 1993: 54f). Wobei auch in Westdeutschland der Anteil derer mit sehr hohen Arbeitszeiten zurückgeht.

Auch in Westdeutschland kommt die Mehrheit der Eintritte in die Selbständigkeit aus einem Arbeitnehmerstatus; deren Anteil ist im internationalen Vergleich mit knapp 75% sogar besonders hoch. Nach Austritt aus der Selbständigkeit findet man ebenso eine Mehrheit wieder in abhängiger Beschäftigung, die mit unter 60% zwar etwas geringer als bei den Eintritten ist, aber im Vergleich zu den anderen Staaten wiederum ausgesprochen hoch ausfällt (MEAGER 1993: 82).[43] Diesem Vergleich liegen Daten bis zum Jahr 1989 zugrunde, bis dahin sind die Anteile derer, die vor Eintritte arbeitslos waren, sehr gering (ca. 5% im Vergleich zu deutlich über 10% in den meisten Staaten). In Deutschland wurde Programme zur arbeitsmarktpolitischen Förderung von Existenzgründungen auch vergleichsweise spät aufgenommen und zunächst in geringem Umfang (gemessen an der Zahl der Förderfälle und -mittel) durchgeführt. Seit dem 1.1.1986 wird hier der Übergang aus der Arbeitslosigkeit in die Selbständigkeit aus AFG-Mitteln mit dem sogenannten Überbrückungsgeld nach § 55a AFG – später §57 SGB III - gefördert. Seither haben sich mehrfach Änderungen in den Bewilligungskriterien und im Leistungsumfang ergeben, insgesamt sind diese Programme deutlich ausgebaut worden. Die Zahl der Leistungsbezieher hat seit

---

[42] Allerdings werden in diesem Vergleich lediglich für Westdeutschland die Nettoeinkommen und für alle anderen die Bruttoeinkommen verwendet.

[43] In den meisten Staaten überwiegen die Austritte in den Status von Nicht-Erwerbspersonen (Griechenland und Portugal ca. 50%, Frankreich und Belgien mehr als 40%, Spanien mehr als 30%), in Großbritannien und Deutschland machen diese Austritte lediglich ca. 25% aus, und der Anteil derjenigen, die in Beschäftigung wechseln, liegt über 50%.

1986 stetig von 5.728 auf 17.985 (1988) und 70.000 Förderfälle 1995 zugenommen (vgl. Kaiser/Otto 1990; BRINKMANN/ OTTO/ WIEDEMANN 1995) [44]. Insgesamt weicht die Struktur und Entwicklung der selbständigen Erwerbstätigkeit in Westdeutschland wenig von internationalen Mustern ab. Auffälligste Unterschiede sind die relativ geringen Anteile von Selbständigen, die keine weiteren Mitarbeiter beschäftigen (die allerdings auch hier zunehmen) sowie die generell geringen Anteile in der Baubranche, außerdem die vergleichsweise hohen Qualifikationen und Einkommen der Selbständigen. Wobei sich alle diese Charakteristika zunehmend in Richtung der internationalen Muster entwickeln.

Die Befunde der makroökonomischen Studien verweisen auf eine ausgesprochene Übereinstimmung internationaler Entwicklungslinien. Lediglich hinsichtlich des Zusammenhangs zwischen Arbeitslosigkeit und selbständiger Erwerbstätigkeit zeigen sich deutlich heterogene empirische Befunde. Der Großteil der Analysen ist allerdings kaum theoretisch fundiert, sondern eher explorativ ausgerichtet. Insgesamt erscheint auch der potenzielle Erkenntnisgewinn aus reinen Makrostudien, insbesondere der Analyse hochaggregierter Bestandsdaten, eher gering. Im Rahmen dieser Arbeit wird daher eine mikroökonomische Analyse durchgeführt werden. Der Fokus wird dabei nicht auf Bestandsgrößen der selbständigen Erwerbstätigkeit liegen, es soll vor allem eine Stromgrößenbetrachtung vorgenommen werden, nämlich die Analyse der Prozesse des Eintritts und Verbleibs in sowie des Austritts aus der selbständigen Erwerbstätigkeit sowie die dabei erfahrenen Erwerbsbedingungen. Bevor die empirische Analyse erfolgt, wird im Folgenden Kapitel zunächst ein theoretischer Rahmen entwickelt.

[44] Insbesondere nach der jeweiligen Verbesserung der Förderbedingungen Ende 1987 und 1994 ist die Zahl stark gestiegen. Seit 1988 führt das IAB Evaluationsstudien zu dieser Fördermaßnahme durch, siehe hierzu auch BRINKMANN/OTTO 1996; WIEßNER 1997 u. 1998.

D SELBSTÄNDIGE ERWERBSTÄTIGKEIT AUS ARBEITSMARKTTHEORETISCHER PERSPEKTIVE

In dem nun folgenden Abschnitt D soll ein theoretischer Bezugsrahmen für die empirische Analyse entwickelt werden. Es erscheint sinnvoll, Selbständige nicht lediglich aus industrieökonomischer Perspektive, als spezifische Form des Unternehmertums bzw. als Produzenten von Waren und Dienstleistungen, zu analysieren; selbständige Erwerbstätigkeit kann ebenso als eine spezifische Erwerbsform analysiert werden, in deren Rahmen Individuen ihre Arbeitskraft einsetzen bzw. vermarkten. Hier soll ausschließlich eine arbeitsmarkttheoretische Analyse erfolgen. Industrieökonomische Fragen im Rahmen der selbständigen Erwerbstätigkeit werden nicht als inadäquat betrachtet, doch erscheint es sinnvoll, die vernachlässigte Perspektive konsequent zu verfolgen und zunächst nicht mit industrieökonomischen Fragen zu vermengen.[45] Wie in Abschnitt C dargelegt wurde, mangelt es den bisherigen empirischen Studien an systematischer theoretischer Fundierung. Zwar finden sich heute bereits einige Analysen, die auch theoretische Ansätze mit einbeziehen, doch zum einen beschränken sich diese häufig mehr oder weniger auf ad hoc aufgestellte Einzelhypothesen bzw. eine Auflistung potenzieller Determinanten, zum anderen handelt es sich überwiegend um formale, ökonometrische Modelle zur individuellen Erwerbsentscheidung, bei denen oftmals der Eindruck entsteht, dass die ökonometrische Modellbildung bzw. die Modellierung etwaiger statistischer Effekte im Vordergrund steht und weniger die eigentliche Thematik der selbständigen Erwerbstätigkeit. In dieser Arbeit soll es nicht darum gehen, die ökonometrische Modellbildung voranzutreiben, vielmehr geht es darum, eine empirische Analyse der Erwerbsbedingungen selbständig Erwerbstätiger vor dem Hintergrund eines systematischen Theorierahmens vorzunehmen. Die bisherigen Analysen weisen darauf hin, dass es sich bei der selbständigen Erwerbstätigkeit um eine äußerst heterogene Erwerbsform handelt, so dass insbesondere eine Differenzierung von unterschiedlichen Selbständigen-Subgruppen notwendig erscheint. Außerdem sind die Befunde insbesondere zu den Erwerbsverläufen selbständig Erwerbstätiger sehr spärlich. Insofern besteht hierzu ein erheblicher Forschungsbedarf. Die Analyse der Erwerbsbedingungen und -verläufe soll dabei eine Einschätzung des Ausmaßes unterschiedlicher Erscheinungsformen selbständiger Erwerbstätigkeit ermöglichen sowie eine fundierte Grundlage für deren arbeitsmarkt- und sozialpolitische Beurteilung liefern.

Im Folgenden werden vor dem Hintergrund der bisherigen arbeitsmarkttheoretischen Forschung zum Thema der selbständigen Erwerbstätigkeit die dieser Arbeit zugrundeliegende Fragestellungen konkretisiert und relevante Erklärungs-

[45] Ergebnisse industrieökonomischer Analysen werden allerdings bei der Auswahl entsprechender Kontrollvariablen in der empirischen Analyse berücksichtigt.

faktoren der Erwerbsbedingungen Selbständiger ausgemacht. Insbesondere geht es darum, eine theoretisch begründete Differenzierung verschiedener Selbständigen-Subgruppen vorzunehmen.

Kapitel D ist dabei folgendermaßen aufgebaut: Zunächst erfolgt eine kurze Darlegung, warum das Thema der selbständigen Erwerbstätigkeit so lange arbeitsmarkttheoretisch vernachlässigt worden ist und welche Probleme eine arbeitsmarkttheoretische Analyse der selbständigen Erwerbstätigkeit mit sich bringt. Außerdem wird dessen arbeitsmarkttheoretische Relevanz sowie die spezifische Ausrichtung dieser Arbeit begründet und dargestellt. Anschließend folgt die arbeitsmarkttheoretische Analyse der selbständigen Erwerbstätigkeit. Die überwiegende theoretische Ausrichtung bisheriger Analysen der selbständigen Erwerbstätigkeit, nämlich mikroökonomische Modelle der individuellen Erwerbsentscheidung, werden zunächst dargestellt. Diese beschränken sich auf individuelle Entscheidungen der Erwerbspersonen, unterstellen hierbei nutzenmaximierendes Verhalten und messen dem Einkommensmechanismus zentrale Erklärungskraft bei. Fragen, die in der Diskussion um die selbständige Erwerbstätigkeit auftauchen, wie z.B. inwiefern der Wiederanstieg dieser Erwerbsform Ausdruck zunehmender Flexibilisierungsstrategien seitens der Arbeitgeber ist und welche Konsequenzen dies für die Erwerbsbedingungen sowie -biografien der Arbeitskräfte hat, können mit einem solchen Ansatz nicht erfasst werden. Insgesamt erscheint die Beschränkung auf die Analyse individueller Erwerbsentscheidungen der Arbeitskräfte nicht geeignet, das Phänomen der selbständigen Erwerbstätigkeit in seiner Vielfalt zu erfassen. Die notwendig erscheinende Typologisierung der heterogenen Gruppe der Selbständigen kann mit einer solchen Betrachtungsweise nicht geleistet werden. Individuelle Nutzenmaximierung der Arbeitskräfte mag für die Aufnahme einer selbständigen Erwerbstätigkeit für bestimmte Personen und Eintrittssituationen ausschlaggebend sein, lässt aber andere Entwicklungen, wie die hinsichtlich betrieblicher Arbeitskräfteeinsatzstrategien außer Acht. Daher wird hier ein segmentationstheoretischer Ansatz gewählt.[46] Wenn sich auch die Literatur zur Arbeitsmarktsegmentation i.d.R. auf die Analyse abhängiger Beschäftigung konzentriert, wird dieser Ansatz gewählt, da er die Integration einer Vielzahl relevanter Perspektiven sowie die Einordnung empirischer Befunde im Kontext der selbständigen Erwerbstätigkeit erlaubt. Insbesondere lassen sich in einem segmentationstheoretischen Rahmen die Argumentationen zur Flexibilität der Arbeitsmärkte, wie auch die der Risikoallokation und Anreizstrukturen im Kontext von Arbeitsbeziehungen einbeziehen. Angestrebt wird ein Analyserahmen für die eigene empirische Untersuchung, der die Typisierung verschiedener Selbständigen-Subgruppen erlaubt. Die Analysen der neoklassischen Modelle der indivi-

[46] Eine differenzierte Begründung erfolgt in Abschnitt D 4.

duellen Berufswahl müssen aus dieser Perspektive nicht gänzlich verworfen werden, sie können relevante Determinanten spezifischer Erscheinungsformen oder Segmente selbständiger Erwerbstätigkeit liefern. Abschließend werden die zentralen Aussagen der theoretischen Analysen nochmals zusammenfassend dargestellt.

1. Ein vernachlässigter Gegenstandsbereich der Arbeitsmarkttheorie

Selbständige Erwerbstätigkeit wird seit den 1980er Jahren wieder zum Gegenstandsbereich arbeitsmarktökonomischer Analysen gemacht, wo man sich zuvor nahezu ausschließlich auf die Analyse abhängiger Beschäftigung beschränkte. "Self-employment attracted virtually no interest among labour market researchers until the first half of the 1980s ... Until recently most labour market analysis focused on the employee workforce, and especially on the male employee workforce working full-time hours. Self-employment is one of the Cinderellas of labour market research, only recently invited to the ball" (HAKIM 1988: 421; vgl. auch ARONSON 1991: 117f. und MEAGER 1993: 4).
Die Ursachen der Vernachlässigung selbständiger Erwerbstätigkeit in arbeitsmarkttheoretischer Perspektive mögen zum einen darin liegen, dass diese Form der Erwerbstätigkeit als Residualkategorie betrachtet worden ist. ARONSON (1991: 117) sieht die Vernachlässigung der selbständigen Erwerbstätigkeit in der Arbeitsmarkttheorie zum Teil darin begründet, dass "... the decline of self-employment occurred largely before the establishment of industrial relations as a distinctive academic discipline", zum anderen aber auch "... in the long-standing failure to distinguish between self-employment and small business enterprise". Letzteres lässt sich, wie in Abschnitt B bereits kritisiert, auch heute noch feststellen. So ist gerade auch in Folge des Perspektivenwechsels weg von Groß- hin zu Kleinbetrieben im Kontext der Diskussion der Befunde BIRCHS zum Beschäftigungsbeitrag von Kleinbetrieben das Interesse an selbständiger Erwerbstätigkeit wieder erwacht. "In dem selben Maße wie kleine Firmen stärker in den Vordergrund gerückt sind, ist auch an der Kategorie der selbständigen Erwerbspersonen ein gesteigertes Interesse zu beobachten" (BÖGENHOLD 1994: 61). So sieht auch MEAGER die Vernachlässigung selbständiger Erwerbstätigkeit zumindest seitens neoklassischer Ansätze darin begründet, dass „...as a topic it falls rather uneasily between two sub-branches of the discipline. Thus it is often unclear whether it is rightfully within the purview of labour economics or whether it is better treated within the framework of industrial economics“ (MEAGER 1993: 4f., vgl. auch ARONSON 1991: 118ff.).

Gegen eine arbeitsmarkttheoretische Betrachtung des Themas mag man auf den ersten Blick einwenden, dass im Falle der selbständigen Erwerbstätigkeit die

Transaktion zwischen Auftraggebern bzw. Kunden einerseits und der Selbständigen andererseits keine Arbeitsmarktbeziehung darstellt, sondern Selbständige Leistungen direkt am Gütermarkt (bzw. am Markt für Dienstleistungen) anbieten. Selbständigkeit wird dann als Erwerbsform außerhalb von Arbeitsmärkten betrachtet. „The category self-employment describes the intersection of two dimensions of economic relations: first, whether one´s income depends on selling one´s capacity to work and, second, whether in order to work one has to enter the labor market“ (STEINMETZ/WRIGHT 1989: 979). CASSON betrachtet auf der Basis transaktionskostentheoretischer Überlegungen die Wahl dieser Erwerbsform aus Sicht der Selbständigen gerade als eine Strategie, Arbeitsmärkte zu umgehen: „Self-employment is ... a very attractive way of bypassing labour market imperfections" (vgl. CASSON 1982: 198).

Gegen eine solche Auffassung sprechen allerdings zum einen die in Abschnitt B dargestellten Phänomene des sogenannten Graubereiches zwischen abhängiger und selbständiger Erwerbstätigkeit, die Schwierigkeit der klaren Abgrenzung beider Erwerbsformen und zum anderen die ausgeprägten Ströme zwischen beiden.

Im Graubereich kann man die Beziehung der Selbständigen und ihrer Auftraggeber durchaus als eine Arbeitsmarktbeziehung betrachten. Zum Beispiel fallen unter die Kategorie der Selbständigen auch solche, die ausschließlich ihre Arbeitskraft für anderen Unternehmen (z.B. auf Werkvertragsbasis) einsetzen, sei es, weil sie kein abhängiges Beschäftigungsverhältnis erhalten oder weil sie diese Selbständigkeit präferieren; diese erscheinen aus arbeitsmarkttheoretischer Perspektive solchen Arbeitnehmern in abhängiger (sozialversicherungsfreier) Beschäftigung ähnlich, insofern man sie ausschließlich als Arbeitsanbieter betrachten kann. ***Selbständige Erwerbstätigkeit*** mag also teilweise ein ***Phänomen des externen Arbeitsmarktes*** darstellen.

Manche Selbständigkeitsformen mag man nicht unmittelbar als solche einem spezifischen Arbeitsmarkt zuordnen, da sich deren Tätigkeit nicht oder nicht ausschließlich als arbeitsmarktvermittelte Transaktion auffassen lässt. Aufgrund der Fluktuationen zwischen abhängiger und selbständiger Erwerbstätigkeit kann aber auch bei solchen Selbständigen die ***Analyse der Erwerbsverläufe relevante arbeitsmarkttheoretische Fragen*** betreffen. Die Push-Hypothese unterstellt mangelnde Chancen auf abhängige Beschäftigung als maßgeblichen Erklärungsfaktor für den Anstieg der selbständigen Erwerbstätigkeit seit den 80er Jahren (vgl. BÖGENHOLD 1994: 62f.). Wie in Kapitel C gezeigt worden ist, sind bisherige empirische Befunde hierzu äußerst heterogen. Bisher kaum analysiert ist eine weitere Fragestellung, die aus arbeitsmarkttheoretischer Betrachtungsweise relevant erscheint, nämlich die nach dem weiteren Erwerbsverlauf nach Aufgabe einer selbständigen Erwerbstätigkeit. Einige wechseln in Arbeitslosigkeit oder scheiden gänzlich aus dem Erwerbsleben aus, ein Großteil der Wechsel erfolgt in abhängige Beschäftigung. Welche Faktoren beeinflussen den Wechsel in die verschiedenen Erwerbsstatus und falls in ein abhängiges Beschäftigungsverhältnis gewechselt wird, wie entwickeln sich die Löhne und sonstigen Erwerbsbedingungen nach der Aufgabe der selbständigen Tätigkeit?

Im Rahmen dieser Arbeit soll die selbständige Erwerbstätigkeit strikt als spezifische Erwerbsform und nicht als Erscheinungsform kleinbetrieblicher Produktion analysiert werden. Eine arbeitsmarkttheoretische Analyse der selbständigen Erwerbstätigkeit mag wichtige Einblicke in die Funktionsweise einer an Bedeutung gewinnenden Erwerbsform bieten. So konstatiert ARONSON (1991: 118f.): "... self-employment deserves explicit consideration as a labor market phenomenon ... . The review of the published data and limited body of literature on these relationships lead to the conclusion that treading self-employment as a vestigial form of business enterprise is no longer useful if we hope to understand more completely how labor markets work". Vorherrschende Bilder von beruflicher Selbständigkeit werden dann allerdings aufzubrechen sein. Die starke Beschränkung des Begriffes der Selbständigkeit auf Unternehmertum lässt viele Aspekte in der Diskussion um selbständige Erwerbstätigkeit in ganz spezifischen Deutungen erscheinen. Die Aufnahme einer selbständigen Erwerbstätigkeit erscheint dann als Unternehmensgründung, die Aufgabe - insofern sie nicht mit einer "üblichen" Ruhestandsentscheidung zusammenfällt - erscheint als Scheitern eines Unternehmens (vgl. TRZCINSKI 1999: 177). Betrachtet man die selbständige Erwerbstätigkeit allerdings als spezifische Erwerbsform, so mag deren Aufgabe unter Umständen auch als Erfolg betrachtet werden, nämlich für solche Personen, die von der selbständigen Erwerbstätigkeit in ein abhängiges Beschäftigungsverhältnis wechseln, diese Beschäftigungsform präferieren und lediglich deshalb selbständig erwerbstätig waren, weil sie kein Beschäftigungsverhältnis erhalten haben.

Im Folgenden wird zunächst der in arbeitsmarkttheoretischen Analysen der selbständigen Erwerbstätigkeit vorherrschende Ansatz, nämlich neoklassische Modelle der individuellen Berufswahl, vorgestellt und diskutiert.

2. Der neoklassisch-orientierte Ansatz: Selbständige Erwerbstätigkeit als individuelle nutzenmaximierende Erwerbsentscheidung

2.1 Mikroökonomische Modelle des Arbeitsangebots bzw. der Berufswahl

Die Mehrzahl der mikroökonomischen Analysen der selbständigen Erwerbstätigkeit beruhen auf neoklassisch orientierten Modellen der Arbeitsangebots- bzw. Berufswahlentscheidung. In diesen Modellen wird die Entscheidung über das Arbeitsangebot um die Alternative der Selbständigkeit erweitert, was unterschiedlich modelliert werden kann. Als mehrstufigen Entscheidungsprozess kann man zunächst die Stufe der Entscheidung, ob ein Individuum überhaupt Arbeit anbietet, von der zweiten Stufe, ob eine abhängige oder eine selbständige Erwerbstätigkeit angestrebt wird, unterscheiden. HÜBLER differenziert die Entscheidung bzgl. der selbständigen Erwerbstätigkeit dann als weiteren zweistufigen Prozess. Für diejenigen, die sich für die Selbständigkeit entscheiden (1. Entscheidungsstufe) wird die Entscheidung, ob dies als freiberufliche Tätigkeit oder als Unternehmer bzw. Unternehmerin geplant wird, als Entscheidung der zweiten Stufe unterschieden (vgl. HÜBLER 1991).

Die *Erwerbsentscheidung wird im Rahmen neoklassischer Arbeitsmarktmodelle* im Sinne einer Kosten- und Nutzenabwägung von Individuen modelliert (vgl. FRANZ 1996[3]: 29ff.; WAGNER/JAHN 1997: 10ff.; SESSELMEIER/BLAURMEL 1997[2]: 48f. Individuen wählen bei einem gegebenen Lohnsatz ihr Arbeitsangebot so, dass sie vor dem Hintergrund von Zeitrestriktionen ihren Nutzen maximieren. Kosten der Arbeit sind Opportunitätskosten des entgangenen Freizeitnutzens, der Nutzen der Erwerbsarbeit wird als reiner Einkommensnutzen modelliert. Der Umfang des Arbeitsangebotes hängt folglich von den subjektiven, relativen Nutzenwerten von Einkommen und Freizeit (Indifferenzkurven), dem Lohnsatz sowie von verfügbarem Nicht-Erwerbseinkommen ab. Die nutzenmaximale Arbeitsangebotsmenge liegt im Tangentialpunkt der Budgetgerade - die determiniert ist durch die maximal zur Verfügung stehende Zeit, das erzielbare Erwerbseinkommen sowie dem Nicht-Erwerbseinkommen - und der Indifferenzkurven, bzw. in dem Punkt, in dem die Grenzkosten der Arbeit dem Grenznutzen entsprechen.

Für das Arbeitsangebot lassen sich aus dem Basismodell folgende *Hypothesen* ableiten: Je geringer ein Individuum den relativen Freizeitnutzen (im Vergleich zum Nutzen aus Einkommen) bewertet, je höher das erzielbare Einkommen je Zeiteinheit (der Lohnsatz) und je geringer das Nicht-Erwerbseinkommen, desto höher das Arbeitsangebot.

Bezieht man nun in dieses Modell noch die Möglichkeit der Wahl zwischen abhängiger und *selbständiger Erwerbsarbeit ein*, so sind entsprechend der Modellbetrachtung die Kosten- und Nutzenaspekte, die sich zwischen beiden Erwerbsformen unterscheiden, als Determinanten der Erwerbsentscheidung zu berücksichtigen (vgl. BLANCHFLOWER/OSWALD 1990b; BÖRSCH-SUPAN/ PFEIFFER 1992; HÜBLER 1991 und 1992; PFEIFFER 1994; TAYLOR 1996; GEORGELLIS/ WALL 1998). Entsprechend lassen sich die Arbeitsangebotsentscheidungen folgendermaßen um die Wahl der Erwerbsform erweitern.

Nutzenmaximierende Individuen werden die Erwerbsform wählen, bei der sie einen höheren *Nutzen* erzielen. Aus der Perspektive dieser neoklassischen Ansätze erscheinen dann entsprechend die erzielbaren **relativen Einkommenshö-**

hen in selbständiger im Vergleich zu abhängiger Erwerbstätigkeit als entscheidende Determinante der Erwerbsentscheidung. Das erzielbare Einkommen aus selbständiger Erwerbstätigkeit wird als Residualeinkommen betrachtet, dessen Höhe von dem vorhandenen eigenen Humankapital, insbesondere von sogenannten **unternehmerischen und Managementfähigkeiten** sowie vom eingesetzten **Sachkapital** abhängt. Außerdem wird es umso geringer ausfallen, je höher die Löhne etwaiger beschäftigter Arbeitnehmer sind.
Weiterhin wird berücksichtigt, dass die Einkommen in selbständiger Erwerbstätigkeit stärker schwanken als die Arbeitnehmereinkommen. Unterstellt man außerdem, dass das Nutzenniveau, das ein Individuum durch Erwerbsarbeit erzielt, nicht nur durch die Einkommenshöhe bestimmt wird, sondern auch durch die Varianz der Einkommen, so ist als weitere Determinante die **Risikoaversion bzw. Risikobereitschaft** der Individuen zu unterscheiden.
Da abhängig Beschäftigte weisungsgebunden arbeiten und Selbständige ihre Erwerbstätigkeit in Eigenverantwortung ausüben (wenn nicht der Fall der Scheinselbständigkeit vorliegt), kann man als dritte Determinante den **Wunsch nach Unabhängigkeit** einbeziehen.

Was die *Kostenseite* des Modells betrifft, so kommen neben den Opportunitätskosten des Freizeitverzichtes noch die Kosten des **Verzichts auf Lohneinkommen** hinzu.
Weitere Kostenüberlegungen lassen sich mit Weiterentwicklungen neoklassischer Modelle fassen. PFEIFFER (1999) wendet suchtheoretische Überlegungen auf die individuelle Wahlentscheidung zwischen selbständiger und abhängiger Erwerbsarbeit an. Üblicherweise wird im Rahmen der Suchtheorie die Dauer der Arbeitsuche mit der **Informationsbeschaffung** über offene Stellen und Löhne bei gegebenem Akzeptanzlohn erklärt. Die Arbeitsuchenden optimieren in neoklassischer Perspektive ihre Suchaktivitäten, indem sie solange Suchkosten aufbringen, bis die Grenzkosten der Suche dem Grenznutzen (Arbeitsplatzangebote mit höherem Lohn) entsprechen. Erweitert man dieses Modell um die Option der selbständigen Erwerbstätigkeit, so kann man von der Suche nach einem Arbeitsplatz in abhängiger Beschäftigung die **Suche nach Marktnischen, Produktpreisen etc.** im Falle der "Suche" nach einer selbständigen Erwerbstätigkeit unterscheiden. Diesbezüglich erscheint es plausibel anzunehmen, dass die Beschaffungsprobleme bzw. die Beschaffungskosten höher sein werden.
Im Falle der Selbständigkeit kommen nach der Beschaffung oben genannter Informationen noch die **Kosten der Gründung sowie des Betreibens eines Unternehmens** bzw. allgemeiner der Einrichtung eines oder mehrerer Arbeitsplätze hinzu. Größtenteils wird dies sogenannte ***sunk costs*** erfordern. Es handelt sich um Humankapitalinvestitionen ("wie macht man sich selbständig", Managementfähigkeiten etc.), Investitionen in Netzwerke (Kunden, Lieferanten, etc.)

und Sachkapitalbedarf (vgl. PFEIFFER/REIZE 1998). Diese werden vermutlich größtenteils versunkene Kosten darstellen, da man plausibel annehmen kann, dass sie im Falle der Aufgabe der selbständigen Erwerbstätigkeit nicht (zumindest nicht in vollem Umfang mit entsprechender Rendite) zu veräußern sind.

Diese Modelle gehen von einer individuellen Wahlentscheidung und somit Wahlfreiheit aus. Beschränkungen der individuellen Wahlfreiheit werden systematisch lediglich hinsichtlich der Kapitalmarktrestriktionen einbezogen; nur wenn Kapitalmarktrestriktionen eine Rolle spielen, wird die individuelle Kapitalverfügbarkeit über Vermögen und Erbschaften einen Einfluss auf Neigung zur Aufnahme einer selbständigen Erwerbstätigkeit haben (vgl. EVANS/JOVANOVIC 1989; BLACHFLOWER/OSWALD 1990b und 1998). Andere Rahmenbedingungen werden meist lediglich bei der Auflistung potenzieller Determinanten - ohne systematische Einordnung in die Modellbetrachtung - mehr oder weniger begründet einbezogen. Es sind dies für den Zugang zur abhängigen Beschäftigung die (regionale) Arbeitslosenquote (vgl. z.B. BÖRSCH-SUPAN/PFEIFFER 1992) und für den Zugang zur selbständigen Erwerbstätigkeit: institutionelle Markteintrittsbarrieren (wie z.B. erforderliche Zertifikate im deutschen Handwerk; vgl. BLANCHFLOWER/OSWALD 1990b und 1998; BÖRSCH-SUPAN/PFEIFFER 1992) sowie das allgemeine Wirtschaftsklima (Günstigkeit des "Klimas" für Existenzgründungen). Im letztgenannten Sinne wird auch meist die Arbeitslosenquote einbezogen. Im Sinne der Pull-Hypothese stellen sie einen Indikator für die wirtschaftliche Entwicklung dar und werden daher als Ausdruck der makroökonomischen Rahmenbedingungen in einem negativen Zusammenhang zur Neigung der Wahl einer selbständigen Erwerbstätigkeit betrachtet. Die Push-Hypothese, also die These eines positiven Zusammenhangs zwischen Arbeitslosenquoten und der Aufnahme einer selbständigen Erwerbstätigkeit, ließe sich im Rahmen der neoklassischen Modelle lediglich unter der Annahme von Marktunvollkommenheiten einbeziehen. In diesem Sinne wird sie allerdings nicht modelliert, vielmehr wird die Variable (regionale) Arbeitslosenquoten meist ohne Einbezug in das Nutzenmaximierungsmodell in die empirische Analyse aufgenommen.
Die Entscheidung für eine selbständige Erwerbstätigkeit wird im Rahmen unterschiedlicher Modelle spezifiziert, deren gemeinsame Basisaussagen anhand der formalen Modellgleichungen, die in Übersicht D-1 dargestellt sind, zusammengefasst werden können.
Die Modellgleichungen beschränken sich oftmals auf wenige Aspekte, wie Löhne, Selbständigeneinkommen, Wunsch nach Unabhängigkeit und Managementfähigkeiten. "Eine allgemeine analytische Behandlung des Problems ist wegen der komplexen Entscheidungssituation kaum möglich" (HÜBLER 1992: 108). Viele Studien beschränken sich auch lediglich auf wenige Modellgleichungen und formulieren bei der empirischen Analyse Wahrscheinlichkeitsglei-

chungen für die Wahl einer Erwerbsform, in die die verschiedenen Determinanten (ohne exaktes Gleichungssystem) nebeneinander stehend Eingang finden; Einkommensdifferenzen werden dabei als zentrale Determinante betrachtet.

Übersicht D-1: Basisgleichungen neoklassischer Modelle der Wahl einer Erwerbsform

Nutzenfunktionen der Erwerbsformen:

$$U_S = U\,(\text{Unabh}, EK_S\,, \text{Var}(EK));\; EK_S = EK\,(HK, AZ_S, K, w);$$

$$U_{AN} = U\,(w);\; w = w\,(HK, \text{Alter/BZD, Berufserfahrung, Branche} \ldots)^{47};$$

$$EK_{AN} = w * \overline{AZ_{AN}})$$

Entscheidung zugunsten einer selbständigen Erwerbstätigkeit:

$$U_S > U_{AN}$$

$$U\,(\text{Unabh.}, EK_S\,, \text{Var.}\,(EK)) > U_{AN}\,(EK_{AN}) = w$$

Nutzenfunktion, inklusive der Berücksichtigung der Determinanten der verschiedenen Nutzendimensionen:

$$U = \nu\,(X,\beta) + \varepsilon = \beta_1\,(EK_S - EK_{AN}) + \sum_{d=2}^{D} \beta_d x_d + \varepsilon$$

(zu schätzende) Wahrscheinlichkeit[48] der Wahl einer selbständigen Erwerbstätigkeit:

$$P(Us - U_{AN} > 0) = P\,[\,\beta_1\,(EK_S - EK_{AN}) + \sum_{d=2}^{D} \beta_d x_d + \varepsilon > 0\,]$$

dabei werden die Koeffizienten im Rahmen von Probit- und Logitmodellen geschätzt

U: Nutzen; Unabh: Wunsch nach Unabhängigkeit; EK_S: Einkommen aus selbständiger Erwerbstätigkeit; Var(EK): Varianz der Einkommen; w: Lohnsatz; BZD: Betriebszugehörigkeitsdauer; HK: Humankapital, wobei bei Selbständigen insbesondere unternehmerische und Managementfähigkeiten bedeutsam sind; AZ_S / $\overline{AZ_{AN}}$ Arbeitszeit in selbständiger/abhängiger Erwerbstätigkeit; für Arbeitnehmer kann man von (eher) festgelegten Arbeitszeiten ausgehen ($\overline{AZ_{AN}}$); K: (Sach- und Finanz)Kapital; X: Matrix der Determinanten (x_d) der Neigung zur Selbständigkeit, β: zu schätzende Koeffizienten der Determinanten; ε:: Störterm (unbeobachtete Faktoren); P(Us - U_{AN} > 0): Wahrscheinlichkeit der Wahl einer selbständigen Erwerbstätigkeit in Relation zur Wahl einer abhängigen Beschäftigung

---

47 Eine exakte Funktionsbestimmung erfolgt in den meisten Studien nicht.

Im Rahmen von Probit- und Logitmodellen werden die Koeffizienten geschätzt. Hier sollen nicht die verschiedenen Modellgleichungssysteme, anhand derer das Nutztenmaximierungsproblem analysiert wird, im Detail diskutiert werden. Vielmehr geht es um die Darstellung des grundlegenden theoretischen Modellansatzes und um die verschiedenen Determinanten der Wahl der Erwerbsform, die im Rahmen dieser Modelle aufgeführt werden.

Entsprechend dieser Überlegungen werden folgende *zentrale Hypothesen* zur Wahl zwischen abhängiger und selbständiger Erwerbstätigkeit abgeleitet (vgl. BÖRSCH-SUPAN/PFEIFFER 1992; HÜBLER 1991; LONG 1982; BLANCHFLOWER/OSWALD 1990a, 1990b und 1998; TAYLOR 1996; EVANS/JOVANOVICH 1989; EVANS/LEIGHTON 1989a):

Die *Neigung zur selbständigen Erwerbstätigkeit ist umso (bzw. dann) höher* (insofern die Variablen nicht direkt gemessen werden, sind in Klammern die in den bisherigen empirischen Analysen verwendeten Proxy- bzw. Indikatorenvariablen[49] aufgeführt):

Einkommen

- je höher die relativen **Einkommen** in selbständiger Erwerbstätigkeit im Vergleich zu den Einkommen bei abhängiger Beschäftigung (Durchschnittsverdienste[50] in Berufsgruppen und Sektoren, Differenz der Durchschnittsverdienste von Arbeitnehmern vs. Selbständigen (in Branchengruppen und Altersgruppen));

[48] Die Einkommensdifferenz zwischen selbständiger und abhängiger Erwerbstätigkeit wird unter den Determinanten hervorgehoben, da sie im Rahmen dieser Ansätze als zentraler Einflussfaktor gilt.

[49] Dabei handelt es sich um Variablen, die als Indikatoren bzw. Determinanten der oben aufgeführten unabhängigen Variablen betrachtet werden. Diese werden an dieser Stelle nicht diskutiert, da es zunächst lediglich um die Darstellung theoretischer Modelle geht. Insofern entsprechende Variablen in die eigene Untersuchung eingehen, werden sie in Kapitel E dieser Arbeit knapp diskutiert.

[50] Hierbei werden Durchschnittsverdienste der Arbeitnehmer in verschiedenen Berufsgruppen und Sektoren (vgl. HÜBLER 1991: 103), die Differenz der tatsächlichen Einkommen und den durchschnittlichen der jeweils anderen Erwerbsform, differenziert nach Branchen und z.T. nach Altersklassen (BÖRSCH-SUPAN/PFEIFFER 1992: 267f.) herangezogen.

Persönlichkeitsfaktoren und Präferenzen

- je höher die **Risikoneigung** (Familienstand[51] (Doppelverdiener bzw. potenzielle mithelfende Familienangehörige), Geschlecht, Alter, Gesundheitszustand, Wettleidenschaft);
- je höher der Wunsch nach **Selbstbestimmung** und Unabhängigkeit und je ausgeprägter die individuelle Kontrollüberzeugung (Bedeutungsrelevanz verschiedener Dimensionen des Berufs/Jobs; Geschlecht, „locus of control“[52]); je ausgeprägter der **"Gründer(innen)geist"** bzw. die "Gründungskultur";
- je stärker die **Präferenz für Arbeitszeit** in Relation zur Freizeitpräferenz[53];

Individuelles Humankapital

- je höher die **unternehmerischen und Managementfähigkeiten** (Alter, schulische und berufliche Qualifikationen, Eltern(/teil) waren (war) selbständig erwerbstätig);
- je geringer die **Kosten der Beschaffung von Informationen** über die existenzgründungsrelevanten Marktbedingungen (Eltern(/teil) waren (war) selbständig erwerbstätig);

Institutionelle und strukturelle ökonomische Rahmenbedingungen/ Arbeitsmarktchancen

- je höher das **verfügbare Kapital - *"Liquidity constraint"*-Hypothese** (Vermögen, Erbschaften) bzw. je geringer der **Kapitalbedarf** für Existenzgründungen (Sektoren, Branchen);
- je geringer die **institutionellen Markteintrittsbarrieren** (Ausbildungsberuf);
- je geringer die **Chance eine abhängige Erwerbstätigkeit zu erhalten - Arbeitslosigkeits-Push-Hypothese** (Arbeitslosenquote; Risiko des Arbeitsplatzverlustes);

---

[51] HÜBLER (1991: 103) argumentiert, dass Verheiratete eine geringere Risikoaversion aufweisen, da bei Doppelverdienern Verluste besser zu tragen seien und bei Ehepartnern, bei denen nur eine/r erwerbstätig ist, der/die andere als mithelfendes Familienmitglied zur Verfügung stünde, so dass eine größere Flexibilität bei der Anpassung an Nachfrageschwankungen bestehe.

[52] Es handelt sich hierbei um ein aus der Psychologie stammendes Kostrukt, das Persönlichkeitsdispositionen dahingehend unterscheidet, ob Personen grundsätzlich wichtige Ereignisse ihres Lebens als Resultat eigenen Handelns betrachten (intern kontrolliert) oder äußeren Umständen, Glück, anderen Personen etc. zuschreiben (extern kontrolliert).

[53] Diese Hypothese stammt von HÜBLER (1991: 103), er begründet dies mit der stärkere Reglementierung der Arbeitszeit der Arbeitnehmer.

- je günstiger die **makroökonomischen Rahmenbedingungen - Arbeitslosigkeits-Pull-Hypothese** (Arbeitslosenquote; Steuersystem).

Im Regelfall sind die Modelle als Erklärungsmodelle von Entrepreneurship formuliert. In wenigen Studien werden Selbständigenkategorien bei diesen Analysen differenziert; HÜBLER (1991) unterscheidet Freiberufler und Gewerbetreibende und weist darauf hin, dass es denkbar sei, „... dass Freiberufler eine größere Nähe zu unselbständig Beschäftigten aufweisen als zu Gewerbetreibenden“ (HÜBLER 1991: 104), was er damit begründet, dass diese nur in geringerem Umfang Arbeitnehmer beschäftigen, Zutrittsbeschränkungen in Abhängigkeit von der Ausbildung bestehen und bei verschiedenen Berufen ähnliche Tätigkeiten auch in abhängiger Beschäftigung ausgeübt werden.[54] Über diese Anmerkungen hinausgehend differenziert er diese Kategorien von Selbständigen allerdings nicht und problematisiert auch nicht deren begriffliche Abgrenzung.[55] Auch BÖRSCH-SUPAN/PFEIFFER (1992: 263) unterscheiden Freiberufler und Unternehmer. Sie analysieren die Daten des Sozio-ökonomischen Panels und operationalisieren diese beiden Selbständigentypen anhand der Differenzierung von Selbständigenkategorien, wie sie im Fragebogen des SOEP verwendet werden sowie anhand der Mitarbeiterzahl(siehe Kapitel E). Als Freiberufler erfassen sie alle, die diese Kategorie explizit angegeben haben sowie alle sonstigen Selbständigen, die keine weiteren Mitarbeiter beschäftigen. Alle anderen, mit Ausnahme der mithelfenden Familienangehörigen, definieren sie als Unternehmer. BLANCHFLOWER/OSWALD (1990b) legen ihrer Analyse der Determinanten selbständiger Erwerbstätigkeit ebenfalls ein auf die Analyse von Entrepreneurship begrenztes Modell zugrunde. Allerdings schätzen sie dieses für verschiedene Selbständigengruppen. Nämlich für alle Selbständigen, für solche, die Arbeitnehmer beschäftigen und Vermögen besitzen, für diejenigen, bei denen jeweils nur eines der beiden Kriterien zutrifft, solche die weder Vermögen besitzen noch Arbeitnehmer beschäftigen und für diejenigen, die selbständige Erwerbstätigkeit auf Teilzeitbasis neben ihrer Haupttätigkeit als Arbeitnehmer ausüben (vgl. BLANCHFLOWER/OSWALD 1990b). Insbesondere für Selbständige, die weder Vermögen besitzen noch Arbeitnehmer beschäftigen,

---

[54] Aus den empirischen Befunden aufgrund seiner Analyse des Sozio-ökonomischen Panels schließt er allerdings, dass Freiberufler in ihren Strukturmerkmalen eine größere Nähe zu den Gewerbetreibenden als zu den Arbeitnehmern aufweisen; jedoch stellt er auch fest, dass sich zwischen Freiberuflern und Gewerbetreibenden deutliche Unterschiede ausmachen lassen, erstere sind z.B. jünger und bei ihnen hat die Berufsausbildung einen empirisch signifikant stärkeren und Vermögen einen geringeren Einfluss auf die Erwerbsformenwahl (vgl. HÜBLER 1991: 113).

[55] Es geht ihm vor allem darum „ ... empirisch zu ermitteln, ob die Entscheidung für den Status »Unselbständiger, Gewerbetreibender, Freiberufler« gleichrangig nebeneinander vorgenommen wird oder hierarchisch erfolgt...“ (HÜBLER 1991: 104).

kommen sie zu deutlich anderen Schätzungen als bei der Analyse für alle Selbständigen bzw. die anderen Gruppen von Selbständigen (vgl.. BLANCHFLOWER/OSWALD 1990b: 21).

Der Schwerpunkt der meisten Analysen der individuellen Berufswahl liegt auf der Bestimmung der Determinanten der Wahl einer selbständigen Erwerbstätigkeit. Darüber hinaus werden diese Modelle entsprechend neoklassischer Modellvorstellungen als makroökonomische Gleichgewichtsmodelle betrachtet (vgl. DE WITT 1993: 14ff; BLANCHFLOWER/OSWALD 1990b; BLAU 1987). Auch hier wird der Lohnmechanismus als der entscheidende Mechanismus betrachtet, der zu einem allgemeinen Gleichgewicht führt. Die Argumentation ist folgende: Je höher der Lohnsatz, desto geringer sind die relativen Erträge aus selbständiger Erwerbstätigkeit und desto mehr Individuen wählen eine abhängige Beschäftigung. Dies führe zu einem Sinken der Löhne, was wiederum einen Anstieg der Zahl derjenigen bewirke, die selbständige Erwerbstätigkeit wählen. Solange der Eintritt in die jeweilige Erwerbsform nicht beschränkt sei, stelle sich über den Lohnmechanismus ein gesamtwirtschaftliches Gleichgewicht der selbständigen und abhängigen Erwerbstätigkeit ein. Ebenso beeinflusse die Güternachfrage (über die Güterpreise und Gewinne) wie auch die Kostenfunktion die optimale Anzahl an Selbständigen. Da die Frage der optimalen Anzahl an Selbständigen hier nicht von zentralem Interesse ist und da diese Modelle Selbständigkeit ausschließlich im Sinne von Unternehmertum behandeln, soll darauf nicht weiter eingegangen werden.

2.2 Kritik

Diese neoklassischen Modelle der Wahl einer selbständigen Erwerbstätigkeit lassen sich in mehrfacher Hinsicht kritisieren. Grundsätzliche Kritikpunkte am neoklassischen Arbeitsangebotsmodell werden hier nicht diskutiert, sondern lediglich solche, die in unmittelbarem Zusammenhang mit der Anwendung dieser Modelle auf die Analyse der selbständigen Erwerbstätigkeit stehen.[56]
Zum einen bleiben all diese Modelle weitestgehend einer Sichtweise der selbständigen Erwerbstätigkeit als Unternehmertum bzw. Entrepreneurship verhaftet. Wenige Ausnahmen differenzieren in ihrer Analyse zwar verschiedene Selbständigentypen, die theoretische Modellbetrachtung beschränkt sich dabei aber auf Unternehmertum. HÜBLER (1991) wie auch BÖRSCH-SUPAN/PFEIFFER

---

[56] Zentrale Kritikpunkte sind die mangelnde empirische Überprüfbarkeit, die Realitätsferne der Basisannahmen, das Axiom der Gleichgewichtsmärkte sowie die fehlende modelltheoretische „Exogenisierung“ von Arbeitslosigkeit bzw. deren alleinige Rückführung auf externe Störgrößen oder freiwillige Arbeitslosigkeit und schließlich die mangelnde Berücksichtigung der Besonderheiten von Arbeitsmärkten im Vergleich zu Güter- oder Geldmärkten (vgl. SESSELMEIER/BLAUERMEL 1997: 53ff.; SCHEUER 1987: 153ff.).

(1992) nehmen lediglich die Unterscheidung von Gewerbetreibenden bzw. Unternehmern und Freiberuflern vor.
HÜBLER stellt aber weder deren Definition noch deren Operationalisierung, wie sie seiner Analyse zugrunde liegen, explizit dar. Die Abgrenzung der Freiberufler, wie sie BÖRSCH-SUPAN/PFEIFFER vornehmen, erscheint unter Berücksichtigung der Begriffsdifferenzierungen aus Kapitel B und D2 dieser Arbeit nicht sinnvoll, da sie für diejenigen, die sich als Freiberufler kategorisieren nicht mehr differenziert, ob diese weitere Mitarbeiter beschäftigen und zudem unter denjenigen ohne Mitarbeitern sowohl Selbständige in qualifizierten als auch unqualifizierten Tätigkeiten vertreten sind, so dass hierbei sehr heterogene Gruppen zusammengefasst werden. Die nach Selbständigengruppen differenzierte Analyse von BLANCHFLOWER/OSWALD (1990b) scheint dagegen eher theoretisch begründbare Selbständigengruppen abzugrenzen. Allerdings beschränkt sich ihre Differenzierung auf die empirische Analyse. Das von ihnen verwendete theoretische Modell bleibt ausschließlich auf die Analyse der Determinanten von Unternehmertum beschränkt. So schreiben sie "Secondly a history of unemployment is now positively correlated with the individual's choice of to set up a business" (BLANCHFLOWER/OSWALD 1990b: 21). Bei solchen "labour-only sub-contractors", wie die Autoren sie nennen, macht es wenig Sinn von Unternehmertum zu sprechen. Entsprechend scheint es wenig sinnvoll, dasselbe Modell der Berufswahlentscheidung wie bei Unternehmensgründern anzuwenden. Deren Befunde sprechen dafür, die theoretische Analyse der selbständigen Erwerbstätigkeit nicht auf individuelle Wahlentscheidungen der Gründung eines Unternehmens oder des Entrepreneurships zu beschränken.
Obwohl immer wieder auf die Heterogenität der Selbständigen als Erwerbskategorie verwiesen wird, fehlt es an einer systematischen, arbeitsmarkttheoretisch orientierten Analyse selbständiger Erwerbstätigkeit, vor allem differenziert nach unterschiedlichen Erscheinungsformen. Die in Kapitel C dargestellten empirischen Befunde bisheriger Studien mögen sich vor allem auch deshalb hinsichtlich zentraler (arbeitsmarktrelevanter) Variablen, wie z.B. Arbeitslosigkeit und Qualifikation, heterogen erweisen. Will man selbständige Erwerbstätigkeit, ihre Entwicklung im Zeitverlauf, wie auch die Erwerbsbedingungen und -verläufe der Selbständigen besser verstehen und erklären können, so scheint eine auch auf theoretischer Ebene differenzierte Analyse unterschiedlicher Selbständigentypen angebracht.
Die neoklassischen Ansätze mögen geeignet sein, Motive von Individuen bei der Erwerbsentscheidung zu analysieren, allerdings nur insoweit Individuen eine individuelle Wahlentscheidung zu treffen vermögen. Deshalb beschränken sich auch verschiedene empirische Analysen auf Teilpopulationen, bei denen im Falle eines Wechsels in selbständige Erwerbstätigkeit eher vom Prinzip der Wahlfreiheit ausgegangen werden kann. Einige Studien beschränken sich auf die Analyse von Personen, die in den Analysejahren entweder beschäftigte

Arbeitnehmer oder selbständig Erwerbstätige waren, "...bei denen eine solch »freie« Entscheidung unterstellt werden kann" (BÜCHEL/PANNENBERG 1992: 545; vgl. auch BÖRSCH-SUPAN/PFEIFFER 1992, EVANS/JOVANOVIC 1989) andere analysieren lediglich selbständige Erwerbstätigkeit bei Männern (vgl. PFEIFFER 1994; BÖRSCH-SUPAN/PFEIFFER 1992; LONG 1982; EVANS/JOVANOVIC 1989; EVANS/ LEIGHTON 1989; TAYLOR 1996; FUJII/HAWLEY 1991). Da sich Frauen häufiger in Erwerbssegmenten mit vergleichsweise ungünstigeren Erwerbsbedingungen finden, mögen gerade bei weiblichen Selbständigen häufiger solche Selbständigkeitsformen vorkommen, die eher im Grenzbereich zwischen abhängiger und selbständiger Erwerbstätigkeit liegen. Eine Beschränkung der Analyse auf männliche Selbständige mag dann dazu führen, dass entsprechende Selbständigkeitsformen tendenziell aus der Betrachtung genommen wurden. Den selben Effekt dürfte die Beschränkung auf Vollzeiterwerbstätige haben (vgl. TAYLOR 1996; BERNHARDT 1994).

TRZCINSKIS (1997) Analyse hat deutliche Unterschiede der Determinanten der Wahl einer Erwerbsform nicht nur zwischen Deutschland und den USA, sondern auch zwischen Männern und Frauen ergeben. Deutliche geschlechtsspezifische Unterschiede hinsichtlich der Determinanten selbständiger Erwerbstätigkeit erhalten auch GEORGELLIS/WALL (1998), die die Daten des Sozio-ökonomischen Panels für Westdeutschland analysieren. Im Gegensatz zu den Männern hat sich bei Frauen der vorherige Arbeitsmarktstatus als signifikanter Einflussfaktor der Wahl einer selbständigen Erwerbstätigkeit gezeigt (von denjenigen, die vor der Aufnahme einer selbständigen Erwerbstätigkeit Arbeitnehmer waren, sind Frauen weniger wahrscheinlich Vollzeitbeschäftigte), eine selbständige Erwerbstätigkeit des Vaters hatte dagegen bei den Frauen keinen signifikanten Einfluss. TRZCINSKIS schließt aus der Heterogenität der Befunde, dass "it would be impossible to assert that these results support any specific or broadly theory concerning the choice of wage and salary employment, self-employment, or non-participation. Instead, the lack of consistency suggests that an understanding of cultural, social and public policies differences is essential in order to understand how individuals make choices ..." (TRZCINSKI 1997: 69). Die Heterogenität der Befunde mag aber auch aufgrund der Heterogenität von Selbständigenkategorien wie auch der der abhängig Beschäftigten zustande gekommen sein. So mögen Unterschiede weniger zwischen abhängig und selbständig Erwerbstätigen vorliegen als zwischen bestimmten Typen von Selbständigen und Arbeitnehmern einerseits und anderen Gruppen von Selbständigen und Arbeitnehmern andererseits. Dass die Befunde keine allgemeine Theorie der Wahl der Selbständigkeit stützen können, mag daran liegen, dass für unterschiedliche Typen von Selbständigen unterschiedliche Determinanten erklärungskräftig sind, die man allerdings durchaus in einem allgemeinen theoretischen Analyserahmen systematisieren kann. Außerdem bleiben die Unterschiede zwischen Männern und Frauen unerklärt, wenn man die Heterogenität

der Befunde lediglich auf kulturelle und politische Unterschiede in den beiden Ländern zurückführt.
Mit Ausnahme der Bedeutung von Kapitalmarktbeschränkungen als Hemmnis der Eintritte in die selbständige Erwerbstätigkeit bleiben Faktoren, die die individuelle Wahlfreiheit beschränken, weitestgehend unberücksichtigt. Insbesondere bleiben arbeitgeberseitige Interessen bzw. Einflussfaktoren unberücksichtigt. "The LFS statistics show a growing self-employed workforce, and other research surveys confirm that this trend reflects the new enterprise culture. But this is only one side of the coin. The picture is not complete without consideration of employers' labour use strategies, in particular the thesis that employers have been substituting employee jobs with self-employed jobs and putting greater volume of work out to subcontractors, large and small" (HAKIM 1988: 438).

Insgesamt stellen die neoklassischen Modelle der Wahl einer selbständigen Erwerbstätigkeit somit einen Ansatz dar, der den Graubereich zwischen abhängiger und selbständiger Erwerbstätigkeit nicht (ausreichend) zu berücksichtigen vermag. Vor dem Hintergrund der grundlegenden Leitvorstellung von beruflicher Selbständigkeit als Unternehmertum werden zudem die in Abschnitt D1 angerissenen Fragen nach längerfristigen Erwerbsverläufen nicht analysiert. Auch wenn diese Modelle erklärungskräftige Determinanten für spezifische Formen oder Segmente selbständiger Erwerbstätigkeit liefern mögen, erscheinen sie insgesamt zu sehr auf Unternehmertum beschränkt.
Hier soll mit der Segmentationstheorie ein alternativer Ansatz zu Grunde gelegt werden.

3. Segmentationstheoretische Analyse der selbständigen Erwerbstätigkeit

Da die empirische Analyse der selbständigen Erwerbstätigkeit in der vorliegenden Arbeit auf der Basis segmentationstheoretischer Überlegungen erfolgen soll, werden diese Ansätze im Folgenden ausführlicher behandelt. Zunächst wird die Wahl dieser arbeitsmarkttheoretischen Ausrichtung begründet. Es folgt die Darstellung der Grundlagen segmentationstheoretischer Ansätze anhand der Erläuterung des Begriffes der Arbeitsmarktsegmentation, der Ursachen der Segmentierung von Arbeitsmärkten sowie zentraler Segmentierungskonzepte. Grundlegende Charakteristika personalpolitischer Strategien in den verschiedenen Arbeitsmarktsegmenten werden knapp dargestellt und die Folgen für die Erwerbsbedingungen und Erwerbsverläufe von Arbeitskräftegruppen abgeleitet. Abschließend erfolgt die segmentationstheoretische Differenzierung von Selbständigentypen sowie die Ableitung entsprechender Hypothesen zu deren Erwerbsbedingungen und Erwerbsverläufen.

3.1 Der Segmentationsansatz als Analyserahmen der selbständigen Erwerbstätigkeit

Aufgrund der Kritik an den neoklassischen Ansätzen zur selbständigen Erwerbstätigkeit, soll im Rahmen dieser Arbeit ein anderer theoretischer Ansatz gewählt werden, wenn auch nicht alle Aussagen der Modelle der individuellen Berufswahlansätze unberücksichtigt oder abgelehnt werden sollen. Es wird allerdings ein breiteres theoretisches Rahmenkonzept Verwendung finden, das sowohl den Einfluss betrieblicher Personalstrategien zu berücksichtigen erlaubt als auch eine Typologisierung verschiedener Selbständigengruppen ermöglicht. Hierzu scheinen Segmentationsansätze grundsätzlich geeignet. "Einer der wesentlichen Ansprüche der Segmentationstheorie besteht darin, die Arbeitsmarktsituation unterschiedlicher Arbeitskräftegruppen ... anders als die Neoklassik, die hierzu kaum Aussagen trifft - differenziert zu erfassen und zu erklären“ (BILLER 1989: 16). Diese Ansätze sind zwar durchaus umstritten und galten im Rahmen ökonomischer Analysen "... längere Zeit als theoretisch »kraftlos« verpönt .. - (erleben aber) eine Renaissance auch im wirtschaftswissenschaftlichen Bereich, wo ihre partialanalytische Leistungsfähigkeit kaum je widerlegt wird" (BÜCHEL 1994: 456; vgl. auch DICKENS/LANG 1992). Auch wenn die empirische Überprüfbarkeit segmentationstheoretischer Ansätze als problematisch erachtet wird (vgl. BÜCHEL 1994: 458; WINTER-EBMER/ZWEIMÜLLER 1992: 276), wird deren empirische Relevanz gerade vor dem Hintergrund zunehmender atypischer Beschäftigungsformen hervorgehoben, indem eine zunehmende Segmentierung der Arbeitsmärkte konstatiert wird. "Es ist nicht mit weniger, sondern mit einer weitgehenden Segmentierung, evtl. sogar in Richtung auf eine Dualisierung der Arbeitsmärkte, zu rechnen" (KELLER/SEIFERT 1995: 237; vgl. auch MÜCKENBERGER1990: 182ff.; BÜCHTEMANN/QUACK 1989: 138).

Segmentationsansätze sind aufgrund empirisch vorfindbarer Probleme am Arbeitsmarkt, die im Rahmen neoklassischer Arbeitsmarktansätze nicht erklärbar waren, entwickelt worden. "In der Tat bilden die Segmentationsansätze heute eine mehr oder weniger explizite Gegenposition zur Orthodoxie; sie sind auch allesamt in kritischer Auseinandersetzung mit ihr entstanden" (SENGENBERGER 1978: 16). Allerdings werden nicht alle neoklassischen oder in mehr oder weniger starker neoklassischer Grundorientierung stehenden Weiterentwicklungen abgelehnt oder kontrastiert. Eine Vielzahl der Ansätze aus dem Bereich der Theorie der Firma werden in dem Konzept interner Arbeitsmärkte, das ein zentrales Konzept segmentationstheoretischer Literatur darstellt, integriert oder können integriert werden. "Another, perhaps more important contribution, made by these two authors (DOERINGER/PIORE; Anm.d.V.) is that of integrating the work of the institutionalists and neo-classicists in the concept of the »internal

labour market« (ILM). In this concept they have succeeded in eliminating, whilst not entirely destroying, the neo-classical theory of the firm" (LOVERIDGE/MOK 1979: 47). Allerdings ist hierbei auch zu kritisieren, dass eine starke Beschränkung der Analysen auf die Entwicklung der Konzepte interner Arbeitsmärkte erfolgt, der externe Arbeitsmarkt wird weitestgehend als „*black box*“ betrachtet (vgl. GRIMSHAW/RUBERY 1998: 201), was insbesondere dann problematisch erscheint, wenn man von einem Bedeutungsverlust interner Arbeitsmärkte und der Zunahme externer Segmente ausgeht (vgl. OSTERMAN 1994: 307). Eine Weiterentwicklung der Segmentationsansätze wird seit den 90er Jahren nahezu nicht mehr verfolgt. ROSENBERG (1991) stellt einen Wandel des politischen, wirtschaftlichen und wissenschaftlichen Interesses, weg von der eigentlichen Segmentationsdiskussion, hin zur Diskussion um die Flexibilität und die Flexibilisierung der Arbeitsmärkte fest, den er in Zusammenhang mit den ökonomischen Entwicklungen bringt. Galt es noch in den prosperierenden 60er Jahren die relativ stabilen Entgelt- und Arbeitslosigkeitsstrukturen und insbesondere die dauerhaft bestehenden Problemgruppen am Arbeitsmarkt (die im Verlauf der 70er Jahre auf weitere Personenkreise ausgeweitet wurden) einerseits sowie das Interesse der Betriebe am Aufbau stabiler, längerfristig gebundener qualifizierter Belegschaften andererseits zu erklären, so hat sich im Verlauf der 80er Jahre mit der Verschlechterung ökonomischer Entwicklungen, insbesondere der persistent hohen Arbeitslosigkeit in Europa, das Interesse in Richtung auf Fragen der Arbeitsmarktflexibilität entwickelt (vgl. ROSENBERG 1991: 75).
So ergeben sich einige Probleme, wenn man - wie in dieser Arbeit - vor dem Hintergrund segmentationstheoretischer Überlegungen eine Beschäftigungsform empirisch analysieren möchte, die dem externen Segment zugerechnet werden kann. Doch soll es hierbei auch nicht vorrangig um eine empirische Überprüfung der Relevanz der Segmentationstheorie an sich gehen, sondern darum, bei der Analyse der Erwerbsbedingungen selbständig Erwerbstätiger eine vernachlässigte Perspektive einzunehmen und - eher explorativ als hypothesentestend - zu prüfen, ob sich hieraus Einsichten ergeben, die in neoklassischer Perspektive verwehrt bleiben und somit eine Basis für eine umfassendere Beurteilung dieser Erwerbsform liefern.

Üblicherweise beschränken sich Segmentationsansätze auf die Analyse abhängiger Beschäftigung, wenn aber selbständige Erwerbstätigkeit nicht ausschließlich als Unternehmertum, sondern in einem umfassenderen Sinne als eine spezifische Erwerbsform (vgl. Abschnitt B und D 3) definiert wird, so kann man diese ebenso unter segmentationstheoretischen Überlegungen analysieren. Bei der Entscheidung über den Arbeitskräfteeinsatz kann grundsätzlich auch die Option der Auftragsvergabe an Selbständige oder an ein Subunternehmen, statt der Beschäftigung betrieblicher Arbeitnehmer in Betracht gezogen werden.

3.2 Grundlagen theoretischer Ansätze der Arbeitsmarktsegmentation

3.2.1 Der Begriff der Arbeitsmarktsegmente

Segmentationstheoretische Forschungsansätze haben ihren Ursprung in den USA. Insbesondere die von DOERINGER und PIORE seit Mitte der 60er Jahre durchgeführten Forschungsarbeiten waren für die Entwicklung der Segmentationsansätze prägend. Die Übertragung der Segmentationsansätze auf die Bundesrepublik Deutschland und deren Weiterentwicklung haben vor allem die Forschungsarbeiten von SENGENBERGER und LUTZ geleistet. Bislang sind unterschiedliche Segmentationsmodelle entwickelt worden, bei denen man nicht von *der* Segmentationstheorie sprechen kann. Allerdings lässt sich eine weitgehende Übereinstimmung grundlegender Leitvorstellungen - insbesondere in Abgrenzung zu neoklassischen Modellvorstellungen - feststellen. Diese werden zunächst, bevor auf die zentralen Segmentierungsansätze eingegangen wird, anhand des Begriffs der Arbeitsmarktsegmente erläutert.

Der Begriff segmentierter Märkte kommt ursprünglich aus dem Gütermarketing (vgl. LOVERIDGE/MOK 1979). Hierbei werden Konsumentensegmente im ökonomischen Sinne als stabile Einheiten mit unterschiedlichen Nachfragekurven definiert. Das neoklassische Marktmodell wird demnach modifiziert, da nicht von einer homogenen Nachfrage ausgegangen wird, allerdings geht man bei diesem Verständnis von Segmenten davon aus, dass innerhalb der jeweiligen Segmente der Marktausgleich entsprechend neoklassischer Vorstellungen über den Preismechanismus funktioniert. Mit der Entwicklung der Ansätze der Arbeitsmarktsegmentation, insbesondere mit dem Ansatz von DOERINGER/PIORE (vgl. LOVERIDGE/MOK 1971: 47) werden allerdings die Arbeitsmarktsegmente, bzw. zentrale Segmente, gerade von neoklassischen Modellvorstellungen abgegrenzt. Mit der Humankapitaltheorie wird zwar auch im Rahmen der neoklassischen Arbeitsmarkttheorie die Annahme der Homogenität der Arbeitskräfte aufgegeben, die Idee des Lohnsatzes als Allokationsmechanismus bleibt aber für alle Teilarbeitsmärkte konstitutiv. Die Segmentationstheorie dagegen unterstellt die Existenz von Teilarbeitsmärkten, die nicht lediglich als eine Differenzierung des Arbeitsmarktes nach regionalen oder personenbezogenen Merkmalen (wie Qualifikations- oder Berufsgruppen) verstanden werden, sondern als Teilmärkte mit jeweils spezifischen Strukturprinzipien bzw. Prinzipien der Arbeitskräfteallokation, Entlohnung und Qualifizierung.

SENGENBERGER unterscheidet drei Bedeutungsgehalte des Segmentationsbegriffs (vgl. SENGENBERGER 1987: 54ff.). Er stellt dabei auch die Unterschiede verschiedener Segmentationsansätze heraus; im Gegensatz dazu werden anhand dieser Differenzierungen hier die grundlegenden Gemeinsamkeiten der Segmentationsansätze, wie sie mit dem Begriff der Segmente zum Ausdruck kommen, erläutert. Der erste ist die Differenzierung der Teilarbeitsmärkte nach den Anpassungsmodi; auf die mit den verschiedenen Segmentationsmodellen verbundenen spezifischen Vorstellungen der Funktionsweise der Segmente wird bei der Darstellung der verschiedenen Modelle eingegangen. Zweitens die Dauerhaftigkeit der Ungleichheit von Arbeitsmarktchancen auf den Teilmärkten. Mit den Teilarbeitsmärkten werden demnach nicht nur unterschiedliche Anpassungsmodi verbunden, sondern auch unterschiedliche Beschäftigungschancen und -bedingungen der Arbeitskräfte. "Der Segmentationsansatz ... behauptet die Existenz dauerhafter Ungleichheit von Arbeits- und Beschäftigungsbedingungen, die mit bestimmten Arbeitsplatzmerkmalen verknüpft sind und nicht durch eine »natürliche« Tendenz des Arbeitsmarktes zum Gleichgewicht ausgemerzt bzw. eingeebnet werden" (SENGENBERGER 1987: 57). Im Unterschied zu neoklassischen Vorstellungen (z.B. kompensierender Lohndifferentiale) wird mit dem Segmentationsbegriff auch davon ausgegangen, dass sogenannte gute und schlechte Beschäftigungsbedingungen kumuliert auftreten und nicht unbedingt gegeneinander kompensiert werden und somit die verschiedenen Segmente anhand der Beschäftigungsbedingungen klar differenziert werden können. Drittens Diskontinuität der Differenzierung der Teilmärkte; zwar können, so SENGENBERGER, kontinuierliche und diskontinuierliche Segmentationsansätze unterschieden werden, doch kann man bei der Gesamtheit an segmentationstheoretischen Ansätzen, insbesondere in Abgrenzung zu neoklassischen Ansätzen, eher die Annahme der Diskontinuität der Arbeitsmarktchancen erkennen, die sich zudem durch die Beschränkung der Zugangs spezifischer Arbeitskräftegruppen zu den Segmenten und die Dynamik des Prozesses der Segmentierung (vgl. SENGENBERGER 1987: 60ff.) mit der Zeit verstärkt. Die Segmente sind somit relativ stark voneinander abgeschottet; Arbeitskräftemobilitäten werden entsprechend eher innerhalb der Segmente und weniger zwischen diesen konstatiert.

Damit Segmentation als makroökonomisch identifizierbares Strukturelement der Arbeitsmärkte entstehen kann, sind so SENGENBERGER, drei Voraussetzungen notwendig. Es sind die Inhomogenität der Arbeitsplätze, die selektive Zuweisung von Arbeitskräftegruppen bzw. die Beschränkung der Mobilität der Arbeitskräfte und Kongruenz im Verhalten der Arbeitgeber (vgl. SENGENBERGER 1987: 60ff.).

Unter Arbeitsmarktsegmenten werden also Teilmärkte verstanden "die eine innere Struktur aufweisen, mehr oder weniger gegeneinander abgeschottet sind, möglicherweise auch mit unterschiedlichen Anpassungsformen und -instrumenten verknüpft sind und unterschiedliche Einkommens- und Beschäftigungschancen aufweisen" (SENGENBERGER 1987: 52).

3.2.2 Ursachen der Entstehung segmentierter Arbeitsmärkte

Die Segmentationsansätze lassen sich entsprechend der konstatierten Determinanten der Segmentation in zwei Hauptrichtungen unterscheiden (vgl.

SENGENBERGER 1987: 74ff). Die einen heben die Effizienz von unterschiedlichen Segmenten bzw. deren Allokationsmechanismen und Entlohnungsprinzipien hervor, die anderen sehen in Macht- und Herrschaftsstrukturen die eigentliche Ursache der Segmentation.

Im ursprünglichen Ansatz von PIORE wird die Ursache der Segmentierung in unterschiedlichem Arbeitskräfteverhalten bzw. in unterschiedlichen Arbeits- und Erwerbsorientierungen gesehen. Als primäre Arbeitskräfte wurden entsprechend diejenigen mit stabiler Erwerbsorientierung, geringer Fluktuationsneigung, Zuverlässigkeit etc. bezeichnet (vgl. PIORE 1971: 165ff.). Im Laufe weiterer Forschungsarbeiten wird dieses Bild allerdings zunehmend revidiert. "Inzwischen hat sich .. innerhalb der Segmentationsforschung die Ansicht durchgesetzt, dass die Arbeitsmarktspaltung in erster Linie nicht auf persönliche Eigenschaften der Arbeitskräfte zurückzuführen ist. Das Chancenprofil, das die Arbeitsplatzstrukturen auszeichnet, wird auf die Arbeitskräfte übertragen" (SENGENBERGER 1987: 62).
Der Ansatz von DOERINGER/PIORE (vgl. 1971: 13ff.) stellt als Ursache dualer Märkte einen Wirtschaftsdualismus, also unterschiedliche wirtschaftliche Rahmenbedingungen in unterschiedlichen Sektoren und bei unterschiedlichen Betriebstypen heraus. Als Ursache der Existenz interner Arbeitsmärkte heben sie die Bedeutung von *"skill specifity"* - bzw. eng damit verknüpft *"job specifity"* und *"technology specifity"* -, *"on-the-job-training"* und Gewohnheitsrechte[57] heraus. Spezifitäten bzw. Idiosynkrasien begründen ein Interesse der Arbeitgeber an geringer Personalfluktuation und somit an langfristigen Beschäftigungsbeziehungen; on-the-job-training erbringt als Qualifizierungsprozess im Rahmen interner Arbeitsmärkte Effizienzvorteile relativ geringer Qualifizierungskosten. Mit den spezifischen Qualifikationen und Fertigkeiten beziehen DOERINGER/PIORE in ihren Ansatz BECKERS (vgl. 1975^2: 16ff) humankapitaltheoretische Differenzierung von allgemeinen und (betriebs)spezifischen Qualifikationen ein. Spezifische Qualifikationen, so DOERINGER/PIORE (vgl. 1971: 14), haben zwei zentrale Effekte für die Generierung interner Arbeitsmärkte: sie erhöhen zum einen den Anteil der Qualifizierungskosten, die der Arbeitgeber (im Vergleich zu den Arbeitnehmern) trägt und zum anderen die absolute Höhe solcher Kosten. Beide Effekte führen dazu, dass die Arbeitgeber an der Reduzierung von *labour turnover* interessiert sind. Zum einen da Personalkos-

[57] Gewohnheitsrechte werden im weiteren Verlauf ihrer Analyse eher als Effekte bereits bestehender interner Arbeitsmärkte dargestellt, weil sich diese gerade dann herausbilden können, wenn längerfristig stabile Beschäftigungsbeziehungen bestehen; insofern wirken sie eher verstärkend als ursächlich begründend auf die Existenz interner Arbeitsmärkte (vgl. DOERINGER/PIORE 1971: 23f.). Gewerkschaften und die Größe bzw. Hierarchisierung der Unternehmen erhöht aufgrund der Tendenz zur Fixierung formaler Regeln ebenso die Wahrscheinlichkeit interner Arbeitsmärkte (DOERINGER/PIORE 1971: 35ff.).

ten zu hohen Anteilen Fixkostencharakter haben (vgl. OI 1962) und zum anderen, um Erträge aus Investitionen in das Humankapital der Beschäftigten nicht zu verlieren.

Zwar stellt SENGENBERGER mit der Weiterentwicklung des ISF-Ansatzes heraus "im Gegensatz zu den früheren Arbeiten wird jedoch als grundlegendes und definierendes Strukturmerkmal nicht die Generalität bzw. Spezifität der Qualifikationen der Arbeitskräfte auf dem jeweiligen Teilmarkt herangezogen; die Teilmärkte werden vielmehr durch den *Grad und die Art der* (einseitigen oder wechselseitigen) *Bindung* von Arbeitgebern und Arbeitnehmern auf dem Arbeitsmarkt definiert" (SENGENBERGER 1987: 117). Doch spielen Spezifitäten hierbei immer noch eine zentrale Rolle. Darüber hinausgehend, kann ein Interesse der Arbeitgeber an einer Bindung von Arbeitskräften aber auch durch Faktoren, wie hohe Kapitalintensität (stetige Kapitalnutzung sicherstellen), hohe (auch allgemeine) Qualifikationsanforderungen, Probleme der Leistungsbewertung - insbesondere der Outputbewertung - (Anreize, Kooperationsbereitschaft, Loyalität schaffen) und hohe institutionell bedingte Fixkosten der Beschäftigung (z.B. durch Kündigungsschutz) bedingt sein.

Die Vorteile interner Arbeitsmärkte lassen sich unter Effizienzgesichtspunkten neben humankapitaltheoretischen Erwägungen mit Transaktionskostenvorteilen (vgl. WILLIAMSON/WACHTER/HARRIS 1975) und Anreizeffekten im Rahmen von Principal-Agent-Beziehungen (vgl. TERBERGER 1994) begründen. Die Bedeutung spezifischer Qualifikationen wird zunehmend relativiert und Informationsasymmetrien als zentraler Erklärungsfaktor hervorgehoben (vgl. ALEWELL 1993).

Ebenso durch Faktoren, die weniger unter Effizienzgesichtspunkten diskutiert werden, sondern Ausdruck von Machtverhältnissen auf Arbeitsmärkten sind, bedingt durch die Angebots- und Nachfragerelationen und den Grad der Organisiertheit der Arbeitskräfte. Die Segmentierung der Arbeitsmärkte wird im Rahmen neomarxistischer Ansätze („radical economics") gerade auch als Resultat der strategischen Spaltung der Belegschaften (nach dem Prinzip „teile und herrsche") durch die Arbeitgeber betrachtet (vgl. Reich/GORDON/EDWARDS 1978). Ökonomische Ansätze fokussieren auf Effizienzaspekte, schließen andere aber nicht aus, vielmehr werden die verschiedenen Faktoren als interdependent betrachtet (vgl. SENGENBERGER 1987: z.B. 122).

Insbesondere zur Begründung interner Arbeitsmärkte besteht eine breite Literatur. Hier sollen die verschiedenen Ansätze nicht im Detail erläutert werden. Begründungen, die im Zusammenhang mit der Auftragsvergabe an Selbständige eine besondere Rolle spielen, werden an entsprechender Stelle ausführlicher erläutert.

3.2.3 Segmentierungskonzepte

Zwei zentrale Differenzierungen von DOERINGER und PIORE haben die Segmentationsansätze geprägt. Dies ist zum einen die Differenzierung des Arbeitsmarktes in ein primäres und ein sekundäres Segment im Rahmen der dualen Arbeitsmarkttheorie sowie die Unterscheidung von externem und internem Arbeitsmarkt. Eine Differenzierung der Personalstrategien wird sowohl in der Unterscheidung zwischen Unternehmen oder Betrieben als auch innerbetrieblich konstatiert. Letztere zeigt sich in der Differenzierung betrieblicher Stamm- und Randbelegschaften bzw. Kernbelegschaften und peripheren Arbeitskräften.

3.2.3.1 Konzepte dualer Arbeitsmärkte

Ursprünglich gehen Konzepte dualer Arbeitsmärkte auf Studien in den späten 60er Jahren in den USA zurück. Es handelt sich dabei um induktiv entwickelte Modelle. Zunächst war das Ziel, die urbane Armut und Unterbeschäftigung zu erklären; insbesondere die relative Stabilität von Entgeltstrukturen, Arbeitsplatzungleichheiten und Arbeitslosigkeit. Die Modelle wurden bald über diese Fragestellung hinausgehend, zur Erklärung vorfindbarer Arbeitsmarktstrukturen in entwickelten Industriestaaten verwendet und weiterentwickelt.
Den verschiedenen Modellen und Erklärungsansätzen ist gemeinsam, dass sie eine Dualität des Arbeitsmarktes konstatieren. Unterschieden werden das primäre und das sekundäre Segment, wobei Arbeitsplätze beider Segmente durch polarisierende Charakteristika gekennzeichnet werden, vor allem durch Löhne und Arbeitslosigkeitsrisiko bzw. Beschäftigungsstabilität, aber auch durch Aufstiegsmöglichkeiten und sonstige Arbeitsbedingungen. Im primären Segment werden hohe Löhne, Beschäftigungsstabilität, gute Aufstiegsmöglichkeiten, mit zunehmender Beschäftigungsdauer steigende Löhne wie auch gute sonstige Arbeitsbedingungen erzielt. Im sekundären Segment kumulieren demgegenüber relativ negative Erwerbsbedingungen, nämlich niedrige Löhne, Instabilität bzw. hohes Arbeitslosigkeitsrisiko, geringe bzw. keine Aufstiegsmöglichkeiten und sonstige negative Arbeitsbedingungen. Merkmale primärer und sekundärer Arbeitsmärkte können sowohl an Arbeitsplätzen wie auch an Arbeitskräften festgemacht werden. Als sekundäre Arbeitskräfte werden solche mit instabilem Erwerbsverhalten und geringer Erwerbsorientierung, geringer Qualifikation und Qualifizierungsneigung bezeichnet; sekundäre Arbeitsplätze werden solche, die geringe Beschäftigungssicherheit, geringe Qualifizierungsmöglichkeiten, geringe Entlohnung, keine bzw. kaum Aufstiegsmöglichkeiten und sonstige ungünstige Arbeitsbedingungen bieten, genannt. Zwischen Arbeitsplatz- und Arbeitskräftemerkmalen werden positive Feedback-Effekte behauptet. Je nach gemachten Arbeitsmarkt- und Beschäftigungserfahrungen verändern sich die Merkmale der Arbeitskräfte; wer z.B. nur Zugang zu instabilen Arbeitsplätzen hat, wird mit der Zeit ein zunehmend instabiles Erwerbsverhalten aufweisen.

Somit führen diese Feedback-Effekte zu einer weiteren Abschottung der Segmente (vgl. LOVERIDGE/MOK 1979: 46f.).
Eine zweite Differenzierung, die eng verknüpft ist mit der des primären und sekundären Arbeitsmarktsegmentes, ist die zwischen internen und externen Arbeitsmarktsegmenten.

3.2.3.2 Interner versus externer Arbeitsmarkt

Die analytische Differenzierung des internen und externen Arbeitsmarktes hat die Arbeitsmarktökonomie stark geprägt. Insbesondere Modelle interner Arbeitsmärkte wurden weiterentwickelt. Mit ihrem Ansatz wollen DOERINGER und PIORE einen Rahmen bilden, innerhalb dessen verschiedene Befunde empirischer Studien seit Mitte der 60er Jahre erfasst werden können, die im Rahmen neoklassischer Arbeitsmarktmodelle nicht systematisch erklärbar scheinen (allenfalls ad hoc mit Marktunvollkommenheiten) (vgl. DOERINGER/PIORE 1971: 1)[58]. Der externe Arbeitsmarkt wird als Markt im Sinne der neoklassischen Wettbewerbstheorie verstanden, "where pricing, allocating, and training decisions are controlled directly by economic variables" (DOERINGER/PIORE 1971: 2). Dagegen definieren sie den internen Arbeitsmarkt als "... an administrative unit, such as a manufacturing plant, within which the pricing and allocation of labour is governed by a set of administrative rules and procedures" (DOERINGER/PIORE 1971: 1f.). Der interne Arbeitsmarkt zeichnet sich also im Rahmen dieses Modells durch die Existenz von administrativen Regeln über Beförderungen, Entlohnung und Entlassungen aus, wobei nicht allein das Vorliegen solcher Regulierungen entscheidend sei, sondern die Rigidität der Regulierungen; denn bei Rigidität der Allokations- und Entlohnungsregeln werden die ökonomischen Einflüsse, wie sie von der neoklassischen Theorie behauptet werden, unterbrochen oder transformiert (DOERINGER/PIORE 1971: 5). Der interne Arbeitsmarkt ist so weitgehend von Wettbewerbskräften des externen Marktes abgeschottet. Verbunden seien diese Arbeitsmarktsegmente durch die sogenannten „*ports of entry*“, womit die Autoren ein Konzept von KERR (1954: 101) aufgreifen. Dabei handelt es sich um Einstiegspositionen interner Arbeitsmärkte, die auf unterster Stufe sogenannter Arbeitsplatzketten angesiedelt sind, entlang deren der innerbetriebliche Aufstieg erfolgt.

---

[58] Sie formulieren ein allgemeines Modell interner Arbeitsmärkte, allerdings haben sie die Studien, auf denen ihr 1971 erschienenes Buch basiert, vor allem im Bereich sogenannter *"blue collar"*-Beschäftigung im verarbeitenden Gewerbe durchgeführt, so dass sie einräumen "However, because the research upon which this volume is based focused primarily upon blue-collar employment in manufacturing, the concepts and applications presented have particular relevance for this sector" (DOERINGER/PIORE 1971: 2). Ihre Befunde haben die Autoren überwiegend aus Interviews mit Managment- und Gewerkschaftsvertretern aus über 75 mittelgroßen und großen Unternehmen, die sie 1964 - 1969 durchgeführt haben, abgeleitet (vgl. DOERINGER/PIORE 1971: 8f.).

SENGENBERGER grenzt seine Begriffsverwendung des internen und externen Arbeitsmarktes von der Definition durch DOERINGER/PIORE ab. "Interne und externe Märkte sollen sich nach unserer Auffassung nicht durch das Merkmal der Existenz bzw. Nicht-Existenz von Regulierungen unterscheiden; auch nicht durch die Starrheit der Regeln und Normen, sondern durch die Art der Regulierung, die den Arbeitsmarktprozess steuern" (SENGENBERGER 1987: 55). Diese Differenzierung sei der Unterscheidung der Koordinationsformen von Transaktionen nach WILLIAMSON, nämlich der Differenzierung von Markt und Hierarchie, verwandt (vgl. SENGENBERGER 1987: 56).
Hier soll nicht im Einzelnen ausführlich auf die Elemente interner Arbeitsmärkte eingegangen werden, sondern lediglich die für die Erwerbsbedingungen und Erwerbsverläufe der Arbeitskräfte zentralen Merkmale interner und externer Arbeitsmarktsegmente herausgestellt werden. Entscheidend ist hierbei der Systemcharakter interner Arbeitsmärkte (MILGROM/ROBERTS 1992: 371ff.), bei denen die unterschiedlichen Bereiche der Personalpolitik, wie Rekrutierung, Qualifizierung, Entlohnung, Beförderung etc. ein abgestimmtes System bilden, das längerfristige Bindung, hohe Leistungsbereitschaft und Loyalität sowie hohe Produktivität sichern soll. Diese Internalisierung der Arbeitsmärkte verursacht Kosten, insofern Arbeitgeber ihre Handlungsoptionen beschneiden (Lutz 1987: 83). Zentrales Beschäftigungsmerkmal interner Arbeitsmärkte bzw. betrieblicher Stammbelegschaften, sowohl im Modell von DOERINGER/PIORE wie auch in dem von SENGENBERGER, ist die auf Dauer angelegte Beschäftigungsbeziehung. "Stability of employment is the most salient feature of the internal labour market. With stability comes rigidity and irreversibility in the administrative rules governing such markets" (LOVERIDGE/MOK 1979: 61). SENGENBERGER differenziert die unterschiedlichen Teilarbeitsmärkte nach Art und Grad der Bindung, die Arbeitgeber und Arbeitnehmer miteinander eingehen und hebt somit ebenso die Stabilität von Beschäftigungsbeziehungen hervor (vgl. SENGENBERGER 1987: 117ff.), wobei das externe Segment aufgrund der fehlenden Bindung durch hohe Beschäftigungsfluktuationen bzw. hohes Arbeitslosigkeitsrisiko gekennzeichnet ist.

Mit der Stabilität der Beschäftigung gehen weitere Beschäftigungsmerkmale einher, die zum einen unmittelbar Effizienzaspekte im Rahmen von investitionstheoretischen Überlegungen betreffen und zum anderen Fragen der Vertrauensbeziehung zwischen Arbeitgeber und Arbeitnehmer, die wiederum als effizienzfördernd betrachtet werden. Stabile Beschäftigungsbeziehungen weisen zwar den Nachteil mangelnder Anpassung an Bedingungen externer Märkte und somit eine geringe numerische sowie auch teilweise eine geringe Kostenflexi-

bilität[59] auf, es werden allerdings verschiedene Argumente aufgeführt, die dennoch deren Effizienz begründen. Wenn Personalkosten einen ausgeprägten Fixkostencharakter aufweisen (vgl. OI 1962), ist die flexible Personalbestandsanpassung nicht rational. Wenn stabile Beschäftigungsverhältnisse bestehen, lohnen sich zudem beziehungsspezifische Investitionen und umgekehrt, wenn spezifische Qualifikationen, Fertigkeiten und Kenntnisse erforderlich oder effizienzsteigernd sind, lohnt sich der Aufbau stabiler Beschäftigungsbeziehungen (vgl. SENGENBERGER 1987: 166ff.). Ist in die spezifische Beziehung investiert worden, so lohnt sich die Aufrechterhaltung der Beziehung, da potenzielle Erträge aus diesen Investitionen nicht bzw. nicht in vollem Umfang mit anderen Vertragspartnern erzielt werden können und so wechselseitige Abhängigkeiten entstehen ("lock-in"-Effekt WILLIAMSON/WACHTER/ HARRIS 1975 :245). Die Investition kann nicht ohne Verluste veräußert werden (*"sunk cost"*-Charakter spezifischer Investitionen). Der Aufbau einer Vertrauensbeziehung fördert die Leistungsbereitschaft und Loyalität der Arbeitskräfte, was deren Produktivität erhöht und somit auch unter Effizienzgesichtspunkten lohnend erscheint, insbesondere dann, wenn die individuelle Leistungsmessung problematisch ist. Implizite Kontrakte mit bindender Wirkung entwickeln sich so auf internen Arbeitsmärkten. Dem Nachteil mangelnder numerischer Flexibilität stehe dann der einer erhöhten funktionalen Flexibilität entgegen, da die Arbeitskräfte aufgrund der verbindlichen Stabilität der Arbeitsverhältnisse eine höhere Bereitschaft zur Aufgabenflexibilität hätten (vgl. SENGENBERGER 1984: 22ff.; ATKINSON 1986: 13ff.; SCHNEIDER 1998: 34ff.).
Man kann also ableiten, dass immer dann, wenn

- der Fixkostenanteil der Beschäftigungskosten gering ist,
- keine spezifischen Investitionen erforderlich sind oder getätigt werden, wenn also ausschließlich oder überwiegend allgemeine oder keine bzw. geringe Qualifikationen erforderlich sind,
- die individuelle Leistungsbewertung und -zuordnung unproblematisch ist,

die Vorteile externer Arbeitsmärkte überwiegen können, so dass entsprechende Personalstrategien, wie

- keine oder wenige arbeitgeberseitige Investitionen in die Qualifikationen der Beschäftigten,

[59] Geringere Kostenflexibilität im Sinne ATKINSONS weisen sie insofern auf, als Stabilität der Beschäftigungsbeziehung auch eine Abschottung der Löhne und Lohnentwicklung von externen Angebots- und Nachfragebedingungen meint und auch insofern keine Leistungsanreize durch externen Anpassungsdruck erzielt werden.

- wie auch keine oder wenige arbeitgeberseitige Investitionen in die Beschäftigungsbeziehung überhaupt,
- kurzfristige Beschäftigungsanpassungen
- und outputorientierte Entlohnung Anwendung finden.

Diese Personalstrategien mögen sich zwischen Unternehmen unterscheiden, so dass man ganze Unternehmen der internen oder externen Arbeitsmarktstrategie zuordnen kann, sie können aber auch innerhalb von Unternehmen oder Betrieben für unterschiedliche Belegschaftsmitglieder gelten. Letzteres kommt mit der Differenzierung von betrieblichen Stamm- und Randbelegschaften bzw. peripheren und Kernbelegschaften zum Ausdruck. SENGENBERGER definiert die beiden betrieblichen Segmente anhand der Stärke bzw. Dauer der Bindung der Arbeitskräfte an den Betrieb, die bei Stammbelegschaftsmitgliedern hoch und bei denen der Randbelegschaft niedrig ausfallen (vgl. SENGENBERGER 1987: 269). Insofern stimmt diese Belegschaftsdifferenzierung weitgehend mit der Differenzierung des Arbeitsmarktes in interne und externe Segmente überein. Die Beschäftigungsbedingungen der Stammbelegschaften entsprechen denen interner Arbeitsmärkte, die der Randbelegschaften eher solchen von externen Arbeitsmärkten.[60] Auf die Differenzierung der betrieblichen Belegschaftssegmente wird im Folgenden Abschnitt noch näher eingegangen, da in diesem Zusammenhang betriebliche Personaleinsatzstrategien, wie sie auch im Zusammenhang mit der Auftragsvergabe an Selbständige eine Rolle spielen, thematisiert werden.

3.2.3.3 Innerbetriebliche Segmentierung: Stamm- und Randbelegschaften

Segmentationsansätze aus den USA sehen überwiegend eine zwischenbetriebliche Spaltung der Arbeitsmärkte in primäre und sekundäre bzw. interne und externe Segmente. Dagegen wird für Deutschland eher eine innerbetriebliche Grenzziehung konstatiert. So auch von SENGENBERGER (1987), der dies mit dem Konzept der betrieblichen Stamm- und Randbelegschaften beschreibt. Ähnlich konstatiert ATKINSON (1985: 5) mit seinem Modell der flexiblen Firma für Großbritannien eine innerbetriebliche Differenzierung von Beschäftigtengruppen. Beide Ansätze heben die Bedeutung der arbeitgeberseitigen Personalstrategien für die Segmentierung von Arbeitsmärkten hervor. Die unterschiedlichen Belegschaftsmitglieder werden für unterschiedliche Aufgabenbereiche und Tätigkeiten eingesetzt und erfüllen jeweils spezifische Funktionen in der gesamten Personaleinsatzstrategie (vgl. SENGENBERGER 1987: 265ff.; ATKINSON 1985: 15ff.). Arbeitgeber haben bei Arbeitsplätzen mit betriebsspezifischen An-

[60] Randbelegschaftsmitglieder unterscheiden sich von denen des externen Arbeitsmarktes allenfalls dadurch, dass sie eine gewisse Chance haben, zur Stammbelegschaft aufzusteigen.

forderungen im Bereich zentraler Tätigkeiten ein Interesse an der Bindung der Belegschaftsmitglieder und setzten hierfür Stammbelegschaften ein (vgl. ATKINSON/MEAGER 1986: 35). Unspezifische und subsidiäre Tätigkeiten werden von den peripheren Belegschaften erfüllt. Die arbeitgeberseitigen Interessen an Randbelegschaften werden darüber hinaus aber vor allem in ihrer Funktion gesehen, die Kernbelegschaft vor numerischer Beschäftigungsfluktuation zu schützen, was wiederum die Basis für deren Beschäftigungsstabilität und deren Bereitschaft zu funktionaler Flexibilität darstelle. Diese Differenzierung der Personalstrategien erscheint somit aus Arbeitgebersicht rational, da dadurch die Vorteile der Strategie dauerhafter Beschäftigungsbeziehungen erzielt werden können, ohne dass deren Nachteile einer mangelnden numerischen Flexibilität ein allzu großes Ausmaß erreichen. Die Stabilität, die den Stamm- bzw. Kernbelegschaftsmitgliedern gewährt wird, wird quasi dadurch ermöglicht, dass andere Rand- bzw. periphere Belegschaftsmitglieder (bis hin zum Extrem der externen Arbeitskräfte) das Risiko hoher Instabilität zu tragen haben. Randbelegschaften können als "Schwankungsbelegschaften", zur Kosteneinsparung, aber auch als erweitertes Rekrutierungsfeld für die Stammbelegschaft dienen (vgl. SENGENBERGER 1987: 271ff.). Dabei bringen die Begriffe Stammbelegschaft und Arbeitskräfte des externen Arbeitsmarktsegmentes lediglich die beiden Extreme der Arbeitgeber-Arbeitskräfte-Bindung zum Ausdruck, zwischen denen weitere Abstufungen möglich sind. ATKINSON bringt dies mit der in Übersicht D-2 dargestellten Differenzierung zum Ausdruck.

Übersicht D-2: Arbeitskräftegruppen in Atkinsons Modell der Flexiblen Firma

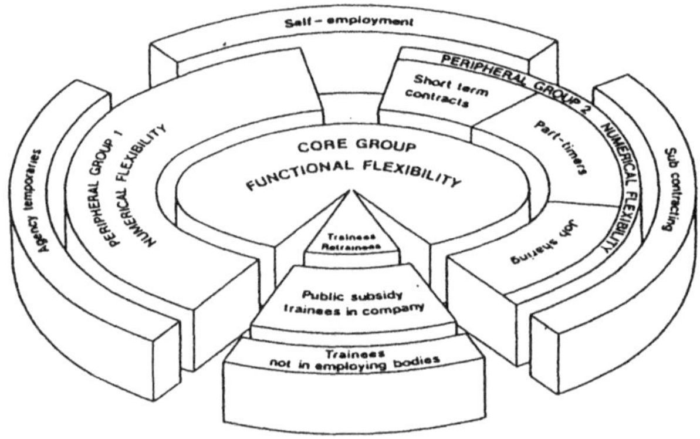

Quelle: ATKINSON 1986: 15.

ATKINSON behauptet in den 80er Jahren feststellen zu können, dass britische Firmen zunehmend zu neuen unorthodoxen Formen des Arbeitseinsatzes, welche auf eine Erhöhung der Flexibilität abzielen, übergehen. Er sieht dies im Wesentlichen durch drei Faktoren bedingt, die einen Druck in Richtung Flexibilisierung bewirken. Erstens ein zunehmender Wettbewerbsdruck infolge von Rezession und mangelndem Wirtschaftswachstum, zweitens der technologische Wandel insbesondere im Bereich der Mikroelektronik und drittens ein allgemeiner Trend der Arbeitszeitreduktion. Außerdem nennt ATKINSON drei Faktoren, die die Umsetzung von Flexibilisierungsmaßnahmen eher ermöglichen, er nennt die hohe Arbeitslosigkeit mit der Folge eines ausreichend vorhandenen Arbeitsangebots einerseits und eines gesunkenen Anspruchsniveaus potenzieller Bewerber andererseits, außerdem Veränderungen der „Industrial Relations" infolge sinkender Mitgliederzahlen und verminderter Verhandlungsmacht der Gewerkschaften (vgl. ATKINSON 1985: 7ff.). ATKINSON sieht in diesen noch marginalen Veränderungen "... precursors of a new model for firms' organization of their labour forces which we can expect to develop more strongly in years to come" (ATKINSON 1985: 3). Mit dem Wandel hin zu einem neuen Modell der Arbeitskräftestrategie prognostiziert ATKINSON nicht einen vollständigen Wechsel von Kernbelegschafts- hin zu peripheren Arbeitskräften, sondern, dass sich die Balance zwischen beiden Strategien innerhalb der Arbeitsorganisationen verändern wird.

ATKINSON entwickelte sein Modell zwar zunächst aufgrund von Arbeitgeberbefragungen in Großbritannien, doch versteht er es als Modell, das Entwicklungen in Europa erfasst. Verschiedene empirische Studien zu Personalstrategien von Arbeitgebern haben sich kritisch mit diesem Modell befasst, viele davon wurden in Großbritannien durchgeführt (vgl. WOOD/SMITH 1988; HAKIM 1990), einige auch im internationalen Vergleich (vgl. BREWSTER/MAYNE/ TREGASKIS 1997; BREWSTER et al. 1996; DELSEN 1995; BLYTON/MORRIS 1991). ATKINSONS Modell ist dabei sehr umstritten. Zum einen wird konzeptionelle Schwäche des Modells kritisiert und aufgrund der Befunde das Modell gänzlich abgelehnt (POLLERT 1988; CARLEY/SURI 1993: 602), andererseits werden Befunde als Bestätigung Atkinsons Modell interpretiert und dessen Weiterentwicklung gefordert (vgl. BREWSTER/MAYNE/TREGASKIS 1997: 87). Was die Kritik der konzeptionellen Schwäche sowie den Vorwurf, dass dieses Modell kaum Neues hervorbringt, was nicht schon in der Segmentationstheorie zuvor enthalten war, betrifft, kann man entgegenhalten, dass diese an den Ansprüchen des Modells zumindest teilweise vorbeigeht. „But Pollert's critique of the model as an inadequate alternative to existing social science perspective missed the point: the model should be seen rather as a simplified synthesis" (HAKIM 1990: 163)".[61] Allerdings weist die Kritik POLLERTS auf wichtige Aspekte hin, dass man das

---

[61] Entsprechend sieht HAKIM einen Vorteil des Modells darin, dass es ausreichend vereinfacht, um eine Basis für den interdisziplinären Dialog als auch den zwischen Wissenschaft und den politischen Akteuren zu ermöglichen.

Modell der flexiblen Firma nicht unkritisch als Idealmodell erfolgreicher Firmen betrachten sollte und dass die Zunahme atypischer Beschäftigungsformen nicht lediglich die unumgängliche Reaktion - auf effizienten Personaleinsatz bedachter Firmen - auf einen zunehmenden Wettbewerbsdruck darstellt, sondern auch durch monetaristische und neoklassisch orientierte staatliche Wirtschafts- und Beschäftigungspolitik bedingt ist (vgl. POLLERT 1988: 285, 309ff.).

Das bisherige Datenmaterial erlaubt keine abschließende Beurteilung, es lässt sich aber aus allen Studien durchaus eine Zunahme des Einsatzes flexibler Personaleinsatzformen erkennen - sowohl was die Zahl der Organisationen als auch den Umfang flexibler Beschäftigungsformen innerhalb von Unternehmen betrifft. „Employers now ... are using more extensively, a wide range of means of getting work done. In every EU country in our research a clear majority of employers in our sample report that the range, extent and use of nearly all forms of flexible working hours and contractual arrangements is increasing“ (BREWSTER/MAYNE/TREGASKIS 1997: 94). Strittig ist hierbei allerdings, welches die Gründe hierfür sind, welches die Ziele und Motive für den Einsatz solcher Beschäftigungsformen aus Sicht der Firmen sind und inwieweit von einem generellen Wandel der Personaleinsatzstrategien gesprochen werden kann. Kritisiert wird, dass es sich größtenteils keineswegs um strategische Personaleinsatzstrategien handelt, sondern häufig lediglich ad hoc auf konkrete Anforderungen reagiert wird. Außerdem werden die Motive für den Einsatz flexiblen Personals eher in traditionellen Gründen, wie Ausgleich von urlaubs- oder krankheitsbedingten Fehlzeiten der „Stammbelegschaft“ oder Arbeitseinsatz bei nur kurzfristig erforderlichen Arbeitsaufgaben bzw. solchen, deren Umfang keinen Vollzeitarbeitsplatz erfordert, gesehen (vgl. CARLEY/SURI 1993: 602ff.; vgl. auch POLLERT 1988). Auch HAKIM (1990)[62] stellt aufgrund der Befunde einer Befragung von Managementvertreter britischer Unternehmen, die neben ihrer Kernbelegschaft an unbefristeten Vollzeitarbeitskräfte zumindest eine Form peripherer Arbeitskräfte nutzen, fest, dass Arbeitgeber, die eine Kern-Peripherie-Strategie im Sinne ATKINSONS Modell verfolgen, nur eine Minderheit ausmachen (ca. 5%, aber nicht mehr als 15%)[63] und zudem meist traditionelle Ziele verfolgt werden, so dass der Anstieg peripherer Arbeitskräfte seit

[62] Es handelt sich hierbei um das "Employers' Labour Use Strategies (ELUS) Survey“, das im Frühjahr 1987 durchgeführt wurde und auf Interviews mit Managementvertretern in 877 Unternehmen in Großbritannien beruht.

[63] Die überwiegende Mehrheit (>60%) der Befragten gab an, dass ihre Entscheidungen darüber, welche Arbeitskräfte genutzt werden, in Reaktion auf spezifische Umstände und Probleme, wenn diese auftreten, erfolgen und nur eine Minderheit (35%), dass sie eine Arbeitskräftestrategie verfolgen; außerdem gab von letzteren wiederum nur eine Minderheit an, dass sie eine Kern/Peripherie-Strategie verfolgen (insgesamt 11%, insgesamt verfolgen also ca. 5% aller Unternehmen diese Strategie).

den 80er Jahren keine qualitative Veränderung der Managementstrategien zum Ausdruck bringt, sondern größtenteils durch eine Expansion traditioneller Ansätze bedingt ist. Allerdings räumt sie ein: "But changes that are 'accidental' or 'opportunistic' when they occur can nonetheless quickly become permanent and irreversible. With strong encouragement from the government, and employers' representatives to pursue core-periphery strategies ... there are additional reasons for expecting 'momentary' developments to become routinised and even taken for granted" (HAKIM 1990: 179). Außerdem scheint es nicht unproblematisch, eine solche Einteilung in traditionelle und flexibilitätsorientierte Motive vorzunehmen. So kann beispielsweise die Zunahme des Einsatzes flexibler Beschäftigungsformen zum Ausgleich von Fehlzeiten der Stammbelegschaft durchaus auch dem Modell der flexiblen Firma entsprechen, wenn nämlich die Zahl der Stammbelegschaftsmitglieder und deren Einsatz auf Kerntätigkeiten reduziert wird, um Kosten einzusparen und bei nicht regelmäßig anfallenden Tätigkeiten flexible Personalanpassungen vorzunehmen.[64] Zudem mögen solche Personalstrategien nicht gänzlich neu sein, insofern Firmen immer schon auch flexible Beschäftigungsformen eingesetzt haben. Dennoch scheinen solche Maßnahmen ein Ausmaß zu erreichen, das erlaubt von neuen Entwicklungen zu sprechen (vgl. HAKIM 1990: 157).

Wenn auch nicht unmittelbar und bewusste Flexibilisierungs*strategien* das Motiv für den Einsatz atypischer, (numerisch und vertraglich) flexibler Beschäftigungsformen ausschlaggebend sein mögen, sondern ebenso traditionelle Gründe oder deren Einsatz ad hoc erfolgt, so kann man für die Arbeitskräfte, je nach Segment, in dem sie beschäftigt sind, Erwerbsbedingungen ableiten, die für die einen eher durch Stabilität und andere vergleichsweise günstige Arbeits- und Erwerbsbedingungen gekennzeichnet sein werden und für andere eher durch

[64] Dass sich diese verschiedenen Motive kaum unterscheiden, mag auch begründen, warum sich Unternehmen der Manager, die behaupten, eine Kern-Peripherie-Strategie zu verfolgen, weder hinsichtlich betrieblicher Merkmale (Industriesektor, Größe, Ort, Profitabilität etc.) noch hinsichtlich des Einsatzes peripherer Arbeitskräfte (Incidenz, Intensität und Muster ihres Einsatzes) von denen die den Traditionalisten (die angeben, dass sie hinsichtlich der peripheren Arbeitskräfte eine Personaleinsatzstrategie verfolgen, aber traditionelle Gründe angeben) und den Opportunisten (die angeben, dass sie beim Einsatz flexiblen Personals eher ad hoc auf anstehende Bedürfnisse reagieren) unterscheiden. Allerdings stellt HAKIM hierbei eine Ausnahme fest, es gibt deutliche Unterschiede zwischen den Kern-Peripherie-Strategien und den anderen beiden Typen hinsichtlich des Einsatzes von selbständig Erwerbstätigen. 54% der KP-Strategien behaupten, dass selbständig Erwerbstätige Arbeitskräfte zwischen 1983 und 1987 eine bedeutsamere Arbeitskräftegruppe wurden (im vgl. zu 22% der beiden anderen Arbeitgebertypen); außerdem ist bei diesen die Wahrscheinlichkeit deutlich höher, dass sie künftig den Einsatz von Selbständigen ausdehnen. "So, if core-periphery strategists have a distinctive pattern of labour use it is primarily in relation to increasing use of workers who are not even employees and hence most distant from the core workforce"(HAKIM 1990: 178).

Instabilität und sonstige ungünstige Bedingungen. Im Folgenden werden diese systematisch erörtert.

3.2.3.4 Arbeitsmarktsegmentation in Deutschland

Zwei segmentationstheoretische Besonderheiten werden für den deutschen Arbeitsmarkt konstatiert. Erstens wird – wie bereits erwähnt - eher eine innerbetriebliche Differenzierung von Arbeitskräftegruppen bzw. Segmenten als eine zwischenbetriebliche angenommen (vgl. SENGENBERGER 1987: 233ff.)[65]. KÖHLER/GRÜNER (1988) stellen zwar anhand einer betrieblichen Fallstudie, die sie 1985 durchgeführt haben, fest, dass sich die betrieblichen Segmentationslinien abgeschwächt und verschoben haben, doch deuten auch deren Befunde noch auf eine innerbetriebliche Segmentierung. Für die Analyse der Erwerbsbedingungen von externen Arbeitskräften bzw. von Randbelegschaften ist die Frage der betrieblichen oder überbetrieblichen Segmentierung auch letztendlich nicht die entscheidende, da sich für Personen, die in Betrieben mit insgesamt instabiler Absatz- und Beschäftigungslage nicht grundlegend andere Aussagen ableiten lassen, wie für Arbeitskräfte, die in Betrieben, die nicht eindeutig einem instabilen Segment angehören, als Randbelegschaften beschäftigt sind. Allenfalls haben Randbelegschaften eine etwas höhere Chance, in die Stammbelegschaft aufzusteigen, diese kann aber im Sinne der Segmentationstheorie nicht deutlich höher oder systematisch vorzufinden sein, da mit der Segmentierung eine Abschottung der Segmente konstatiert wird.

Die zweite Besonderheit ist, dass üblicherweise für Deutschland ein dreigeteilter Arbeitsmarkt angenommen wird. Neben den beiden Segmenten interner und externer bzw. Jedermannsarbeitsmarkt wird noch das Segment des fachlichen oder fachspezifischen Arbeitsmarktes unterschieden.[66] Diese Dreiteilung des Arbeitsmarktes entstammt dem ISF-Ansatz von SENGENBERGER und LUTZ. Der fachliche Arbeitsmarkt steht quasi zwischen dem internen und dem externen. So wird für ihn keine dauerhafte Bindung zwischen den individuellen Arbeitskräften und den jeweiligen Arbeitgebern angenommen, sondern eine berufs-

---

[65] Zunächst aufgrund der Analyse der amerikanischen und deutschen Automobilindustrie der 70er Jahre resümiert er, "dass das Chancenprofil der deutschen Automobilindustrie vergleichsweise stark durch innerbetriebliche Differenzierungen, z. T. mit deutlichen Zeichen von Rand- und Stammbelegschaftscharakter, auszeichnet" (SENGENBERGER 1987: 233). Anhand verschiedener Indikatoren schließt er, dass diese Befunde auch über die Automobilindustrie hinaus verallgemeinerbar seien (vgl. SENGENBERGER 1987: 233ff.).

[66] Allerdings kann man z.B. auch für die USA ein solches Segment annehmen, das lediglich in den amerikanischen Forschungsarbeiten wenig berücksichtigt wurde; denn „... auch in anderen Ländern, zumindest für Arbeitskräfte, die üblicherweise in den oberen Teil des primären Segments eingeordnet werden, (existieren) allgemeine, d.h. überbetriebliche Ausbildungsgänge .., die stark fach- und berufsspezifisch sind“ (BLIEN 1986: 189).

fachliche Bindung zwischen Arbeitskräften mit entsprechenden Ausbildungszertifikaten und Betrieben spezifischer fachlicher Bereiche konstatiert. Arbeitskräftemobilität verläuft hier überwiegend zwischenbetrieblich (vgl. SENGENBERGER 1987: 126ff.). Mit dem Segment des fachlichen Arbeitsmarktes soll den spezifischen institutionellen Bedingungen des deutschen Ausbildungssystems Rechnung getragen werden. Entscheidend ist dabei zum einen, dass hier „... eine standardisierte, berufs- oder branchenspezifische und über den Einzelbetrieb hinaus transferierbare Qualifikation zugrunde (liegt) ...“ sowie zum anderen, dass „die Erzeugung dieser Qualifikation ... einer überbetrieblichen Regelung und Kontrolle (unterliegt)“ und „nach Abschluss der Ausbildung .. eine Zertifizierung (erfolgt)“ (SENGENBERGER 1987: 126). Aufgrund der Transferierbarkeit der Qualifikationen sind zwischenbetriebliche Arbeitsplatzwechsel effizient; die Zertifizierung erlaubt dabei die Beurteilung der Befähigung der Arbeitskräfte und die überbetriebliche Kontrolle (durch den Staat oder kollektive Akteure der Arbeitsmarktparteien)[67] der Ausbildungsstandards eine Anpassung der Berufsbilder bei sich längerfristig verändernden Qualifikationsanforderungen. Der Zugang zum fachlichen Arbeitsmarkt ist insofern beschränkt, als nur solche Arbeitskräfte in Frage kommen, die entsprechende Zertifikate aufweisen. Stabilität der Beschäftigung bezieht sich in diesem Arbeitsmarktsegment also nicht auf die Bindung einzelner Arbeitskräfte an einen spezifischen Betrieb, sondern ist eine fachspezifische (berufliche) Bindung. Unter den Bedingungen, dass die Arbeitskräftenachfrage zwar für einzelne Betriebe variieren mag, aber im Aggregat der Betriebe des jeweiligen fachlichen Bereiches konstant ist und einer umfangreichen Grundqualifikation, die auch die Bewältigung neuer Aufgaben ermöglicht, ist eine kontinuierliche Nutzung der Fachqualifikationen und Beschäftigung gesichert (vgl. SENGENBERGER 1987: 129ff).
Im Folgenden werden die bereits angesprochenen Folgerungen für die Erwerbsbedingungen der Arbeitskräfte der verschiedenen Segmente zusammengefasst.

3.3 Segmentationstheoretische Begründung der Erwerbsbedingungen und Erwerbsverläufe verschiedener Arbeitskräftegruppen

Zunächst werden die Erwerbsbedingungen, wie sie sich im Rahmen segmentationstheoretischer Ansätze für Arbeitskräfte der unterschiedlichen Segmente ableiten lassen, dargestellt. Anschließend werden Personengruppen differenziert, die den jeweiligen Segmenten zugeordnet werden können und bei denen sich somit entsprechende Erwerbsbedingungen nach segmentationstheoretischen Überlegungen eher finden sollten.

---

[67] Im Wesentlichen werde dies mit der Regulierung durch die Handwerksordnung sowie durch staatliche und verbandspolitische Regulierung bei den professionalisierten Berufen gewährleistet (vgl. SENGENBERGER 1987: 132).

3.3.1 Erwerbsbedingungen und Erwerbsverläufe in den Arbeitsmarktsegmenten

Eine umstrittene Frage ist, inwieweit man im Rahmen segmentationstheoretischer Ansätze von einer Polarisierung oder kontinuierlichen Differenzierung der Beschäftigungschancen und -risiken ausgehen sollte. Mit dem dualen Modell und der These, dass ungünstige bzw. günstige Erwerbsbedingungen kumuliert auftreten und sich nicht gegenseitig kompensieren, wird einerseits eher von einer Dualität - zumindest von deutlich differenzierbaren Mustern - der Erwerbsbedingungen ausgegangen. „But it does suggest that a dualistic model, distinguishing secure from precarious workers, may in some situations be less usefull than a more general concern with degrees of precariousness and vulnerability which will vary from one group of workers to another, or may affect the labour force as a whole" (RODGERS 1989: 4). Andererseits wird aber die theoretische Differenzierung unterschiedlicher Arbeitsmarktsegmente umso problematischer und verschwommener, je weiter man die Erwerbsbedingungen abstuft. Problematisch erscheint selbst bei den derzeitigen Modellen die konkrete Abgrenzung der Segmente. "Die Beliebigkeit der Auswahl von Kriterien zur Abgrenzung von Arbeitsmarktsegmenten und die daraus resultierende Vielfalt von Segment-Typologien, die einer Validitätsprüfung kaum standhalten können, wurde schon mehrfach und zu Recht kritisiert" (BÜCHEL 1994: 458). Da das Kriterium der Beschäftigungsstabilität in der Abgrenzung der Segmente eine herausragende Rolle einnimmt, mag es nahe liegen, die Differenzierung der Erwerbsbedingungen der Arbeitskräfte unterschiedlicher Segmente vorrangig nach diesem Merkmal vorzunehmen. „Der soziologisch geprägte Segmentationsansatz ist nicht unumstritten. Aus ökonomischer Perspektive hat sich der Ansatz jedoch in zumindest einem Punkt als leistungsfähig erwiesen: in der Abgrenzung eines beschäftigungsstabilen primären Arbeitsmarktsegmentes" (BÜCHEL 1994: 456).

Insbesondere bei der Analyse von Individualdaten, wie sie auch im Rahmen dieser Arbeit verwendet werden, ist es aus Praktikabilitätsgründen sinnvoll, sich bei der empirischen Analyse auf die Abgrenzung des stabilen vom instabilen Arbeitsmarktsegment zu beschränken. So wird sich die Segmentzugehörigkeit der Arbeitskräfte in deren Beschäftigungsstabilität bzw. -instabilität, insbesondere in deren Arbeitslosigkeitsrisiko und -erfahrungen widerspiegeln. Stammbelegschaftsmitglieder sollten den Segmentationsansätzen entsprechend ein deutlich geringeres Arbeitslosigkeitsrisiko aufweisen als Randbelegschaften bzw. Arbeitskräfte externer Segmente, deren Erwerbsbiografien eher durch Mehrfacharbeitslosigkeit und Langzeitarbeitslosigkeit - eventuell unterbrochen durch kurzfristige Beschäftigungsphasen („perforierte Langzeitarbeitslosigkeit")[68] - geprägt sind.

Diese Differenzierung der Erwerbsbedingungen hinsichtlich der Beschäftigungsstabilität und der Arbeitslosigkeitsmuster ist allerdings extrem begrenzt. Vor dem Hintergrund bisheriger Segmentationsmodelle scheint es zumindest noch sinnvoll, die Einkommenshöhe zur Abgrenzung der Segmente mit einzubeziehen. So werden die Differenzierungen interner vs. externer (bzw. Stamm-/ Kernbelegschaft vs. Randbelegschaft/periphere und externe Arbeitskräfte) einerseits und primäre vs. sekundäre Arbeitsmärkte bzw. Arbeitskräfte andererseits häufig zu einer Differenzierung von vier Segmenten kombiniert. Der Systemcharakter der Personalpolitiken in den Segmenten begründet die Kumulation günstiger bzw. ungünstiger Beschäftigungsbedingungen. Beispielsweise sind Investitionen in das Humankapital der Mitarbeiter immer dann rational, wenn längerfristige Beschäftigungsbeziehungen bestehen bzw. umgekehrt wird mit hohen Qualifikationsanforderungen ein Interesse an einer längerfristigen Mitarbeiterbindung begründet. Es scheint rational, Arbeitskräfte bei der Investition in betriebsspezifische Qualifikationen zu beteiligen (vgl. BECKER 1975: ff.), so dass sich mit der Betriebszugehörigkeit steigende Entgeltprofile aus der Kosten- und Ertragsbeteiligung der Arbeitnehmer an diesen Investitionen ergeben. LAZEAR (1981) hat gezeigt, dass für solche Entgelte nicht alleine Humankapitalinvestitionen ausschlaggebend sein müssen, sondern anreiztheoretische Argumente ebenso für entsprechende Entgeltprofile sprechen. Auf internen Arbeitsmärkten kann man sowohl „Shirking" senken bzw. zu Leistungsverhalten motivieren als auch Anreize zur längerfristigen Betriebsbindung („hold-up"-Problem) setzen, indem zu Beginn des Betriebseintritts relativ geringe Entgelte gezahlt werden, die unterhalb der Produktivität liegen und zu einem späteren Zeitpunkt relativ hohe Entgelte, die über der Produktivität liegen. Dass die Entlohnung zu Beginn unterhalb der Produktivität liegt, kann man als eine Art Pfand interpretieren, die der Arbeitnehmer quasi zahlt und im weiteren Erwerbsverlauf zurückerhält. Auf diese Weise wirkt diese längerfristige betriebliche Entgeltstruktur leistungssteigernd und betriebsbindend.[69]

---

[68] BÜCHEL differenziert mit diesem Konzept neben Mehrfach-, Langzeit- und sonstiger (kurzfristige, friktionelle) Arbeitslosigkeit einen weiteren Strukturtyp der Arbeitslosigkeit, „... bei dem sich über einen längeren Zeitraum hinweg Phasen der Arbeitslosigkeit und kurze Phasen der Beschäftigung (»Perforationsjobs«) abwechseln" (BÜCHEL 1993: 50). Diesen Strukturtyp der Arbeitslosen und deren erwerbsbiographischen Arbeitsmarkterfahrungen erklärt er mit segmentationstheoretischen Überlegungen, die er im Rahmen empirischer Analysen bestätigt findet (vgl. BÜCHEL 1993b: 345ff.).

[69] Letztendlich spielen hierbei auch effizienzlohntheoretische Argumente eine Rolle. Da Arbeitnehmer eine solche Entgeltstruktur nur dann akzeptieren werden, wenn sie insgesamt

Deshalb kann man für solche Arbeitskräfte, die internen Segmenten angehören, zumindest nach längerfristiger Betriebszugehörigkeitsdauer von höheren Einkommen ausgehen. Doch erscheint es sinnvoll, auch innerhalb interner Arbeitsmarktsegmente nach dem Ausmaß erforderlicher Qualifikationen ein primäres und ein sekundäres Segment zu unterscheiden. Ebenso mag man bei externen Segmenten, bei dem Arbeitgeber und Arbeitskräfte keine längerfristige Bindung eingehen und somit von relativ hoher Beschäftigungsinstabilität (Arbeitgeberwechsel) auszugehen ist, je nach erforderlicher Qualifikation zwischen einem primären und sekundären Segment unterscheiden. So dass insgesamt vier Segmente unterschieden werden können. Ein stabiles internes Segment mit hohen - und im Beschäftigungsverlauf steigenden - Einkommen sowie sonstigen günstigen Arbeitsbedingungen, ein weiteres internes Segment mit relativ hoher Beschäftigungsstabilität, aber vergleichsweise niedrigem Einkommen und geringen Aufstiegschancen, ein (instabiles) externes Hochlohn- und ein externes Niedriglohnsegment (vgl. LOVERIDGE 1983: 159).

Segmentationsansätze weisen Arbeitskräfte nach Typen von Erwerbsformen zwar nicht systematisch den Segmenten zu, ebenso wird in der Literatur zu atypischen Erwerbsformen eine solche Zuordnung kaum systematisch unternommen, doch mag man hier eine Verbindung beider Forschungsbereiche sehen. HAKIM ist eine der wenigen Autorinnen, die diese Verbindung der Literaturzweige versucht (vgl. HAKIM 1990: 158ff.). Atypische Erwerbsformen können dabei nicht generell externen oder sekundären Segmenten zugeordnet werden. Allerdings kann man aus den segmentationstheoretischen Überlegungen ableiten, dass Arbeitskräfte im internen primären Segment (Stammbelegschaften) eher Merkmale von Normalarbeitsverhältnissen aufweisen werden. Dauerhafte Betriebsbindung, relativ hohe (und im Zeitverlauf steigende) Löhne verknüpft mit Weiterbildungsmöglichkeiten und sonstigen günstigen Arbeitsbedingungen kennzeichnen sowohl Stammbelegschaftsmerkmale als auch Normalarbeitsverhältnisse. Mit dem Konzept des Normalarbeitsverhältnisses wird der Aspekt der sozialen Sicherung, die über die betrieblichen Beschäftigungsbedingungen hinausgeht, betont. Insofern mögen sich für Stammbelegschaftsmitglieder soziale Chancen über die betrieblichen Bedingungen hinausgehend als günstig erweisen und somit Segmentationsmuster verstärken. Atypische Beschäftigte mögen nicht generell dem externen Segment angehören, der Begriff der prekären Beschäftigung weist allerdings auf Beschäftigungsmerkmale in sekundären Segmenten, die zudem wiederum über die betrieblichen Beschäftigungsmerkmale hinausgehend ungünstige soziale Arbeits- und Lebenschancen verstärken, indem der soziale Schutz gering ausfällt. Manche Formen atypischer Beschäfti-

ein höheres Entgelt erzielen als bei permanenter Entlohnung entsprechend eines Marktlohnes.

gung weisen zwar einzelne Merkmale von Normalarbeitsverhältnissen nicht auf, können aber durchaus mit günstigen Beschäftigungsbedingungen und/oder hohem überbetrieblichen sozialen Schutz verknüpft sein, so dass man diese internen und/oder primären Segmenten zuordnen kann. Die Zuordnung der Teilzeitarbeit gilt hierbei als besonders umstritten. Unbefristete Teilzeitarbeit in mehr als marginalem Umfang mag man durchaus einem internen, wenn auch sekundären Arbeitsmarktsegment, zuordnen; einem internen Segment, wenn die Beschäftigungsbeziehung auf Dauer angelegt ist und dem sekundären, insofern Aufstiegs- und Einkommenschancen geringer ausfallen. Ebenso kann es Arbeitskräfte in atypischen Erwerbsformen mit hohen Einkommenschancen und geringer Betriebsbindung geben, die man zwar dem externen, aber primären Arbeitsmarktsegment zuordnen kann. HAKIM verweist darauf, dass verschiedene Arbeitsplatztypen nicht eindeutig einzelnen Segmenten zugeordnet werden können, da die spezifischen Umstände der Firmen sowie deren Personalstrategie bei Nachfrageschwankungen entscheidend sein können (vgl. HAKIM 1990: 160; vgl. auch DIETRICH 1998a: 61). Hier soll keine generelle Zuordnung atypischer Erwerbsformen erfolgen, sondern lediglich eine Zuordnung selbständige Erwerbsformen.

Was die Erwerbsverläufe betrifft, kann man aufgrund der Annahme relativ stark voneinander abgeschotteter Segmente, eine Verfestigung der Arbeitsmarktbedingungen ableiten. Kontrastierend kann man für die Erwerbsverläufe der Arbeitskräfte des sekundären externen und des primären internen Segmentes folgende Aussagen ableiten: Erwerbsverläufe der Arbeitskräfte des sekundären externen Segmentes werden durch Instabilität und somit häufigere Arbeitgeberwechsel und Phasen der Erwerbslosigkeit gekennzeichnet sein; diese werden zudem in Beschäftigungsphasen relativ geringe Entgelte, die auch während des Erwerbsverlaufs kaum ansteigen, erzielen. Ein Aufstieg in ein internes Arbeitsmarktsegment erscheint im Rahmen der Segmentationsansätze unwahrscheinlich. Für Arbeitskräfte des primären internen Segmentes lassen sich stabile Erwerbsverläufe erwarten, bei denen interne Mobilitäten durch Aufstiege - insbesondere steigende Entgelte - gekennzeichnet sind; im Zeitverlauf wird eine zunehmende Betriebsbindung erfolgen, so dass betriebsexterne Wechsel unwahrscheinlich werden. Bei Arbeitskräften des fachlichen Arbeitsmarktes lassen sich ähnliche Erwerbsbedingungen im Zeitverlauf ableiten, außer dass Aufstiegsmobilitäten nicht innerbetrieblich, sondern innerhalb des fachlichen Bereiches zwischen Unternehmen erfolgen.
Bei welchen Arbeitskräftegruppen nach segmentationstheoretischen Überlegungen die jeweiligen Erwerbsbedingungen und –verläufe eher vorfindbar sein werden, wird im Folgenden dargestellt.

3.3.2 Die Zuordnung von Arbeitskräftegruppen zu den Arbeitsmarktsegmenten

Ein zentrales Merkmal segmentierter Arbeitsmärkte sind selektive Zugangschancen von Arbeitskräftegruppen zu den verschiedenen Segmenten und insofern systematisch differierende Beschäftigungschancen, die zudem aufgrund der Feedback-Effekte im Erwerbsverlauf stabilisierend sind und so mit einer tendenziellen Segmentabschottung einhergehen. "Segmentation entsteht erst dann, wenn beispielsweise bestimmte Arbeitskräfte von Arbeitsplätzen mit Lern- und Erfahrungspotenzialen ausgeschlossen sind oder in schlecht bezahlenden Betrieben oder Beschäftigungsbereichen oder auf Arbeitsplätzen ohne Aufstiegsmöglichkeiten eingeschlossen sind, ohne dass dies von ihnen aus geändert werden kann, weil die Zuteilung letztlich dem institutionalisierten Machtgefüge entspringt" (SENGENBERGER 1987: 63).
Insbesondere in den deutschen Ansätzen werden zunächst Qualifikationen als zentrale Begründung der Segmente und der Segmentzuordnung von Arbeitskräften betrachtet. Gering- und Unqualifizierte finden sich eher im sekundären Segment, Hochqualifizierte im primären. Letztere mit betriebsspezifischen Qualifikationen findet man in internen primären Segmenten, geringer, aber spezifisch Qualifizierte in sekundären internen Arbeitsmärkten. Allerdings sind die Zusammenhänge weder monokausal noch liegen sie allein im Bereich individueller Handlungsspielräume, da Qualifizierungsentscheidungen nicht allein als individuelle Investitionsentscheidungen mit entsprechenden Einkommenserträgen gefasst werden. Die These, die anfangs PIORE vertreten hatte, dass Arbeitskräfte im sekundären Segment aufgrund ihrer mangelnden Erwerbsstabilität und Arbeitsorientierung vorzufinden sind, ist im Rahmen der meisten Segmentationsansätze nicht gänzlich aufgegeben worden (vgl. z.B. SENGENBERGER 1987: 261). So mögen manche Arbeitskräfte nur gelegentlich ihre Arbeitskraft anbieten, geringes Interessen an einer längerfristigen Beschäftigung sowie an beruflicher Qualifizierung aufweisen. Allerdings bleibt letztendlich unklar, ob die persönlichen Orientierungen oder die vorfindbaren Arbeitsmarktchancen zu instabilem Erwerbsverhalten führen. Mit der Weiterentwicklung des dualen Arbeitsmarktmodells hat auch PIORE mit den positiven Feedback-Effekten die Bedeutung der vorfindbaren Arbeitsmarktchancen auf die Entwicklung von Verhaltensmerkmalen herausgestellt. Im Rahmen der Segmentationsansätze sind es letztendlich die Arbeitgeber, die über die Zuordnung von Arbeitskräften zu den einzelnen Segmenten entscheiden, wobei "diskriminierende" Screening-Merkmale den Ausschlag geben (vgl. BÜCHEL 1994: 457). So beeinflussen also auch außerhalb der individuellen Einflusssphäre liegende Faktoren den Zugang zu Qualifikationen und die Arbeitsmarktchancen. Welches sind nun solche Merkmale, die den Zugang verschiedener Personengruppen zu den Segmenten begründen?

Im Zuge der Weiterentwicklung der Ansätze werden die Begründungen der Arbeitsmarktsegmente sowie der Zuordnung von Arbeitskräftegruppen zu den Segmenten weiter gefasst und insbesondere von SENGENBERGER die Bindungen, die Arbeitgeber mit Beschäftigtengruppen eingehen, als Differenzierungskriterium von Segmenten herangezogen. Die Frage ist also, aufgrund welcher Merkmale Arbeitgeber mit Arbeitskräften eine enge, lose oder keine Bindung eingehen. Zentral scheint dabei die Frage, inwiefern sich aus Sicht des Arbeitgebers Investitionen in die Arbeitskräfte und die Arbeitsbeziehung lohnen, die erwartbaren Renditemöglichkeiten ausreichend erscheinen. Entsprechend dienen die prospektive Beschäftigungsdauer und Lernfähigkeit und damit in Verbindung gebrachte Merkmale von Arbeitskräftegruppen als Selektionskriterien (vgl. insb. SENGENBERGER 1987: 177 und THUROW 1979). Die ursprünglichen us-amerikanischen Ansätze analysierten zunächst die schwarze Stadtbevölkerung als sekundäre Arbeitskräfte. Kriterien wie die ethnische Zugehörigkeit und Nationalität galten als zentrale Segmentationslinien. Im Zuge der Rezession der 70er Jahre veränderten sich diese allerdings, "now, members of the domestic labor force - mainly women, unskilled workers, youth and older workers nearing retirement age - also found themselves working under secondary labour market conditions" (ROSENBERG 1991: 74). Ebenso werden für Deutschland neben ausländischen oben genannte inländische Personengruppen den sekundären Arbeitsmarktsegmenten zugerechnet (vgl. BILLER 1989; KÖHLER/GRÜNER 1988; KLEBER 1987; BIEHLER/BRANDES 1981; SCHMIDTBERG 1981).

Ein Konzept, das die benachteiligte Arbeitsmarktposition von im Wesentlichen Frauen, Jugendlichen, Älteren, Behinderten und Ausländern zu erklären versucht, ist das Alternativrollenkonzept. Es geht auf OFFE/HINRICHS (1977) zurück und besagt, dass bestimmte Personengruppen, denen eine außerhalb des Arbeitsmarktes liegende Alternativrolle zugeschrieben wird, letztendlich dazu führt, dass diese Problemgruppen des Arbeitsmarktes darstellen. Als Problemgruppen werden dabei solche Personengruppen bezeichnet, die unabhängig von der Branche oder dem Sektor, in dem sie beschäftigt sind, stärker von Arbeitsmarktrisiken betroffen sind. Entscheidend ist, dass diesen Personengruppen Alternativrollen *zugeschrieben* werden. Die askriptiven Merkmale dieser Personengruppen "... sind soziologisch dadurch definiert, dass sie vom Inhaber eines solchen Merkmals entweder aus physischen oder aus zwingenden kulturellen Gründen (»Stigmatisierungen«) nicht willkürlich aufgegeben werden können sowie dadurch, dass sich an Individuen, die solche Merkmale tragen, spezifische Erwartungen und Statuszuweisungen richten" (OFFE/HINRICHS 1977: 34). Insofern können sich je nach Veränderung der sozialen Erwartungen und Statuszuweisungen Segmentationslinien verschieben.

3.4 Arbeitsmarktsegmentation, Flexibilisierung und selbständige Erwerbstätigkeit

Ein zentraler Kritikpunkt an segmentationstheoretischen Ansätzen ist, dass ihnen eine statische Analyse zugrunde liege und die größte Aufmerksamkeit im Rahmen der Segmentationsliteratur der Verfestigung von Arbeitsmarktstrukturen und Stabilisierung von Beschäftigungsbeziehungen im Rahmen interner Arbeitsmärkte gewidmet werde. Dieser Fokus sei zwar für die Arbeitsmarkt- und wirtschaftlichen Rahmenbedingungen der 60er Jahre adäquat, doch spätestens seit den 80er Jahren sei europaweit das zentrale Problem und Thema der Arbeitsmarktliteratur - sowie der arbeitsmarktpolitischer Diskussionen - die Flexibilität von Arbeitsmärkten und des betrieblichen Personaleinsatzes vor dem Hintergrund struktureller Arbeitslosigkeit, geringem Wirtschaftswachstum und eines zunehmenden internationalen Wettbewerbsdrucks (vgl. z.B. ROSENBERG 1991; BREWSTER/MAYNE/TREGASKIS 1997; BRODSKY 1994). Entsprechende Fragen lassen sich allerdings durchaus segmentationstheoretisch analysieren. So steht die Literatur zur Arbeitsmarktflexibilität zum Teil in enger Verbindung zur Segmentationsliteratur. "... European countries were responding to the same economic crisis and structural problems and all developed strategies to increase flexibility so that the amount and distribution of work could be adjusted to falling growth rates" (HAKIM 1990: 158). Dabei wird festgestellt, dass verschiedene Staaten zwar unterschiedliche Wege einschlagen, um diesen Problemen zu begegnen, "...but all pointed in the same general direction of increasing, in some areas, reintroducing, segmentation of the labour market" (HAKIM 1990: 159; vgl. auch BOYER 1988: 194 - 222). Ebenso findet man, wie bereits dargestellt, in den Segmentationsansätzen Aussagen zur Arbeitsmarktflexibilität. Insbesondere mit der Differenzierung betrieblicher Stamm- und Randbelegschaften werden arbeitgeberseitige Stabilitäts- und Flexibilitätsinteressen hinsichtlich des Arbeitskräfteeinsatzes thematisiert (vgl. SENGENBERGER 1987: 167f.; ATKINSON 1985). Gerade in Deutschland werden im Rahmen der Globalisierungsdiskussion hohe Personalkosten sowie die Regulierung der Arbeitsmärkte und Arbeitsbeziehungen als ungünstige Standortfaktoren hervorgehoben und vielerseits eine Erhöhung der Flexibilitätspotenziale des betrieblichen Arbeitskräfteeinsatzes gefordert. Insgesamt ist zwar das Bestreben nach erhöhter Flexibilität nicht als völlig neues Phänomen zu beurteilen, doch " what is new is the pace of change" (HAKIM 1990: 157).

Wie bereits dargestellt, werden selbständige Erwerbsformen als eine Erscheinungsform des flexiblen Personaleinsatzes betrachtet, der im Folgenden einer segmentationstheoretischen Analyse unterzogen wird. "Wertfrei ausgedrückt wird dem Arbeitgeber/ Unternehmer bei Beschäftigung eines Arbeitnehmers ein erheblich geringeres Maß an Flexibilität eingeräumt, als er dies hätte, wenn er

einen selbständigen Auftragnehmer mit der Erledigung einer Arbeit beauftragt" (STEINMEYER 1996: 349). Solche Autoren, die die Entwicklung der selbständigen Erwerbstätigkeit eher kritisch einschätzen und vor allem Formen von Scheinselbständigkeit analysieren, sehen deren Zunahme gerade im Kontext von Flexibilisierung und Deregulierung (vgl. z.B. PAASCH 1991: 220ff.). Manche Autoren malen dabei extreme Bilder des Verfalls der Arbeitnehmerschutzrechte. "Es geht um die Nutzung der Krisenwirkungen, um die Funktionalisierung der Dauerarbeitslosigkeit zur Umwälzung der sozialen Kräfteverhältnisse, zum Abbau des Systems der sozialen und kollektiven Schutzrechte, d.h. es geht um die Abwälzung von Risiken, die Vergrößerung der Flexibilität der großen und technologisch dominierenden Konzerne im internationalen Wettkampf" (GOLDBERG 1987: 320).
Hier soll zwar im Vergleich zur optimistischen Sichtweise, die selbständige Erwerbstätigkeit als Entrepreneurship betrachtet (vgl. Kapitel B), eine eher kritische Einschätzung dieser Erwerbsform vorgenommen werden. Pauschalurteile sollen dabei vermieden werden; Ziel ist es, vor der empirischen Analyse theoretisch fundierte Aussagen zur Erwerbssituation verschiedener Subgruppen von Selbständigen abzuleiten. Bei einer solchen segmentationstheoretischen Analyse, stehen die Konsequenzen arbeitgeberseitiger Flexibilisierungsstrategien für die Erwerbsverläufe und Erwerbsbedingungen verschiedener Selbständigenkategorien im Vordergrund.

3.5 Selbständige Erwerbstätigkeit aus segmentationstheoretischer Perspektive

Im Folgenden wird zunächst die betriebliche Rationalität der Auftragsvergabe an Selbständige als Personalstrategie herausgestellt, dann folgt die Segmentzuordnung verschiedener Formen selbständiger Erwerbstätigkeit. Anschließend erfolgt die Analyse der Segmentmobilität der Selbständigen. Schließlich werden Aussagen zu Erwerbsbedingungen und Erwerbsverläufen unterschiedlicher Gruppen von Selbständigen abgeleitet, welche im Rahmen der empirischen Analyse geprüft werden sollen.

3.5.1 Betriebliche Rationalität der Auftragsvergabe an Selbständige

Bei der Abgrenzung von Formen selbständiger Erwerbstätigkeit, die man als atypische Beschäftigungsformen bezeichnen kann, wurden bereits personalpolitische Interessen hinsichtlich der Auftragsvergabe an Selbständige – als Alternative zur Arbeitnehmerbeschäftigung – herausgestellt (vgl. 3.2). Da bei der Auftragsvergabe an Selbständige für den Auftraggeber Sozialversicherungsbeiträge entfallen, mag die Einsparung von Personalkosten ein arbeitgeberseitiges Motiv darstellen (vgl. ATKINSON 1985: 29). Zwar kann man annehmen, dass das erhöhte Risiko der Selbständigen sowie die Tatsache, dass sie selbst für eine Risikovorsorge aufkommen müssen, durch ein höheres Entgelt (im Vergleich zum Nettolohn eines entsprechenden Arbeitnehmers) teilweise kompensiert wird. Da bei Selbständigen keine kollektiven Entgeltverhandlungen geführt werden, dürfte es von der Marktmacht der Selbständigen abhängen, inwieweit sie entsprechende Kompensationen erhalten. Bei Arbeitskräften mir geringen Qualifikationen oder anderen Problemgruppen des Arbeitsmarktes ist damit zu rechnen, dass sie keine hohen Forderungen durchsetzen können und somit Personalkostenersparnisse nicht unerheblich sind (vgl. BUCH 1999: 89), zudem nicht nur direkte Personalkosten entfallen, sondern auch indirekte, wie z.B. Kündigungskosten (vgl. Mayer 1999: 208). Als ein weiteres zentrales Motiv wird die Erhöhung der Flexibilität des Personaleinsatzes betrachtet, insbesondere die Erhöhung der externen numerischen Flexibilität, die vor allem im Kontext geringen Wirtschaftswachstums und verschärfter Wettbewerbsbedingungen auf globalen Märkten als erforderlich erachtet wird (vgl. ATKINSON 1985: 30). Die Auftragsvergabe an Selbständige mag dabei auch in der Form erfolgen, dass gesamte Tätigkeitsbereiche völlig ausgelagert werden, also im Sinne ATKINSONS „Distancing" betrieben wird und Flexibilitätsprobleme gänzlich externalisiert werden. Gründe für eine solche Strategie mögen neben der Risikoexternalisierung und Personalkosteneinsparung auch die Konzentration auf Kernkompetenzen mit komparativen Vorteilen sowie die Nutzung von Skalenvorteilen externer Vertragspartner sein (vgl. ATKINSON 1986: 12f.).

Andererseits kann man vor dem Hintergrund der Ansätze zu internen Arbeitsmärkten auch aus der Sicht der Arbeitgeber Nachteile der Auftragsvergabe an Selbständige ableiten. Diese ergeben sich aus der fehlenden Einbindung der Selbständigen in die Arbeitsorganisation des Arbeitgebers und den mangelnden Kontrollmöglichkeiten. Zudem können potenzielle Vorteile aus längerfristig stabilen Arbeitgeber-Arbeitnehmer-Beziehungen, wie sie für interne Arbeitsmärkte konstatiert werden, nicht realisiert werden. Im Folgenden soll geprüft werden, inwieweit sich anhand transaktionskosten- und principal-agency-theoretischer Überlegungen, Bedingungen ableiten lassen, unter denen dennoch die Auftragsvergabe an Selbständige, statt der Beschäftigung von Arbeitnehmern, effizient erscheint. Beide Theorieansätze kann man der sogenannten Neuen Institutionenökonomie zuordnen, die Fragestellungen der Theorie der Firma unter der Berücksichtigung institutioneller Faktoren analysiert. Diese Ansätze heben jeweils unterschiedliche Aspekte von Vertragsbeziehungen hervor, sind aber eng miteinander verwoben.[70] Zentrale Fragestellung der Theorie der Firma ist

[70] Diese sind zwar durchaus neoklassisch orientiert, unterscheiden sich von der neoklassischen Theorie der Firma allerdings durch ihre vertragstheoretische Orientierung (vgl. Williamson 1990 und 1998).

die "*make-or-buy*"-Entscheidung, also der Frage, ob ein Gut oder eine Dienstleistung selbst - innerhalb der Firma - erstellt wird oder von Externen „gekauft" wird. "This is the firm's decision either to acquire some intermediate input by having an employee make it under the employer's direction, using the employer's tools, and usually being paid a fixed wage, or instead to hire an independent contractor who chooses his or her own tools and methods and is paid proportionally to the quantity supplied" (HOLMSTROM/MILGROM 1994: 972). Insofern betreffen die Analysen im Rahmen der Theorie der Firma auch die Frage, ob die Arbeitnehmerbeschäftigung oder die Auftragsvergabe an Selbständige eine rationale Lösung darstellen.

3.5.1.1 Transaktionskostentheoretische Argumente

Die unternehmerische Auftragsvergabe an selbständig Erwerbstätige wird im Vergleich zu Beschäftigungsverträgen mit Arbeitnehmern, zumindest solchen in Normalarbeitsverhältnissen, als eine Maßnahme der Vertragsflexibilisierung gesehen (vgl. BREWSTER et al. 1996: 4, 21). Ein theoretischer Ansatz, um Vertragsformen im Rahmen der Arbeitsmarktsegmentation zu analysieren, stellt der Transaktionskostenansatz dar. "Jedes Problem, das als Vertragsproblem formuliert werden kann, (lässt) sich sinnvoll unter dem Aspekt der Transaktionskosteneinsparung formulieren" (WILLIAMSON 1990: 20), denn im Transaktionskostenansatz werden Transaktionen sogenannten *"governance structures"* (Beherrschungs- und Überwachungssystemen) zugeordnet, die sich hinsichtlich ihrer Anpassungsfähigkeit und der damit verbundenen Kosten unterscheiden. **Selbständige Erwerbstätigkeit** kann in diesem Zusammenhang als eine **Vertragsform** analysiert werden, **die** bei gegebenen Charakteristika der Transaktion und spezifischen Umweltbedingungen **Einfluss auf die relative Höhe der Transaktionskosten nimmt;** relative Höhe meint hier, dass es nicht darum geht, die absoluten Transaktionskosten zu ermitteln, sondern potenzielle Effekte auf die Transaktionskosten im Vergleich zur Arbeitnehmerbeschäftigung zu ermitteln.

Unter welchen Bedingungen mag also die Auftragsvergabe an Selbständige aus transaktionskostentheoretischen Überlegungen effizient erscheinen?
WILLIAMSON ET AL. leiten allgemein unter den grundlegenden Verhaltensannahmen von begrenzter Rationalität und Opportunismus[71] sowie unter den Um-

---

[71] Wobei WILLIAMSON in Anlehnung an SIMON begrenzte Rationalität folgendermaßen definiert: „bounded rationality has reference to behavior that is intendedly rational, but only limitedly so" (WILLIAMSON 1987: 618); mit dieser Verhaltensannahme wird somit nicht irrationales Verhalten unterstellt, sondern kognitive Grenzen der Informationsverarbeitung berücksichtigt. Opportunismus meint die Annahme von eigennutzinteressiertem Verhalten der Individuen; dies wird für alle an einer Transaktion beteiligten Individuen angenommen,

weltbedingungen von Komplexität und Unsicherheit für Transaktionen mit bestimmten Eigenschaften effiziente Vertragsformen ab. Als die beiden extremen Beherrschungssysteme werden dabei Hierarchie und Markt unterschieden (WILLIAMSON 1998: 76). Die Vertragsform des internen Arbeitsmarktes entspricht einer hierarchischen Koordinationsform und erscheint bei unter Unsicherheit getätigten und wiederholten (bzw. potenziell zu wiederholenden) Transaktionen insbesondere dann rational, wenn Faktorspezifität gegeben ist. Liegt eine solche Spezifität vor, so erscheinen weder einfache Verkaufsverträge, noch bedingte Verträge, noch sequentielle Spot-Verträge effizient. In Betracht kommt dann noch die individuelle Vertragsform der Autoritätsbeziehung, die durch kollektive Koordinationsformen ergänzt werden. Interne Arbeitsmärkte können, so die Autoren, diese Funktion erfüllen (vgl. WILLIAMSON/ WACHTER/HARRIS 1975: 269f.).

Die Auftragsvergabe an Selbständige entspricht eher einer marktlichen Koordinationsform, sie entspricht dem externen Arbeitsmarkt und kann in der Vertragstypologie der Transaktionskostentheorie die Vertragsform der einfachen Verkaufsverträge, der bedingten Verträge oder der sequenziellen Spotverträge annehmen. Zum einen kann man eine generelle (unabhängig von Merkmalen der Transaktion) Zunahme marktlich koordinierter Beschäftigungsbeziehungen aus der Entwicklung der Umweltbedingungen ableiten. Einerseits dürfte die Neigung zu opportunistischem Verhalten auf Arbeitnehmerseite bei hoher makroökonomischer Arbeitslosigkeit eher geringer ausfallen, andererseits wird unter den Bedingungen globaler Märkte Flexibilität bedeutsamer. Die Frage wäre dann allerdings, wie sich Arbeitskräfte gegen opportunistisches Verhalten der Arbeitgeber absichern können.

Zum anderen kann man aus den spezifischen Merkmalen der Transaktionen die Vorteilhaftigkeit flexibler, marktlicher Vertragsformen ableiten. Diese erscheinen entsprechend transaktionskostentheoretischer Überlegungen immer dann vorteilhafter als die interne Lösung, wenn es sich um nur gelegentlich zu erfüllende Tätigkeiten handelt, keine match-spezifischen Investitionen erforderlich sind bzw. - falls solche erbracht werden - wenn „third party enforcement" möglich ist (vgl. WACHTER/WRIGHT 1990: 253). Differenzierte transaktionskostentheoretische Aussagen hinsichtlich verschiedener Selbständigkeitsformen werden in der bisherigen Literatur kaum getroffen. Insbesondere Franchising - als eine Koordinationsform zwischen Markt und Hierarchie - wird zwar auch transaktionskostentheoretisch analysiert, doch liegen hierzu noch wenige Be-

---

nicht nur für die Arbeitnehmer, sondern auch für Arbeitgeber bzw. das Management (vgl. WILLIAMSON 1987: 620f.).

funde vor.[72] Deren differenzierte Analyse erscheint auch bei der hier geplanten empirischen Analyse wenig sinnvoll, da Individualdaten analysiert werden sollen, die keine Informationen über die entsprechende Vertragsgestaltungen der Akteure enthalten; daher werden diese Analysen hier nicht weiter ausdifferenziert.

Im Rahmen dieser Arbeit sind bisher Selbständigkeitsformen von Scheinselbständigkeit bis hin zu Unternehmertum differenziert worden, konkrete Aussagen, unter welchen Bedingungen aus Sicht der auftragvergebenden Unternehmen diese Formen aufgrund transaktionskostentheoretischer Überlegungen rational erscheinen, sind nicht unproblematisch. Da bei Scheinselbständigkeit de facto eine Arbeitnehmer-Arbeitgeberbeziehung vorliegt, kann man diese einer Autoritätsbeziehung zuordnen, bei der die Arbeitnehmer allerdings nicht vor opportunistischem Verhalten des Arbeitgebers geschützt sind und an Effizienzerträgen interner Arbeitsmärkte nicht partizipieren. Solche Vertragsformen scheinen vor dem Hintergrund obiger Ausführungen aus Sicht der Arbeitgeber allerdings nur dann rational, wenn Arbeitskräfte wenig Spielraum für opportunistisches Verhalten haben und der Arbeitgeber an keiner längerfristigen Bindung interessiert ist[73]. Bei einfachen Tätigkeiten ohne höheres Ausmaß an spezifischen Qualifikationen und einem ausreichend hohen Angebot an Arbeitskräften, die bereit sind, unter entsprechenden Vertragsbeziehungen zu arbeiten, mögen solche Bedingungen vorliegen. Bei der Werkvertragsvergabe an qualifizierte Spezialisten, bei denen kein betriebsspezifisches, sondern fachspezifisches Expertenwissen nachgefragt wird, erscheint keine längerfristige Bindung von Interesse, entsprechend müssen keine „hold up"-Probleme gelöst werden. Da diese Arbeitskräfte allerdings aufgrund ihrer Tätigkeit vermutlich Spielraum für opportunistisches Verhalten haben (Informationsasymmetrien), werden Vertragsformen erforderlich sein, die es erlauben mit „moral hazzard"-Problemen umzugehen. Die interne Lösung, also die Beschäftigung von Arbeitnehmern statt der Auftragsvergabe an Selbständige, mag in solchen Fällen unter Umständen die effizientere sein. Principal-Agency-theoretische Analysen liefern Kriterien, wann dies der Fall sein mag.

3.5.1.2 Principal-Agency-theoretische Argumente

Die arbeitsmarkttheoretisch ausgerichtete Principal-Agency-Literatur befasst sich mit Fragen der Risikoallokation und der Anreizgestaltung im Kontext von

[72] Hierzu überwiegen allerdings Principal-Agency-theoretische Analysen; einen Überblick über die ökonomische Analyse des Franchising gibt der Beitrag von DNES (1996) vgl. auch FELDSTEAD (1991).

[73] Außerdem erscheinen sie aus Arbeitgebersicht nur dann rational, wenn die durch diese Erwerbsform erzielten Ersparnisse größer sind als die bei Aufdeckung des Scheinselbständigenstatus zu erwartenden Strafkosten (vgl. Buch 1999: 92).

Arbeitsbeziehungen in Organisationen und lässt sich somit auch auf die Auftraggeber bzw. Arbeitgeber und Selbständigen bzw. Arbeitnehmerbeziehung anwenden. **Selbständige Erwerbstätigkeit** kann in diesem Zusammenhang als **eine Beschäftigungsform mit spezifischer Risikoallokation zwischen Selbständigen und Arbeit- bzw. Auftraggeber sowie mit spezifischen Anreiz- und Kosteneffekten** analysiert werden. Bisher liegen nahezu keine Beiträge vor, die selbständige Erwerbstätigkeit explizit als ein Anreizsystem im Vergleich zur Arbeitnehmerbeschäftigung analysieren; die Beiträge von HOLMSTROM/MILGROM (1994) und GAREN (1998) gehören zu den wenigen, die solche Analysen vornehmen; diese werden im Folgenden dargestellt.

Zunächst zur *Risikoallokation.* Im Rahmen der Kontrakttheorie wird der Arbeitsvertrag als ein Vertrag effizienter Risikoallokation betrachtet. Dieser Kontrakt ist derart gestaltet, dass risikoaverse Arbeitnehmer durch die Vereinbarung einer längerfristigen Beschäftigung zu einem festen Lohnsatz vor Risiken extern bedingter Entgeltschwankungen (und Beschäftigungsschwankungen) geschützt sind und der risikoneutrale Arbeitgeber als Gegenleistung eine Risikoprämie für die Übernahme des wirtschaftlichen Risikos erhält. Die höhere Risikobereitschaft der Arbeitgeber bzw. die größere Risikoaversion der Arbeitnehmer wird dabei nicht im KNIGHT'schen Sinne risikogeneigter Persönlichkeitstypen der Unternehmer erklärt, sondern mit strukturellen Unterschieden zwischen Arbeitskräften und Unternehmen bzw. Arbeitgebern. Nämlich solchen hinsichtlich der Möglichkeiten, Risiken zu begrenzen. Systematische Unterschiede zwischen Arbeitgebern und Arbeitnehmern werden in geringerem Kapitalvermögen, geringerer Mobilität der Arbeitskräfte sowie der geringeren Diversifizierbarkeit von Humankapital gesehen (vgl. AZARIADIS 1975; BAILY 1974).

Die Entscheidungssituation Arbeitnehmerbeschäftigung vs. Auftragsvergabe an Selbständige stellt sich in dieser Perspektive somit als eine Entscheidung hinsichtlich der effizienten Allokation von Risiken dar. Selbständig Erwerbstätige tragen selbst das Risiko schwankender Auftragslagen und werden lediglich für die jeweils vereinbarte Leistung entlohnt, ihre Einkommen sind höheren Schwankungen bzw. zumindest dem Risiko solcher Schwankungen unterworfen. Der Auftraggeber kann somit im Vergleich zur Arbeitnehmerbeschäftigung Risiko externalisieren.

In kontrakttheoretischer Perspektive stellt sich dann die Frage, unter welchen Umständen dies eine effiziente Entscheidung sein mag. Da die Effizienz des Arbeitsvertrages unmittelbar aufgrund der unterschiedlichen Risikoneigung von Arbeitgebern und Arbeitnehmern begründet wird, kann eine Ursache der Effizienz einer Auftragsvergabe an Selbständige in dieser Perspektive in einer anders gelagerten Risikostruktur der Akteure liegen. Zum einen kann man auch für Arbeitgeber risikoaverses Verhalten annehmen (vgl. PULL 1992: 10). Dabei

lässt sich risikoscheues Verhalten der Arbeitgeber bzw. der leitenden Manager vor dem Hintergrund unsicherer Absatzmärkte und rationierter Kapitalmärkte erklären und zudem anhand empirischer Befunde verhaltenswissenschaftlicher Analysen stützen (vgl. SCHNEIDER 1998: 64ff.). Der zunehmende internationale Wettbewerb und verändertes Konsumentenverhalten mögen die Unsicherheiten an Absatzmärkten erhöhen, so dass hiermit ein zunehmendes Interesse an personalpolitischem Risikomanagment - im Falle der Auftragsvergabe an Selbständige: an einer Externalisierung von Risiken - zu begründen ist.
Zum anderen mag eine Risikobereitschaft seitens der Arbeitskräfte für deren erhöhte Risikoübernahme sprechen. Sieht man davon ab, dass Risiko für manche Personengruppen einen Nutzenwert an sich darstellen mag, so bleibt zu erklären, warum Arbeitskräfte bereit sein sollten, ein erhöhtes Erwerbsrisiko zu tragen. Dies mag zum einen mit typischerweise im Verbund auftretenden Merkmalen von Erwerbsformen begründet sein. Selbständige Erwerbsformen sind durch ein höheres Risiko für die Erwerbstätigen gekennzeichnet, aber auch durch ein höheres Ausmaß an Autonomiespielräumen (wenn nicht der Fall der Scheinselbständigkeit vorliegt); entsprechend wurden in der Analyse der selbständigen Erwerbstätigkeit als atypische Erwerbsform auch Flexibilitätsinteressen der Individuen an der selbständigen Erwerbstätigkeit herausgestellt. Ebenso mögen Erwerbspersonen, bei denen kurzfristige Erwerbsinteressen gegenüber langfristigen überwiegen oder die eine Absicherung aus anderen Quellen als der (individuellen) Erwerbstätigkeit erfahren, Kontrakte, mit denen sie höhere Risiken tragen, bevorzugt oder eher akzeptiert werden. Dies mag bei Nebenerwerbsselbständigen, die einer beruflichen Haupttätigkeit als Arbeitnehmer nachgehen oder deren Haupttätigkeit nicht die Erwerbstätigkeit darstellt, der Fall sein.
Kritisch anzumerken bleibt bei diesen Erklärungsvarianten, dass sich die kontrakttheoretische Analyse auf Effizienzargumente beschränkt. Ausschlaggebend für das Zustandekommen der Risikoallokation in Arbeitsverträgen mögen auch Machtfaktoren sein. Wenn Arbeitskräften mangelnde Alternativen der Erwerbstätigkeit gegeben sind, mögen sie eher bereit sein, Arbeitsverträge auf Selbständigenbasis einzugehen, auch wenn sie dies nicht präferieren.

Neben diesen Risikoüberlegungen werden im Rahmen der Principal-Agency-Ansätze *Anreiz- und Kontrollsysteme* in Beschäftigungsbeziehungen analysiert. Der Principal versucht sicherzustellen, dass sich der Agent in seinem Interesse verhält. Probleme resultieren daraus, dass bei Arbeitsleistungen das Leistungsverhalten nicht oder nicht ohne erhebliche Kosten mittels Output- oder Inputkontrollen erfasst werden kann. Daher wird nach effizienten Anreizsystemen gefragt, mit denen der Principal (hier der Arbeit- bzw. Auftraggeber) ein optimales Leistungsverhalten der Agents (hier: Arbeitskräfte bzw. Selbständigen) sicherzustellen bzw. zu fördern versucht. Als Anreizsysteme werden vor allem

Entgeltsysteme analysiert. HOLMSTROM und MILGROM gehen in diesem Zusammenhang der Frage nach "why are some workers employees and other workers independent contractors?" (HOLMSTROM/MILGROM 1994: 973) und beziehen dabei unterschiedliche Themenbereiche der Theorie der Firma mit ein, die bislang, so kritisieren die Autoren, lediglich in isolierter Betrachtung behandelt worden seien. Sie unterscheiden drei zentrale Anreizinstrumente, die in Übersicht D-3 dargestellt sind. Erstens die Leistungsentlohnung (Entlohnung für einen gemessenen Output), zweitens die Beteiligung der Arbeitskräfte am Produktivkapital und das Job-Design, worunter sie die Aufgaben verstehen, die in der Arbeitsplatzbeschreibung enthalten sind, sowie die Spezifikation von Arbeitsregeln und Arbeitsstunden wie auch anderen Aspekten, die die Arbeitskräftefreiheit beschränken. Ihre These ist, dass die spezifische Kombination dieser Anreizinstrumente im Wesentlichen zwei alternative Anreiz*systeme* ausmachen, nämlich die der Arbeitnehmerbeschäftigung und die Auftragsvergabe an Selbständige (*"independent contractors"*), die jeweils eine spezifische Kombination der drei Anreizinstrumente darstellen.

Übersicht D-3: Selbständige Erwerbstätigkeit als Anreizsystem

Anreizsysteme

Arbeitnehmerbeschäftigung	**Anreizinstrumente**	**Auftragsvergabe an Selbständige**
fixiertes Entgelt	Leistungsentlohnung	Entlohnung gegen Leistung (Output)
Arbeitskräfte besitzen kein Produktivkapital	Eigentum an Produktivkapital	Arbeitskräfte besitzen das Produktivkapital
geringe Autonomiespielräume der Arbeitskräfte	Job-Design	hohe Autonomiespielräume der Arbeitskräfte

nach HOLMSTROM / MILGROM 1994

Die Beschäftigung von Arbeitnehmern sei eher dadurch gekennzeichnet, dass die Arbeitskräfte geringe Autonomiespielräume aufweisen, die Einrichtungen der Firma nutzen und ein fixiertes Entgelt erhalten; Selbständige dagegen dadurch, dass sie hinsichtlich Arbeitsmethoden und Arbeitszeit autonom entscheiden können, ihre eigene Arbeitsausrüstung besitzen und lediglich für die angebotene Arbeitsleistung bezahlt werden. HOLMSTROM und MILGROM prüfen mittels Sekundäranalyse einer Erhebung von ANDERSON und SCHMITTLEIN, die selbst eine transaktionskostenbasierte Analyse der Frage, "why industrial selling is sometimes performed by inhouse salespeople and sometimes by independent representatives" (HOMLSTROM/MILGROM 1994: 974) durchführten. Sie kommen zu dem Schluss, dass die Kosten der Leistungsmessung und die

Schwierigkeit der Messung wichtiger Aktivitäten die entscheidenden Determinanten seien; dagegen seien Faktoren entsprechend WILLIAMSONS Transaktionskostentheorie, wie die Spezifität, weitaus weniger signifikant.
GAREN greift diese Betrachtungsweise auf und differenziert die Zusammenhänge weiter aus. Er unterscheidet "... self-employment, salary pay, and hourly pay as three distinct pay systems" (GAREN 1998: 257). Dabei charakterisiert er Selbständige folgendermaßen "Self-employed workers have strong work incentives, much discretion in the choice of actions, are subject to little direct monitoring, but remain subject to assessment of and compensation according to output." Die Unterscheidung zwischen "salary pay" und Stundenentlohnung bestehe darin, dass bei letzterem "monitoring", also die Bewertung der Input-Leistung, angewandt werde, um eine Korrelation zwischen Arbeitsstunden und Leistung zu sichern. Mit seinen Thesen zu der Frage, unter welchen Bedingungen, welches Entgeltsystem Anwendung findet, (siehe Übersicht D-4), stellt GAREN als unabhängige Variablen die Möglichkeiten und Kosten des "monitoring" und die der Output-Bewertung heraus. Immer dann, wenn "monitoring" geringe Kosten verursacht und reliable Informationen über die Leistung der Arbeitskräfte liefere, sei eine Stundenentlohnung zu erwarten. Ist die Bewertung der Input-Leistung dagegen kostenintensiv oder liefere keine reliablen Informationen über die Leistung, so sei entweder "salary pay" oder die Auftragsvergabe an selbständig Erwerbstätige wahrscheinlicher. Welches von beiden die effizientere Lösung sei, hänge von den Kosten der Outputbewertung ab. Sind diese Kosten hoch, so sei "salary pay" zur Lösung von Anreizproblemen angemessen, sind sie niedrig, eher selbständige Erwerbstätigkeit.

Übersicht D-4: Selbständige Erwerbstätigkeit als Entgeltsystem

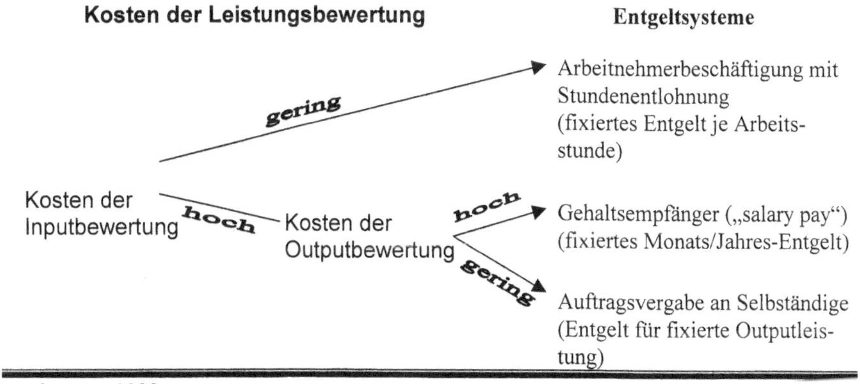

nach GAREN 1998

GAREN prüft diese Thesen anhand der Daten des *Current Population Surveys (CPS)*, der mit dem deutschen Mikrozensus vergleichbaren us-amerikanischen Erhebung. Als Proxy-Variablen für Probleme des *monitorings* verwendet er Beschreibungen der Tätigkeiten der verschiedenen Berufsbezeichnungen, die er aus dem *Dictionary of Occupational Titels (DOT)* von 1977 den CPS-Daten aus dem Jahr 1979 zugeordnet hat.[74] Da ihm aber lediglich Proxy-Variablen zu Problemen des *monitoring*, nicht aber zur Outputbewertung zur Verfügung stehen, kann er im Rahmen seiner empirischen Analyse lediglich Hypothesen zur Differenzierung von Zeitlohn einerseits und *salary payment* und selbständiger Erwerbstätigkeit andererseits prüfen. Dabei kommt aufgrund multinominaler Logitschätzungen der Wahrscheinlichkeit des Vorliegens der drei verschiedenen Entgeltsysteme, bei denen er die DOT-Variablen und andere Kontrollvariablen[75], wie z.B. Schulausbildung, Alter, Geschlecht, Familienstand, Einkommen aus Finanzvermögen, als unabhängige Variablen verwendet, zu dem Schluss, dass die DOT-Variablen alle die theoretisch vorhergesagten Effekte aufweisen und statistisch hoch signifikant sind.[76] Die Koeffizienten dieser Variablen unterscheiden sich zwar für selbständige Erwerbstätigkeit und Gehaltsempfänger (beide in Abgrenzung zu Arbeitskräften mit Zeitlohn) in ihrer Stärke, doch deren Wirkungsrichtung ist jeweils die gleiche. Selbständig Erwerbstätige sind demnach „... more likely to be in jobs that require a lot of data analysis and use of judgmental criteria, where measurable criteria of workers action is absent and duties are variable, and attainment of precise standards is not essential. These conditions make direct monitoring of worker action more

---

[74] Dieses Handbuch listet für verschiedene Berufsbezeichnungen z.B. folgende Merkmale auf: Repetitive Arbeiten, präzise Standards sind vorgegeben, Entscheidungen sind erforderlich, die anhand messbarer oder verifizierbarer Kriterien zu treffen sind; diese verwendet Garen als Indikatoren dafür, dass *monitoring* eher unproblematisch ist. Andere Merkmale, wie Vielfalt an Dienstaufgaben, Tätigkeit erfordert Entscheidungen auf der Basis von Beurteilungskriterien, Datenanalyse, verwendet er als Proxy-Variablen dafür, dass *monitoring* problematisch ist (vgl. GAREN 1998: 260ff.).

[75] GAREN verwendet als Kontrollvariablen solche, die in der Literatur als Determinanten der selbständigen Erwerbstätigkeit genannt werden (vgl. GAREN 1998: 265f.). Außerdem kontrolliert er mittels Dummy-Variablen die rechtlichen Regulierungen zu Überstundenprovisionen (vgl. GAREN 1998: 268).

[76] Potenzielle Verzerrungen, die daraus resultieren können, dass die DOT-Variablen mit unbeobachteter Produktivität korrelieren können, berücksichtigt Garen, indem er zum einen die durchschnittlichen Stundeneinkommen als Kontrollvariable einführt und zum anderen sein Logitmodell auch für eine begrenzte Personengruppe, nämlich „white, prime age, males“, testet. Obwohl diese Gruppe homogener ist und somit Effekte unbeobachteter Heterogenität reduziert werden und trotz Einführung der Variable, die Produktivitätseffekte plausibel zu kontrollieren vermag, unterscheiden sich die geschätzten Koeffizienten kaum; alle Koeffizienten bleiben signifikant und deren Vorzeichen verändern sich nicht (vgl. GAREN 1998: 270f.).

costly (or less beneficial). These induces a greater reliance on payment by output and unrestricted worker action as characterized by self-employment" (GAREN 1998: 270).

3.5.1.3 Fazit

Insgesamt lassen die transaktionskosten- und principal-agency-theoretischen Betrachtungen hinsichtlich der Frage, wann die Auftragsvergabe an Selbständige statt der Arbeitnehmerbeschäftigung aus Sicht der Arbeitgeber rational erscheint einige Fragen offen. Die Auftragsvergabe an Selbständige als Alternative zur Arbeitnehmerbeschäftigung ist bislang kaum analysiert worden. Ein Großteil der Literatur fokussiert auf interne Arbeitsmärkte und nicht auf flexible Erwerbsformen. Auch wenn sich keine detaillierten Aussagen für die verschiedenen Selbständigkeitsformen differenzieren lassen, kann man einige allgemeinere Aussagen ableiten. Aus Auftraggeber- bzw. Arbeitgebersicht erscheint die „Beschäftigung" von Selbständigen statt von Arbeitnehmern dann effizient, wenn

- die Risikoneigung der Arbeitskräfte nicht (deutlich) geringer ist als die der Arbeitgeber
- einfache, klar definierten Tätigkeiten zu erfüllen sind, die wenig betriebsspezifische Investitionen erfordern und bei denen eine Outputbewertung unproblematisch erscheint;
- komplexe Tätigkeiten zu erfüllen sind, bei denen wenig betriebsspezifische Qualifikationen erforderlich sind, bei denen allerdings Inputleistungen der Arbeitskräfte nicht bzw. nicht ohne hohe Kosten zu messen sind und eine Outputbewertung wenig problematisch erscheint;
- zwar qualifizierte Tätigkeiten zu erfüllen sind und eine Outputbewertung nicht unproblematisch erscheint, diese Tätigkeiten aber nur selten erforderlich sind.

Aus Arbeitgebersicht ist somit sowohl bei einfachen als auch bei qualifizierten Tätigkeiten unter Umständen die Leistungserstellung durch Selbständige zu erwarten. Bei einfachen Tätigkeiten ergeben sich kaum Vertragsprobleme, da die beiderseitige Leistungserbringung weitestgehend explizit festgelegt und in Streitfällen durch sogenanntes „third party Enforcement" über Gerichte entschieden werden kann. Bei hochqualifizierten Tätigkeiten erscheint die Auftragsvergabe an Selbständige allenfalls dann effizient, wenn die Tätigkeit nur selten erforderlich ist und keine (bzw. nur in geringem Ausmaß) Spezifitäten aufweist. Selbst wenn qualifizierte Tätigkeiten keine betriebsspezifischen Qualifikationen erfordern, erscheint die Auftragsvergabe an Selbständige nur dann effizient, wenn eine Outputbewertung unproblematisch erscheint. Ist eine Outputbewertung nicht unproblematisch, so besteht die Gefahr, dass Transaktionskosten bei wiederholten Transaktionen aufgrund potenzieller Verhandlungsprobleme bei strategischem Verhalten der Vertragspartner hoch ausfallen. In solchen Fällen wäre die interne Lösung aus Arbeitgebersicht zu präferieren; wenn in solchen Fällen Arbeitskräfte als Selbständige arbeiten (weil dies z.B. von diesen so präferiert wird), müssen die Verträge entsprechende Anreize gegen opportunistisches Verhalten und Leistungszurückhaltung und Anreize einer längerfristigen Bindung enthalten. So mag die Auftragsvergabe an Selbständige nicht immer im Arbeitgeberinteresse liegen. CARNOY/CASTELLS/ BRENNER stellen bei ihrer Analyse des Arbeitsmarktes im Silicon Valley[77] fest, dass Arbeitgeber teilweise über den hohen Turnover ihrer hochqualifizierten Beschäftigten klagen, den sie mit verschiedenen Anreizinstrumenten zu reduzieren versuchen. Hochqualifizierte Selbständige mögen auf diesem Arbeitsmarkt den Arbeitnehmerstatus und die Bindung an ein Unternehmen selbst nicht wünschen. „We do have a large number of contractors, but that is mainly because they want to be independent, not because we want them to be" (CARNOY/CASTELLS/ BRENNER 1997: 43). Solche stark nachgefragten Selbständigen mögen in individuellen Vertragsverhandlungen günstige Erwerbsbedingungen erzielen, doch bei geringer qualifizierten Selbständigkeitsformen mögen Arbeitgeberinteressen ausschlaggebend sein und die Erwerbsbedingungen für die Arbeitskräfte weitaus ungünstiger ausfallen. Im Folgenden Abschnitt werden verschiedene Selbständigentypen den unterschiedlichen Arbeitsmarktsegmenten zugeordnet, so dass differenzierte Aussagen über deren Erwerbsbedingungen und Erwerbsverläufe abgeleitet werden können.

3.5.2 Segmente selbständiger Erwerbstätigkeit

Selbständige Erwerbstätigkeit kann man in zweierlei Hinsicht segmentationstheoretisch analysieren. Zum einen kann man aus der Perspektive der selbständigen Erwerbstätigkeit als atypische Beschäftigungsform Selbständige spezifischen Arbeitsmarktsegmenten zuordnen und entsprechende Erwerbsbedingungen ableiten. Dies erscheint nur dann sinnvoll, wenn man bei dieser Erwerbstätigkeit überhaupt von einer Arbeitsmarkttransaktion ausgehen kann. Bisherige Ausführungen (insbesondere Kapitel B, D 2 und D 4.5.1) haben gezeigt, dass man dies bei Teilen der Selbständigen kann. Zum anderen kann man selbständige Erwerbstätigkeit als eine Transaktion betrachten, die nicht arbeitsmarktvermittelt ist. Diese Perspektive erscheint bei solchen Selbständigen, die nicht (ausschließlich) im Auftrag anderer Unternehmen tätig sind, angebracht. Da aber ein Großteil der Selbständigen im Erwerbsverlauf zumindest auch Phasen der abhängigen Beschäftigung aufweist, ergeben sich auch hierbei seg-

---

[77] Sie haben diesen Arbeitsmarkt für ihre Analyse der Veränderung im Kontext „neuer", flexibler Erwerbsformen gewählt, da „Silicon Valley is a trendsetter, both for the Unites States and for the world" (CARNOY/CASTELLS/BRENNER 1997: 28). Im Rahmen ihrer Analysen führen sie auch Befragungen von Human-Ressource-Managern aus fünf Unternehmen durch, die sie nach ihren Interessen am Einsatz flexibler Beschäftigungsformen befragen.

mentationstheoretische Ansatzpunkte, insofern bei diesen die Erwerbsverläufe auch aus segmentationstheoretischer Perspektive analysiert werden können.

3.5.2.1 Atypisch beschäftigte Selbständige: primäre und sekundäre Segmente des externen Arbeitsmarktes

In der arbeitsmarkttheoretischen Literatur findet man kaum Versuche der systematischen segmentationstheoretischen Einordnungen selbständiger Erwerbsformen. AKTINKONS ordnet diese in seinem Modell der flexiblen Firma dem äußeren Kreis der Typologie von Arbeitskräftegruppen und somit dem externen Segment zu (vgl. Übersicht D-2). In den Erläuterungen zu seinem Modell findet man allerdings kaum Ausführungen zu der spezifischen Personalstrategie der Auftragsvergabe an Selbständige, insbesondere werden unterschiedliche Formen selbständiger Erwerbstätigkeit nicht systematisch differenziert, sondern lediglich angemerkt, dass die externen Arbeitskräfte „... are likely therefore to demonstrate the greatest diversity of employment characteristics“ (ATKINSON 1986: 14). Bei BAETHGE/BAETHGE-KINSKY (1998), die die Bedeutung des Berufes in der „nachindustriellen Gesellschaft“ analysieren, findet man auch eine Segmentzuordung selbständiger Erwerbsformen, die in Übersicht D-5 dargestellt ist.

Die Autoren kennzeichnen im Rahmen ihrer Differenzierung von Erwerbssegmenten nach der "Beruflichkeit" Freiberufler als ein spezifisches Segment. "Eine besondere Beruflichkeit höchster Spezialisierung zeigt sich vor allem im Segment A. Dort sind Selbständige und Freiberufler verortet, die in einer ausdifferenzierten Professionalität ihre Dienste auf einem offenen Markt anbieten" (BAETHGE/BAETHGE-KINSKY 1998: 456). Sie stellen somit selbständige Erwerbstätigkeit außerhalb der Differenzierung betrieblicher Stamm- und Randbelegschaften dar, begrenzen sich hierbei auf ein Segment hochqualifizierter Selbständiger und schließen damit Selbständigkeitsformen im Graubereich zwischen abhängiger und selbständiger Erwerbstätigkeit aus ihrer Analyse aus.

Übersicht D-5: Erwerbssegmente nach der Beruflichkeit

A
Freiberufler
hohe Beruflichkeit
individuell abgesichert

B
Kernbelegschaften
Berufsbezug vor allem bei der Rekrutierung,
später überwiegt der Unternehmensbezug
Absicherung durch Unternehmen

B1	B2
unternehmenszentrierte Kernbelegschaften geringe Beruflichkeit überwiegend Querschnittsaufgaben	fachzentrierte Kernbelegschaften hohe Beruflichkeit überwiegend Fachaufgaben

C
Randbelegschaften
geringe Beruflichkeit
geringer Unternehmensbezug
hohe Flexibilitätsanforderungen
Absicherung durch Solidarsysteme

D
Arbeitslose
kein Anspruch auf Berufsschutz
kein Unternehmensbezug
hohe Flexibilitätsanforderungen
Absicherung durch Solidarsysteme

Quelle: BAETHGE/BAETHGE-KINSKY 1998: 455.

Im Folgenden soll eine differenziertere segmentationstheoretische Klassifizierung selbständiger Erwerbsformen vorgenommen werden, die sich nicht auf den Typus der Unternehmer und hochqualifizierten Freiberufler beschränkt. Dabei werden die oben dargestellten Segmentunterscheidungen, externe und interne, primäre und sekundäre Arbeitsmärkte sowie Stamm- und Randbelegschaften herangezogen.

Was die Differenzierung in interne und externe Segmente betrifft, sind Selbständige grundsätzlich den externen Segmenten zuzuordnen. Dies gilt insofern, als Selbständige sich von abhängig Beschäftigten per Definition dadurch unterscheiden, dass sie den für Arbeitnehmer typischen Status eines Beschäftigten,

einer per Arbeitsvertrag eingegangenen Bindung an die Arbeitsorganisation des Arbeit- bzw. Auftraggebers, nicht aufweisen. Die Auftragsvergabe an Selbständige stellt insofern aus der Perspektive der auftragsvergebenden Firma eine extreme Form der Externalisierung des Arbeitskräfteeinsatzes dar.
Hinsichtlich der Differenzierung zwischen primärem und sekundärem Arbeitsmarktsegment ist die Zuordnung nicht eindeutig. "From the perspective of the employer, self-employment workers are clearly located in the firm's external sector, both in primary and secondary parts" (HAKIM 1988: 443). Aufgrund der fehlenden bzw. schwachen Bindung zwischen Selbständigen und Auftraggebern ist deren Erwerbssituation tendenziell instabil und stärkeren Fluktuationen unterworfen. Hierbei wird letztendlich die Marktsituation entscheidend dafür sein, ob sich die mangelnde Bindung zu einzelnen Auftraggebern in Erwerbs- oder Einkommensunterbrechungen niederschlägt. Entscheidendes Merkmal der Zuordnung zu diesen Segmenten kann in den Qualifikationsanforderungen der Tätigkeit gesehen werden. "Professional and skilled craft work requiring occupation-specific rather than firm-specific skills and often supplied on a contract or self-employed basis would be typical of the primary external sector; seasonal, casual and short-term contract work, homework and some unskilled work would be typical of the secondary external sector" (HAKIM 1990: 160). Begründen kann man dies auf der Basis transaktionskosten- und principal-agency-theoretischer Überlegungen. Es ist zu vermuten, dass bei Tätigkeiten, die betriebsspezifische Qualifikationen verlangen, Arbeitgeber als Personalstrategie nicht die Auftragsvergabe an Selbständige wählen werden, da sie bei solchen Tätigkeiten an einer Bindung der Arbeitskräfte interessiert sind. Daher wird bei der Differenzierung von Selbständigensegmenten nicht die Unterscheidung von betriebsspezifischen und allgemeinen Qualifikationen herangezogen, sondern allein das Ausmaß an Qualifikationen, das für Tätigkeiten erforderlich ist. Zudem erscheint auch aus segmentationstheoretischer Sicht eine Beschränkung auf die Differenzierung spezifischer und allgemeiner Qualifikationen überholt. Schon SENGENBERGER (1987) weist diesen nicht mehr jene herausragende Bedeutung zu (obwohl sich seine Differenzierung von Teilarbeitsmärkten noch primär daran orientiert). Auch empirische Befunde weisen darauf hin, dass Arbeitgeber durchaus an einer Investition in allgemeine Qualifikationen ihrer Mitarbeiter interessiert sind (vgl. ALEWELL 1998). In den Vordergrund rücken dabei anreiztheoretische Überlegungen, bei denen eine Betriebsbindung und die Gestaltung der Arbeitsbedingungen über humankapitaltheoretisch begründete Aspekte hinausgehen. Zentral erscheint hier die Förderung optimalen Leistungsverhaltens, dessen Beurteilung bei qualifizierten Tätigkeiten – gleich ob spezifischer oder allgemeiner Natur – problematischer ist. Da Qualifikationsanforderungen weit gefächert sind und von Tätigkeiten, die keine beruflichen Qualifikationen oder lediglich eine kurze Einarbeitungsphase erfordern bis hin zu erforderlichen Hochschulabschlüssen reichen, ist es angebracht, nicht nur

zwei Qualifikationsgruppen zu unterscheiden. Die theoretischen Argumentationen hinsichtlich der Leistungskontrolle sind bei den beiden genannten „extremen“ Qualifikationsgruppen eindeutig. In einem mittleren Qualifikationsbereich werden Tätigkeiten liegen, die in unterschiedlichem Ausmaß Leistungsbewertungen ermöglichen. Deshalb werden im Folgenden drei Qualifikationsgruppen unterschieden.

Im hochqualifizierten Selbständigensegment mögen die Risiken einer mangelnden betrieblichen Bindung durch die hohe Berufsbindung und günstige Erwerbsbedingungen, wie hohe Nachfrage nach qualifizierten Dienstleistungen und hohe Einkommen, die eine individuelle Risikovorsorge ermöglichen, kompensiert werden, so dass solche Selbständige dem primären Segment zuzurechnen sind. Ähnlich argumentieren POLIVKA/ NARDONE, die die Kategorisierung verschiedener Erwerbsformen, die in der Literatur als "contingent work" bezeichnet werden, einer kritischen Analyse unterziehen. Sie stellen fest, dass "another group that may be misclassified as contingent under operational definition are the self-employed. These workers, by definition, have no commitment to an employer, but they may have long-term commitments to their occupations or businesses. Some self-employed individuals do have less employment security than paid workers ... However, the degree of employment stability is probably more related to the self-employed individual's occupation or field of business rather than to work arrangement itself" (POLIVKA/NARDONE 1989: 10; vgl. auch CARNOY/CASTELLS/ BENNER 1997: 29f.). Wenn man also Selbständige aufgrund der mangelnden Bindung an Auftraggeber der Randbelegschaft zuordnet, ist damit nicht zugleich eine Zuordnung zum sekundären Segment gemeint. "Generell zeigt sich in den von uns untersuchten Betrieben, dass - mit Ausnahme der Teilzeitarbeit - Angehörige der Stammbelegschaften nur selten in 'atypischen' Beschäftigungsformen beschäftigt sind. Vielmehr werden zusätzliche Arbeitskräfte mit berufsfachlichen oder unspezifischen Qualifikationen, zu denen Betriebe weniger verbindliche Arbeitsbeziehungen eingehen, lose an die Kernbelegschaften angelagert ... (dies) entspricht bezüglich der Instabilität bzw. Stabilität der Beschäftigung also dem Muster Rand-/Stammbelegschaft, wie es im Segmentationskonzept der Arbeitsmarkttheorie beschrieben wird - allerdings gehören dabei dem 'Rand' durchaus auch berufsfachlich qualifizierte Arbeitskräfte an" (BOLLINGER/CORNETZ/PFAU-EFFINGER 1991: 185). Jedoch erscheint es sinnvoll, hochprofessionalisierte Selbständige mit günstiger Marktsituation, die über die Verpflichtung der Erfüllung des konkreten Auftrags hinausgehend keinerlei Bindung an ein auftragvergebendes Unternehmen aufweisen, nicht der betrieblichen Belegschaft zuzuordnen. Dagegen können gering qualifizierte Selbständige, die einfache Tätigkeiten für andere Unternehmen ausüben oder solche mit ungünstigerer Marktsituation, durchaus als betriebliche Randbelegschaften betrachtet werden. Scheinselbständige, die überhaupt nicht am Markt auftreten, sind dabei nur eine Extremform betrieblicher Randbelegschaften. Die Zuordnung von Selbständigen zu Arbeitsmarktsegmenten ist in Übersicht D-6 dargestellt.[78]

Übersicht D-6: Segmente selbständig Erwerbstätiger

	Selbständig Erwerbstätige	
	die ihre Leistungen für (andere) Unternehmen erbringen	die ihre Leistungen nicht für Unternehmen erbringen
die Arbeitnehmer/ innen beschäftigen	Austauschbeziehung zwischen Unternehmen, kein Arbeitsmarktsegment	kein
die keine Arbeitnehmer/ innen beschäftigen		
hochqualifizierte (professionalisierte) Selbständige	externes, primäres Arbeitsmarktsegment „own account professionals“	Arbeits-
Selbständige in qualifizierten Tätigkeiten	Randbelegschaften, sowohl primäres als auch sekundäres Arbeitsmarktsegment „own account worker“	markt-
Selbständige in einfachen bis unqualifizierten Tätigkeiten	Randbelegschaften; sekundäres Arbeitsmarktsegment „own account worker“	segment

Eine Arbeitsmarktanalyse der Erwerbstätigkeit Selbständiger ist zumindest bei denjenigen angebracht, die nicht als Arbeitgeber auftreten, sondern ausschließlich ihre Arbeitsleistung anbieten und Leistungen lediglich oder überwiegend für andere Unternehmen erbringen. Die bisherige segmentationstheoretische Analyse der selbständigen Erwerbstätigkeit beschränkte sich auf die Analyse atypisch beschäftigter Selbständiger. Bei den Selbständigen, die Arbeitnehmer beschäftigen oder ihre Tätigkeit nicht im Auftrag anderer Unternehmen ausüben, kann man nicht von Beschäftigungsformen sprechen. Für diese wird im Folgenden der Begriff der Arbeitgeber-Selbständigen verwendet. Arbeitsmarkttheoretische Ansatzpunkte der Analyse dieser Erwerbsformen ergeben sich zum

[78] Diese Segmentdifferenzierung ist eine theoretische, es sei bereits darauf verwiesen, dass es bei vorliegendem Datenmaterial nicht möglich ist, diese Ausprägungen selbständiger Erwerbsformen empirisch in einer solchen Differenzierung zu unterscheiden. Allerdings kann man zumindest das Kriterium der Beschäftigung weiterer Personen heranziehen. Es liegen derzeit keine Daten vor, die auch Informationen darüber enthalten, ob Selbständige ihre Leistungen vorwiegend für (ein oder mehrere) Unternehmen erbringen.

einen, wenn man diese als Alternative zur arbeitsmarktvermittelten Erwerbstätigkeit betrachtet und zum anderen, wenn man Erwerbsverläufe bzw. Wechsel zwischen selbständiger und abhängiger Erwerbstätigkeit analysiert. Ersteres betrifft die Fragen, aus welchen Gründen Personen ihre Arbeitskraft nicht im Rahmen einer Arbeitsmarktbeziehung einsetzen und wie sich deren Erwerbsbedingungen von denen der Arbeitnehmer unterscheiden, Letzteres betrifft Fragen des Einflusses vorheriger Arbeitsmarkterfahrungen auf die Selbständigkeit, wie auch umgekehrt der Einfluss von Phasen selbständiger Erwerbstätigkeit auf folgende Arbeitsmarkterfahrungen. Im nächsten Abschnitt werden zunächst Fragen der selbständigen Erwerbstätigkeit als Alternative zur Beschäftigung als Arbeitnehmer erörtert. Fragen der Erwerbsverläufe selbständig Erwerbstätiger werden im abschließenden Abschnitt für alle Selbständigengruppen analysiert.

3.5.2.2 Selbständige Erwerbstätigkeit als Alternative zur arbeitsmarktvermittelten Erwerbstätigkeit

Die Perspektive der Selbständigkeit als nicht arbeitsmarktvermittelte Tätigkeit nehmen die neoklassisch orientierten Modelle der individuellen Berufswahl- bzw. Erwerbsformenwahlentscheidung ein. Diese betrachten Selbständigkeit als Unternehmertum und insofern als Alternative zur abhängigen Beschäftigung. Es wurde bereits kritisiert, dass diese Modelle individuelle Wahlfreiheit unterstellen und nicht ausreichend beschränkende Rahmenbedingungen einbeziehen, überdies zu sehr auf Entgelt als Determinante fokussieren und verschiedene Selbständigentypen nicht unterscheiden (vgl. D 2.2).
Für solche Selbständigen, die als atypisch Beschäftigte aufgefasst werden können, müssten sich nach obigen Analysen ähnliche Erwerbsbedingungen in beiden Beschäftigungsformen zeigen. Was aber gilt für solche Selbständige, die in dieser Erwerbsform keinem Arbeitsmarktsegment zugeordnet werden können? Kann man für selbständig Erwerbstätige, die ihre Arbeitskraft nicht über den Arbeitsmarkt anbieten, ähnliche Polarisierungstendenzen annehmen, wie dies für atypisch beschäftigte Selbständige abgeleitet worden ist? Ob sich ungünstige Erwerbsbedingungen bei Personengruppen gleichermaßen in abhängiger und selbständiger Erwerbstätigkeit widerspiegeln, wird davon abhängen, ob die gleichen Faktoren Erwerbschancen beeinflussen. Faktoren, die die Erwerbschancen in abhängiger Beschäftigung beeinflussen, sind nach segmentationstheoretischen Überlegungen: Qualifikation, Alter, Geschlecht und Nationalität. Diese askriptiven Merkmale mögen systematisch die Arbeitsmarktchancen beeinflussen, so dass diese Personengruppen vor dem Hintergrund mangelnder Alternativen eher bereit sein werden, ungünstige Arbeitsmarktbedingungen zu akzeptieren.[79] Kann für diese Gruppen dann nicht die selbständige Erwerbstä-

[79] Qualifikationen, insofern sie zertifizierte Fähigkeiten als Screening-Merkmale bei Rekrutierungsentscheidungen auf fachlichen wie auch auf betriebsinternen Arbeitsmarktsegmenten

tigkeit eine vorteilhafte Alternative darstellen, oder werden sich für diese auch in selbständiger Erwerbstätigkeit ungünstige Erwerbsbedingungen ergeben? Um eine Differenzierung von BÖGENHOLD/STABER (1994: 83) aufzugreifen und deren Fragestellung weiterzuführen, lassen sich die beiden Subgruppen, die sich aus einer „Ökonomie der Not" oder einer „Ökonomie der Selbstverwirklichung" selbständig machen, feststellen und erfahren diese in ihrer Tätigkeit als Selbständige auch entsprechend polarisierte Erwerbsbedingungen?

Qualifikationen dürften für die Erwerbschancen in selbständiger Erwerbstätigkeit ebenso ausschlaggebend sein. Auch bei selbständiger Erwerbstätigkeit werden Qualifikationen nicht nur im Sinne individueller Produktivitätsunterschiede Erwerbschancen beeinflussen, sondern ebenso als Screening-Merkmale wirksam sein. Aufgrund von Informationsasymmetrien und insbesondere bei Transaktionen ohne längerfristige Bindung mögen zertifizierte Qualifikationen ebenso bei Arbeitgeber-Selbständigen bedeutsame Screening-Merkmale aus Sicht der Kunden darstellen. Weiterhin gelten in verschiedenen Tätigkeitsbereichen selbständig Erwerbstätiger, wie bei den meisten freien Berufen und im Handwerk, zertifizierte Qualifikationen als institutionelle Eintrittsvoraussetzungen. Was kann man für die anderen personenbezogenen Merkmale annehmen, die für den Zugang zu internen Arbeitsmärkten allein aufgrund statistischer Diskriminierung und somit nicht aufgrund individueller Produktivitätsunterschiede zu unterschiedlichen Erwerbschancen führen? Kann selbständige Erwerbstätigkeit für Arbeitskräfte eine Möglichkeit darstellen, solchen Diskriminierungen zu entgehen und sind beispielsweise entsprechende Effekte bei der selbständigen Erwerbstätigkeit nicht einkommensrelevant (vgl. FREDLAND/LITTLE 1981: 121).

Wenn auch bei Arbeitgeber-Selbständigen keine Arbeitgeber-Arbeitnehmer-Beziehungen (in Relation zu Auftraggebern oder Kunden) mit entsprechenden Informationsproblemen und Diskriminierungsmechanismen vorliegen, so kann man plausibel ähnliche Effekte aufgrund des Kundenverhaltens sowie bei der Vergabe von Krediten, die für Gründungen von oder für Investitionen in ein bestehendes Unternehmen erforderlich sein können, begründen.

---

dienen. Alter ist insofern relevant als höheres Alter selbst im Falle, dass keine unmittelbare vorurteilsbedingte Altersdiskriminierung oder tatsächliche altersbedingte Produktivitätsnachteile vorliegen, eine geringere Pay-Off-Periode etwaiger Humankapital- oder sonstiger beziehungsspezifischer Investitionen impliziert, so dass ältere Outsider in der Bewerberschlange bei internen Arbeitsmärkten eher hintere Rangplätze einnehmen werden. Geschlecht ist relevant, falls bei Frauen eine geringere Erwerbsorientierung unterstellt wird oder diese zumindest im statistischen Durchschnitt vorliegt und deshalb Investitionsentscheidungen aus Sicht des Arbeitgebers tangiert sind. Ähnlich wird hinsichtlich ausländischer Arbeitskräfte argumentiert.

BORJAS und BRONAS erklären Unterschiede in den Selbständigenquoten und den Einkommen von Personengruppen unterschiedlicher ethnischer Zugehörigkeit mit Konsumentendiskriminierung. „In particular whites have larger self-employment rates and incomes than blacks or Hispanics. This fact is hard to interpret in the traditional framework of an employer discrimination model since self-employed persons have no reason to discriminate against themselves. ... Our maintained hypothesis is that these differences are generated by consumer discrimination“ (BORJAS/BRONAS 1989: 482). Insbesondere leiten sie aus der Annahme von Wettbewerbsgütermärkten ab, dass arbeitgeberseitige im Gegensatz zu konsumentenseitiger Diskriminierung in jeder Qualifikationsgruppe zur gleichen „black/white wage ratio“ führt, so dass die Benachteiligung höher qualifizierter, diskriminierter Personengruppen in der selbständigen Erwerbstätigkeit sogar stärker ausfällt als die der geringer qualifizierten. „In summary, consumer discrimination reduces the returns to ability for blacks (relative to whites) in the self-employment sector. Employer discrimination ... does not change the relative returns to ability for blacks in the salaried sector“ (BORJAS/BRONAS 1989: 591). Insgesamt werden somit nicht allein geringere Selbständigenquoten und Einkommen diskriminierter Gruppen erklärt, sondern auch negative qualifikationsspezifische Selektionsprozesse in selbständige Erwerbstätigkeit.
COATE und TENNYSON leiten Diskriminierungen aus Informationsasymmetrien bei der Entscheidung über die Vergabe von Gründungskapital ab. „The key assumption underlying our arguments is that individual's entrepreneurial abilities are imperfect observable" (COATE/TENNYSON 1992: 272). Potenzielle Kapitalgeber werden, so die Autoren, weniger bereit sein, solchen Personengruppen, die am Arbeitsmarkt diskriminiert werden, Kapital zur Verfügung zu stellen. Wenn sie dies tun, dann nur zu einem höheren Zinssatz, da für solche Personen von geringeren Opportunitätskosten der selbständigen Erwerbstätigkeit (entgangenes Lohneinkommen) ausgegangen werden kann und diese folglich im Durchschnitt eine „less able“-Gruppe darstellen. Zum anderen, da angenommen werden kann, dass aufgrund der Arbeitsmarktdiskriminierung bislang weniger Humankapitalinvesitionen getätigt wurden, was wiederum negativ auf ihre Fähigkeiten als Unternehmensgründer wirken möge.
Die Autoren formulieren sowohl zur Konsumenten- als auch zur Diskriminierung am Kapitalmarkt formale Modelle, die Weiterentwicklungen mikroökonomischer Wettbewerbsmodelle entsprechen. Entsprechend lassen sich deren Schlussfolgerungen nur ableiten, wenn die Grundannahmen der Wettbewerbsmodelle gegeben sind. Weniger restriktive Annahmen erfordert folgende Argumentation, mit der man ebenso ähnliche Diskriminierungungsmechanismen sowohl an Arbeitsmärkten als auch bei Arbeitgeber-Selbständigen plausibel begründen kann. Es ist zu vermuten, dass beim Zugang zu Gründungskapital ähnliche Diskriminierungsmechanismen greifen, die auch im Rahmen der Segmen-

tationsansätze bei abhängigen Erwerbsformen formuliert werden. Selbst wenn mit den Kriterien Geschlecht, Nationalität und Alter keine unmittelbaren „Vorurteile“ hinsichtlich der individuellen Leistungsfähigkeit unterstellt werden, mögen angenommene Erwerbsorientierungen aufgrund askriptiver Merkmale (statistische Diskriminierung) bei der Entscheidung über die Vergabe von Gründungskapital ebenso eine Rolle spielen, so dass den „Problemgruppen“ des Arbeitsmarktes Gründungen, die Kapital erfordern, erschwert sind. Konsumentendiskriminierungen wird dann bedeutsamer sein, wenn Informationen über die Qualität des gehandelten Gutes nicht oder nicht ohne erhebliche Kosten zu beschaffen sind, so dass entsprechende Effekte bei höherqualifizierten Tätigkeiten bedeutsamer sein mögen als bei einfachen Tätigkeiten. Folglich werden die hier betrachteten Personengruppen weniger in kapital- als auch in humankapitalintensiven Bereichen selbständiger Erwerbstätigkeit zu finden sein bzw. dort geringere Einkommen erzielen können als am Arbeitsmarkt nicht diskriminierte Personengruppen.

Zusammenfassend lässt sich festhalten, dass auch für Arbeitgeber-Selbständige, also solchen, die man in ihrer Tätigkeit als selbständig Erwerbstätige keinem Arbeitsmarktsegment zuordnen und für die Selbständigkeit als eine Alternative zur arbeitsmarktvermittelten Erwerbstätigkeit betrachtet werden kann, Diskriminierungseffekte begründbar sind. Wobei sich die Argumentationen nicht grundlegend von denen der Begründung statistischer Diskriminierung am Arbeitsmarkt unterscheiden. Für am Arbeitsmarkt diskriminierte Personengruppen kann man ähnlich vergleichsweise ungünstige Erwerbsbedingungen in der Selbständigkeit annehmen. Es ist zu erwarten, dass sich die sogenannten Problemgruppen des Arbeitsmarktes eher in weniger kapital- und humankapitalintensiven Segmenten der selbständigen Erwerbstätigkeit finden und sie auch dort geringere Einkommen erzielen als jene Personengruppen, die auch am Arbeitsmarkt eher günstige Erwerbsbedingungen vorfinden. Es scheint daher angebracht in einer empirischen Analyse Selbständigen-Subgruppen nach den Kriterien der Mitarbeiterbeschäftigung und den Qualifikationsanforderungen der Tätigkeit zu differenzieren.

Übersicht D-7: Subgruppen selbständig Erwerbstätiger

	ohne Beschäftigte (in „own account"- Tätigkeiten)	mit Beschäftigten (Arbeitgeber-Selbständige)
hochqualifizierte (professionalisierte) Tätigkeiten	„own account"-Selbständige in professionalisierten Tätigkeiten"	Arbeitgeber-Selbständige in professionalisierten Tätigkeiten
qualifizierte Tätigkeiten	„own account"-Selbständige in qualifizierten Tätigkeiten"	Arbeitgeber-Selbständige in qualifizierten Tätigkeiten
einfache bis unqualifizierte Tätigkeiten	„own account"-Selbständige in unqualifizierten Tätigkeiten"	Arbeitgeber-Selbständige in unqualifizierten Tätigkeiten

3.5.3 Erwerbsverläufe der Selbständigen-Subgruppen

Die bisherigen Analysen waren überwiegend statischer Natur, im Folgenden werden vor dem Hintergrund der segmentationstheoretischen Überlegungen Aussagen zu Erwerbsverläufen der Selbständigen abgeleitet. Dem Begriff der Arbeitsmarktsegmente liegt – wie bereits erläutert - die Auffassung bzw. das Konzept zugrunde, dass Teilarbeitsmärkte relativ stark abgeschottet sind. Dies meint, dass Mobilitätsvorgänge innerhalb, aber nicht bzw. kaum zwischen den Segmenten auftreten; zwischen den Segmenten wird allenfalls Abstiegsmobilität angenommen. Für die segmentationstheoretische Analyse der selbständigen Erwerbstätigkeit erscheinen hinsichtlich der Erwerbsverläufe und der Segmentmobilität insbesondere zwei Fragestellungen interessant. Zum einen stellt sich die Frage, inwieweit mit der Differenzierung der abhängigen und der selbständigen Erwerbstätigkeit zwei voneinander relativ stark abgeschottete Segmente vorliegen oder, ob sich selbständig Erwerbstätige in spezifischen Segmenten finden lassen, denen diese verhaftet und ggfs. auch in abhängiger Beschäftigung zuzuordnen sind. Zum anderen: Kann man in den Erwerbsverläufen derjenigen, die in die selbständige Erwerbstätigkeit eintreten und/oder aus dieser austreten spezifische Erwerbsmuster erkennen? Die starken Ströme zwischen abhängiger und selbständiger Erwerbstätigkeit, wie sie in bisherigen Studien festgestellt worden sind (vgl. Kapitel C), sprechen gegen eine Betrachtung dieser beiden Erwerbsformen als voneinander abgeschottete Segmente. Wenn auch ein Großteil der Arbeitskräfte im Laufe ihres Erwerbslebens keine Phase der selbständigen Erwerbstätigkeit aufweist, so lässt doch die Tatsache, dass von den Selbständigen ein Großteil zuvor abhängig Beschäftigte waren und nach der Selbständigkeit auch ein Großteil in ein Beschäftigungsverhältnis wechselt, die Vermutung zu, dass es sich nicht um grundsätzlich voneinander abgeschottete Segmente handelt. Im nächsten Schritt kann man fragen, ob die Ströme zwischen abhängiger und selbständiger Erwerbstätigkeit segmenttheoretisch zu klassifizieren sind. Bedeutet zum Beispiel der Wechsel von einem "gesicherten" abhängigen Beschäftigungsverhältnis in die selbständige Erwerbstätigkeit ein Abstieg in ein sekundäres Segment? Aus welchen Segmenten abhängiger Beschäftigung wechseln die neu in die Selbständigkeit eintretenden Erwerbstätigen? Welche Determinanten beeinflussen solche Erwerbsformenwechsel? Diese Fragen wird im Folgenden differenziert nach Ein- und Austritten bzw. der Stabilität der Selbständigkeit nachgegangen. Dabei soll es vor allem darum gehen, differenzierte Aussagen für die Selbständigen-Subgruppen abzuleiten. Zwei Thesen spielen in diesem Zusammenhang eine besondere Rolle. Es ist die der Arbeitslosigkeit als Push- oder Pull-Faktor des Eintritts in die Selbständigkeit sowie die der Selbständigkeit als Übergangsarbeitsmarkt.

3.5.3.1 Eintritte in die selbständige Erwerbstätigkeit

Üblicherweise werden bei der Analyse der Erwerbsverläufe der Selbständigen die Ein- und Austrittsströme nach den Erwerbsstatus, die die Selbständigen vor Eintritt bzw. nach Austritt aufweisen, dargestellt. Die grundlegende Annahme hierbei ist, dass sich die Motivlagen für die Aufnahme der selbständigen Erwerbstätigkeit wie auch die Erwerbschancen dieser Personengruppen unterscheiden werden. Welche Argumentationen hierbei für die verschiedenen Subgruppen eine Rolle spielen, wird in diesem Abschnitt analysiert.

Wie bereits in Kapitel C dargestellt, wird mit der Push-Hypothese ein positiver Zusammenhang zwischen Arbeitslosigkeit und Eintritt in die selbständige Erwerbstätigkeit, auf der individuellen Analyseebene der Zusammenhang zwischen erfahrener Arbeitslosigkeit oder Arbeitslosigkeitsrisiken und der Entscheidung zur Aufnahme einer selbständigen Erwerbstätigkeit behauptet (vgl. BÖGENHOLD/STABER 1990). Die Aufnahme einer solchen selbständigen Tätigkeit mag insofern Personen, denen der Zugang zu einer abhängigen Beschäftigung verwehrt bleibt, eine Erwerbsmöglichkeit bieten (vgl. BÖRSCH-SUPAN/ PFEIFFER 1992: 261). Die Arbeitslosigkeits-Push-Hypothese gilt bis heute als umstritten. Ihr wird die Arbeitslosigkeits-Pull-Hypothese entgegengestellt, die einen negativen Zusammenhang zwischen der Arbeitslosenquote und der Selbständigenquote behauptet, der damit begründet wird, dass die Arbeitslosenquote nicht allein ein Indikator der Arbeitsmarktlage, sondern auch der wirtschaftlichen Entwicklung darstellt. Bei ungünstiger Wirtschaftsentwicklung – so die Argumentation – werden Unternehmensgründungen in geringerem Ausmaß erfolgen. Sowohl die Push- als auch die Pull-Hypothese lassen sich plausibel begründen. Da bisherige Studien hinsichtlich des Arbeitslosigkeitseffektes zu heterogenen Befunden kommen, ist die Frage, welcher Effekt überwiegt, bisher auch nicht anhand der empirischen Daten zu entscheiden (vgl. MEAGER 1992).

Mit der Unterscheidung der verschiedenen Selbständigen-Subgruppen, wie sie hier vorgenommen wird, erscheinen diesbezüglich unterschiedliche Zusammenhänge plausibel. Es ist zu vermuten, dass nicht bei allen Selbständigen-Subgruppen Arbeitslosigkeit eine ausschlaggebende Eintrittsdeterminante sein wird.

Betrachtet man selbständige Erwerbstätigkeit als atypische Beschäftigung, so ist für solche, die man dem sekundären externen Arbeitsmarktsegment zuordnen kann, ein positiver Zusammenhang im Sinne der Push-Hypothese wahrscheinlicher. Arbeitskräfte dieses Segmentes werden eher instabile Erwerbsmuster aufweisen, Arbeitgeberwechsel und Phasen der Erwerbslosigkeit werden bei diesen häufiger auftreten. Entsprechend ist bei solchen, die eine selbständige Erwerbstätigkeit in unqualifizierten „own account"-Tätigkeiten aufnehmen auch eher mit Arbeitslosigkeitsphasen vor Aufnahme der selbständigen Erwerbstätigkeit zu rechnen. Bei solchen, die eine (hoch)qualifizierte Selbständigentätigkeit aufnehmen, sind aufgrund vergleichsweise günstiger Arbeitsmarktbedingungen Arbeitslosigkeitsphasen weniger wahrscheinlich. Zudem können solche Tätigkeiten einem primären externen Arbeitsmarktsegment zugeordnet werden, welches zumindest in Teilbereichen durch ein hohes Ausmaß an Regulierung gekennzeichnet ist. Insbesondere im Bereich des qualifizierten Handwerks als auch bei den professionalisierten Berufen, wie Ärzten, Anwälten etc., ist der Zugang aufgrund erforderlicher (zertifizierter) Qualifikationen reguliert. Somit ist hier nicht damit zu rechnen, dass kurz- oder mittelfristige Arbeitsmarktungleichgewichte den Einritt beeinflussen (vgl. MEAGER 1992: 92). Daher werden solche Tätigkeiten weniger als „Notlösung" bei Arbeitslosigkeit oder als Überbrückung von Phasen der Beschäftigungslosigkeit dienen. Dies dürfte bei qualifizierten Arbeitgebertätigkeiten noch weniger wahrscheinlich der Fall sein als bei qualifizierten „own-account"-Tätigkeiten, da Arbeitgebertätigkeiten ein höheres Maß an Investitionen erfordern, insofern Mitarbeiter rekrutiert und Ausrüstungsinvestitionen (Gebäude, Büroausstattung, Arbeitsgeräte/Maschinen etc.) getätigt werden müssen[80]. Man kann davon ausgehen, dass im Falle der Aufnahme der Selbständigkeit als Übergangstätigkeit eher solche gewählt werden, die geringe Anfangsinvestitionen erfordern; zudem kann man vermuten, dass Problemgruppen des Arbeitsmarktes auch eher Probleme der Beschaffung von Startkapital haben.

Es lässt sich somit schlussfolgern, dass ein positiver Zusammenhang zwischen individueller Arbeitslosigkeit und Arbeitslosenquote vor allem bei der Aufnahme von unqualifizierten „own-account"-Tätigkeiten zu erwarten ist; in geringerem Ausmaß auch bei der Aufnahme unqualifizierter Arbeitgeber-Tätigkeiten. Bei qualifizierten selbständigen Tätigkeiten, insbesondere bei hochqua-

---

80 Bei einigen unqualifizierten „own account"-Tätigkeiten können ebenso Investitionen erforderlich sein, doch ist davon auszugehen, dass diese eher gering ausfallen.

lifizierten, ist zu vermuten, dass ein solcher Zusammenhang nicht besteht, zumindest die Arbeitslosigkeit keine ausschlaggebende Determinante darstellt. Bei solchen Tätigkeiten, dürften die in den neoklassischen Modellen herausgestellten Determinanten erklärungskräftiger sein.

Einige Personen wechseln aus dem Status von Nicht-Erwerbspersonen in die Selbständigkeit. Hierunter fallen zum einen Personen, die erstmals eine Erwerbstätigkeit aufnehmen. Aus der Perspektive der Selbständigkeit als Unternehmensgründung kann man vermuten, dass dies eher selten der Fall sein wird. Unternehmensgründungen erfordern berufliches Erfahrungswissen und Finanzmittel, so dass man i.d.R. davon ausgeht, dass Personen nicht unmittelbar nach abgeschlossener Ausbildung eine Existenzgründung vornehmen, sondern zunächst in einem abhängigen Beschäftigungsverhältnis Berufserfahrung sammeln. Zum anderen können Eintritte in die Selbständigkeit von Nicht-Erwerbspersonen bei denjenigen auftreten, die im Laufe der Erwerbsbiografie Phasen der Erwerbsunterbrechung aufweisen. Als Alternative zur Aufnahme einer abhängigen Beschäftigung kann dies insbesondere für diejenigen eine Wiedereinstiegsmöglichkeit bieten, die Arbeitsmarktzugangsprobleme aufweisen. Betrachtet man selbständige Erwerbstätigkeit als atypische Beschäftigung, so kann man Wechsel aus Nicht-Erwerbstätigkeit insbesondere in sekundären Arbeitsmarktsegmenten, insbesondere bei Personengruppen mit geringer Arbeitsmarktbindung, die gelegentliche Erwerbstätigkeitsphasen aufweisen, vermuten. Aus beiden Perpektiven erscheinen subgruppenspezifische Effekte plausibel. Eintritte von Nicht-Erwerbspersonen sind eher bei „own account"-Tätigkeiten und eher bei unqualifizierten Tätigkeiten zu vermuten. Es ist demnach anzunehmen, dass sich solche Wechsel vor allem in die Selbständigen-Subgruppe der unqualifizierten „own account worker" ereignen, in geringerem Ausmaß auch bei unqualifizierten Arbeitgeber-Selbständigen.

Wechsel in selbständige Erwerbstätigkeit, die aus dem Status abhängiger Beschäftigung erfolgen, mögen zum einen der oben beschriebenen typischen Erwerbsbiografie von Existenzgründern entsprechen. Betrachtet man Selbständigkeit aber wiederum nicht ausschließlich als Alternative zur abhängigen Beschäftigung, sondern als atypische Beschäftigungsformen, so ist zu vermuten, dass bei diesen die Segmentzugehörigkeit in abhängiger und in selbständiger Erwerbstätigkeit korrelieren. Personen, die als Arbeitnehmer in sekundären Segmenten beschäftigt waren, werden eher in die Selbständigen-Subgruppe der geringqualifizierten „own account"-Tätigkeiten wechseln. Entsprechend sollten sich unter diesen eher solche finden, die als Arbeitnehmer eine geringere Betriebszugehörigkeitsdauer aufgewiesen haben, teilzeit- oder geringfügig beschäftigt waren, geringe Einkommen erzielt haben und/oder auf Arbeitsplätzen mit geringen Qualifikationsanforderungen tätig waren. Personen, die aus stabilen (längerfristigen) Beschäftigungsverhältnissen mit relativ hoher Entlohnung in die Selbständigkeit wechseln, werden auch eher in primäre Selbständigkeitssegmente wechseln.

Insgesamt mögen bei hochqualifizierten Arbeitskräften, die auch in abhängiger Beschäftigung günstige Erwerbsbedingungen aufweisen, neoklassisch orientierte Modelle der Berufswahlentscheidung erklärungskräftige Determinanten des Eintritts in die selbständige Erwerbstätigkeit liefern; also Faktoren wie vorhandenes Vermögen, Selbständigkeit der Eltern, Wunsch nach beruflicher Selbstverwirklichung, etc. eine Rolle spielen. Bei Problemgruppen des Arbeitsmarktes, bei denen einerseits angenommen werden kann, dass die Aufnahme einer selbständigen Erwerbstätigkeit häufiger die Aufnahme einer Tätigkeit in sekundären Segmenten des Arbeitsmarktes, statt eine unternehmerische Existenzgründung darstellt bzw., die eher in solche Selbständigkeitsformen wechseln, die geringere Erwerbschancen bieten, ist von anderen Determinanten des Eintritts in die selbständige Erwerbstätigkeit auszugehen. Bei diesen ist zu vermuten, dass Arbeitslosigkeit als Eintrittsdeterminante eine ausschlaggebende Rolle spielt. In Übersicht D-8 sind die Überlegungen zu den Eintrittsdeterminanten im Überblick dargestellt.

Übersicht D-8: Determinanten des Eintritts in die Selbständigkeit

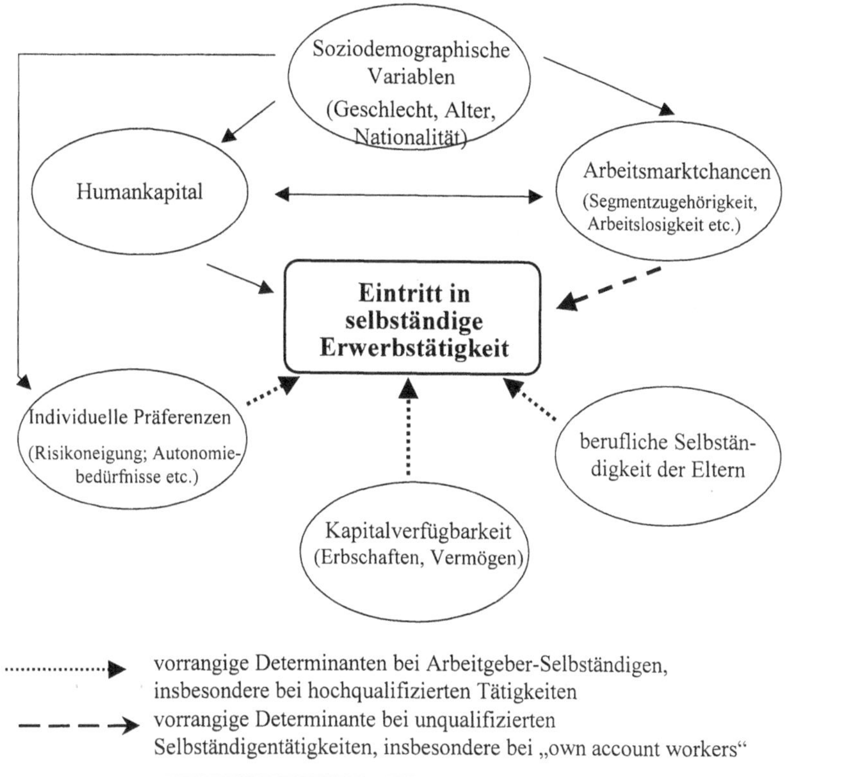

3.5.3.2 *Erwerbsstabilität selbständig Erwerbstätiger*

Es wurde bereits angemerkt, dass in arbeitsmarkttheoretischer Perspektive die Aufgabe einer selbständigen Erwerbstätigkeit nicht ausschließlich als Unternehmensscheitern betrachtet werden muss. Sie entspricht für Arbeitgeber-Selbständige einer Geschäftsaufgabe, kann aber für atypisch beschäftigte Selbständige auch lediglich die Beendigung eines Arbeitsverhältnisses darstellen.[81] Austritte sind zudem danach zu unterscheiden, ob sie in Erwerbslosigkeit oder in Beschäftigung erfolgen. Verschiedene Autoren stellen die Bedeutung der Selbständigkeit bzw. der Existenzgründung als Übergang hin zu einer soge-

[81] In einigen Fällen wird es sich auch lediglich um eine Vertragsänderung handeln, wenn sie bei dem gleichen Auftrag- bzw. Arbeitgeber zunächst auf Basis eines Werk- oder Dienstvertrages arbeiten und dann in einen Arbeitnehmerstatus wechseln.

nannten regulären Beschäftigung in einem abhängigen Arbeitsverhältnis heraus (vgl. SCHÖMANN/KRUPPE/ OSCHMIANSKY 1998: 67; WALWEI 1998b: 7; OECD 1992: 155). Die Aufgabe einer selbständigen Erwerbstätigkeit kann demnach auch als Erfolg betrachtet werden, wenn die Selbständigkeit den Weg in eine abhängige Beschäftigung erleichtert hat. Allerdings finden sich solche Argumente eher am Rande, kaum theoretisch ausgeführt und empirisch wenig gestützt. Auf SCHMID (1993) geht das Konzept der "Übergangsarbeitsmärkte" zurück, das in den Analysen von SCHÖMANN/KRUPPE/ OSCHIMANSKY (1998) Verwendung findet.[82] Eine solche Brückenfunktion ist dabei nicht nur für die Betrachtung arbeitsmarktpolitisch geförderter Eintritte in Selbständigkeit von Interesse, sondern könnte für all diejenigen bedeutsam sein, die diesen Schritt wählen, gleich ob es sich um geförderte oder nicht geförderte Eintritte in selbständige Erwerbstätigkeit handelt. Begründbar erscheint eine solche These im Rahmen von Hystereseansätzen der Arbeitslosigkeit, wobei die Brückenfunktion einer vorübergehenden selbständigen Tätigkeit statt des längerfristigen Verbleibs in Arbeitslosigkeit im Rahmen humankapitaltheoretischer wie auch sogenannter screening-Argumentationen begründet werden kann. In dynamischer Perspektive wird die Dauer der bisherigen Arbeitslosigkeit als relevante Determinante der Chance auf Wiederbeschäftigung einmal arbeitslos gewordener Personen betrachtet. Eine Argumentationslinie, die in diesem Zusammenhang relevant erscheint, ist die der mit der Dauer der Arbeitslosigkeit zunehmenden Humankapitalverluste. Und zwar "... on the notion of human capital broadly defined" (SESSIONS 1994: 359). Im Einzelnen können "tatsächliche Dequalifizierungseffekte, wie schon in PHELPS (1972) beschrieben, .. nicht nur im Verlernen von einmal erworbenen Fähigkeiten, oder in der Unmöglichkeit, sich mit neuen Technologien und Fertigkeiten vertraut zu machen, bestehen. Dazu gehört auch wesentlich der Verlust der täglichen Arbeitsatmosphäre, damit verbundenen Motivationen, Arbeitsdisziplin und Pünktlichkeit" (WINTER-EBMER 1992: 89f). Außerdem mag die Arbeitslosigkeitsdauer eine negative Signalwirkung aus der Sicht der Arbeitgeber darstellen, gleich ob oben genannte Effekte tatsächlich eingetreten sind oder nicht (WINTER-EBMER 1992: 90). Die Aufnahme einer selbständigen Tätigkeit kann dagegen Initiative und Leistungsbereit-

---

[82] Insgesamt lässt sich das Konzept der Überbrückungsmärkte auf vielfache Wiese kritisieren worauf hier aber im Einzelnen nicht eingegangen werden soll, lediglich die Bedeutung der selbständigen Erwerbstätigkeit zur Überbrückung von Erwerbslosigkeitsphasen wird dargestellt. Die konzeptionelle Einordnung der Maßnahmen zur Existenzgründungsförderung für Arbeitslose erscheint unklar. SCHMID fasst diese als Beschäftigungsbrücke zwischen Arbeitslosigkeit und Beschäftigung. Die Brücke bzw. Hilfen zur Existenzgründung sind allerdings nicht mit der Charakterisierung von Überbrückungsarbeitsmärkten, wie sie SCHMID vornimmt, erfasst. Diese betreffen Brücken von nicht-erwerbsmäßigen Tätigkeiten oder von flexiblen abhängigen Beschäftigungsformen hin zu "regulärer", tariflich entlohnter Beschäftigung (SCHMID 1993: 7ff.).

schaft signalisieren. Allerdings kann sie auch, wenn man sie als Eintritt in ein sekundäres Arbeitsmarktsegment (und nicht als Existenzgründung) auffasst, die Gefahr des Einschlusses in einem solchen Segment bzw. der Stigmatisierung bedeuten.

Insgesamt ist das Beziehungsgeflecht verschiedener Determinanten der Austritte aus der Stabilität der Selbständigkeit weniger deutlich. Da weder Austritt generell als Scheitern noch der Verbleib als Erfolg gedeutet werden muss, fällt es schwer, eine Systematik an Determinanten des Austritts zu erstellen (siehe Übersicht D-9).

Auch hierbei kommt man sowohl in der Perspektive der Selbständigkeit als atypisches Beschäftigungsverhältnis als auch in der Perspektive der Selbständigkeit als Alternative zur arbeitsmarktvermittelten Transaktion zu ähnlichen (subgruppenspezifischen) Aussagen. Zum einen ist anzunehmen, dass sich je nach Segmentzugehörigkeit die Erwerbsverläufe nach Eintritt in die Selbständigkeit unterscheiden werden. Bei Personen, die eine selbständige Tätigkeit im externen Arbeitsmarktsegment aufgenommen haben, lässt sich eher instabile Selbständigkeit vermuten. Wenn Arbeitgeber für unqualifizierte Tätigkeiten Selbständige „einsetzen", wird dies vor allem aus Gründen der Personalkosteneinsparung und einer flexiblen Anpassung des Personalbestandes an Auftragslagen geschehen. Die geringe Bindung zwischen Arbeit- bzw. Auftraggeber und Arbeitskräften wird sich in der Instabilität der „own account"-Selbständigen in unqualifizierten Tätigkeiten widerspiegeln. „Own account"-Selbständige in qualifizierten Tätigkeiten kann man dem berufsfachlichen bzw. einem primären externen Arbeitsmarktsegment zurechnen. Bei diesen sind auch keine längerfristigen Bindungen zwischen Arbeit- bzw. Auftraggeber und Arbeitnehmer bzw. Selbständigen zu vermuten, doch kann man bei Annahme einer stabilen überbetrieblichen Nachfrage nach entsprechenden Arbeitskräften eine höhere Erwerbsstabilität der Selbständigen bei wechselnden Auftraggebern ableiten. Zum anderen wird man aufgrund geringerer erforderlicher „sunk costs" Instabilität zudem eher bei „own account"-Tätigkeiten und stabile Selbständigkeit eher bei Arbeitgeber-Selbständigen erwarten.

Sogenannte Problemgruppen des Arbeitsmarktes werden eher in sekundären Selbständigensubgruppen zu finden sein und insofern eher instabile Selbständigkeit aufweisen. Der Effekt des Humankapitals ist dabei nicht eindeutig. Einerseits werden Personen mit geringem Humankapital eher in instabilen Selbständigkeitstypen zu finden sein, andererseits haben diese aber geringere Chance ein abhängiges Beschäftigungsverhältnis zu finden und werden daher auch eher – selbst bei wenig erfolgreicher Selbständigkeit – in in der selbständigen Tätigkeit verbleiben. Es ist zu vermuten, dass unqualifizierte „own account"-Tätigkeiten eher instabil, (hoch-)qualifizierte Selbständigentätigkeiten eher längerfristig stabil sein werden; falls Austritte nach kürzerer Dauer erfolgen, ist zu vermuten, dass diese eher in Beschäftigung wechseln und dabei günstige Erwerbsbedingungen vorfinden.

Übersicht D-9: Determinanten der Stabilität selbständiger Erwerbstätigkeit

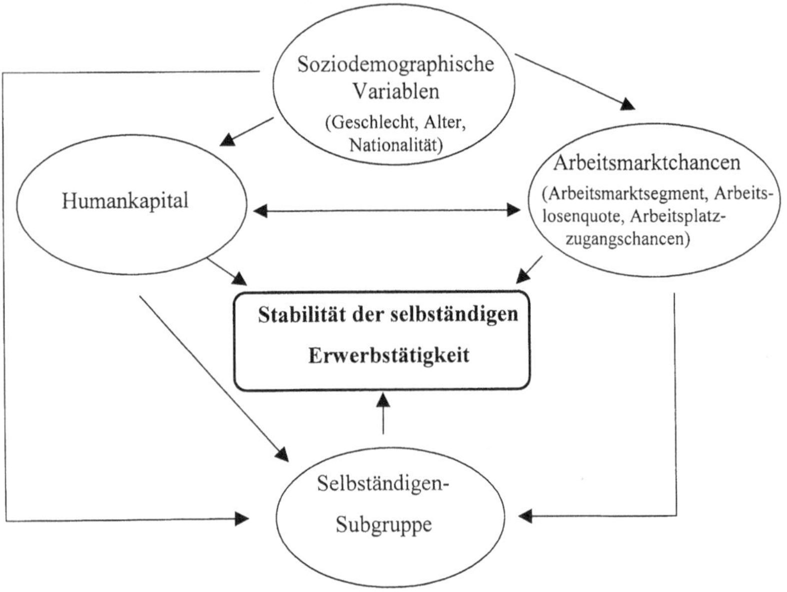

E EMPIRISCHE ANALYSE SELBSTÄNDIGER ERWERBSTÄTIGKEIT IN WESTDEUTSCHLAND

1. Grundlagen

1.1 Das Sozio-ökonomische Panel (SOEP)

Das Sozio-ökonomische Panel ist eine Repräsentativerhebung für Haushalte und Personen in der Bundesrepublik Deutschland, die seit 1984 von Infratest Sozialforschung (München) jährlich durchgeführt wird. Das Deutsche Institut für Wirtschaftsforschung (DIW) in Berlin ist Träger des Projektes.[80] Bei der ersten Erhebung wurden in ca. 6000 Haushalten alle Haushaltsmitglieder, die mindestens 16 Jahre alt waren, befragt. Die Haushalte wurden in einem mehrstufigen Auswahlverfahren (regionale Cluster) per "*random walk*" ausgewählt. Mit dieser Befragung wird eine Vielzahl sozio-ökonomischer Variablen für Haushalte - z.B. Haushaltszusammensetzung, Haushaltseinkommen - und Personen - z.B. Erwerbsbeteiligung, Erwerbsbedingungen, Zufriedenheit und Werthaltungen – erhoben. Zusätzlich zu den jährlichen Basisfragen werden in einzelnen Jahren vertiefende Fragen zu verschiedenen Bereichen erhoben (vgl. HANEFELD 1987; HAISKEN-DE NEW/FRICK 1998).[81] Trotzt des relativ großen Stichprobenumfangs von ca. 12000 Personen kann es bei der Analyse von Teilpopulationen zu Problemen geringer Fallzahlen und entsprechend hoher Schätzfehler kommen. Doch bietet das SOEP aufgrund der erhobenen Themenbereiche und des Paneldesigns eine Vielzahl an Analysemöglichkeiten, vor allem auch für Arbeitsmarktfragen, die mit keinem anderen für Sekundäranalysen zugänglichen Datensatz durchgeführt werden können. Insbesondere besteht auch die Möglichkeit, Verlaufsanalysen vorzunehmen, da die selben Personen jährlich befragt werden. Aufgrund der sogenannten Panelmortalität, des zeitweisen oder dauerhaften Ausfalls ursprünglich ausgewählter und beteiligter Personen, verstärken sich jedoch Probleme geringer (verbleibender) Fallzahlen im Rahmen von Verlaufsanalysen. An verschiedenen Stellen der Analyse treten entsprechende Probleme auf. Welche Probleme sich konkret ergeben und wie damit umzugehen versucht wird, wird an entsprechenden Stellen erläutert.

---

[80] Ursprünglich wurde es vom DIW gemeinsam mit dem SFB 3 der Universitäten Frankfurt und Mannheim durchgeführt.

[81] Zur aktuellen Übersicht über die erhobenen Themen und verschiedenen Variablen empfiehlt es sich, die Internetseite der SOEP-Gruppe, die man auf der Homepage des DIW findet, zu nutzen (http://www.diw.de/deutsch/sop/, Stand: Juli 2001).

Ursprünglich wurden lediglich zwei Stichproben, eine für Deutsche und eine für Ausländer, die in Westdeutschland leben, gezogen, letztere wurde überrepräsentiert;[82] 1990 ist eine Stichprobe für die ostdeutsche Bevölkerung (hier allerdings nur eine Stichprobe) und 1994 eine weitere für Zuwanderer (nur für Westdeutschland) hinzukommen. **Die folgende Analyse beschränkt sich auf die beiden westdeutschen Stichproben.** Die Zuwanderer-Stichprobe wird nicht einbezogen, da sich ein Großteil der Analysen auf längere Zeiträume bezieht und für diese Population nur wenige Erhebungsjahre vorliegen. In Anbetracht der unterschiedlichen Arbeitsmarktbedingungen in Ost- und Westdeutschland erscheint es nicht sinnvoll, beide zusammengefasst zu analysieren. Da aber die Anzahl der Selbständigen insgesamt relativ gering ist, ergibt insbesondere eine nach Subgruppen differenzierte Analyse für Ostdeutschland erhebliche Fallzahlenprobleme. Selbständige Erwerbstätigkeit zeigt sich insgesamt derart heterogen, dass diese Beschränkungen sinnvoll erscheinen, um Überschaubarkeit zu wahren[83].
Aus Vereinfachungsgründen werden bei der Darstellung der Befunde für Deutsche und Ausländer die ursprünglichen Stichprobenzuordnungen als Abgrenzungskriterium verwendet. Da Wanderungsbewegungen möglich sind und auch Personen deutscher Staatsangehörigkeit, die in Haushalten mit Personen unterschiedlicher Staatsangehörigkeit leben, der Ausländer-Stichprobe zugeordnet sein können, treffen diese Abgrenzungen nicht in allen Fällen zu. Da aber einerseits diese Fallzahlen gering sind und zu keinen erheblichen Verzerrungen führen dürften und andererseits, insbesondere bei Auswertungen mit hochgerechneten Daten, eine Korrektur solcher Fehlzuordnungen eine erhebliche Erhöhung des Aufwandes bedeutet, wird die Darstellung entsprechend der Stichprobenabgrenzungen gewählt.

1.1.1 Das SOEP als Datenbasis der Analyse selbständiger Erwerbstätigkeit

Das Sozio-ökonomische Panel ist aus mehreren Gründen als Datenbasis für die Analyse der dieser Arbeit zugrunde liegenden Fragestellung in besonderer Weise geeignet. Da selbständige Erwerbstätigkeit hier als spezifische Erwerbsform und nicht als Unternehmertätigkeit betrachtet werden soll, benötigt man repräsentative Individualdaten; Unternehmensdaten - wie Gründerstatistiken - scheinen nicht geeignet. Insbesondere kann man mit den Daten des sozio-öko-

---

[82] Ob ein Haushalt der deutschen oder ausländischen Stichprobe zugeordnet wird, bestimmt sich nach der Staatsangehörigkeit des Haushaltsvorstandes (vgl. HANEFELD 1987: 169f.).

[83] Bei den Analysen sind einige Differenzierungen notwendig, die - wenn sie nochmals nach West- und Ostdeutschland getrennt berechnet werden – dazu führen, dass die Darstellungen kaum noch zu überblicken sind. Außerdem liegen für Ostdeutschland weniger Erhebungsjahre und geringere Fallzahlen vor, so dass einige Analysen, die hier für Westdeutschland durchgeführt werden, nicht möglich sind.

nomischen Panels auch selbständige und abhängige Erwerbstätige vergleichen. Diese Möglichkeiten bietet zwar auch der Mikrozensus, allerdings kann man mit diesem Datensatz keine Erwerbsverläufe analysieren, sondern nur die Nettoveränderung, die sich in den Bestandsdaten zeigt.

Jedoch bestehen mit dieser Datenbasis auch Beschränkungen, so dass theoretisch relevante Aspekte nicht analysiert werden können. Für die hier zu analysierenden Fragen ist dies zum einen die Tatsache, wie dies bei Sekundäranalysen der Regelfall ist, dass die Erhebung nicht spezifisch auf Fragestellungen zur selbständigen Erwerbstätigkeit ausgerichtet ist. Außerdem sind die Fallzahlen selbständig Erwerbstätiger im SOEP nicht sehr hoch, da die Selbständigenquoten in Deutschland mit ca. 10% relativ gering sind und Selbständige im SOEP nicht überrepräsentiert erhoben worden sind. Diese Beschränkung ist deshalb nicht unbedeutend, da verschiedene Selbständigen-Subgruppen unterschieden werden sollen, was umso weniger möglich ist, je geringer die Fallzahlen sind. Hinzu kommt, dass theoretisch notwendige Informationen zur Unterscheidung der Subgruppen, wie sie im Theorieteil herausgestellt worden sind, nur teilweise und mit Einschränkung erhoben worden sind (s.u.). Dennoch liegt zur Zeit kein besser geeigneter Datensatz vor, so dass diese Beschränkungen hinzunehmen sind.

Möglichkeiten und Probleme, die sich unmittelbar aus der konkreten Erfassung der Daten ergeben, werden im folgenden Abschnitt erläutert. Aufgrund begrifflicher Unklarheiten in bisherigen Studien, einiger Probleme der Operationalisierung theoretisch abgeleiteter Konstrukte sowie je nach Abgrenzung deutlich variierender Befunde[84] erscheint es erforderlich, auf zentrale Operationalisierungen detaillierter einzugehen. Drei Abgrenzungen erscheinen im Zusammenhang mit der Selbständigkeit als zentral; es sind dies generell die Operationalisierung selbständiger Erwerbstätigkeit, die Abgrenzung von Selbständigen-Subgruppen sowie die der Ein- und Austritte. Außerdem werden in einem weiteren Abschnitt die Datenauswahl und Operationalisierungen der Variablen erläutert, die neben den Selbständigkeits-Variablen in der Mehrheit der Analysen verwendet werden. Alle übrigen werden unmittelbar im Zusammenhang mit den Auswertungen knapp erläutert.

1.1.2 Zur Operationalisierung der selbständigen Erwerbstätigkeit im SOEP

Die zentrale Variable dieser Untersuchung, die der selbständigen Erwerbstätigkeit, ist im SOEP im Zusammenhang mit den verschiedenen Ausprägungen der beruflichen Stellung erfasst. Bei der Frage nach der derzeitigen Erwerbstätigkeit

[84] Dies gilt insbesondere für die unterschiedlichen Operationalisierungsarten der Ein- und Austritte, wie sie mit dem SOEP möglich sind.

können die Befragten neben den verschiedenen Kategorien zu Arbeiter, Angestellte, Beamte und Auszubildende/Praktikanten unter den in Übersicht E-1 dargestellten Selbständigenkategorien wählen:

Übersicht E-1: Die Erhebung selbständiger Erwerbstätigkeit im SOEP

„In welcher beruflichen Stellung sind Sie derzeit beschäftigt?“

„Wenn Sie mehr als eine berufliche Tätigkeit ausüben, beantworten Sie die folgenden Fragen bitte nur für Ihre derzeitige berufliche Haupttätigkeit“

Selbständige (einschl. mithelfende Familienangehörige)

- **Selbständige Landwirte** ❑
- **Freie Berufe, selbständige Akademiker** ❑
- **Sonstige Selbständige mit bis zu 9 Mitarbeitern** ❑
- **Sonstige Selbständige mit 10 und mehr Mitarbeitern** ❑
- **Mithelfende Familienangehörige** ❑

Somit werden lediglich solche selbständigen Erwerbsformen erfasst, die **als berufliche Haupttätigkeiten** ausgeübt werden. Nebentätigkeiten werden zwar auch ermittelt, allerdings werden keine Informationen über die Erwerbsform der Nebentätigkeit erhoben. Dies ist für die hier zugrundeliegende Fragestellung eine gravierende Einschränkung. Selbständige Erwerbsformen, die eher atypischen Beschäftigungsformen entsprechen, werden vermutlich häufig als berufliche Nebentätigkeit ausgeübt. Die bereits zitierte IAB-Studie hat ergeben, dass der Hauptteil der Erwerbstätigkeit im „Graubereich“ zwischen abhängiger und selbständiger Erwerbstätigkeit sowie der enger gefassten Scheinselbständigkeit in beruflichen Nebentätigkeiten ausgeübt wird (DIETRICH 1998: 143ff.). Bei den folgenden Analysen ist somit zu berücksichtigen, dass nur ein Teilbereich entsprechender Selbständigentätigkeiten analysiert wird. Wenn sich aber bei den beruflichen Haupttätigkeiten schon Befunde ergeben, die auf atypische Beschäftigungsformen selbständig Erwerbstätiger hindeuten, so mögen diese bei Nebentätigkeiten wesentlich ausgeprägter sein.

Ein weiteres Problem ergibt sich aus der Differenzierung der verschiedenen Selbständigenkategorien des SOEP. So ist zum Beispiel die Kategorie der freien Berufe relativ vage. Zumindest im Alltagsgebrauch des Begriffes werden darunter sehr heterogene Erscheinungsformen selbständiger Erwerbstätigkeit erfasst; beispielsweise auf Werkvertragsbasis beschäftigte Personen wie auch solche, die selbständig eine eigene Praxis oder Kanzlei betreiben. Im SOEP hat es den Anschein, dass hier eher hochqualifizierte freie Berufe, wie z.B. Ärzte oder Anwältinnen gemeint sind, da diese Kategorie gemeinsam mit selbständigen Akademikern gefasst wird. Außerdem werden mit den Kategorien sonstige

Selbständige mit weniger als oder mindestens zehn Mitarbeitern Selbständigkeitsformen kaum differenziert.
Es mögen für die Befragten einige Zuordnungsprobleme bei der Frage nach der derzeitigen Erwerbstätigkeit bestehen, insbesondere für solche, die sich im Graubereich zwischen abhängiger und selbständiger Erwerbstätigkeit befinden, so dass unklar bleibt, wie sich solche Grenzfälle einordnen. Nach Auskunft der SOEP-Gruppe liegen auch keinerlei Intervieweranweisungen vor, falls es zu Zuordnungsproblemen kommt. Insgesamt ist daher zu vermuten, dass Erwerbsformen im Graubereich eher unterschätzt werden.

Bei der ersten Sichtung der Daten haben sich außerdem fehlerhafte Antworten oder Fehlkodierungen gezeigt, so weisen einige Personen in den Jahren 1984 und 1994 Codierungen sowohl für selbständige Erwerbstätige als auch für abhängig Beschäftigte auf. Dies darf eigentlich nicht auftreten, da nur eine Erwerbstätigkeit, nämlich die berufliche Haupttätigkeit, angegeben werden soll. Da bei diesen Fällen nicht eindeutig entscheidbar ist, welche Erwerbsform in der Haupttätigkeit vorliegt, werden sie aus der Analyse ausgeschlossen. Zudem ergeben sich Interpretationsprobleme, da einige Personen bei der Frage zum Erwerbsstatus angegeben haben, dass sie (voll) erwerbstätig sind, aber bei einer anderen Frage auch, dass sie arbeitslos gemeldet sind. Solche Kombinationen könnten bei Personen auftreten, die nur in sehr geringem Umfang erwerbstätig sind oder in einer staatlich geförderten Maßnahme[85] des sogenannten zweiten Arbeitsmarktes tätig sind; es könnte sich allerdings auch um inkonsistentes Antwortverhalten oder Fehlcodierungen handeln. Im Folgenden werden alle Personen, die erwerbstätig angegeben haben, selbständig Tätige wie auch abhängig Beschäftigte, unabhängig davon, ob auch „arbeitslos gemeldet“ angegeben wurde, als Erwerbstätige erfasst. Somit wird dem Erwerbspersonenkonzept der ILO gefolgt, wonach Personen bereits ab einer Wochenarbeitszeit von einer Stunde als Erwerbstätige klassifiziert werden (zur genauen Operationalisierung des Erwerbsstatus s.u.).

Ausgeschlossen werden mithelfende Familienangehörige. Hierbei mag es sich zwar um eine atypische Beschäftigungsform handeln, doch werden diese nicht den selbständig Tätigen zugeordnet, da sie ohne Vertrag und Entgelt lediglich für Familienmitglieder tätig sind. Sie stellen eine gesonderte Beschäftigungsform dar, die hier auch im Theorieteil nicht thematisiert worden ist. Personen, die in der folgenden empirischen Analyse als selbständig Erwerbstätige erfasst werden, sind in Übersicht E-2 zusammenfassend dargestellt.

---

[85] Bei selbständig Erwerbstätigen könnten dies solche sein, die Überbrückungsgeld erhalten.

Übersicht E-2: Die Abgrenzung selbständig Erwerbstätiger im Rahmen dieser Arbeit

Selbständig Erwerbstätige:

- Personen, die im SOEP als berufliche Haupttätigkeit eine der vorgegebenen Selbständigenkategorien angegeben haben,
- gleich ob sie neben ihrer Erwerbstätigkeit auch angegeben haben, dass sie arbeitslos gemeldet sind oder nicht,
- keine mithelfenden Familienangehörige sind,
- nicht zugleich eine Kategorie abhängiger Beschäftigung angegeben haben.

1.1.3 Zur Operationalisierung der Subgruppen selbständig Erwerbstätiger

Die im SOEP vorgegebenen Selbständigkeitskategorien können durch Einbezug weiterer Variablen differenziert werden. Im Theorieteil wurde hervorgehoben, dass die Selbständigen eine äußerst heterogene Erwerbsgruppe darstellen, die sich nicht auf Unternehmertum beschränkt. Bei der empirischen Analyse sollen Subgruppen selbständig Erwerbstätiger unterschieden werden, da man annehmen kann, dass sich deren Erwerbsbedingungen systematisch unterscheiden und unterschiedliche Determinanten der Erwerbsbedingungen sowie der Wahrscheinlichkeit der Zugehörigkeit zu einer der Subgruppen erklärungskräftig sind.

Allerdings lassen sich anhand des empirischen Materials Subgruppen selbständig Erwerbstätiger nicht vollständig entsprechend der theoretischen Überlegungen differenzieren. Aufgrund theoretischer Überlegungen erscheint eine Differenzierung von solchen Selbständigen, die am (Güter)Markt auftreten und solchen, die ausschließlich bzw. überwiegend für auftraggebende Unternehmen tätig sind, sinnvoll. Bei letzteren fällt die Abgrenzung von Arbeitnehmern bzw. Arbeitnehmertätigkeiten schwer, so dass man bei solchen eher von atypischen *Beschäftigungs*formen ausgehen kann. Insofern wäre eine entsprechende Differenzierung bei der empirischen Analyse von Interesse. Leider enthält das SOEP keine solchen Informationen, wie sie beispielsweise mit dem britischen Haushaltspanel erhoben werden.[86]

---

[86] Die Frage im BRITISH HOUSEHOLD PANEL SURVEY (BHPS) lautet folgendermaßen: „You said you are self-employed. Does this mean that you run your own business or professional practice or do you usually work for other people or organisations but on a self-employed basis?“ 1996 hatten 34% der Selbständigen angegeben, eher für andere Personen oder Organisationen zu arbeiten. Seit 1997 wird diese Frage nicht mehr gestellt. Stattdessen können sich die Befragten in eine der folgenden Kategorien einordnen „Own business/practice", "Partner in business", "Working for self", "Sub-contractor", "Freelance" und "Other" (siehe hierzu INSTITUTE FOR SOCIAL AND ECONOMIC RESEARCH: http://www.iser.essex.ac.uk/bhps/doc/index.htm und BHPS Fragebogen (Welle 1-5) auf der Homepage des CENTRE FOR APPLIED SOCIAL SURVEYS (http://www.soc.surrey.ac.uk/ qb1/nav4/fr_surveys.htm).

Ein Kriterium, das bei der Abgrenzung von Scheinselbständigkeit herangezogen wird und auch in arbeitsmarkttheoretischer Perspektive ein relevantes Differenzierungskriterium darstellt, ist das der Beschäftigung weiterer Mitarbeiter. Diese Differenzierung lässt sich mit den SOEP-Daten auch vornehmen, da die Frage nach der Größe des Unternehmens, in dem man arbeitet, eine Antwortkategorie „trifft nicht zu, da selbständig ohne weitere Beschäftigte" enthält, so dass man die Selbständigen in „own account"-Tätigkeiten abgrenzen kann[87]. Auf diese Weise wird auch in einigen der bisher vorliegenden Studien, die mit den SOEP-Daten arbeiten, verfahren. Allerdings bleibt anzumerken, dass bei der Angabe der Mitarbeiterzahl keine Begrenzung auf sozialversicherungspflichtige Beschäftigte vorgenommen wird. Daher gilt dann eine selbständig erwerbstätige Person nicht mehr als „own account worker", sobald eine weitere Person mitarbeitet, sei es als Partner, als mithelfender Familienangehöriger oder in sonstigen Erwerbsformen (wie z.B. wiederum als selbständig Erwerbstätige oder gelegentliche, geringfügig Beschäftigte). Außerdem erscheint die Validität der im SOEP erhobenen Mitarbeiterzahl nicht unproblematisch. Gefragt wird nach der Größe des Unternehmens für das man arbeitet, somit bleibt unklar, ob solche Selbständige, die vornehmlich für andere Unternehmen arbeiten, nicht deren Mitarbeiterzahl angeben. Da 1997 zum ersten mal unmittelbar bei der Frage nach der Selbständigkeit auch die Kategorie „Selbständige ohne weitere Mitarbeiter" vorhanden ist, kann man die Antworten mit denen auf die Frage nach der Beschäftigtenzahl des Unternehmens, für das man arbeitet, vergleichen. Im Anhang ist die Kreuztabelle der Antworten auf beide Fragen aufgeführt (Tabelle A-1). Diese zeigt, dass die Zuordnung zu Selbständigen ohne Mitarbeitern im Vergleich der beiden Fragen nicht konsistent ist. Von den 141 Personen, die bei den Selbständigen-Kategorien „Selbständige ohne Mitarbeiter" gewählt haben, geben 31 (ca. 22%) bei der Frage nach der Unternehmensgröße eine andere Kategorie an (die meisten 1 bis unter 5 Beschäftigte).[88] Insgesamt ist also festzuhalten, dass die Kategorisierung der „own account"-Selbständigen nur unter Vorbehalt anhand der SOEP-Daten erfolgen kann.

Selbständige ohne und mit Beschäftigten mögen immer noch jeweils heterogene Selbständigengruppen darstellen. Wie in Kapitel D herausgestellt, erscheint es sinnvoll, die für die Tätigkeit erforderliche Qualifikation als ein weiteres Differenzierungskriterium heranzuziehen. Die Operationalisierung der im Theorieteil differenzierten Selbständigen-Subgruppen ist in Übersicht E-3 dargestellt.

---

[87] In der 1997er Befragung enthalten die Antwortvorgaben zur selbständigen Erwerbstätigkeit im SOEP zusätzlich die Kategorie „Selbständige ohne weitere Beschäftigte".

[88] Auch umgekehrt weisen einige (14 von 176) Personen bei der Unternehmensgröße Codewerte für „Selbständige ohne weitere Mitarbeiter" auf, bei den Selbständigen-Kategorien allerdings solche für „Selbständige mit bis zu 9" bzw. „mit 10 und mehr Mitarbeitern".

Übersicht E-3: Die Abgrenzung der Selbständigen-Subgruppen im Rahmen dieser Arbeit

	„Welche Art von Ausbildung ist für die Tätigkeit, die Sie ausüben, in der Regel erforderlich?“		
„Wieviel Beschäftigte hat das Gesamtunternehmen etwa?“	❑ Keine besondere Ausbildung erforderlich ❑ Nur eine kurze Einweisung am Arbeitsplatz ❑ Eine längere Einarbeitung im Betrieb ❑ Der Besuch von besonderen Lehrgängen/Kursen	❑ Eine abgeschlossene Berufsausbildung	❑ Ein abgeschlossenes Hochschulstudium
❑ Trifft nicht zu, da selbständig ohne weitere Beschäftigte	„own account“-Selbständige in unqualifizierten Tätigkeiten	„own account“-Selbständige in qualifizierten Tätigkeiten	„own account“-Selbständige in professionalisierten Tätigkeiten
❑ unter 5 Beschäftigte ❑... ❑ 2.000 und mehr Beschäftigte	Arbeitgeber-Selbständige in unqualifizierten Tätigkeiten	Arbeitgeber-Selbständige in qualifizierten Tätigkeiten	Arbeitgeber-Selbständige in professionalisierten Tätigkeiten

Im SOEP werden bei der entsprechenden Frage die Antwortkategorien: keine Ausbildung, Einweisung, Einarbeitung, Berufsausbildung, Kurse, Fachschule und Studium vorgegeben. Diese Ausprägungen müssen rekodiert werden, da die Fallzahlen keine derart differenzierte Analyse erlauben. Es werden in der folgenden Analyse die ersten drei Ausprägungen sowie die Ausprägung Kurse zu der Kategorie „Un- und Angelernten-Tätigkeiten“ – kurz: unqualifizierten Tätigkeiten - zusammengefasst. Hinter der letztgenannten Kategorie mögen sich sehr unterschiedliche Ausbildungsarten verbergen. Zum Teil mögen mit Kursen auch zertifizierte Ausbildungsgänge gemeint sein; dennoch wird diese Ausprägung hier als eine Art Anlernung interpretiert. Dies scheint begründbar, da bei der hier verwendeten generierten SOEP-Variable jeweils nur die höchste angegebene erforderliche Ausbildungsart erfasst worden ist. Berufsausbildung wird als eine gesonderte Kategorie der qualifizierten Tätigkeit aufgefasst, von welcher die professionalisierten Tätigkeiten, nämlich solche mit erforderlicher Fachschulausbildung bzw. mit erforderlichem Studium, unterschieden werden. Somit ergeben sich drei Qualifikationsgruppen hinsichtlich der ausgeübten Tätigkeit: Un- und Angelernten-Tätigkeiten, solche, die einen Berufsausbildungsabschluss und solche, die eine Hochschulausbildung erfordern. Bei den sechs Subgruppen selbständig Erwerbstätiger sollten sich nach den theoretischen

Überlegungen signifikante Unterschiede hinsichtlich der Erwerbsbedingungen und –verläufe zeigen (siehe hierzu D 5).

1.1.4 Zur Operationalisierung der Ein- und Austritte

Die Ein- und Austritte in bzw. aus selbständiger Erwerbstätigkeit werden hier anhand der Angaben zum Erwerbsstatus und der Erwerbsform (bzw. Stellung im Beruf) zweier aufeinander folgender Jahre definiert.[89] Es gelten also als Eintritte all diejenigen, die in zwei aufeinander folgenden Erhebungsjahren an der Befragung teilgenommen haben und in einem Befragungsjahr nicht erwerbstätig oder als Arbeitnehmer beschäftigt und im Folgejahr selbständig (und nicht zugleich abhängig) erwerbstätig angegeben haben.[90] Personen, die in einem Jahr als Selbständige codiert sind, zu deren Erwerbsstatus im Vorjahr aber keine Information vorliegt (Antwortverweigerung oder Nicht-Teilnahme), können nicht eindeutig zugeordnet werden, bzw. deren Eintrittsjahr ist nicht bestimmbar. Statt der Definition der Ein- und Austritte anhand des Vergleichs der Erwerbsangaben zweier aufeinander folgender Jahre, hätte man Eintritte auch anhand einer SOEP-Frage zur beruflichen Veränderung vornehmen können (siehe Übersicht A-1). Die Kontrolle der Fallzahlen, die man mit diesen unterschiedlichen Operationalisierungen erhält, hat ergeben, dass sich diese deutlich unterscheiden. Im Anhang (Tabelle A-2) sind die Stichprobenwerte für das Jahr 1993 gegenübergestellt. Die Fallzahl ist bei der Definition, die hier herangezogen wird, deutlich höher als die aufgrund der Angaben zur beruflichen Veränderung. Für 1993 gaben z.B. 56 Personen an, dass sie eine neue Tätigkeit als Selbständige aufgenommen haben, aufgrund des Vergleiches von Erwerbsstatus bzw. Erwerbsform mit den Angaben aus dem Vorjahr können dagegen 81 Personen der Stichprobe als Eintritte in die selbständige Erwerbstätigkeit klassifiziert werden; von diesen haben lediglich 38 Personen 1993 angegeben, dass sie sich selbständig gemacht haben. Keine berufliche Veränderung haben 34 der hier als Eintritte klassifizierten Personen angegeben. Die restlichen 9 Personen haben eine andere Art der beruflichen Veränderung genannt.[91] Hochgerechnet können sich deutliche Unterschiede ergeben.[92]

---

[89] Aus Vereinfachungsgründen werden diese im Folgenden nur Ein- und Austritte genannt.

[90] Beispielsweise sind Eintritte 1985, die Personen, die 1984 eine der Arbeitnehmerkategorien, mithelfende Familienangehörige oder eine Form der Nicht-Erwerbstätigkeit und 1985 eine der Selbständigenkategorien (nach der hier verwendeten Definition mit Ausnahme der mithelfenden Familienangehörigen) angegeben haben; Austritte 1997 sind alle Personen, die 1997 eine der Arbeitnehmer-Kategorien, mithelfende Familienangehörige oder eine Form der Nicht-Erwerbstätigkeit und 1996 Selbständigkeit angegeben haben.

[91] Umgekehrt gab es auch Personen, die als berufliche Veränderung angegeben haben, eine neue Tätigkeit als Selbständige aufgenommen zu haben (1993: 56), aber im Erwerbsfor-

Da die Anzahl derer, die aufgrund der beiden Operationalisierungen nicht gleichermaßen den Eintritten zugerechnet werden können, relativ hoch ist, kann man nicht von Fehlkodierungen bei der Dateneingabe ausgehen.[93] Retrospektive Fragen verlangen von den Befragten eine höhere kognitive Leistung, so dass zu vermuten ist, dass einige Personen eher die Frage zum gegenwärtigen Erwerbsstatus korrekt beantworten als die zu den beruflichen Veränderungen im Vorjahr. Einige Personen mögen die Aufnahme einer selbständigen Erwerbstätigkeit auch nicht als berufliche Veränderung wahrgenommen haben, wenn sie z.B. lediglich den formalen Status gewechselt haben, ansonsten aber die gleiche Tätigkeit ausüben. Eventuell haben auch einige nicht angegeben, dass sie eine „neue" Tätigkeit als Selbständige aufgenommen haben, da sie diese Tätigkeit mit Unterbrechung auch schon in der Vergangenheit ausgeübt haben. Letztendlich kann man über die Ursachen der Zuordnungsunterschiede bei beiden Operationalisierungen nur spekulieren. Es ist anzunehmen, dass sich solche Personen, die eher einer atypischen Beschäftigung nachgehen und bei denen kein bewusstes „sich selbständig machen" vorliegt, bei der hier herangezogenen Operationalisierung von Eintritten in die selbständige Erwerbstätigkeit häufiger vertreten sein werden als bei der Frage nach der beruflichen Veränderung.

1.1.5 Datenauswahl und Operationalisierung weiterer zentraler Variablen

Wie bereits erwähnt, werden in der vorliegenden Arbeit lediglich die beiden westdeutschen Stichproben des SOEP herangezogen. Bei der Variablenauswahl sollten zum einen möglichst viele theoretisch relevant erscheinende Aspekte Berücksichtigung finden, zum anderen musste aber eine Beschränkung erfolgen, da aufgrund der Fallzahlen häufig differenzierte Analysen nicht mög-

---

menvergleich der Jahre 1992 und 1993 nicht den Eintritten zugeordnet werden konnten (18). Bei den meisten liegt dies daran, dass sie bereits im Vorjahr (vor der letzten Befragung) eingetreten waren (12). Lediglich bei 4 Fällen lag dies daran, dass sie 1992 nicht teilgenommen hatten oder keine Angaben zur Erwerbsform bzw. zum Erwerbsstatus machten und weitere 2 Personen gaben 1993 trotz ihrer Aussage, dass sie eine Tätigkeit als Selbständige aufgenommen haben, an, als Arbeitnehmer beschäftigt zu sein.

[92] PANNEBERG (1997: 750) kommt auf 1,4 Mio. Eintritte im Zeitraum 1990 bis Ende 1995 in Westdeutschland. Mit der Abgrenzung über die Angaben zu zwei aufeinander folgenden Erhebungsjahren kommt man für ungefähr den gleichen Zeitraum auf deutlich mehr als 2 Mio. Personen. PANNEBERG hat in seinem Beitrag seine Vorgehensweise nicht erläutert; nach telefonischer Auskunft hat er Eintritte über die Frage nach beruflichen Veränderungen verwendet. Zum Teil mag der Unterschied allerdings auch auf unterschiedliche Vorgehensweisen bei der Hochrechnung verursacht sein. PANNEBERG hat ein komplexeres Hochrechnungsverfahren durchgeführt; bei der hier durchgeführten Berechnung wurden entsprechend der Definition der Eintritte Längsschnittgewichte für jeweils zwei aufeinander folgende Jahre verwendet.

[93] Dann könnte man den kompletten Datensatz anzweifeln.

lich sind. Insbesondere im Rahmen der multivariaten Modelle (s.u.) musste eine Beschränkung der Auswahl unabhängiger Variablen erfolgen, da ansonsten aufgrund der fehlenden Werte bei einzelnen Fragen zu viele Personen nicht in die Analyse einbezogen werden können.[94] Für verschiedene Analysen mussten je nach Fragestellung oder methodischer Probleme jeweils spezifische Datensätze konstruiert werden; die Vorgehensweise wird jeweils an entsprechender Stelle erläutert.

Die Variablen, die in nahezu allen Analysen Eingang finden, sind im Wesentlichen die soziodemographischen Variablen Geschlecht, Alter und Nationalität, die Humankapitalvariablen schulische und berufliche Ausbildung sowie Merkmale der Erwerbsbedingungen, nämlich Erwerbsstatus, Einkommen und Arbeitszeit. Zudem wird die bundesländerspezifische Arbeitslosenquote, die als Indikator der allgemeinen Beschäftigungschancen dient, erläutert. Bei verschiedenen Analysen gehen darüber hinaus noch weitere Merkmale ein – wie z.B. der berufliche Status des Vaters und Erbschaften sowie Vermögen bei den Eintrittsmodellen, Branche und Unternehmensgröße bei den Modellen zur Einkommensschätzung -, deren Operationalisierung wird an entsprechender Stelle erläutert.

Der *Erwerbsstatus* wird anhand von vier SOEP-Fragen definiert. Erwerbstätige sind demnach alle Personen, die eine Erwerbstätigkeit angeben, auch wenn sie diese nur in geringfügigem Ausmaß oder unregelmäßig ausüben. Als Arbeitslose werden hier nur diejenigen bezeichnet, die angeben, beim Arbeitsamt arbeitslos gemeldet zu sein, wenn sie nicht zugleich eine Erwerbstätigkeit angeben. Zur Stillen Reserve werden die Erwerbslosen gerechnet, die nicht arbeitslos gemeldet sind, aber angeben, dass sie wahrscheinlich oder ganz sicher möglichst sofort oder innerhalb des nächsten Jahres eine Erwerbstätigkeit aufnehmen wollen. Alle anderen zählen zu den Nicht-Erwerbspersonen (zur genauen Operationalisierung und Zuordnung siehe Übersicht A-2).

Die *soziodemographischen Variablen* werden verwendet, da aus segmentationstheoretischer Perspektive - neben den Humankapitalvariablen - das Geschlecht, das Alter sowie die Staatszugehörigkeit zentrale Merkmale, die die Arbeitsmarktchancen beeinflussen, darstellen. Das Alter wird dabei nicht in metrischer Form verwendet (auch nicht in den logistischen Regressionsmodellen), da nicht von linearen Zusammenhängen ausgegangen wird. Es werden vier Altersklassen unterschieden: unter 25Jährige, 25-Jährige, 45-64Jährige und

---

[94] Bei der logistischen Regression hat man nicht - wie bei der linearen Regression - die Möglichkeit, zwischen Gesamtausschluss und jeweils nur variablenspezifischem Ausschluss der Missings zu wählen.

solche, die ein Alter von mindestens 65 erreicht haben. Mit dieser Altersklassenabgrenzung sollte zum einen berücksichtigt werden, dass alle Klassen mit einer ausreichend hohen Personenzahl besetzt sind. Zum anderen sollten Personen, die das Rentenalter von Arbeitnehmern überschritten haben, in einer gesonderten Kategorie erfasst werden, da die Vorgabe bzw. Nicht-Vorgabe eines solchen Rentenalters ein zentrales Unterscheidungsmerkmal abhängiger und selbständiger Erwerbstätigkeit darstellt. Außerdem wurde eine zweite Klasse „älterer" Personen erfasst, insofern bei diesen Altersgruppen in vorliegenden Studien bereits altersspezifische Arbeitsmarktprobleme beobachtet werden, wobei die Festlegung der exakten Altersgrenze letztendlich willkürlich verbleibt (vgl. FRIEDRICH 1985). Neben diesen beiden Kategorien „Älterer" sollte noch die Gruppe der Jüngeren erfasst werden. Hier wurde 25 Jahre als Altersgrenze gewählt, darunter liegende Altersgruppen ergäben zu geringe Fallzahlen. Alle anderen sind der mittleren Altersklasse (25 bis 44) zugeordnet.
Außerdem wird als Indikator für erfahrene Beschäftigungsprobleme individuelle *Arbeitslosigkeit*, sowie als Indikator für die allgemeine Beschäftigungssituation die bundesländerspezifischen Arbeitslosenquoten verwendet. Letztere ist nicht im SOEP enthalten, allerdings eine Variable zum Bundesland, in dem die Personen wohnen, so dass diese Daten den Jahrbüchern des Statistischen Bundesamtes entnommen und den SOEP-Daten zugespielt werden konnten.
Arbeitszeit und Einkommen werden verwendet, da sie zentrale Charakteristika der Erwerbssituation darstellen und auch der Abgrenzung von „normalen" und „atypischen" Erwerbstätigkeiten dienen. Als Vollerwerbstätige gelten im Folgenden alle Erwerbstätigen, die eine Arbeitszeit von mindestens 35 Wochenstunden angegeben haben, als Teilzeiterwerbstätige solche mit zwischen 15 und unter 35 Wochenstunden und als Personen mit marginalem Erwerbsumfang solche mit weniger als 15 Wochenstunden. Auch mit den Angaben zum Erwerbsstatus kann eine solche Differenzierung vorgenommen werden, da unter anderem auch zwischen Voll-, Teilzeit- sowie unregelmäßiger bzw. geringfügiger Erwerbstätigkeit unterschieden wird; diese Angaben sind aufgrund der Selbsteinschätzung bei grober Differenzierung (ohne exakte Angaben zum Erwerbsumfang) weniger genau und werden daher nur für solche Personen herangezogen, die bei der Arbeitszeitvariablen fehlende Werte aufweisen (siehe Übersicht A-3).
Die Definition der Einkommensklassen erfolgt in den meisten Analysen mit Bezug zum Medianeinkommen der Vollzeit-Arbeitnehmer des jeweiligen Jahres. Diese wird gewählt, um Abweichungen von einem „Normaleinkommen" abbilden zu können. In der internationalen Armutsforschung findet man unterschiedliche Abgrenzungen von Einkommensgruppen. Es werden sowohl Haushalts- als auch individuelle Einkommen verwendet. Als Vergleichsmaßstab wird überwiegend das Medianeinkommen und nicht das arithmetische Mittel herangezogen, da Letzteres stark von „Ausreißer" beeinflusst wird. Die Abgrenzun-

gen der Einkommenshöhen, anhand derer Armuts- oder Niedrigeinkommen definiert werden, variieren zudem stark (vgl. SCHÄFER 1996: 57ff.). Im Folgenden werden individuelle Einkommen herangezogen, da es hier nicht um Armut, sondern um die Abgrenzung von Einkommensgruppen zur Klassifizierung von Erwerbsarbeit geht. Was die konkreten Klassengrenzen betrifft, werden Anteilswerte am Medianeinkommen verwendet. Da die Abgrenzung der Niedrigeinkommen in der Literatur sehr heterogen ist, wird hier zunächst eine relativ breite Differenzierung vorgenommen, als Klassengrenzen dienen hierbei 50%, 75%, 125%, und 200% des Medianeinkommens von Vollzeit-Arbeitnehmern[95]. Die mittlere Kategorie stellt das „Normaleinkommen" dar, das zwischen 75 und 125% des Medianeinkommens von Vollzeitarbeitnehmern liegt. Weiterhin werden zwei darüber und zwei darunter liegende Einkommensklassen unterschieden. Niedrigsteinkommen sind demnach solche, die weniger als 50%, Niedrigeinkommen, die zwischen 50 und 75%, Hocheinkommen, die zwischen 125 und 200% und Höchsteinkommen, die mindestens 200% des Medianeinkommens ausmachen. In verschiedenen Analysen muss die Anzahl der Einkommensklassen allerdings reduziert werden, indem einzelne Klassen zusammengefasst werden. Hier wird eine Klassifizierung hinsichtlich des individuellen Gesamtarbeitseinkommens – unabhängig von der Arbeitszeit - vorgenommen, da es zunächst nicht darum geht, ob eine Person im Rahmen ihres Erwerbsumfangs ein relativ hohes Einkommen erzielt. Bei der Analyse der Erwerbssituation der Selbständigen-Subgruppen werden Arbeitszeitunterschiede selbstverständlich berücksichtigt und anhand der angegebenen Monatseinkommen und Wochenarbeitsstunden auch die Arbeitseinkommen je Stunde berechnet und verglichen.

Was die *Humankapitalvariablen* betrifft, sind schulischer und beruflicher Ausbildungsabschluss verwendet worden. Im Wesentlichen werden hierbei die Ausprägungen wie auch im SOEP-Fragebogen unterschieden (siehe Übersicht A-4); bei der beruflichen Ausbildung wird lediglich die „Beamtenausbildung" unter die „sonstige"-Kategorie subsumiert sowie verschiedene Fachschulkategorien sowie Hoch- und Fachhochschulen jeweils zu einer Kategorie zusammengefasst. Diese können als Indikatoren für allgemeines Humankapital sowie als „Screening"-Merkmale aufgefasst werden. Somit gehen keine Informationen bzw. Indikatoren über betriebsspezifische Qualifikationen ein, lediglich beim Regressionsmodell der Arbeitnehmereinkommen wird die Betriebszugehörigkeitsdauer als ein solcher Indikator verwendet. Zur Definition der Subgruppen wird ebenso eine Qualifikationsvariable herangezogen, doch ist dies

---

95 Diese Differenzierung hat den Vorteil, dass sie erschöpfend alle Einkommensausprägungen umfasst und man sich nicht vorab auf relativ willkürliche Differenzierungen von Niedrigeinkommen festlegen muss (man findet z.B. 50%, 66%, 75% und 80%).

die der erforderlichen Qualifikationen der Tätigkeit. Bei den hier dargestellten Humankapitalvariablen handelt es sich um die Ausbildungsabschlüsse, die die Personen erworben haben.
Bevor die empirische Analyse erfolgt, werden im folgenden Abschnitt einige Analysemethoden erläutert.

1.2 Analysemethoden

Wie in den Kapiteln C und D herausgestellt worden ist, liegen bisher nur wenige Informationen über die Erwerbsbedingungen und Erwerbsverläufe selbständig Erwerbstätiger vor; wenn überhaupt, dann wird kaum zwischen verschiedenen Selbständigengruppen differenziert. Daher wird ein Großteil folgender Analysen explorativer Art sein. Bevor Zusammenhangsanalysen erfolgen, werden relativ umfangreiche deskriptive Analysen erforderlich sein.
Bei der Analyse der quantitativen Entwicklung der selbständigen Erwerbstätigkeit (Kapitel E 2) werden die *Hochrechnungen* anhand der Hochrechnungsfaktoren des DIW vorgenommen, die zentralen Stichprobenwerte werden zusätzlich im Anhang dargestellt. Im Regelfall werden hierbei die Querschnittshochrechnungsfaktoren verwendet; Abweichungen von dieser Vorgehensweise werden an entsprechender Stelle dokumentiert und erläutert. Die Hochrechnungsfaktoren erlauben Verzerrungen, die einerseits durch die unterschiedlichen Auswahlsätze bei Ausländern und Deutschen in den beiden westdeutschen Stichproben und andererseits durch unterschiedliche Ausfallwahrscheinlichkeiten von Personen zustande kommen, zu berücksichtigen und sollten zumindest bei solchen Deskriptionen immer verwendet werden.
Bei den anderen Deskriptionen (Kapitel E 3, 4 und 5) werden i.d.R. keine Hochrechnungsfaktoren verwendet, zum einen, da einige Personen (insbesondere unter den Selbständigen) extrem hohe Faktoren aufweisen, so dass bei kleinen Teilpopulationen einzelne Personen Anteilswerte mit bestimmten Variablenausprägungen stark verändern können, zum anderen, da bei aggregierten Daten diese Faktoren nicht angewendet werden können (s.u.); außerdem geht es bei diesen Deskriptionen vorrangig um die Analyse von Unterschieden zwischen Teilpopulationen und nicht um die Angabe der Größenordnungen in der Grundgesamtheit. Bei der Überprüfung von Einkommens- und Arbeitszeitdifferenzen zwischen Teilpopulationen werden zur Prüfung der Zulässigkeit des Inferenzschlusses auf die Grundgesamtheit T-Tests durchgeführt, für die nominalskalierten Variablen wird Cramers´ V[96] berechnet.

---

[96] Cramers V berechnet sich wie folgt: $\sqrt{\frac{\chi^2}{N(k-1)}}$, χ^2 stellt dabei die Summe der Abweichungsquadrate beobachteter und bei Unhabhängigkeit der Variablen vermuteter Zellenbesetzungen dividiert durch die erwarteten Zellenbesetzungen dar. N bezeichnet die Gesamtanzahl

Da die Selbständigen eine relativ geringe Anzahl an Befragten ausmachen und zudem bei einzelnen Variablen fehlende Werte aufweisen, werden für verschiedene Analysen die *Daten gepoolt*, d.h. es werden Informationen über die einzelnen Wellen aggregiert. Dies hat den Vorteil, dass man ausreichend hohe Fallzahlen für differenzierte Analysen erhält. Allerdings kann man bei den gepoolten Daten die Hochrechnungsfaktoren nicht anwenden; außerdem werden etwaige Varianzen der Befunde über die Zeit nicht erkennbar. Zur Kontrolle werden zusätzlich zu den Gesamt-Analysen mit den gepoolten Daten die Analysen auch für die einzelnen Stichproben sowie für die einzelnen Jahre durchgeführt; diese werden allerdings nur dann dargestellt, wenn sich auffällige stichproben- und/oder zeitspezifische Unterschiede ergeben.

Die Schätzung der multivariaten Modelle erfolgt im Wesentlichen mittels *logistischer Regressionen*.[97] Ein zentraler Vorteil dieses Regressionsverfahrens ist, dass man im Gegensatz zur linearen Regression den Einfluss von Determinanten auf nominalskalierte abhängigen Variablen schätzen kann (vgl. NORUSIS 1992). Diese Methode ist auf eine Vielzahl von Fragestellungen anwendbar, die sich als Fragen nach der Wahrscheinlichkeit, mit der ein bestimmtes Ereignis in Abhängigkeit von verschiedenen Determinanten eintritt, formulieren lassen. Da dieses Regressionsverfahren in deutschen Beiträgen noch relativ selten verwendet und in Lehrbüchern wenig beachtet wird, sollen dessen Grundlagen hier knapp erläutert werden. Im Prinzip ist dieses Verfahren dennoch der linearen Regression sehr ähnlich und stellt somit ein relativ einfach handhabbares und nachvollziehbares Verfahren dar. In der Übersicht E-4 sind die Grundlagen des logistischen Regressionsmodells dargestellt (vgl. KLEINBAUM 1992: 1 - 28; CRAMER 1991, URBAN 1993: 5 - 74).

der Fälle und k die Anzahl der Zeilen bzw. Spalten (je nachdem welcher Wert geringer ausfällt).

[97] Zur Schätzung der Einkommensdeterminanten werden lineare Regressionsmodelle geschätzt. Ursprünglich war zur Analyse der Erwerbsverläufe auch eine Ereignisdatenanalyse geplant. Hiervon wurde aufgrund geringer Fallzahlen und häufig vorkommender fehlender Werte in einzelnen Jahren abgesehen. Außerdem erschien nach ersten Analysen eine solche Analyse auch nicht nur aufgrund dieser methodischen Probleme wenig geeignet. Die Erwerbsverläufe weisen bei einem Großteil der Selbständigen häufige Erwerbsstatus- bzw. Erwerbsformenwechsel und/oder nur kurze Selbständigkeitsphasen auf, so dass weniger die Frage von Interesse ist, wovon die Dauer der Selbständigkeitsphasen abhängig ist – und dies wäre eine für die Ereignisdatenanalyse prädestinierte Fragestellung -, sondern eher die Frage, ob Personen überhaupt einen gewissen Mindestzeitraum in der Selbständigkeit verbleiben oder nicht. Diese Frage kann man auch mittels logistischer Regressionen analysieren, indem man Determinanten der relativen Wahrscheinlichkeit dieses Verbleibs untersucht (siehe S. Kapitel E 5).

Übersicht E-4: Grundlagen des logistischen Regressionsmodells

Die logistischen Funktion: $f(z) = 1/(1+e^{-z})$

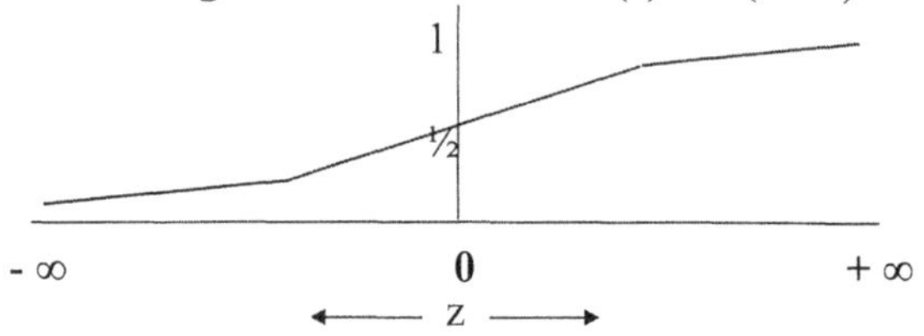

Die Wahrscheinlichkeit eines Ereignisses:

$$P(D = 1 / X_1, X_2, \ldots X_k) = P(X) = 1/(1+e^{-(\alpha + \Sigma\beta iXi)})$$

Die Odds:

$$P(X)/(1 - P(X))$$
$$= 1/(1+e^{-(\alpha + \Sigma\beta iXi)}) : (1 - (1/(1+e^{-(\alpha + \Sigma\beta iXi)})) = e^{(\alpha + \Sigma\beta iXi)}$$

Logit-Form des Modells:

$$\textbf{logit } P(X) = \ln [\, P(X)/(1 - P(X))] = \alpha + \Sigma\beta_i X_i$$

Die logistische Funktion hat einen Wertebereich zwischen 0 und 1 und ist somit grundsätzlich geeignet, Wahrscheinlichkeiten zu beschreiben; sie verläuft s-förmig; von $-\infty$ aus betrachtet steigt sie zunächst schwach und dann ab einem bestimmten Schwellenwert stark an, ab einem weiteren Schwellenwert steigt sie dann schwach und nähert sich für $+\infty$ dem Wert 1 an. Betrachtet man z als einen Index der Einflussvariablen, so zeigt der s-förmige Verlauf, dass die unabhängigen Variablen bis zum Erreichen eines Schwellenwertes nur einen geringen Einfluss ausüben, der von da an steigt, bis er bei einem zweiten Schwellenwert nahe bei 1 liegt.

Im Vergleich zur linearen Regression muss man zur Formulierung eines logistischen Regressionsmodells zwei Transformationen der Daten vornehmen (vgl. URBAN 1993: 24f.). Es wird nicht unmittelbar die Wahrscheinlichkeit eines Ereignisses (bzw. des Vorliegens einer bestimmten Ausprägung einer Variablen) geschätzt. Es werden zunächst die Odds (1. Transformation) gebildet, worunter man die Wahrscheinlichkeit eines Ereignisses in Relation zur Wahrscheinlichkeit des Nichteintretens des Ereignisses versteht; von diesen wird wiederum der Logarithmus (2. Transformation) berechnet. Geschätzt werden die Koeffizienten für die Logitform des Modells, also für den Logarithmus der Odds. Diese gilt es zu beachten, wenn man die Koeffizienten interpretiert.

Die Koeffizienten werden anhand des Maximum-Likelihood-Verfahrens geschätzt.[98] Die Interpretation der Konstanten (α) ist nicht immer sinnvoll. Sie bringt den Logit einer Person unter der Bedingung, dass alle unabhängigen Variablen den Wert Null aufweisen, zum Ausdruck. Bei Variablen wie z.B. Alter macht diese Interpretation keinen Sinn. Man kann die Konstante allerdings auch als Basis-Odds interpretieren, also als die Odds, die sich in einem Modell ohne jegliche Determinanten ergeben würden. Die Logit-Koeffizienten der Determinanten (β_i) geben die Veränderung der Logits bei Veränderung der Determinante um eine Einheit an (vgl. Urban 1993: 38ff.). Da eine Interpretation der Koeffizienten hinsichtlich der Logits in ihrer Bedeutung nur schwer zu verstehen ist, transformiert man außerdem die Koeffizienten, indem man sie entlogarithmiert und so den Koeffizienten – man spricht dann von Effektkoeffizienten - erhält, der die multiplikative Veränderung der Odds bei Veränderung der unabhängigen Variablen um eine Einheit angibt (vgl. Urban 1993: 40f.).[99] Ein Effektkoeffizient von 1 bedeutet, dass eine Variable keinen Einfluss auf die abhängige Variable hat, ein Effektkoeffizient von größer (kleiner) eins, dass sich das Wahrscheinlichkeitsverhältnis von Ereignis zu Nicht-Ereignis erhöht (verringert). Da die Koeffizienten von der Skalierung der unabhängigen Variablen abhängig sind, verwendet man zum internen Modellvergleich (Vergleich der Einflussstärke unterschiedlicher Variablen innerhalb eines Modells) standardisierte Koeffizienten. Nach einem Vorschlag von LONG werden diese als Exponent des Produktes aus dem Koeffizienten und dessen Standardfehler - $\exp(b \times s)$ - definiert (vgl. Urban 1993: 45). Die Signifikanz der Koeffizienten wird mittels Wald-Test berechnet.

Zur Beurteilung der Modellgüte kann man verschiedene Kriterien heranziehen (vgl. NORUSIS 1992; URBAN 1992: 57ff.). Im Folgenden wird hierzu zum einen die sogenannte Klassifikationstabelle verwendet. Anhand der Klassifikationstabelle kann man die mit dem Modell vorausgesagten und die beobachteten Werte der Analyseeinheiten hinsichtlich der abhängigen Variablen vergleichen. Es werden die tatsächlichen Beobachtungen (Ereignis liegt vor oder nicht vor bzw. die Ausprägung der abhängigen Variablen hat den Wert eins oder null) den aufgrund der Modellgleichung erwarteten Ausprägungen gegenübergestellt.

---

[98] Die ML-Schätzung hat den Vorteil, dass sie im Vergleich zur OLS-Schätzung weniger restriktive Anforderungen an die Daten stellt. Anwendungsvoraussetzungen sind eine möglichst große Stichprobe (mindestens 100 Fälle), keine starken linearen Beziehungen zwischen den unabhängigen Variablen, keine unabhängige Variable sollte hinsichtlich eines abhängigen Ereignisses ohne Varianz auftreten, jedes Ereignis (bzw. jede Ausprägung der abhängigen Variable) muss zumindest bei einer kleinen Personengruppe zutreffen und die Verteilung der unabhängigen Variablen soll nicht vom Wert der abhängigen bestimmt sein (vgl. URBAN 1992: 54).

[99] Die verschiedenen Determinanten gehen in diesem Modell multiplikativ ein, da $e^{\Sigma\beta i(X1i - X0i)} = \prod e^{\beta i\,(X1i - X0i)}$, vgl. KLEINBAUM 1994: 25.

Je höher die Übereinstimmung zwischen beobachteten und erwarteten Werten, desto besser das Modell. Die Signifikanz des Gesamtmodells kann anhand eines Loglikelihood-Ratio-Tests geprüft werden. Man kann auf der Basis der Loglikelihoods zweier Modelle auch eine Maßzahl - R^2 – berechnen, die das Ausmaß der Schätzverbesserung durch ein spezifisches Modell im Vergleich zum Modell ohne Determinanten angibt. Rein theoretisch kann R^2 Werte zwischen Null und Eins annehmen, wobei die Modellgüte umso besser zu beurteilen ist, je näher der Wert bei Eins liegt. In der Praxis ergeben sich allerdings wesentlich niedrigere Werte „... so dass schon bei Größen von 0,2 bis 0,4 von einer guten Modellschätzung auszugehen ist" (vgl. Urban 1993: 62f.). Hier wird die Definition nach NAGELKERKE (1991) verwendet.[100]

1.3 Der Aufbau der empirischen Analyse

Die folgende empirische Analyse setzt inhaltlich zwei Schwerpunkte. Zum einen geht es vorrangig um die *nach Subgruppen differenzierte Analyse* selbständiger Erwerbstätigkeit und zum anderen um die *Analyse von Erwerbsverläufen.* Notwendig erschienen relativ umfangreiche Deskriptionen, da erstens zwar bisher Informationen sowohl über die quantitative Entwicklung selbständiger Erwerbstätigkeit als auch über die Erwerbsbedingungen (im Querschnitt) Selbständiger vorliegen, hierbei allerdings bisher nicht zwischen verschiedenen Subgruppen selbständig Erwerbstätiger differenziert wird. Zweitens, da die bisherigen Analysen der Erwerbsverläufe selbständig Erwerbstätiger insgesamt sehr spärlich sind und sich überwiegend auf die Analyse der Erwerbsstatus im Jahr vor und nach der Selbständigkeit beschränken.

Übersicht E-5 stellt den Aufbau der empirischen Analyse dar. Eine genauere Erläuterung der Vorgehensweise erfolgt in den jeweiligen Abschnitten.

---

[100] Diese basiert auf der COX/SNELL-Berechnung: $R^2 = 1-(L(0)/L(1))^{2/n}$; wobei L(0) = Likelihood des Nullmodells (inklusive Konstante) und L(1) = Likelihood des Vollmodells (inklusive der Determinanten) und n = Stichprobenumfang. Da COX/SNELLS Wert nicht immer den Wert 1 annehmen kann, hat NAGELKERKE eine Korrektur vorgeschlagen $Nag.\text{-}R^2 = R^2/max(R^2)$, *wobei* $max(R^2) = 1-L(0)^{2/n}$ (vgl. NAGELKERKE 1991).

Übersicht E-5: Der Aufbau der empirischen Analyse

A Die Charakterisierung von Selbständigensubgruppen 1997

Branche und Berufsgruppen
Erwerbsbedingungen:
↳Einkommen
↳Arbeitszeit
↳Arbeitszufriedenheit
Soziodemographische Zusammensetzung

Selbständige ⟺ Arbeitnehmer

Selbständigen-Subgruppen

☞ *Fragestellung: Lassen sich die Selbständigen-Subgruppen über die sie konstituierenden Merkmale hinausgehend typisieren? Bestehen untereinander und im Vergleich zu den Arbeitnehmern Unterschiede hinsichtlich Tätigkeitsfeldern, Erwerbsbedingungen und sozio-demographischer Zusammensetzung?*

B Die quantitative Entwicklung der selbständigen Erwerbstätigkeit 1984-1997

jährliche Eintritte ⇒ jährlicher Bestand an Selbständigen: ⇒ jährliche Austritte

selbständig Erwerbstätige insgesamt und nach Teilpopulationen

☞ *Fragestellung: Welche quantitative Entwicklung nimmt die selbständige Erwerbstätigkeit seit 1984 in Westdeutschland und zeigen sich Trends der Zunahme „atypischer" Erwerbsformen?*

C Dynamische Analyse der selbständigen Erwerbstätigkeit I

Eintritte (gepoolt 1984 – 97) Austritte (gepoolt 1984 – 97)

☞ *Fragestellung: Welche Determinanten nehmen Einfluss auf Ein- und Austritte und zeigen sich segmentationstheoretisch begründbare subgruppenspezifische Einflussgrößen?*

Dynamische Analyse der selbständigen Erwerbstätigkeit II

Erwerbsverläufe: 4 Jahre nach Eintritt (gepoolt: Eintritte 1984 - '93) Erwerbsverläufe: Einkommensentwicklung bei Wechsel aus und in Arbeitnehmerstatus

☞ *Fragestellung: Welche Determinanten nehmen Einfluss auf die Stabilität der Selbständigkeit, und wie wirkt sich Selbständigkeit auf spätere Arbeitnehmereinkommen der Wechsler aus? Zeigen sich Segmentierungsmuster?*

Zunächst wird die Charakterisierung der Selbständigen-Subgruppen vorgenommen. Üblicherweise werden Selbständige und Arbeitnehmer hinsichtlich verschiedener erwerbs- und personenbezogener Charakteristika gegenübergestellt. Hier werden darüber hinausgehend die Subgruppen den Arbeitnehmern (bzw. entsprechender Teilpopulationen) gegenübergestellt sowie untereinander verglichen. Gefragt wird nach spezifischen Charakteristika, die über die zur Abgrenzung der Subgruppen verwendeten Merkmale hinausgehen (Kapitel E 2).

Es folgt in Kapitel E-3 die quantitative Entwicklungen der selbständigen Erwerbstätigkeit von 1984 bis 1997. Hierbei wird zum einen die Entwicklung der Zahl der Selbständigen und der Selbständigenquoten insgesamt dargestellt. Zum anderen – und dies ist der entscheidende Unterschied zu bisherigen Analysen – werden die quantitativen Entwicklungen auch differenziert nach den hier unterschiedenen Subgruppen selbständig Erwerbstätiger betrachtet. Gefragt wird also nach subgruppenspezifischen Entwicklungstrends.

Da sich zeigt, dass die selbständige Erwerbstätigkeit einer beachtlichen Dynamik unterliegt, werden zudem die Eintritte in und Austritte aus Selbständigkeit einer detaillierten Analyse unterzogen (Kapitel E 4). Zunächst werden Ein- und Austritte anhand der Informationen jeweils zweier aufeinander folgender Jahre analysiert (vor und bei Eintritt bzw. vor und bei Austritt). Schließlich werden die Erwerbsverläufe über einen längeren Zeitraum hinweg analysiert; wobei im Wesentlichen Stabilität bzw. Instabilität der Erwerbstätigkeit analysiert wird (Kapitel E 5). Die zentralen Befunde werden im abschließenden Kapitel F nochmals zusammengefasst.

2 Die Charakterisierung der Selbständigen und Selbständigen-Subgruppen

Im Folgenden werden die Selbständigen-Gruppen anhand einer Querschnittsbetrachtung für das Jahr 1997 differenzierter betrachtet. Hierbei geht es darum, die verschiedenen Subgruppen hinsichtlich zentraler Erwerbsmerkmale, wie Einkommen, Arbeitszeit etc., aber auch der Tätigkeitsbereiche und Branchen sowie hinsichtlich deren soziodemographischer Zusammensetzung zu charakterisieren. Es werden also nicht - wie bisher üblich - lediglich Selbständige insgesamt den abhängig Beschäftigten gegenübergestellt, sondern auch die verschiedenen Subgruppen selbständig Erwerbstätiger untereinander verglichen. Die Charakterisierung der Subgruppen soll zum einen ein detailliertes Bild der selbständigen Erwerbstätigkeit wiedergeben und zum anderen die Relevanz der Subgruppen-Differenzierung prüfen.

Zur Charakterisierung selbständiger Erwerbstätigkeit im Vergleich zur abhängigen Beschäftigung werden üblicherweise deren tätigkeitsbezogene und personenbezogene Merkmale verglichen. Dabei geht es um die Frage, ob sich hinter den Subgruppen bestimmte Personengruppen verbergen und ob sich die Erwerbssituation der Subgruppen systematisch unterscheidet. Es geht also darum zu klären, ob diese sich nicht nur hinsichtlich der sie konstituierenden Definitionsmerkmale unterscheiden, sondern sich auch hinsichtlich arbeitsmarktrelevanter Merkmale typisieren lassen und somit die Heterogenität, die hinsichtlich der Selbständigen insgesamt besteht, innerhalb der Subgruppen deutlich geringer ausfällt. Dargestellt werden deren Einsatzfelder, differenziert nach Sektoren, Branchen und Berufsgruppen sowie deren Erwerbsbedingungen, festgemacht an den objektiven Merkmalen Einkommen und Arbeitszeit und der subjektiven Einschätzung der Arbeitszufriedenheit sowie der Zufriedenheit mit dem Haushaltseinkommen. Schließlich wird die Zusammensetzung der Subgruppen nach personenbezogenen Merkmalen Geschlecht, Alter und Nationalität und schulischer wie auch beruflicher Qualifikation analysiert.

Die Möglichkeit differenzierter Analysen der Subgruppen sind aufgrund relativ geringer Fallzahlen in den einzelnen Erhebungsjahren sehr beschränkt. Deshalb wird zusätzlich zur Analyse der Daten des Jahres 1997 eine Analyse anhand der über die einzelnen Erhebungsjahre gepoolten Daten vorgenommen.[101] Wie bereits erwähnt, sind bei gepoolten Daten zeitspezifische Einflüsse nicht mehr erkennbar. Zur Kontrolle wurden die Auswertungen daher auch für jedes einzelne Jahre seit 1984 durchgeführt. Die Ergebnisse anhand der gepoolten Daten sowie der verschiedenen Jahre werden beim abschließenden Fazit dieses Kapitels berücksichtigt, deutliche Abweichungen werden erwähnt.

2.1 Tätigkeitsbereiche der Selbständigen-Subgruppen

Die im SOEP verwendete Branchendifferenzierung basiert auf der ZUMA-Standarddemographie-Liste, die allerdings für Dienstleistungsbranchen wesentlich differenziert wurde. Im Folgenden werden die Branchendaten zum ei-

[101] Bei diesen gepoolten Daten erfolgen die Häufigkeitsauszählungen ohne Hochrechnungsfaktoren. Es geht an dieser Stelle auch nicht darum, die Fallzahlen der Grundgesamtheit zu schätzen, sondern darum, systematische Unterschiede aufzudecken. Da die Selbständigen nicht in jedem Jahr der gleichen Selbständigen-Subgruppe angehören müssen, muss man bei dem Poolen der Daten entscheiden, aus welchem Jahr man für die einzelnen Personen die entsprechenden Informationen heranzieht. Gewählt wurde das erste berichtete Selbständigkeitsjahr, aber auch hier wurde geprüft, ob sich andere Ergebnisse zeigen, wenn man das letzte Jahr, in dem Selbständigkeit als Erwerbsform angegeben worden ist, heranzieht.

nen nach den drei Sektoren und zum anderen nach 12 Wirtschaftszweigen[102] differenziert dargestellt. Eine differenziertere Analyse erscheint bei den gegebenen Fallzahlen selbständig Erwerbstätiger nicht sinnvoll.

Tab. E-1: Erwerbstätige nach Wirtschaftsbereichen 1997 (SP), in % der jeweiligen Personengruppe (Spaltenprozente)

	Arbeitnehmer	Selbständige	Selbständigen-Subgruppe I	II	III	IV	V	VI
Primärer Sektor* insg.	2,4	**9,3**	**17,4**	**19,2**	-	6,3	5,8	-
Sekundärer Sektor insg.	43,8	26,9	14,5	30,1	24,0	21,3	**39,2**	15,8
verarbeitendes Gewerbe	36,5	17,4	11,6	21,9	16,0	12,5	**23,3**	10,5
Baugewerbe	7,3	9,5	2,9	8,2	8,0	8,8	**15,8**	5,3
Tertiärer Sektor insg.	53,7	63,8	68,1	50,7	**76,0**	**72,5**	55,0	**84,2**
Handel	12,1	16,1	15,9	17,8	8,0	17,5	**20,0**	5,3
Verkehr/Nachrichten	4,8	6,1	**14,5**	2,7	-	**13,8**	0,8	-
Kreditinstitute/ Versicherungen	4,4	4,2	**7,2**	5,5	-	5,0	3,3	-
Gaststätten	2,1	**8,8**	11,6	1,4	-	**18,8**	10,0	-
persönliche Dienstleistungen	0,7	**3,2**	4,3	1,4	-	1,3	**6,7**	-
Gesundheitswesen	7,9	6,6	4,3	6,8	**12,0**		4,2	**28,9**
Rechtsberatung/ Immobilien	2,8	**13,4**	4,3	11,0	**52,0**	7,5	7,5	**42,1**
sonstige Dienstleistungen	6,7	4,6	2,9	4,1	4,0	**8,8**	1,7	**7,9**
Org. o.E.; Soz-vers. etc.**	12,2	0,7	**2,9**	-	-	-	0,8	-
Gesamt	100 (n= 4288)	100 (n= 409)	100 (n=69)	100 (n=73)	100 (n=25)	100 (n=80)	100 (n=120)	100 (n=38)

* Land-/Forstwirtschaft; Energie- und Wasserversorgung; Bergbau; ** Organisationen ohne Erwerbszweck/Private Haushalte; Gebietskörperschaften/ Sozialversicherungen.

Wie Tabelle E-1 zeigt findet man Selbständige im Vergleich zu Arbeitnehmern deutlich überproportional im primären Sektor, leicht überproportional im tertiären und unterproportional im sekundären Sektor. Nach Subgruppen differenziert ergeben sich allerdings deutlich unterschiedliche Anteile. Im primären Sektor finden sich vor allem hohe Anteile von Selbständigen in unqualifizierten und qualifizierten „own account"-Tätigkeit, im sekundären Sektor deutlich höhere

[102] Diese Differenzierung wurde aufgrund der Verteilung selbständiger Erwerbstätigkeit über alle im SOEP differenzierten Wirtschaftszweige derart vorgenommen, dass einerseits ausreichend hohe Fallzahlen in den Branchen vertreten sind und andererseits auffällige Anteilsunterschiede ersichtlich bleiben.

Anteile an Selbständigen in qualifizierter (v.a. in Unternehmens-)Tätigkeit. Professionalisierte Selbständigentätigkeiten findet man überproportional im tertiären Sektor, wo sich diese auf wenige Wirtschaftszweige, nämlich Rechtsberatung und Immobilien sowie Gesundheitswesen, konzentrieren. Die anderen vier Subgruppen streuen wesentlich stärker über die Wirtschaftszweige des tertiären Sektors. Selbständige in unqualifizierter „own account"-Tätigkeit findet man deutlich überproportional in den Wirtschaftszweigen Nachrichten und Verkehr wie auch in Kreditinstituten und Versicherungen (wobei sie nahezu ausschließlich im Bereich Versicherungen tätig sind). Selbständige in unqualifizierter Unternehmenstätigkeit treten überproportional im Bereich Gaststätten und ebenso in Nachrichten und Verkehr auf.

Tab. E-2: Erwerbstätige nach Berufsgruppen, Anteile in % aller Arbeitnehmer/innen bzw. Selbständigen und Subgruppen 1997 (SP)

	Arbeit-nehmer	Selbstän-dige	Selbständigen-Subgruppe					
			I	II	III	IV	V	VI
Landwirtschaftl. u.ä.	0,9	9,1	**16,9**	**19,4**	-	6,3	5,7	-
Gütererzeugende u. ä.*	34,6	24,2	25,4	29,2	-	18,8	**36,6**	-
Juristen	0,4	1,2	-	-	-	-	-	**12,5**
Architekten/Ingenieure	5,2	6,5	-	2,8	**44,4**	2,5	0,8	**22,5**
Ärzte/Verwandt.ärztl.Berufe	3,1	7,4	4,2	6,9	11,1	1,3	4,1	**35,0**
Naturwissenschaftler/ Mathematiker	3,5	2,6	2,8	2,8	**18,5**	-	0,8	2,5
Wirtschaftswiss./Buchprüfer	0,6	1,2	-	-	-	-	0,8	**10,0**
Publizistische Berufe u. ä.**	0,7	3,6	2,8	5,6	**11,1**	1,3	1,6	5,0
sonstige akademische Berufe	3,9	1,0	-	-	-	2,5	0,8	2,5
Leitende Tätigkeiten	2,6	6,2	-	-	-	**15,0**	8,1	7,5
Bürokräfte u. ä.	24,3	1,9	2,8	5,6	-	1,3	0,8	-
Geschäftsf.***/Tätige Inhaber Handel	0,6	8,4	2,8	8,3	-	11,3	**14,6**	-
Verkäufer/Vertreter	6,4	12,4	**21,1**	15,3	7,4	17,5	7,3	2,5
Geschäftsf./Tätige Inhaber Gaststätten	0,2	7,7	11,3	1,4	-	**18,8**	6,5	-
Frisöre	0,7	2,6	4,2	1,4	-		**5,7**	-
Sonstige Dienstleistungsberufe	10,3	2,4	4,2	-	-	3,8	3,3	-
Sonstige Berufsgruppen	2,0	1,7	1,4	1,4	**7,4**	-	2,4	-
Gesamt	100 (n= 4302)	100 (n= 418)	100 (n=71)	100 (n=72)	100 (n=27)	100 (n=80)	100 (n=123)	100 (n=40)

*Bedienungs- und Handlangertätigkeiten, **Künstler/ Berufssportler, ***Geschäftsführer

Differenziert nach Tätigkeitsbereichen findet man Selbständige überproportional in verschiedenen Berufsgruppen (siehe Tabelle E-2). Zum einen in hochqualifizierten freiberuflichen Berufsgruppen, wie Ärzte und Juristen, aber auch in publizistischen und künstlerischen Berufen, unter Geschäftsführern bzw. tätigen Inhabern in Handel und Gaststätten, leitenden Tätigkeiten, aber auch als Verkäufer und Vertreter. Auch hierbei ergeben sich deutliche Unterschiede nach Selbständigen-Subgruppen. Selbständige in professionalisierten Tätigkeiten konzentrieren sich auf wenige Berufsgruppen. Fast ¾ aller Selbständigen in Subgruppe III sind als Architekten bzw. Ingenieure (44,4%), Naturwissenschaftler bzw. Mathematiker (18,5%) oder Ärzte (11,1%) tätig. 80% der Subgruppe VI sind als Ärzte (35%), Architekten bzw. Ingenieure (22,5%), Juristen (12,5%) und Wirtschaftswissenschaftler bzw. Buchprüfer tätig. Die anderen vier Subgruppen streuen wesentlich stärker über die Berufsgruppen. Doch auch bei diesen lassen sich unterschiedliche Berufsgruppen, die mit relativ hohen Anteilen ausgeübt werden, feststellen. In leitenden Tätigkeiten und als Geschäftsführer bzw. tätige Inhaber in Handel und Gaststätten findet man hohe Anteile an Selbständigen in unqualifizierter und qualifizierter Unternehmenstätigkeit. Bei Geschäftsführern und tätigen Inhabern in Gaststätten fallen auch die Anteile der Selbständigen in unqualifizierter „own account"-Tätigkeit hoch aus. Bei den unqualifizierten Selbständigen, und zwar insbesonderer derjenigen in „own account"-Tätigkeiten, fallen die Anteile derer, die als Verkäufer und Vertreter tätig sind, besonders hoch aus.

Insgesamt lässt sich feststellen, dass sich die verschiedenen Selbständigen-Subgruppen nach Tätigkeitsbereichen deutlich unterscheiden. Allerdings kann man starke Konzentrationen auf Wirtschaftszweige und Berufsgruppen lediglich bei den Selbständigen in professionalisierten Unternehmens- und „own account"-Tätigkeiten feststellen. Die anderen Subgruppen streuen stärker über die Wirtschaftszweige und Berufsgruppen. Von besonderem Interesse sind hier die Selbständigen der Subgruppe I und II, also solche in qualifizierten und unqualifizierten „own account"-Tätigkeiten, da sich insbesondere unter diesen Selbständige in Subunternehmer-Arbeitsverhältnissen bis hin zu Scheinselbständigen finden mögen. Die hohen Anteile solcher in den Wirtschaftszweigen Nachrichten und Verkehr sowie Versicherungen bzw. in der Berufsgruppe der Verkäufer und Vertreter sprechen für diese Vermutung. Ein weiterer Wirtschaftszweig, für den international – insbesondere aber in Großbritannien - hohe Anteile an solchen „neuen" Selbständigkeitsformen festgestellt wird, ist die Baubranche. Dies zeigt sich allerdings nicht anhand der SOEP-Daten; in Westdeutschland scheinen selbständige Subunternehmen in Form von Ein-Personen-Unternehmen, bzw. hier Selbständige in „own account"-Tätigkeiten genannt, in der Baubranche keine große Rolle zu spielen, zumindest nicht soweit sie hauptberuflich ausgeübt werden.
Die Tätigkeitsbereiche stellen allerdings nur grobe Differenzierungskriterien der Erwerbstätigen dar. Die Erwerbsbedingungen mögen innerhalb einzelner

Branchen oder Berufsgruppen sehr heterogen sein. Im Folgenden werden Selbständige sowie deren Subgruppen hinsichtlich verschiedener Erwerbsbedingungen mit den Arbeitnehmern und untereinander verglichen.

2.2 Erwerbsbedingungen der Selbständigen-Subgruppen

Wie in Kapitel C dargestellt, ergeben sich bei der Analyse der Erwerbsbedingungen systematische Unterschiede zwischen Arbeitnehmern und Selbständigen, wobei international stark übereinstimmende Muster zu erkennen sind. Arbeitszeit und Einkommen der Selbständigen streuen wesentlich stärker als die der Arbeitnehmer. Im Gegensatz zu internationalen Befunden scheinen in Westdeutschland Selbständige insbesondere in sehr hohen Arbeitszeit- und Einkommensklassen überrepräsentiert zu sein. Solche Unterschiede zwischen Arbeitnehmern und Selbständigen sind von Interesse, da sie als zentrale Merkmale der Erwerbssituation auf systematische Unterschiede der Erwerbsformen hinweisen, aber auch darüber hinaus auf unterschiedliche Motivlagen derer, die die jeweilige Erwerbsformen wählen, schließen lassen. Im Folgenden werden Arbeitszeiten, Einkommen und Zufriedenheitsmaße der Arbeitnehmer und Selbständigen sowie deren Subgruppen verglichen. Dabei werden Mittelwerte, Streuung sowie die Verteilung über verschiedene Arbeitszeit- und Einkommensklassen dargestellt. Aus Übersichtlichkeitsgründen wurden die Angaben der Selbständigen-Subgruppen denen aller Arbeitnehmer gegenübergestellt; d.h. bei den Arbeitnehmern wird nicht nach Qualifikationsgruppen unterschieden.[103] Bei den meisten hier verwendeten Variablen ergibt eine solch differenzierte Analyse nur geringe Unterschiede zwischen den Arbeitnehmer-Subgruppen. Anders zeigen sich die Befunde hinsichtlich der Einkommen, so dass bei diesen Analysen zusätzlich zwischen den verschiedenen Arbeitnehmergruppen differenziert wird. Zur Beurteilung, ob hinsichtlich der in der Stichprobe vorgefundenen Mittelwertdifferenzen ein Inferenzschluss gültig ist, ob also auch auf entsprechende Unterschiede in der Grundgesamtheit geschlossen werden kann, werden T-Tests durchgeführt und die entsprechenden Signifikanzwerte dargestellt.

2.2.1 Arbeitszeit

Die durchschnittliche Arbeitszeit der Selbständigen ist mit 49,0 Wochenarbeitsstunden 1997 deutlich höher als die der Arbeitnehmer (37,6). Der T-Test hat dabei einen hoch signifikanten Unterschied ergeben. Die Arbeitszeitangaben

---

[103] Analog zur Bildung der Selbständigen-Subgruppen nach Arbeitnehmern in Un/Angelerntentätigkeiten, in qualifizierten Tätigkeiten (die eine Berufsausbildung erfordern) und solchen in professionalisierten Tätigkeiten (die ein abgeschlossenes Studium oder einen Fachschulabschluss erfordern).

streuen zudem bei den Selbständigen stärker als bei den Arbeitnehmern (siehe Tabelle E-3).

Tab. E-3: Durchschnittliche Wochenarbeitsstunden, Arbeitnehmer und Selbständige, 1997 (SP)

	Arithmetisches Mittel	Median	Standard-abweichung	n	Fehlerwahrscheinlichkeit bzgl. Mittelwertdifferenz zu Arbeitnehmer
Arbeitnehmer	37,6	40,0	11,3	4266	-
Selbständige gesamt	49,0	50,00	18,4	356	0,000
Subgruppe I	47,0	50,00	23,0	60	0,003
Subgruppe II	49,5	52,00	19,9	59	0,000
Subgruppe III	43,6	46,00	17,4	20	0,144
Subgruppe IV	49,1	50,00	19,3	69	0,000
Subgruppe V	52,1	53,50	14,1	108	0,000
Subgruppe VI	45,4	50,00	16,4	36	0,008

Wie Tabelle E-4 zeigt, unterscheiden sich die Anteile derjenigen in Vollzeit-, Teilzeit- und marginaler Erwerbstätigkeit zwischen Selbständigen und Arbeitnehmern allerdings nur geringfügig. Solche, die nur einen geringfügigen Arbeitsumfang aufweisen, machen sowohl bei den Arbeitnehmern als auch bei den Selbständigen deutlich unter 10% aus. Arbeitnehmer und Selbständige unterscheiden sich insbesondere hinsichtlich der Anteile derer, die zwischen 35 und 45 sowie derer, die 45 und mehr Stunden arbeiten (Abbildung E-1).

Tab. E-4: Arbeitszeitklassen, Arbeitnehmer und Selbständige, 1997 (SP), Anteile in % der jeweiligen Personengruppe (Spaltenprozent)

Arbeitszeitklassen nach Wochenstunden	Arbeitnehmer	Selbständige	Selbständigen-Subgruppe					
			I	II	III	IV	V	VI
marginale Arbeitszeit (< 15)	6,5	8,1	16,7	8,5	10,0	8,7	2,7	8,3
Teilzeit (15 b.u. 35)	18,2	12,1	11,7	15,3	15,0	14,5	9,3	8,3
Vollzeit (>= 35)	75,3	79,8	71,6	76,2	75,0	76,8	88,0	83,4
Gesamt	100 (n=4266)	100 (n=356)	100 (n=60)	100 (n=59)	100 (n=20)	100 (n=69)	100 (n=108)	100 (n=36)

Die durchschnittliche Arbeitszeit der Selbständigen-Subgruppen unterscheidet sich kaum und ist mit Ausnahme des Werts für Selbständige in professionalisierter „own account"-Tätigkeit auch signifikant von der der Arbeitnehmer verschieden. Die höchste Streuung herrscht bei den Selbständigen in unqualifizierten „own account" Tätigkeiten. Wie Tabelle E-4 zeigt, unterscheidet diese von den anderen Subgruppen die mit fast 17% relativ hohen Anteile derjenigen mit geringfügigem Erwerbsumfang.

Abb. E-1: Arbeitszeitklassen (in Wochenstunden), Arbeitnehmer und Selbständige im Vergleich, 1997

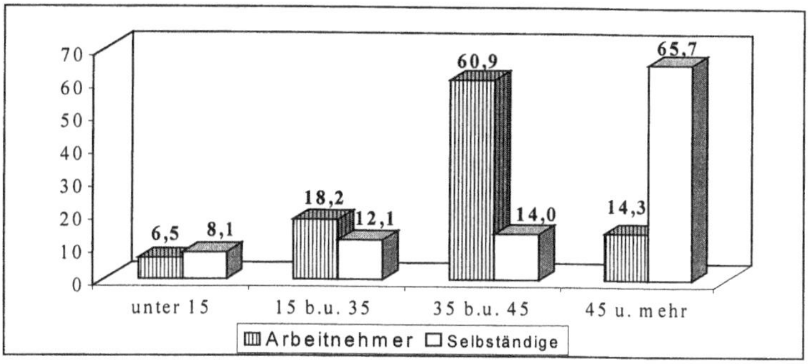

2.2.2 Einkommen

Selbständigen- und Arbeitnehmereinkommen zu vergleichen, erscheint nicht unproblematisch. Die Reliabilität der Einkommensangaben Selbständiger ist in mehrfacher Hinsicht problematisch (vgl. ARONSON 1991: 43f.), zum einen ist die Trennung von Arbeits- und Kapitaleinkommen schwierig;[104] zum anderen kann man annehmen, dass Selbständige häufiger keine genaue Einkommensangabe machen können, da ihnen ihr monatliches Einkommen nicht bewusst ist (Arbeitnehmer erhalten i.d.R. eine Lohn- oder Gehaltsabrechnung und können vermutlich relativ genaue Einkommensangaben machen). Wenn sich Selbständige bei den Einkommensangaben an dem Einkommen orientieren, dass sie bei der Einkommenssteuererklärung angeben, mögen zudem deren Einkommensangaben allein deshalb geringer als die der Arbeitnehmer ausfallen, da sie größere Spielräume der Minderung des zu versteuernden Einkommens haben.
Es bleibt noch anzumerken, dass die Einkommensangaben im SOEP generell problematisch sind, da nach dem durchschnittlichen monatlichen Arbeitseinkommen gefragt wird und dabei keine Einschränkung auf die berufliche Haupttätigkeit erfolgt. Insofern kann man nicht sicher sein, dass sich das angegebene Einkommen auf die hier analysierte Tätigkeit beschränkt. Weiterhin treten vor allem bei den Selbständigen in relativ hohem Umfang fehlende Werte

[104] Die im Folgenden verwendete Einkommensvariable des SOEP bezieht sich explizit ausschließlich auf Arbeitseinkommen; es bleibt allerdings das Problem, dass man nicht sicher sein kann, ob die Selbständigen zwischen beiden Einkommensarten differenzieren.

bei den Einkommensvariablen auf (siehe Tabelle A-2). Ob diese systematisch mit bestimmten Einkommenshöhen variieren, kann man nicht feststellen. Plausibel erscheint aber, dass sowohl bei sehr hohen Einkommen als auch bei niedrigen, unregelmäßigen Einkommen keine Angaben gemacht werden.

Im Folgenden werden die Bruttoeinkommen verwendet, da diese für die Arbeitnehmer auch die Arbeitgeberbeiträge zu den Sozialversicherungen enthalten und somit eine größere Vergleichbarkeit zu den Selbständigeneinkommen gewährt ist. Die entsprechenden Daten wurden auch für die Nettoeinkommen geprüft, wenn sich deutliche Abweichungen in den Befunden ergeben, wird an entsprechender Stelle darauf verwiesen. Es wird im Folgenden darum gehen, Unterschiede hinsichtlich der Einkommen, die mit den unterschiedlichen Erwerbsformen erzielt werden, zu betrachten. Dabei werden die monatlichen Einkommenssummen analysiert. Differenzen können dabei auch wesentlich durch entsprechende Arbeitszeitunterschiede zustande kommen, daher werden auch die Stundeneinkommen analysiert.

Tab. E-5: Bruttoeinkommensmittelwerte, Arbeitnehmer und Selbständige, 1997 (SP)[105]

	Arithmetisches Mittel	Median	Standardabweichung	n	Fehlerwahrscheinlichkeit bzgl. Mittelwertdifferenz zu Arbeitnehmern (AN) insg. (und zu AN der entsprechenden Qualifikationsgruppe)
Arbeitnehmer (AN)	3983,0	3800	2320,1	4098	-
AN in unqualifizierten Tätigkeiten	3265,4	3400	1907,5	1463	-
AN in qualifizierten Tätigkeiten	3876,4	3800	1970,4	2078	-
AN in hochqualifizierten Tätigkeiten	6637,4	6300	2845,22	505	-
Selbständige gesamt	5429,5	4500	4443,8	292	0,000
Subgruppe I	3925,4	3000	3478,0	54	0,904 (0,171)
Subgruppe II	4148,3	4000	2647,5	44	0,682 (0,502)
Subgruppe III	5459,9	5250	3001,9	20	0,041 (0,100)
Subgruppe IV	5317,1	5000	3536,3	59	0,005 (0,000)
Subgruppe V	5417,6	4775	2930,2	86	0,000 (0,000)
Subgruppe VI	10417,2	9000	8685,9	29	0,000 (0,032)

Auch anhand der SOEP-Daten ergeben sich signifikante Einkommensunterschiede zwischen selbständig Erwerbstätigen und Arbeitnehmern. Tabelle E-5 zeigt die Mittelwertdifferenzen für das Jahr 1997. Das arithmetisches Mittel (der Median) der Bruttoeinkommen selbständig Erwerbstätiger beträgt mehr als 5400 (4500) DM und das der Arbeitnehmer knapp 4000 (3800) DM. Der Mittelwertdifferenztest hat dabei ergeben, dass es sich um einen hochsignifikanten Unterschied handelt.

Die Standardabweichung der Bruttoeinkommen ist bei den Selbständigen fast doppelt so hoch wie die der Arbeitnehmereinkommen. In internationalen Vergleichen kommt man zu dem Befund, dass bei Selbständigen sowohl sehr niedrige als auch sehr hohe Einkommensklassen häufiger besetzt sind als bei Arbeitnehmern; wobei die Daten aus Deutschland insofern abweichen, als bei den Selbständigen die niedrigen Einkommen relativ selten vorkommen (siehe Kapitel C). Betrachtet man die Verteilung der Einkommen über die hier unterschiedenen Einkommensklassen, so erkennt man, dass die höhere Streuung der Selbständigeneinkommen insgesamt vor allem durch sehr hohe Einkommen bedingt ist. In Tabelle E-6 werden Einkommensklassen in Prozent eines „Normaleinkommens", hier definiert als das Medianeinkommen von Vollzeitarbeitnehmern, dargestellt, so dass man den Anteil von Erwerbstätigen mit marginalen (unter 50%), mit Niedrigeinkommen (unter 75%) etc. feststellen kann. Demnach unterscheiden sich die Anteile derjenigen mit marginalen und Niedrigeinkommen zwischen Arbeitnehmern und Selbständigen insgesamt nur geringfügig.

Vergleicht man die Einkommensunterschiede zwischen den verschiedenen Selbständigen-Subgruppen, so ergeben sich allerdings unter diesen ebenso deutliche Unterschiede hinsichtlich mittleren Einkommens und Streuung. Die arithmetischen Bruttoeinkommensmittel (Median) der Selbständigen in unqualifizierter und qualifizierter „own account"-Tätigkeit fallen mit ca. 4000 DM (3000 und 4000 DM) deutlich geringer aus als die der restlichen Selbständigen-Subgruppen. Am deutlichsten weicht Typ VI ab, Selbständige in professionalisierter Unternehmens-Tätigkeit, deren Einkommensmittel mehr als 10000 (9000) DM beträgt. Geringere Werte, aber ähnliche Relationen ergeben sich bei den Nettoeinkommen.[106]

[105] Die Unterscheidung der Arbeitnehmergruppen erfolgt analog der Definition der Selbständigen-Subgruppen nach der erforderlichen Qualifikation der Tätigkeit (siehe Übersicht E-3).

[106] Die Einkommensdifferenzen zwischen den Selbständigensubgruppen sind allerdings lediglich bei den beiden Extremgruppen I und IV gegenüber (fast) allen anderen Subgruppen signifikant und variieren über die verschiedenen Erhebungsjahre.

Tab. E-6: Einkommensklassen in Relation zum „Normaleinkommen"*, nach Selbständigen-Subgruppen, 1997 (SP), Anteile in % der jeweiligen Subgruppe (Spaltenprozent)

Einkommensklassen in Relation zum Vollzeit-Medianeinkommen (MEK)	Selbständige	Selbständigen-Subgruppe I	II	III	IV	V	VI
unter 50% des MEK	17,8	33,3	29,5	15,0	15,3	10,5	3,4
50 bis unter 75% des MEK	12,5	18,5	9,1	15,0	10,2	11,6	6,9
75 b.u. 125% des MEK	28,3	24,0	31,8	20,0	32,2	34,9	10,3
125 b.u. 200% des MEK	23,2	11,2	22,8	25,0	30,4	24,4	24,1
>= 200% des MEK	18,2	13,0	6,8	25,0	11,9	18,6	55,2
Gesamt	100 (n=300)	100 (n=54)	100 (n=44)	100 (n=20)	100 (n=59)	100 (n=86)	100 (n=29)

Einkommensklassen in Relation zum Vollzeit-Medianeinkommen (MEK)	Arbeitnehmer	Arbeitnehmer in unqualifizierten Tätigkeiten	qualifizierten Tätigkeiten	hochqualifizierten Tätigkeiten
unter 50% des MEK	18,7	23,0	19,2	5,3
50 bis unter 75% des MEK	14,2	24,6	18,3	3,8
75 b.u. 125% des MEK	44,4	46,7	48,5	26,7
125 b.u. 200% des MEK	18,6	5,2	12,7	49,5
>= 200% des MEK	4,2	0,5	1,3	14,7
Gesamt	100 (n=4098)	100 (n=1463)	100 (n=2078)	100 (n=505)

*Medianeinkommen der Vollzeitarbeitnehmer

Abb. E-2: Einkommensklassen in Relation zum „Normaleinkommen"*, nach Selbständigen-Subgruppen, 1997 (SP), Anteile in % der jeweiligen Subgruppe

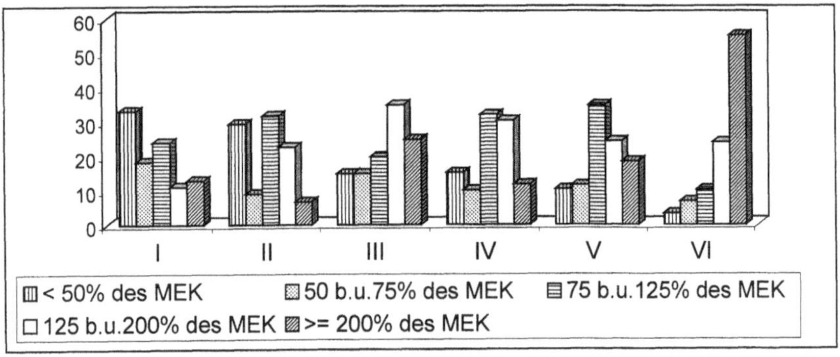

*Medianeinkommen von Vollzeitarbeitnehmern

Außerdem wird deutlich, dass die hohe Streuung der Selbständigeneinkommen überwiegend durch die sehr hohe Standardabweichung von 8685,9 bei Typ VI bedingt ist. Relativ hoch ist auch die der Selbständigen in Un- bzw. Angelernten-Tätigkeiten; sei es dass sie Arbeitnehmer beschäftigen oder nicht. Bei diesen kommt die hohe Streuung allerdings vor allem durch relativ häufig vorkommende marginale bzw. Niedrigeinkommen zu Stande (siehe Abbildung E-2). Diejenigen in qualifizierter Tätigkeit weisen ähnliche Streuungsmaße wie Arbeitnehmer auf.

Wie bereits erwähnt, wird aus Übersichtsgründen bei den Arbeitszeit- und Zufriedenheitsvariablen auf die detaillierte Darstellung eines Vergleichs der Selbständigen-Subgruppen mit den jeweiligen Arbeitnehmergruppen (der entsprechenden Qualifikationsgruppen) verzichtet. Bei den Einkommensvariablen soll aber ein solcher Vergleich nicht ausbleiben, da sich die Einkommen der Arbeitnehmer in Tätigkeiten mit den hier unterschiedenen Qualifikationsanforderungen deutlich unterscheiden.
Vergleicht man die durchschnittlichen Bruttomonatseinkommen von Selbständigen und Arbeitnehmern differenziert nach den Qualifikationsanforderungen der Tätigkeit, so fällt auf, dass die Selbständigeneinkommen nur bei den Arbeitgeber-Selbständigen signifikant höher ausfallen als die der Arbeitnehmer. Bei den Erwerbstätigen in unqualifizierten und qualifizierten Tätigkeiten unterscheiden sich die mittleren Einkommen von „own account"-Selbständigen und Arbeitnehmern nur in geringem Ausmaß und die Mittelwertdifferenzen sind nicht signifikant. „Own account"-Selbständige in professionalisierten Tätigkeiten erzielen sogar signifikant geringere durchschnittliche Einkommen als Arbeitnehmer in Tätigkeiten, die ein Hochschulstudium erfordern.
Was die Verteilung über die Einkommensklassen in Relation zum Medianeinkommen eines Vollzeitarbeitnehmers betrifft, so zeigt die Differenzierung nach Arbeitnehmer-Subgruppen zwar, dass auch bei diesen die Anteile derer mit marginalen Einkommen (unter 50% des Medianeinkommens von Vollzeitarbeitnehmern) deutlich nach Qualifikationsgruppen variieren, doch fallen diese bei Arbeitnehmern in unqualifizierten und qualifizierten Tätigkeiten (23,0% und 19,2) immer noch deutlich niedriger aus als bei der Selbständigen-Subgruppe I (33,9%) und II (29,5%).

Abgesehen von den Erwerbstätigen in professionalisierter Tätigkeit, sind die Arbeitszeiten der Selbständigen-Subgruppen signifikant höher als die der jeweiligen Arbeitnehmergruppe. So dass hinsichtlich der Bruttoeinkommen je Arbeitsstunde, signifikant höhere Einkommen der Selbständigen im Vergleich zur entsprechenden Arbeitnehmergruppe nur noch bei den Arbeitgeber-Selbständigen in unqualifizierter und in professionalisierter Tätigkeit bestehen bleiben; alle anderen Selbständigengruppen weisen keine signifikanten Stundeneinkommensunterschiede zu den entsprechenden Arbeitnehmergruppen auf.

Die Unterschiede in den Mittelwerten und der Streuung der Einkommen zwischen Arbeitnehmern und Selbständigen sind nicht alleine auf höhere Arbeitszeiten sowie deren Streuung bei den Selbständigen zurückzuführen. Auch die Stundeneinkommen der Selbständigen sind signifikant höher als die der Arbeitnehmer. Differenziert man nach Subgruppen, so bleiben diese allerdings nur noch bei den Selbständigen in professionalisierter Unternehmenstätigkeit signifikant höher als die der Arbeitnehmer (siehe Tabelle E-7).

Tab. E-7: Mittelwerte der Brutto-Stundeneinkommen, Arbeitnehmer und Selbständige, 1997

	Arithmetisches Mittel	Median	Standardabweichung	n	Fehlerwahrscheinlichkeit bzgl. Mittelwertdifferenz zu Arbeitnehmer
Arbeitnehmer	103,1	98,56	49,85	3991	-
AN in unqualifizierten Tätigkeiten	90,54	88,10	45,94	1419	-
AN in qualifizierten Tätigkeiten	99,78	99,7	43,0	2034	-
AN in hochqualifizierten Tätigkeiten	156,3	151,2	53,5	491	-
Selbständige gesamt	132,1	100	148,5	254	0,002
Subgruppe I	108,83	79,3	97,0	46	0,692
Subgruppe II	98,0	91,2	55,8	36	0,542
Subgruppe III	217,99	128,0	402,4	16	0,271
Subgruppe IV	119,1	100,0	73,4	52	0,123
Subgruppe V	115,3	97,8	95,1	78	0,263
Subgruppe VI	245,9	216,2	216,22	26	0,002

Insgesamt lässt sich hinsichtlich des Einkommens- und Arbeitszeitvergleichs zwischen Selbständigen und Arbeitnehmern festhalten, dass für das Jahr 1997 zwar insgesamt signifikant höhere Einkommen der Selbständigen festgestellt werden können, die deutlich stärker streuen. Allerdings unterscheiden sich die verschiedenen Selbständigen-Subgruppen erheblich. Selbständige in professionalisierter Unternehmenstätigkeit zeichnen sich dadurch aus, dass sehr hohe Einkommen häufiger als bei Arbeitnehmern vorkommen, bei den Selbständigen in unqualifizierten „own account"-Tätigkeiten kommen dagegen marginale

Einkommen sehr viel häufiger als bei Arbeitnehmern (auch im Vergleich zu denen in der entsprechenden Qualifikationsgruppe) vor. Was die Einkommenshöhe betrifft, so erscheinen lediglich die der Arbeitgeber.Selbständigen wie auch die der Selbständigen in professionalisierten „own account"-Tätigkeiten signifikant höher als die der Arbeitnehmer. Betrachtet man die Bruttostundeneinkommen, so gilt dies im Vergleich zu allen Arbeitnehmern wie auch zu denen der drei Qualifikationsgruppen sogar nur noch für die Selbständigensubgruppe VI. Was die Streuung der Selbständigeneinkommen betrifft, so ist diese in Subgruppe VI mit Abstand am höchsten, sie fällt allerdings auch innerhalb der anderen Subgruppen noch relativ hoch aus und liegt lediglich bei den Selbständigen in qualifizierter Tätigkeit (Subgruppe II und V) nahe bei der der Arbeitnehmer insgesamt, aber auch bei diesen deutlich über der Einkommensstreuung der Arbeitnehmer in qualifizierten Tätigkeiten. Die hohe Streuung der Einkommen Selbständiger ist bei den hochqualifizierten Arbeitgebertätigkeiten vor allem auf Personen mit sehr hohen Einkommen, dagegen bei denjenigen in unqualifizierten (insbesondere in „own account"-) Tätigkeiten auf solche mit sehr niedrigen Einkommen zurückzuführen.

2.2.3 Zufriedenheitsmaße

Will man zusätzlich zu den hier dargestellten Merkmalen zur Charakterisierung der Erwerbssituation subjektive Kriterien verwenden, so eignen sich von den SOEP-Daten die Zufriedenheit mit der Arbeit und die Zufriedenheit mit dem Haushaltseinkommen.[107] Zufriedenheit ist zwar nicht allein auf objektiv vorgefundene Faktoren zurückzuführen, sondern wird immer vor dem Hintergrund spezifischer Erwartungen und Ansprüche gebildet und mag sich demnach nach Personengruppen deutlich unterscheiden. Doch können solche Maße in Ergänzung zu der Analyse objektiver Merkmale auf unterschiedliche Erwerbssituationen hinweisen. Selbständige Erwerbstätigkeit mag einerseits mehr Freiräume hinsichtlich der Arbeits- und Arbeitszeitgestaltung bieten und so zu einer höheren subjektiven Zufriedenheit führen, kann aber auch andererseits, insbesondere bei unfreiwilliger Selbständigkeit zu geringerer Zufriedenheit führen.

Zwischen den Selbständigen und den Arbeitnehmern ergeben sich 1997 keine auffälligen Unterschiede hinsichtlich der Arbeitszufriedenheit. Wie Tabelle E-8 zeigt, unterscheiden sich die Mittelwerte nur geringfügig und weichen nur bei der Selbständigen-Subgruppe I signifikant von denen der Arbeitnehmer ab.

Was die Zufriedenheit mit dem Haushaltseinkommen betrifft, so liegt diese im Durchschnitt für alle Selbständigen signifikant unterhalb der der Arbeitnehmer. Differenziert nach Subgruppen trifft dies allerdings nur für Selbständige in unqualifizierten und qualifizierten „own account"-Tätigkeiten sowie für solche in

[107] Sinnvoller wäre es hier, die Zufriedenheit mit dem individuellen Einkommen zu verwenden; diese wird aber im SOEP nicht erfasst.

unqualifizierter Unternehmenstätigkeit zu. Subgruppe VI weisst eine signifikant höhere Zufriedenheit mit dem Haushaltseinkommen auf.

Tab. E-8: Mittelwerte der Arbeitszufriedenheit, Arbeitnehmer und Selbständige, 1997

	Arithmetisches Mittel	Median	Standardabweichung	n	Fehlerwahrscheinlichkeit bzgl. Mittelwertdifferenz zu Arbeitnehmer
	Arbeitszufriedenheit				
Arbeitnehmer	7,1	7	1,9	4277	-
Selbständige gesamt	7,0	7	2,0	407	0,212
Subgruppe I	6,6	7	2,1	67	0,027
Subgruppe II	6,9	7	2,1	73	0,433
Subgruppe III	7,0	8	2,2	25	0,919
Subgruppe IV	6,8	7	2,1	77	0,254
Subgruppe V	7,1	8	1,9	121	0,718
Subgruppe VI	7,4	8	1,7	39	0,310
	Zufriedenheit mit dem Haushaltseinkommen				
Arbeitnehmer	7,1	7	1,9	4277	-
Selbständige gesamt	6,05	7	2,15	406	0,000
Subgruppe I	5,31	5	2,18	67	0,000
Subgruppe II	5,64	6	1,91	73	0,002
Subgruppe III	6,15	7	2,28	25	0,348
Subgruppe IV	5,86	6	2,0	77	0,003
Subgruppe V	6,44	7	2,0	121	0,706
Subgruppe VI	7,15	7	1,67	39	0,036

2.3 Die soziodemographische Zusammensetzung der Selbständigen-Subgruppen

Übereinstimmender Befund vieler Studien ist die unterschiedliche Repräsentanz verschiedener sozialer Gruppen unter den abhängig Beschäftigten und den selbständig Erwerbstätigen. Im Folgenden wird ein solcher Vergleich für die aus segmentationstheoretischen Überlegungen relevanten soziodemographischen Merkmale vorgenommen. Zur Beurteilung etwaiger Zusammenhänge wird das χ^2-basierte Zusammenhangsmaß Cramers V berechnet, das sich zur Analyse nominalskalierter Daten eignet.

Tabelle E-9 zeigt, dass 1997 Frauen, Ausländer sowie jüngere Erwerbstätige (unter 25Jährige) im Vergleich zu ihren Anteilen an den Arbeitnehmern unterproportional unter den Selbständigen vertreten sind. Über 64Jährige sind dagegen überrepräsentiert.

Tab. E-8: Die Soziodemographische Zusammensetzung der Erwerbstätigen, Arbeitnehmer und Selbständige im Vergleich, 1997 (SP)

	Arbeit-nehmer	Selbstän-dige	Selbständigen-Subgruppen I	II	III	IV	V	VI
Frauen	43,0	30,3	42,3	32,9	29,6	40,0	21,1	17,5
Männer	57,0	69,7	57,7	67,1	70,4	60,0	78,9	82,5
Cramer-V (Signifikanz)	0,072 (0,000)		0,199 (0,006)					
Ausländer[108]	22,5	14,3	15,5	6,8	7,4	31,3	12,2	2,5
Deutsche	77,5	85,7	84,5	93,2	92,6	68,8	87,8	97,5
Cramer-V (Signifikanz)	0,056 (0,000)		0,261 (0,000)					
unter 25Jährige	14,1	2,6	5,6	2,7	0	2,5	2,4	0
25 bis 44Jährige	56,8	57,7	57,8	58,9	62,9	61,3	57,7	45,0
45 bis 64Jährige	27,9	35,8	35,2	37,0	22,2	32,5	36,6	47,5
über 64Jährige	0,2	3,8	1,4	1,4	14,8	3,8	3,3	7,5
Cramer-V (Signifikanz)	0,171 (0,000)		0,128 (0,115)					

Differenziert man nach Selbständigen-Subgruppen so erkennt man, dass Frauen unter den Selbständigen in unqualifizierten Tätigkeiten nicht unterrepräsentiert sind (ca. 40%). Unterrepräsentiert sind sie bei qualifizierten und professionalisierten Tätigkeiten, insbesondere unter den Arbeitgeber-Selbständigen (ca. 21 bzw. 18%).
Erwerbstätige, die keine deutsche Staatsangehörigkeit aufweisen, sind unter den Selbständigen in unqualifizierter Unternehmenstätigkeit deutlich überrepräsentiert und unter den Selbständigen in professionalisierten Tätigkeiten wie auch in qualifizierten „own account"-Tätigkeiten deutlich unterrepräsentiert.
Hinsichtlich der Altersklassen fällt insbesondere die starke Überrepräsentanz der über 65Jährigen bei den Selbständigen professionalisierten und hierbei insbesondere den „own account"- Tätigkeiten auf; was aber vor dem Hintergrund des obligatorischen Rentenalters bei den Arbeitnehmern zu erwarten war.

2.4 *Fazit: Hinweise auf Typen selbständig Erwerbstätiger?*

Die Analysen zur Charakterisierung selbständig Erwerbstätiger im Vergleich zu Arbeitnehmern haben verdeutlicht, dass die alleinige Gegenüberstellung der Gesamtheit von Arbeitnehmern und Selbständigen deutliche Unterschiede zwischen den Selbständigen-Subgruppen verdecken. Die Selbständigen-Subgruppen unterscheiden sich deutlich sowohl hinsichtlich der Tätigkeitsbereiche, der Einkommen sowie der soziodemographischen Zusammensetzung. Zwar sind

[108] Hier wurde aus Vergleichsgründen nicht hochgerechnet, deshalb entsprechen die Ausländeranteile nicht denen in der Grundgesamtheit (dort liegen sie deutlich darunter); der Vergleich mit den hochgerechneten Fallzahlen hat ergeben, dass sich die Relationen des Ausländeranteils in abhängiger und selbständiger Beschäftigung nicht wesentlich ändert.

diese Unterschiede, abgesehen von den professionalisierten Arbeitgeber-Selbständigen nicht derart, dass man in den Subgruppen eine deutliche Konzentration von Personen in einzelnen Tätigkeitsbereichen, mit bestimmten Einkommen und spezifischen soziodemographischen Merkmalen feststellen kann. Eine Typisierung in diesem Sinne liefert die Subgruppen-Bildung also nicht. Doch sind die Unterschiede zwischen den Subgruppen sowie in Relation zu den Arbeitnehmern (wie auch den verschiedenen Qualifikationsgruppen von Arbeitnehmern) deutlich zu erkennen. In der Literatur hervorgehobene Unterschiede zwischen Selbständigen und Arbeitnehmern treffen vor allem für Arbeitgeber-Selbständige in qualifizierten und professionalisierten Tätigkeiten zu. Insbesondere Selbständige in unqualifizierten „own account"-Tätigkeiten weisen den entsprechenden Arbeitnehmergruppen ähnliche Erwerbsbedingungen auf.

Bisher wurden die Analysen für das Jahr 1997 dargestellt. Vergleicht man diese mit den Daten aus den einzelnen Erhebungsjahren seit 1984, so ist die soziodemographische Zusammensetzung wie auch die Verteilung über die Tätigkeitsbereiche der Arbeitnehmer, Selbständigen und Selbständigensubgruppen, abgesehen von einer Zunahme des Frauenanteils relativ stabil. Die Frauenanteile in den einzelnen Subgruppen schwanken allerdings über die verschiedenen Jahre. Die Subgruppen III, V und VI weisen dabei in allen Jahren den geringsten Frauenanteil auf. Ausgeprägter sind die Schwankungen der Durchschnittseinkommen. Abgesehen von einer stetigen Zunahme der Einkommen aller Erwerbsgruppen, schwanken die der Selbständigensubgruppen deutlich. Die Durchschnittseinkommen der Subgruppe I sind in allen Jahren die niedrigsten, die der Subgruppe VI die höchsten, bei allen anderen aber variiert die Einkommensposition gemessen an den Durchschnittseinkommen.

Die deutlichen Schwankungen der Zusammensetzung der selbständig Erwerbstätigen mag mit der Dynamik selbständiger Erwerbstätigkeit zusammenhängen. Im Folgenden werden zunächst die quantitativen Entwicklungen im Zeitverlauf analysiert, wobei insbesondere nach der quantitativen Bedeutung der Subgruppen gefragt wird. Erwerbsverläufe der Selbständigen werden in den darauf folgenden Kapitel einer nach Subgruppen differenzierten Analyse unterzogen.

3. Die quantitative Entwicklung der selbständigen Erwerbstätigkeit in Westdeutschland 1984 – 1997

Ziel der folgenden Abschnitte ist es, die quantitative Entwicklung der selbständigen Erwerbstätigkeit, wie sie sich seit 1984 in Westdeutschland zeigt, zu beschreiben. Es geht dabei nicht allein um die Frage der quantitativen Bedeutung selbständiger Erwerbstätigkeit, sondern auch um Strukturveränderungen in der Zusammensetzung der Selbständigen. Daher werden auch die Selbständigen-

quoten und die Zusammensetzung der Selbständigen nach den Subgruppen dargestellt. Zusätzlich zu den jährlichen Bestandszahlen und Selbständigenquoten wird die quantitative Entwicklung der Ein- und Austrittszahlen analysiert, um so einen ersten Überblick über die Dynamik der selbständigen Erwerbstätigkeit, wie sie sich in den SOEP-Daten zeigt, zu erhalten.
Der Zeitraum, seitdem quantitativ bedeutsame Veränderungen hinsichtlich der selbständigen Erwerbstätigkeit wie auch im Bereich (anderer) atypischer Beschäftigungsformen in Deutschland beobachtet werden, sind die frühen 80er Jahre; dieser fällt ungefähr mit dem Beginn des SOEP zusammen. Es fehlt somit ein Vergleich mit Jahren, die vor dem Zeitpunkt liegen, seitdem in der Literatur ein Anstieg solcher Erwerbsformen konstatiert wird.[109] Der Schwerpunkt wird im Rahmen dieser Arbeit nicht auf die Zeitreihenanalyse der Entwicklung der Selbständigenquoten gelegt. Insgesamt soll die Analyse der quantitativen Entwicklungen hier auch lediglich einen knappen Überblick über die (subgruppenspezifischen) Entwicklungen liefern.

3.1 Globale Entwicklungen

Zunächst zu den globalen Selbständigenquoten. Wie in Kapitel C dieser Arbeit bereits dargestellt, ist die spezifische Definition dieser Quote insbesondere bei der Analyse des Zusammenhangs zwischen der Entwicklung von Arbeitslosenquoten und Selbständigenquoten von Bedeutung. Hier werden drei Selbständigenquoten dargestellt, die sich hinsichtlich der Abgrenzung der Erwerbspersonenkategorien im Nenner unterscheiden; diese sind definiert als der Anteil der Selbständigen:

- an allen Erwerbstätigen (SQI);
- an allen Erwerbspersonen, wobei als Erwerbspersonen Erwerbstätige und gemeldete Arbeitslose (SQII) erfasst werden;
- an allen Erwerbspersonen, wobei zu den Erwerbspersonen Erwerbstätige, gemeldete Arbeitslose wie auch Personen der Stillen Reserve (SQIII) gezählt werden.

Da die Selbständigenquoten in der Landwirtschaft relativ hoch ausfallen und dieser Sektor insgesamt abnehmende Erwerbstätigenzahlen aufweist, wird die Entwicklung meist nicht nur insgesamt, sondern auch auf nicht-landwirtschaftliche Sektoren begrenzt dargestellt; entsprechend wird auch hier verfahren. Die verschiedenen Quoten sind in Abbildung E-3 dargestellt.
Es zeigen sich für den gesamten Untersuchungszeitraum 1984 bis 1997 bei keiner der verwendeten Quoten besonders auffällige Entwicklungen. Insgesamt ist in den 90er Jahren ein leichter Aufwärtstrend – deutlicher bei den Quoten in

---

[109] PFEIFFER hat die Trendwende aufgrund der Analyse der Mikrozensus-Daten auf 1981 datiert (siehe Kapitel C).

nicht-landwirtschaftlichen Sektoren – zu erkennen. Lediglich 1994 sinken die Quoten, steigen danach aber wieder deutlicher an. Warum dieses Jahr so markant aus der Entwicklung herausfällt, ist unklar. Es könnte sich um einen Artefakt handeln, da in 1994 relativ viele Personen sowohl einen Codewert für abhängig beschäftigt als auch für selbständig erwerbstätig aufweisen. Da entsprechende Werte nur in den Jahren 1994 und 1984 vorkommen und die Selbständigenquote 1994 aufgrund der relativ niedrigen Zahl an Selbständigen geringer ausfällt (nicht aufgrund erhöhter Zahl abhängiger Beschäftigter; siehe Tabelle A-4a) scheint es plausibel, dass das Abweichen der Quoten 1994 zumindest teilweise durch die Herausnahme der Fälle mit fehlerhaften Werten bedingt ist.[110] Allerdings kann man im Jahre 1989 ein ähnlich starkes Absinken der Selbständigenquote feststellen, das nicht auf den Ausschluss fehlerhafter Fälle zurückzuführen ist. Bei einem so kurzen Zeitraum kann man nicht prüfen, ob es sich um zyklische Schwankungen oder einen klaren Trend handelt. Diese Frage steht hier auch nicht im Vordergrund und soll deshalb nicht weiter erörtert werden.

Betrachtet man die Entwicklungen der Personenzahlen der verschiedenen Erwerbskategorien, wie sie in Abbildung A-1 (Anhang) dargestellt sind, so fällt auf, dass der 1985, 1989 und 1994 beobachtete Rückgang der Selbständigenquote – gemessen an der Zahl der Selbständigen in Relation zur Zahl der abhängig Beschäftigten – vor allem durch den Rückgang der Zahl der selbständig Erwerbstätigen und der Anstieg der Quote seit Mitte der 90er Jahre sowohl durch die Zunahme der Selbständigenzahlen als auch durch die Abnahme der Zahl der abhängig Beschäftigten bedingt ist.

---

[110] Diese Kombination dürfte eigentlich nicht vorkommen (siehe E 1.1.2), deshalb sind alle Personen, die diese aufweisen, hier aus der Analyse herausgenommen. Nimmt man die Personen, die eine Kodierung sowohl für abhängige Beschäftigte als auch für selbständig Erwerbstätige aufweisen zu den Selbständigen hinzu (es handelt sich hochgerechnet um 133930) so liegt die Selbständigenzahl 1994 nahe bei der von 1995.

Abb. E-3: Selbständigenquoten 1984 – 1997, Westdeutschland gesamt und außerhalb der Landwirtschaft (hochgerechnet)[111]

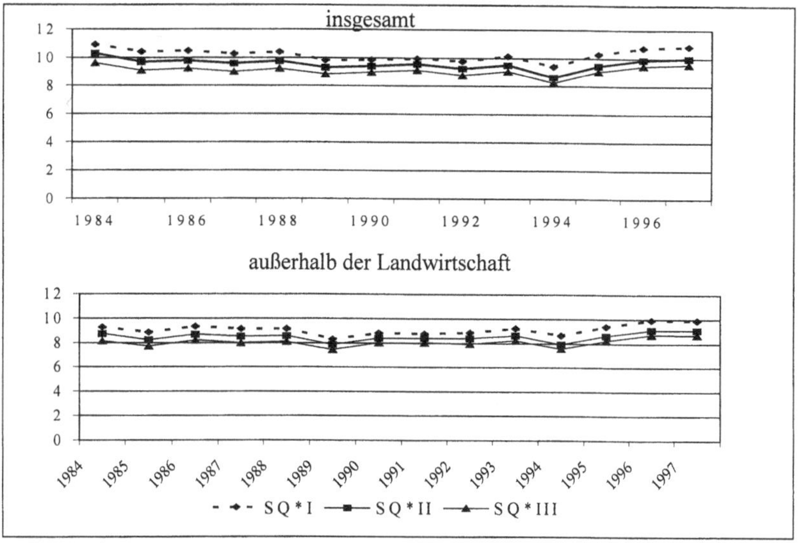

Abb. E-4: Selbständigenquoten außerhalb der Landwirtschaft Westdeutschland 1984 – 1997, nach Geschlecht[112]

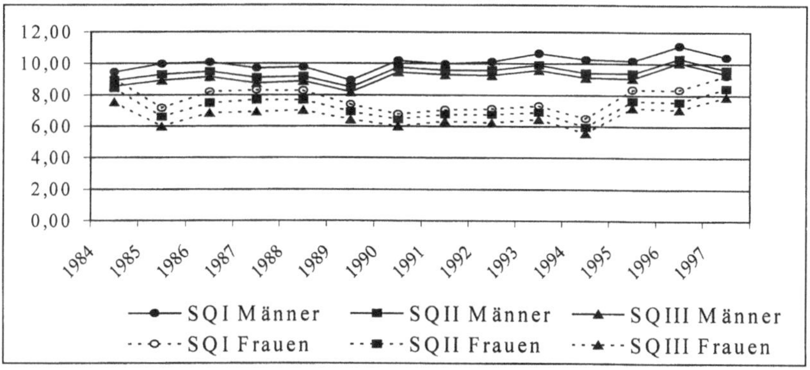

Betrachtet man die quantitative Entwicklung differenziert für Frauen und Männer, zeigen sich deutliche Unterschiede. Abbildung E-4 zeigt die geschlecht-

[111] In den Tabellen A-4a und b und A-5 (Anhang) findet man die entsprechenden Datentabellen (hochgerechnet und Stichprobenwerte).

[112] Die entsprechenden Fallzahlen findet man in Tabelle A-6 und A-7 (Anhang).

spezifischen Selbständigenquoten außerhalb der Landwirtschaft. Die Quoten der Männer liegen deutlich über denen der Frauen und sie schwanken weniger als die der Frauen. Der Anstieg der Selbständigenquoten außerhalb der Landwirtschaft seit Mitte der 90er Jahre ist bei den Frauen wesentlich stärker ausgeprägt. Außerdem steigen bei ihnen im Gegensatz zu den Männern in den 90er Jahren die Selbständigenzahlen – mit Ausnahme des Jahres 1994 - kontinuierlich an; bei den westdeutschen Männern dagegen schwanken die Selbständigenzahlen deutlich.

Hinter diesen Entwicklungen können sich ganz unterschiedliche Dynamiken verbergen, denn die Veränderung der Selbständigenquote zeigt lediglich die Nettoeffekte der Veränderung von Eintritten und Austritten in die bzw. aus der Selbständigkeit. Im Folgenden wird daher die Entwicklung der Ein- und Austritte dargestellt.
Hierbei gibt es insbesondere unter den Frauen auch einige Personen, die (häufiger) zwischen dem Status selbständiger Erwerbstätigkeit und mithelfender Familienangehöriger wechseln. Es ist zu vermuten, dass es sich hierbei häufig nicht um tatsächliche Erwerbsformenwechsel handelt. Um eine Überschätzung der Dynamik der Ein- und Austritte zu vermeiden, ist auch eine zweite Definition herangezogen worden, bei der die Ströme aus bzw. in den Status mithelfender Familienangehöriger ausgeschlossen worden sind. Die Befunde zu dieser Abgrenzung werden im Folgenden dargestellt, im Anhang finden sich auch die Ein- und Austritte, die auch alle Wechsel enthält (siehe Tabellen A-8). Da bei der hier zugrunde gelegten Definition von Ein- und Austritten jeweils Informationen aus zwei aufeinander folgenden Jahren verwendet worden sind, wurden entsprechende Längsschnitthochrechnungsfaktoren verwendet.[113]
Abbildung E-5 zeigt, dass die Ein- und Austritte über die Jahre deutlich schwanken. Die hochgerechneten Eintrittszahlen variieren zwischen 295 Tausend (1992) und 604 Tausend (1995), die Austrittszahlen zwischen 210 Tausend (1996) und 475 Tausend (1988). Die Stromgrößen liegen damit zwar deutlich unter den Bestandszahlen, sie machen allerdings in einzelnen Jahren doch einen erheblichen Anteil aller Selbständigen aus; 1995 beträgt der Anteil der Eintritte am Selbständigenbestand knapp 25%, die Austritte ca. 14%; insgesamt schwanken diese Werte zwischen 11 und 24%.

[113] Ob man hierbei Längs- oder Querschnittshochrechnungsfaktoren verwenden sollte, obliegt einem gewissen Interpretationsspielraum. Zur Kontrolle sind die Ein- und Austritte auch mit Querschnittshochrechnungsfaktoren ermittelt, wobei sich allerdings keine gravierenden Unterschiede ergeben haben; die Werte sind lediglich in den meisten Fällen etwas geringer ausgefallen.

Abb. E-5: Ein- und Austritte* in Westdeutschland, 1984-1997 (hochgerechnet)

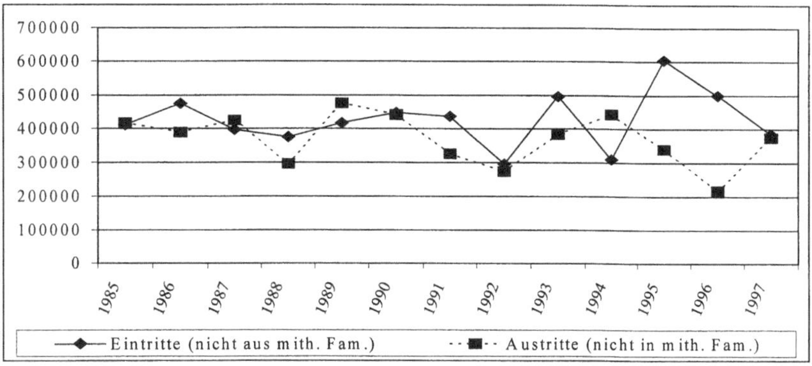

* ohne Wechsel aus und in mithelfende Familienangehörigen-Status

3.2 Die Entwicklung der Subgruppen selbständig Erwerbstätiger

Wie im Theorieteil herausgestellt worden ist, wird die Entwicklung wieder ansteigender Selbständigenquoten unterschiedlich beurteilt; von einigen Autoren als Ausdruck eines zunehmenden Unternehmertums und als ein Trend hin zu selbstbestimmten Erwerbsformen, von anderen als Folge einer Beschäftigungskrise bzw. zunehmender marginalisierter oder risikobehafteter Erwerbsformen angesehen. Die Bewertungen fallen unter anderem deshalb so heterogen aus, weil mit der Kategorie der Selbständigen sehr heterogene Erwerbstätigkeiten erfasst werden. Im Folgenden wird analysiert, ob sich die Zunahme selbständiger Erwerbstätigkeit bei allen oder einzelnen hier unterschiedenen Subgruppen zeigt. Zum einen wird die subgruppenspezifische Zusammensetzung der Selbständigen und zum anderen die Entwicklung der Selbständigenquoten für die einzelnen Subgruppen analysiert. Erstere Analyse erlaubt die Einschätzung der Bedeutsamkeit der verschiedenen Subgruppen, letztere erlaubt die Einschätzung, ob es sich um spezifische Entwicklungen bei den Selbständigen handelt oder um solche, die bei allen Erwerbstätigen gleichermaßen zu beobachten sind.

3.2.1 Subgruppen nach Mitarbeiterzahl und Qualifikationsanforderung

Zunächst wird die Zusammensetzung der Selbständigen nach den Ausprägungen der beiden Variablen, die hier zur Differenzierung von Subgruppen selbständig Erwerbstätiger herangezogen worden sind, jeweils getrennt dargestellt. Die entsprechenden Graphiken und Tabellen befinden sich im Anhang. Anschließend wird die quantitative Entwicklung der Subgruppen im Zeitverlauf dargestellt. Für die Subgruppen werden jeweils die absolute Anzahl als auch deren Anteil an allen Selbständigen dargestellt. Die zentrale Frage ist, ob Sub-

gruppen, die man eher atypischen Beschäftigungsformen zuordnen kann, im Erhebungszeitraum zugenommen haben.
Wie bereits in Kapitel C herausgestellt, sind im internationalen Vergleich die Anteile der Selbständigen ohne Beschäftigte an allen Selbständigen in Westdeutschland relativ gering. Liegen diese in den meisten Industriestaaten (deutlich) über 50%, so betragen sie hier lediglich 40%. Anhand der hochgerechneten Fallzahlen des SOEP, die in Tabelle E-11 dargestellt sind, ergibt sich im Untersuchungszeitraum seit Mitte der 90er Jahre in Westdeutschland ein deutlicher Anstieg deren Anteils an allen Selbständigen. 1984 betrug dieser gut 31%, 1997 gut 46%. Der Anteil derjenigen mit bis zu 20 Mitarbeitern sinkt dagegen im gleichen Zeitraum von gut 60% auf knapp 47%, der der Selbständigen mit mehr als 20 Mitarbeitern schwankt knapp zwischen 5 und 12%.
Die Entwicklungen verlaufen nicht linear, sondern sind z.T. deutlichen Schwankungen unterworfen. Deutlich ist aber die Zunahme sogenannter „own account"-Selbständigen. Tabelle E-11 zeigt, dass dieser Anstieg nicht alleine durch die Entwicklung der absoluten Zahlen der beiden anderen Selbständigengruppen bedingt ist. Die Anzahl der Selbständigen ohne Mitarbeiter nimmt im Zeitverlauf zu, die derjenigen mit Mitarbeitern dagegen ab.

Tab. E-11: Selbständige nach Angabe zur Beschäftigtenzahl des Gesamtunternehmens (MA), Westdeutschland 1984 – 1997 (hochgerechnet), absolut und in % aller Selbständigen[114]

Unterneh-mensgröße	1984	1985	1986	1987	1988	1989	1990	1991	1992	1993	1994	1995	1996	1997
	absolut, in Tausend													
ohne MA	872	840	800	790	865	1150	1001	1040	921	1048	882	1168	1101	1373
bis zu 20 MA	1698	1384	1269	1306	1331	1302	1279	1589	1430	1631	1348	1229	1343	1384
20 und mehr	215	185	230	211	151	163	233	183	190	138	127	330	292	195
k.A.	58	303	409	460	516	86	221	37	198	52	224	16	173	0
	valide %													
ohne MA	31,3	34,8	34,7	34,2	36,8	43,9	39,8	36,9	36,2	37,2	37,4	42,8	40,2	46,5
bis zu 20 MA	60,9	57,4	55,2	56,6	56,7	49,8	50,9	56,5	56,2	57,9	57,2	45,0	49,0	46,8
20 und mehr	7,71	7,67	10,0	9,17	6,43	6,22	9,27	6,52	7,47	4,89	5,39	12,0	10,6	6,62

* k.A.: keine Angabe zur Mitarbeiterzahl

Wie bereits erwähnt, sind die Angaben zur Mitarbeiterzahl für die Abgrenzung von Selbständigengruppen nicht unproblematisch. Ein weiteres Problem stellen die fehlenden Angaben dar. Die dargestellten Anteile beziehen sich lediglich auf diejenigen Selbständigen, die zur Größe des Unternehmens eine Angabe gemacht haben (valide Prozent). Fehlende Angaben sind zumindest in einzelnen Jahren relativ häufig; deren Anteile schwanken bei den Selbständigen zwischen 1% und über 17%. Dabei ist auffällig, dass die Anzahl derer ohne Angabe zur

[114] Die entsprechenden Stichprobenwerte befinden sich in Tabelle A-9 (Anhang)

Unternehmensgröße, deutlich entgegengesetzt zu denen ohne Mitarbeiter schwankt (siehe Abbildung A-2). Erstaunlich ist, dass Selbständige in so hohem Ausmaß keine Angabe zur Unternehmensgröße nach Mitarbeiterzahl machen; die Frage erscheint nicht sensitiv, so dass vermutet werden kann, dass die Befragten andere Probleme haben, diese Frage zu beantworten. Möglicherweise fällt es gerade den Selbständigen, die eher für andere Unternehmen arbeiten, also atypisch Beschäftigte sind, besonders schwer eine Angabe zu der Zahl der Beschäftigten zu machen, da ihnen unklar ist, ob sie die Mitarbeiterzahl des Unternehmen, für das sie arbeiten, angeben sollen oder die Anzahl der eigenen Mitarbeiter.

Der Anteil der Selbständigen, die angeben, dass für ihre Tätigkeit eine Berufsausbildung erforderlich ist, liegt im gesamten Erhebungszeitraum bei 50%; er schwankt nur leicht zwischen 48 und ca. 55%. Alle anderen Qualifikationsgruppen schwanken deutlich.
Selbständige für deren Tätigkeit keine Berufsausbildung erforderlich ist, nehmen zwar bis 1989 stetig ab, schwanken von da an aber zwischen ca. 7 und 14%. 1997 liegt deren Anteil bei lediglich 6,7%; ob die Schwankungen einen längerfristigen Trend lediglich unterbrechen oder die Anteile grundsätzlich schwanken, vermag man aufgrund der vorliegenden Daten nicht zu beurteilen. Personen, die angeben, dass für ihre Tätigkeit lediglich eine Einarbeitung notwendig ist, entwickeln sich ähnlich, auch deren Anteil schwankt im Zeitverlauf zwischen 7 und 15%. Diese Entwicklung erweckt insgesamt den Eindruck einer langfristigen Abnahme, der allerdings vor allem durch den niedrigen Wert in 1997 entsteht. Der Anteil derer, die als erforderliche Qualifikation „Einweisung“ angeben, ist insgesamt zwar in den meisten Erhebungsjahren (mit Ausnahme von 1989 – 1991) mit weniger als 5% relativ gering, er schwankt aber noch deutlicher als die anderen und sinkt auch im Jahr 1997 nicht ab, sondern steigt wieder auf über 4%. Insgesamt scheinen die Anteile derer in Tätigkeiten ohne bzw. mit geringen Qualifikationsanforderungen von 1984 bis 1997 nicht zuzunehmen, tendenziell sogar eher abzunehmen; dagegen nimmt der Anteil der Selbständigen, für deren Tätigkeit ein Fachschul- oder Hochschulabschluss erforderlich ist, deutlich und nahezu stetig von 11% in 1984 auf über 20% in 1996 zu; 1997 sinkt er allerdings wieder leicht auf gut 17%.

Auf Basis der vorliegenden Daten kann keine überproportionale Zunahme von selbständiger Erwerbstätigkeit in un- bzw. geringqualifizierter Selbständigkeit festgestellt werden. Allerdings zeigt sich insbesondere bei geringqualifizierten Tätigkeiten insgesamt kein längerfristiger Entwicklungstrend; es sind vielmehr durchgehende Schwankungen zu erkennen.

Tab. E-12: Selbständige nach erforderlicher Ausbildung der Tätigkeit, Westdeutschland 1984 – 1997 (hochgerechnet), absolut (in Tausend) und in % aller Selbständigen[115]

Erforderliche Ausbildung	1984	1985	1986	1987	1988	1989	1990	1991	1992	1993	1994	1995	1996	1997
	absolut, in Tausend													
Keine Ausb.	353	263	253	253	243	268	299	229	225	336	322	232	242	196
Einweisung	131	65	97	52	66	173	210	190	101	70	85	88	57	126
Einarbeitung	400	304	299	285	297	262	308	420	226	230	185	282	279	197
Kurse	218	175	171	179	220	197	101	200	207	279	239	241	226	417
Berufsausb.	1390	1323	1160	1239	1187	1340	1206	1317	1292	1366	1080	1336	1333	1469
Studium	308	257	290	293	295	381	381	446	463	561	458	523	564	499
keine Angabe	43	325	438	465	555	79	229	47	224	26	211	42	209	49
	valide %													
Keine Ausb.	12,6	11,0	11,1	11,0	10,5	10,2	11,9	8,2	9,0	11,8	13,6	8,6	9,0	6,7
Einweisung	4,7	2,7	4,3	2,3	2,9	6,6	8,4	6,8	4,0	2,4	3,6	3,3	2,1	4,3
Einarbeitung	14,3	12,7	13,2	12,4	12,9	10,0	12,3	15,0	9,0	8,1	7,8	10,5	10,3	6,8
Kurse	7,8	7,3	7,5	7,8	9,5	7,5	4,0	7,1	8,2	9,8	10,1	8,9	8,4	14,3
Berufsausb.	49,6	55,4	51,1	53,8	51,4	51,1	48,2	47,0	51,4	48,1	45,6	49,5	49,3	50,6
Studium	11,0	10,8	12,8	12,7	12,8	14,5	15,2	15,9	18,4	19,7	19,3	19,3	20,8	17,2

Vergleicht man diese Entwicklung mit der in abhängiger Beschäftigung, so zeigt sich anhand der qualifikationsspezifischen Selbständigenquoten (vgl. Tabelle A-11, Anhang), dass insbesondere in der Gruppe derjenigen in Tätigkeiten, bei denen die höchste erforderliche Qualifikation Schulungen und Kurse sind, in den 90er Jahren die Anteile der Selbständigen an allen Erwerbstätigen deutlich gestiegen sind; daher wird diese Ausprägung an dieser Stelle gesondert ausgewiesen und nicht unter die Kategorie der Un- und Angelernten-Tätigkeiten subsumiert. Dieser betrug 1991 noch knapp 1% und ist bis 1997 stetig auf knapp 22% angestiegen. Ebenso steigen – mit Ausnahme von 1994 - nach einer längeren Abwärtsentwicklung die Selbständigenquoten der Erwerbstätigen in Un- und Angelernten-Tätigkeiten seit 1992 an. Bei Tätigkeiten mit erforderlicher Fachschul- oder Hochschulausbildung sind die Selbständigenquoten seit 1984 bis 1993 auf über 14% nahezu stetig gestiegen und bis 1997 wieder auf gut 11% gesunken. Unter denjenigen mit erforderlichem Berufsausbildungsabschluss schwanken die Selbständigenquoten über den gesamten Zeitraum und betragen 1997 mit gut 10% nahezu den gleichen Wert wie 1984. Mit Ausnahme der Kategorie „Kurse" kann man somit keine spezifische Entwicklung unter den Selbständigen feststellen. Die Zunahme hochqualifizierter Tätigkeiten bei den Selbständigen ist im Vergleich zu der Entwicklung unter den Arbeitnehmern nicht überproportional und stellt keine Sonderentwicklung dar; im Gegenteil

[115] Die entsprechenden Stichprobenwerte befinden sich in Tabelle A-10 (Anhang).

gehen 1994 die Selbständigenquoten dieser Qualifikationsgruppe wieder deutlich zurück. Die zunehmende und im Vergleich zu abhängig Beschäftigten hohe Bedeutung von Kursen als erforderlichem Ausbildungsabschluss kann sowohl durch das zunehmende Angebot an Existenzgründungsseminaren bzw. einer Zunahme solcher Personen, die sich nicht in ihrem Ausbildungsberuf selbständig machen und diese Kurse als erforderliche Qualifikation erachten, bedingt sein. Aber auch durch die Zunahme von Personen, die eine selbständige Erwerbstätigkeit aufnehmen, für die sie andere Arten von Schulungen bzw. Kursen absolvieren mussten; z.B. könnten dies solche sein, die als selbständig erwerbstätiges Verkaufspersonal für Firmen tätig sind und zuvor eine Art Verkaufstraining absolvieren mussten.

Insgesamt zeigt die Analyse der Anteile der Tätigkeiten mit den verschiedenen Qualifikationsanforderungen wie auch der qualifikationsspezifischen Selbständigenquoten keinen eindeutigen Entwicklungstrend. Abgesehen von Tätigkeiten der Kategorie „Berufsausbildung", „Fachschul- oder Hochschulabschluss" und „Kurse" schwanken die Anteile über die Jahre stark. Sowohl die Anteile bei Kursen als erforderliche Ausbildung, die hier als un- bzw. geringqualifizierte Tätigkeiten interpretiert werden, als auch hochqualifizierte, solche mit Fachschul- oder Hochschulabschluss, nehmen zu, wobei sich diese Entwicklungen bei den hochqualifizierten Tätigkeiten nicht in einem eindeutigen Entwicklungstrend gegenüber der abhängigen Beschäftigung auszeichnen.

In der folgenden Tabelle und in Abbildung E-6 sind die Entwicklungen für die Subgruppen selbständig Erwerbstätiger, die anhand der Mitarbeiterzahl und der erforderlichen Qualifikation der Tätigkeit differenziert werden, dargestellt.[116] Es zeigt sich, dass der Anstieg der „own account"-Selbständigen bei allen drei Qualifikationsgruppen erfolgt. Der Anteil derer in professionalisierter „own account"-Tätigkeit ist mit relativ geringen Schwankungen nahezu kontinuierlich angestiegen; er liegt 1997 bei 5,9% (1984: 3,8). Deren Anteile liegen allerdings deutlich unter den „own account"-Selbständigen in qualifizierten und denen in Un- und Angelernten-Tätigkeiten. Erstere haben mit leichten Schwankungen insbesondere seit 1993 zugenommen und machen 1997 gut 23% (1984: 15,7%) aller Selbständigen aus. Stärkere Schwankungen weisen diejenigen in Tätigkeiten ohne (bzw. mit geringen) Qualifikationsanforderungen auf; deren Anteile haben allerdings deutlich zugenommen und unterschreiten in keinem der folgenden Jahre den Tiefstwert von 1984 (11,6%); 1997 liegt deren Anteil bei gut 18%.

[116] Hierbei kann man wieder lediglich die Anteile an allen Selbständigen darstellen, da man für Arbeitnehmer nicht die Differenzierung mit oder ohne Beschäftigten anwenden kann.

Anders zeigt sich die Entwicklung unter den Arbeitgeber-Selbständigen. Deren Anteil an allen Selbständigen geht bei den professionalisierten Tätigkeiten nicht zurück, sondern steigt sogar deutlich. Er hat sich von 6,7% in 1984 auf 11,2% in 1997 fast verdoppelt, ist allerdings im Vergleich zu 1996 (über 15%) wieder deutlich gesunken. Der Anteil der Arbeitgeber-Selbständigen in Un- bzw. Angelernten-Tätigkeiten ist von 28% in 1984 auf 14% in 1997 mit leichten Schwankungen deutlich gesunken. Auch der Anteil derjenigen in qualifizierter Unternehmenstätigkeit ist gesunken, allerdings in deutlich geringerem Ausmaß (von 34,3 1984 auf 27,5 1997).

Somit zeigen die sechs unterschiedenen Subgruppen deutlich unterschiedliche Entwicklungen im Zeitverlauf. Ein Trend in Richtung höherqualifizierter Tätigkeiten ist bei den Selbständigen vor allem im Bereich der Arbeitgeber-Selbständigen festzustellen und auf den Anstieg professionalisierter Tätigkeiten zurückzuführen. Bei den „own account"-Selbständigen sind die Entwicklungen nicht so deutlich, dort überwiegen unqualifizierte und qualifizierte Tätigkeiten, und es nehmen deren Anteile in allen drei Qualifikationsgruppen zu.

Tab. E-13: Selbständigen-Subgruppen, Westdeutschland 1984 – 1997, hochgerechnet, absolut und in % aller Selbständigen[117]

Selbständigen Subgruppe	1984	1985	1986	1987	1988	1989	1990	1991	1992	1993	1994	1995	1996	1997
	absolut, in Tausend													
I	392	324	323	318	396	534	488	489	346	493	408	439	386	552
II	459	422	378	391	386	514	402	452	441	417	410	586	567	671
III	103	89	114	107	105	123	114	126	125	159	105	157	147	173
IV	1032	641	691	563	565	514	522	676	507	613	573	504	507	451
V	1038	996	890	894	860	845	873	947	933	955	710	798	809	839
VI	183	161	168	178	189	246	253	320	340	371	319	366	416	331
	valide %													
I	12,2	12,3	12,6	13,0	15,8	19,2	18,4	16,2	12,9	16,4	16,1	15,4	13,6	18,3
II	14,3	16,0	14,8	16,0	15,5	18,5	15,1	15,0	16,4	13,9	16,3	20,6	20,0	22,2
III	3,2	3,4	4,5	4,4	4,2	4,4	4,3	4,2	4,6	5,3	4,1	5,5	5,2	5,7
IV	32,2	24,4	27,0	23,0	22,6	18,5	19,7	22,5	18,8	20,4	22,7	17,7	17,9	14,9
V	32,3	37,8	34,7	36,5	34,4	30,4	32,9	31,5	34,7	31,7	28,1	28,0	28,6	27,8
VI	5,7	6,1	6,6	7,2	7,5	8,9	9,6	10,6	12,6	12,3	12,6	12,8	14,7	11,0

I: „own account"-Selbständige in unqualifizierter Tätigkeit; II:„own account"-Selbständige in qualifizierter Tätigkeit; III: „own account"-Selbständige in professionalisierter Tätigkeit; IV: Arbeitgeber-Selbständige in unqualifizierter Tätigkeit; V: Arbeitgeber-Selbständige in qualifizierter Tätigkeit; VI: Arbeitgeber-Selbständige in professionalisierter Tätigkeit

[117] Zu den Stichprobenwerten siehe Tabelle A-11a

Abb. E-6: Subgruppen selbständig Erwerbstätiger in Westdeutschland in % aller Selbständigen des jeweiligen Jahres; 1984-1997 (hochgerechnet)

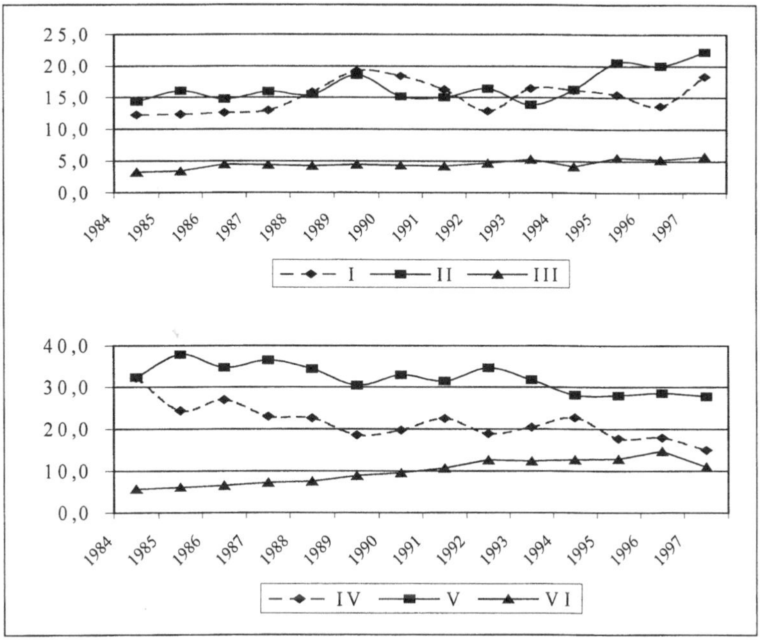

Im Rahmen der theoretischen Analyse wurde herausgestellt, dass die empirische Abgrenzung von Selbständigen-Subgruppen nicht unproblematisch ist, da zu relevanten Abgrenzungskriterien keine Informationen vorliegen.[118] Ähnlich wie bei der Abgrenzung typischer und atypischer Beschäftigung mag auch das Bild vom Unternehmertum durch Normalitätsvorstellungen über Erwerbstätigkeit geprägt sein (siehe Kapitel D3). Hierunter fällt u. a., dass man Erwerbstätigkeit vollzeit ausübt und mit dem Einkommen den Lebensunterhalt bestreiten kann. Die Zunahme von Selbständigen mit marginalem Erwerbsumfang oder Einkommen mag ein Hinweis darauf sein, dass die Zunahme selbständiger Erwerbstätigkeit eher Ausdruck einer Marginalisierung von Erwerbstätigen als die Zunahme von Unternehmergeist darstellt. Deshalb wird im Folgenden analysiert, ob im Zeitverlauf insbesondere marginale Selbständigkeitsformen zugenommen haben.

[118] Insbesondere zu dem Kriterium, ob Selbständige überwiegend oder ausschließlich im Auftrag anderer Unternehmen – als freie Mitarbeiter oder Subunternehmer – arbeiten.

3.2.2 Selbständige in Voll- und marginaler Erwerbstätigkeit

Marginale Selbständigkeit wird hier an zwei Kriterien festgemacht. Zum einen an der durchschnittlichen Arbeitszeit und zum anderen am Einkommen (zur genauen Operationalisierung siehe Abschnitt E 1.1.5).
Tabelle E-14 stellt die Anzahl der Selbständigen nach drei verschiedenen Arbeitszeitklassen sowie deren Anteile an allen Selbständigen dar.
Es ergeben sich hinsichtlich der Anteile der nach dem Erwerbsumfang differenzierten Gruppen an allen Selbständigen keine gravierenden Veränderungen im Erhebungszeitraum. Vollzeit-Selbständige machen die überwiegende Mehrheit aus. Seit 1986 ist deren Anteil an allen Selbständigen bis 1996 zwar nahezu stetig gesunken, doch 1997 wieder deutlich angestiegen. Die Anteile solcher, die im Durchschnitt weniger als 35 Wochenstunden erwerbstätig sind, ist seit 1986 mit Schwankungen von 17% auf 28 % in 1996 gestiegen, 1997 allerdings wieder auf 20% gesunken. Selbständige mit marginalem Erwerbsumfang machen dabei zunächst deutlich geringere Anteile aus und übersteigen 10% erstmals im Jahre 1988 und verbleiben erst ab 1992 deutlich über diesem Wert; 1997 beträgt deren Anteil dann wiederum unter 9%. Die Anzahl derjenigen mit weniger als 35 Wochenstunden ist seit 1986 bis 1996 nahezu kontinuierlich gestiegen und die der Vollzeitselbständigen hat zunächst abgenommen. Seit 1990 steigt allerdings auch letztere bis 1994 mit Schwankungen und von da an wieder stetig an. Ob 1997 eine vorübergehende Abweichung von einem Trend darstellt, vermag man nicht zu beurteilen, da Schwankungen auch zuvor auftraten.

Tab. E-14: Selbständige nach Arbeitszeitklassen, Westdeutschland 1984 – 1997 (hochgerechnet), absolut und in % aller Selbständigen[118]

	1984	1985	1986	1987	1988	1989	1990	1991	1992	1993	1994	1995	1996	1997
	absolut, in Tausend													
Vollzeit	2240	2224	2255	2229	2253	2184	2081	2252	2081	2221	1944	2093	2080	2356
Teilzeit	410	264	261	274	239	328	372	359	369	267	278	305	425	342
Marg. AZ	192	224	192	264	371	190	280	237	289	381	358	345	404	255
	valide %													
Vollzeit	78,8	82,0	83,3	80,6	78,7	80,8	76,1	79,1	76,0	77,4	75,4	76,3	71,5	79,8
Teilzeit	14,4	9,7	9,6	9,9	8,4	12,1	13,6	12,6	13,5	9,3	10,8	11,1	14,6	11,6
Marg. AZ	6,7	8,3	7,1	9,6	13,0	7,0	10,3	8,3	10,5	13,3	13,9	12,6	13,9	8,6

Vollzeit: >= 35 Wochenstunden (WoSt), Teilzeit: 15 bis unter 35 WoSt; marginale AZ < 15 WoSt

Die Anteile der Selbständigen, die den hier differenzierten Einkommensgruppen zugerechnet werden können, schwanken im Zeitverlauf relativ stark, die hoch-

[119] Zu den Stichprobenwerten siehe Tabelle A-12

gerechneten Fallzahlen und Anteile der Einkommensklassen an allen Selbständigen sind in Tabelle E-15 dargestellt.

Tab. E-15: Selbständige nach Einkommensklassen, Westdeutschland 1984 – 1997 (hochgerechnet), absolut und in % aller Selbständigen[120]

	1984	1985	1986	1987	1988	1989	1990	1991	1992	1993	1994	1995	1996	1997
	absolut, in Tausend													
< 50%	634	415	447	494	576	389	411	476	481	426	493	391	354	409
50 b.u. 75%	193	224	345	264	246	409	349	284	202	224	268	419	448	344
75 b.u. 125%	429	414	472	434	366	463	478	394	424	439	410	516	599	621
125 b.u. 200%	501	432	351	285	414	374	367	349	386	360	435	359	398	389
>= 200%	240	317	310	357	251	221	278	297	275	392	265	288	246	231
	valide %													
< 50%	31,7	23,0	23,2	26,9	31,1	21,0	21,8	26,4	27,2	23,1	26,4	19,8	17,3	20,5
50 b.u. 75%	9,7	12,4	17,9	14,4	13,3	22,0	18,5	15,8	11,4	12,2	14,3	21,2	21,9	17,3
75 b.u.	21,5	23,0	24,5	23,7	19,7	25,0	25,4	21,9	24,0	23,9	21,9	26,1	29,3	31,1
125 b.u.	25,1	24,0	18,2	15,6	22,4	20,1	19,5	19,4	21,8	19,5	23,2	18,2	19,5	19,5
>= 200%	12,0	17,6	16,1	19,5	13,5	11,9	14,8	16,5	15,6	21,3	14,1	14,6	12,0	11,6

Abb. E-7: Selbständige nach Einkommensgruppen, Westdeutschland 1984 – 1997, hochgerechnet, in % aller Selbständigen

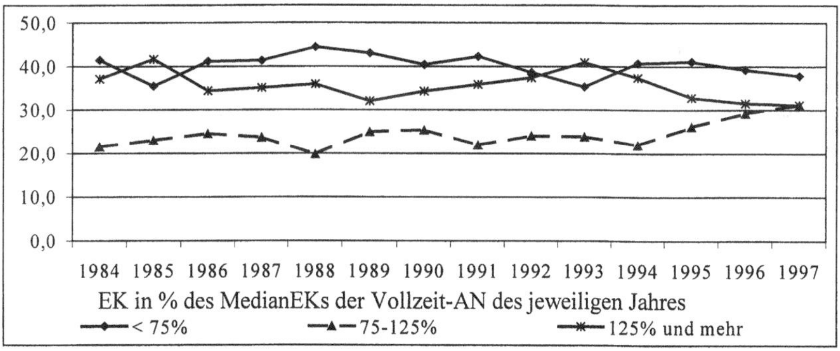

Die Differenzierung nach den fünf Einkommensklassen ergibt ein wenig überschaubares Bild, so dass in Abbildung E-7 lediglich die Unterscheidung von drei Klassen dargestellt wird; die beiden unter- und oberhalb des Normaleinkommens liegenden Klassen werden dabei jeweils zusammengefasst. In allen Jahren liegt der Anteil derer mit einem Einkommen, das hier als Normaleinkommen bezeichnet wird, unterhalb der Anteile der anderen beiden Kategorien; wo-

[120] Zu den Stichprobenwerten siehe Tabelle A-13

bei deren Anteil im gesamten Zeitverlauf zugenommen und 1997 bei über 30% liegt (1984: 21,5%). Die Anteile der Selbständigen mit darüber oder darunter liegenden Einkommenshöhen schwanken stärker über die Jahre. In fast allen Jahren liegt der Anteil derer mit Niedrig- oder Niedrigsteinkommen über dem mit Hoch- und Höchsteinkommen.

Unter den Selbständigen kann man anhand der SOEP-Daten somit keinen Trend zunehmender marginaler Erwerbstätigkeit feststellen. Was den Erwerbsumfang gemessen an der Arbeitszeit betrifft, ist die Mehrheit der Selbständigen den Vollerwerbstätigen zuzurechnen; die Anteile derer in Teilzeit- oder geringfügiger Erwerbstätigkeit schwanken über die Jahre und nehmen bis 1996 leicht zu. Hinsichtlich der Einkommen zeigt sich, dass die Mehrheit nicht der „Normaleinkommensklasse" zuzurechnen ist. Die Mehrheit erzielt deutlich höhere oder niedrigere Einkommen als die Medianeinkommen von Vollzeitarbeitnehmern des jeweiligen Jahres. 1997 – wie auch in den meisten Jahren zuvor – machen diejenigen mit Niedrigeinkommen den Hauptanteil aller Selbständigen aus.

Ob sich die quantitativen Entwicklungen von Voll- und marginaler Erwerbstätigkeit bei den Selbständigen von denen bei den Arbeitnehmern unterscheidet, wird im Folgenden anhand der spezifischen Selbständigenquoten analysiert. Wenn sich die Anteile der Personen innerhalb der verschiedenen Erwerbsumfangklassen bei den Arbeitnehmern und den Selbständigen nicht unterscheiden, so werden sich die Selbständigenquoten der verschiedenen Klassen nicht unterscheiden; wenn die Entwicklung der Anteile parallel verläuft, so wird sich die Selbständigenquote innerhalb der Erwerbsumfangsklassen im Zeitverlauf nicht verändern.
Die Selbständigenquoten bei den Erwerbstätigen mit marginaler Arbeitszeit (unter 15 Wochenstunden) liegt seit 1987 deutlich über den anderen beiden. Mit Ausnahme der Jahre 1989 und 1997 liegen sie seitdem (in einigen Jahren sogar deutlich) über 16% (siehe Tabelle A-14 und Abbildung A-3, Anhang). Bei den Erwerbstätigen, die voll- oder teilzeit erwerbstätig sind, zeigen sich keine deutlichen Entwicklungen.
Betrachtet man die Fallzahlen, so wird deutlich, dass die steigenden Selbständigenquoten bei denen mit marginaler Arbeitszeit auf einen relativ starken Anstieg entsprechender Erwerbstätiger unter den Selbständigen zurückzuführen sind. Bei den Arbeitnehmern haben zwar solche mit marginalem Erwerbsumfang auch zugenommen, allerdings in wesentlich geringerem Ausmaß. Die Fallzahlen der Vollzeiterwerbstätigen schwanken sowohl bei den Arbeitnehmern als auch bei den Selbständigen nur in geringem Ausmaß; entsprechend verändert sich die Selbständigenquote kaum, sie liegt zwischen 9 und 11%. Die Zahl der Teilzeiterwerbstätigen nimmt unter den Arbeitnehmern seit 1987 nahezu konti-

nuierlich zu und schwankt unter den Selbständigen, entsprechend schwankt die Selbständigenquote zwischen 7 und 13%.

Hinsichtlich der Erwerbstätigen in den hier unterschiedenen Einkommensklassen zeigt sich allerdings kein deutlicher Anstieg der Selbständigenquoten derer mit Niedrigst- oder Niedrigeinkommen. Mit Ausnahme der relativ stabilen Quote bei den Erwerbstätigen mit einem Normaleinkommen schwanken die anderen deutlich im Zeitverlauf (siehe Tabelle A-15 und Abbildung A-4, Anhang). Die Selbständigenquote derer mit Höchsteinkommen liegt deutlich über den anderen; die geringste Quote beträgt 17,6% (1989).[121].

Insgesamt hat die nach Selbständigensubgruppen und Voll- bzw. marginaler Erwerbstätigkeit differenzierte Analyse der quantitativen Entwicklungen im Zeitverlauf kaum eindeutige Entwicklungstrends ergeben. Deutlich ist die Zunahme der Zahl wie auch des Anteils an „own account"-Selbständigen, insbesondere derer in unqualifizierten und qualifizierten Tätigkeiten. Die Zahl und der Anteil der Arbeitgeber-Selbständigen geht mit Ausnahme derer in professionalisierten Tätigkeiten dagegen zurück. Es zeigt sich allerdings – weder gemessen an der Arbeitszeit, noch an dem Einkommen - ein Trend steigender marginaler Selbständigkeitsformen. Dies kann dadurch bedingt sein, dass solche Selbständigentätigkeiten nicht zunehmen. Zu beachten ist allerdings, dass hier lediglich die berufliche Haupttätigkeit erfasst wird, solche Selbständige, die diese neben einer beruflichen Haupttätigkeit als Arbeitnehmer ausüben, sind hier nicht erfasst. Außerdem schwanken die Anteile der jeweiligen Erwerbsgruppen bei den Selbständigen deutlich, so dass überhaupt keine weiteren Trendentwicklungen festgestellt werden können. Dies mag zum einen daran liegen, dass die Erwerbsbedingungen der Selbständigen nicht kollektiv verhandelt oder reguliert werden und stärkeren Schwankungen im Zeitverlauf unterworfen sind, zum anderen aber auch an der beachtlichen Dynamik, die mit den Ein- und Austrittszahlen zum Ausdruck kommt. Insbesondere wenn diese mit hohen Anteilen von Personen, die nur kurzfristig in der Selbständigkeit verbleiben, einhergehen, könnte diese zu starken Schwankungen der Zusammensetzung der Selbständigenbestände führen.

4. Ein- und Austritte

In Abschnitt 2.1 ist bereits die quantitative Entwicklung der Ein- und Austritte auf gesamtwirtschaftlicher Ebene dargestellt worden. Dabei hat sich eine beachtliche Dynamik der selbständigen Erwerbstätigkeit gezeigt. Die folgenden

---

[121] Aufgrund dieser Besonderheit werden hier auch wieder alle fünf Einkommensklassen unterschieden.

beiden Abschnitte befassen sich mit den Erwerbsverläufen selbständig Erwerbstätiger, es erfolgt somit eine dynamische Analyse auf mikroökonomischer Analyseebene. Ebenso heterogen wie die Kategorie der Selbständigen an sich, zeigen sich auch deren Erwerbsverläufe. Um die Befunde zu strukturieren, werden zunächst lediglich Informationen aus jeweils zwei aufeinander folgenden Jahren kombiniert (vor und bei Eintritt bzw. vor und nach Austritt). Anschließend erfolgt in Kapitel E 5 die Analyse der Erwerbsverläufe, bei der Informationen über einen längeren Zeitraum eingehen.
Zunächst erfolgt die deskriptive Analyse der Ein- und Austritte aggregiert über alle Erhebungsjahre, anschließend werden multivariate Modelle geschätzt, hierbei beschränkt sich die Aggregation der Daten auf eine geringere Anzahl an Erhebungsjahren.

4.1 Deskriptionen

Zu Beginn werden die Eintritts- und Austrittszahlen im Überblick dargestellt. Es folgt die Betrachtung der Ein- und Austrittszahlen nach Selbständigen-Subgruppen und nach Voll- bzw. marginal Erwerbstätigen. Danach erfolgt die detaillierte Analyse der Ein- und Austritte. Bisher gibt es noch äußerst spärliche Befunde hierzu, so dass einige grundlegende Daten über deren Zusammensetzung nach personenbezogenen Merkmalen, deren Erwerbsstatus vor Eintritt bzw. nach Austritt sowie für die zuvor bzw. danach als Arbeitnehmer beschäftigten auch deren Erwerbsbedingungen als Arbeitnehmer analysiert werden. Diese Analysen werden für die Selbständigen insgesamt, sowie differenziert nach Subgruppen dargestellt. Allerdings müssen aufgrund geringer Fallzahlen Selbständige in qualifizierten und hochqualifizierten Tätigkeiten jeweils zusammengefasst werden, so dass lediglich vier Subgruppen unterschieden werden.
Im Folgenden werden die Stichprobenwerte ungewichtet und nicht auf die Grundgesamtheit hochgerechnet dargestellt. Zum einen, da die Eintritte und Austritte insgesamt analysiert werden, d.h. kumuliert über alle Erhebungsjahre, zum anderen, da es hier nicht um die Schätzung von Fallzahlen der Grundgesamtheit geht, sondern darum, einen ersten Einblick in potenzielle Zusammenhänge zu erhalten. Dort, wo die Daten der Ein- und Austretenden mit anderen Personengruppen verglichen werden, werden - sofern Abweichungen auftreten - auch hochgerechnete Ergebnisse berichtet.

4.1.1 Eintritts- und Austrittszahlen im Überblick

Wie in Abschnitt 2.1 bereits gezeigt, ergibt die Entwicklung der Selbständigenbestände im Untersuchungszeitraum für die beiden Westdeutschland-Stichproben keine drastische Entwicklung. Während in den einzelnen Erhebungsjahren jeweils ca. 400 bis 500 Personen für ihre berufliche Haupttätigkeit selbständige

Erwerbstätigkeit angaben, waren dies in mindestens einem Befragungsjahr zwischen 1984 bis 1997 insgesamt 1397 Personen. Dass diese Zahl nicht allein aufgrund der Paneldynamik (pro Jahr nehmen in gewissem Umfang unterschiedliche Personen teil)[122] deutlich über der Selbständigenzahl pro Befragungsjahr liegt, zeigen die Werte in der vorletzten Zeile von Tabelle E-16, die sich lediglich auf die Personen bezieht, die in allen Befragungsjahren teilgenommen haben (harmonisierte Stichprobe). Insgesamt sind während des Untersuchungszeitraums 856 Personen in die selbständige Erwerbstätigkeit eingetreten; ein solcher Eintritt ereignete sich im Untersuchungszeitraum 1033 mal. Die Unterschiede zwischen der Zahl der Eintrittspersonen und der der Eintrittsereignisse kommt durch Personen zustande, die im Untersuchungszeitraum mehrfach eingetreten und ausgetreten sind; die Differenz zwischen beiden Zahlen zeigt, dass solche wiederholten Ereignisse relativ häufig vorkommen.[123] 688 Personen sind zwischen 1984 und 1997 ausgetreten, wobei sich Austritte 839 mal ereigneten.

Tab. E-16: Selbständigenbestandszahlen, Ein- und Austritte, Westdeutschland (SP)

	Selbständige je Befragungsjahr	Selbständige kumuliert 1984 – 1997 *	Eintritte: a) Personen b) Ereignisse	Austritte: a) Personen b) Ereignisse
insgesamt	ca. 400 – 500	1397	a) 856 b) 1033	a) 688 b) 839
harmonisiert**	ca. 200-250	569	a) 423	a) 361

* Personen, die im Erhebungszeitraum mindestens einmal selbständig erwerbstätig angaben
** Personen, die zu jedem Befragungsjahr teilgenommen haben

Da im Rahmen dieser Arbeit mithelfende Familienangehörige nicht zu den selbständig Erwerbstätigen gerechnet werden, fallen Wechsel zwischen diesem Status und der Selbständigkeit unter Ein- bzw. Austritte. Solche Erwerbsstatuswechsel mögen die Dynamik selbständiger Erwerbstätigkeit überzeichnen, da zu vermuten ist, dass es sich hierbei häufig lediglich um formale Statuswechsel von Personen, die in einem „Familienunternehmen" tätig sind, handelt.[124] Ta-

122 Was daran liegt, dass relativ viele Personen in einzelnen Befragungsjahren nicht teilnehmen, vorzeitig austreten (Panelmortalität) oder erst zu einem späteren als dem ersten Befragungsjahr in das Panel aufgenommen werden (z.B. durch Einzug in einen Panelhaushalt).

123 Bei den westdeutschen Stichproben ereignete sich bei 149 der 856 Personen mit Eintritt dieses Ereignis mindestens zweimal.

124 Zwar ist es durchaus denkbar, dass Personen, die zunächst als mithelfende Familienangehörige tätig waren, in dem selben Unternehmen als Selbständige voll erwerbstätig werden, falls z.B. die Person, die zuvor die entsprechende Position inne hatte, ausscheidet, doch zeigen die Daten, dass solche Wechsel häufig mehrfach erfolgen, also von dem Status mit-

belle E-17 stellt die Ein- und Austritte inklusive und exklusive der Wechsel in und aus dem Status mithelfender Familienangehöriger dar.

Tab. E-17: Ein- und Austritte inklusive und exklusive Wechsel aus bzw. in mithelfende Familienmitglieder-Status

Eintritte: a) Personen b) Ereignisse	Austritte: a) Personen b) Ereignisse	Eintritte* a) Personen b) Ereignisse	Austritte* a) Personen b) Ereignisse
a) 856 b) 1033	a) 688 b) 839	a) 797 b) 920	a) 629 b) 737

* Eintritte und Austritte ohne Wechsel aus bzw. in „mithelfende Familienangehörige"-Status

Daher werden **im Folgenden** solche Wechsel aus der Analyse ausgeschlossen und **nur die Wechsel analysiert, die nicht aus dem Status mithelfender Familienangehöriger in selbständige Erwerbstätigkeit bzw. aus dieser nicht in den Status mithelfender Familienangehöriger erfolgen.** Es verbleiben dann noch, wie man Tabelle E-2 entnehmen kann, 797 Personen, die im Erhebungszeitraum in die selbständige Erwerbstätigkeit eingetreten sind und 629 Austrittspersonen. Von den 797 Eintritten finden sich 453 auch unter den Austritten, das heißt, dass von denjenigen, die im Untersuchungszeitraum (über einen anderen Status als der mithelfender Familienangehöriger) in die selbständige Erwerbstätigkeit eingetreten sind[125], knapp 57% in diesem Zeitraum auch wieder ausgetreten sind (und zwar nicht in den Status mithelfender Familienangehöriger). Außerdem liegen für relativ viele Eintritte Angaben zu Erwerbsstatus und Erwerbsform für nur wenige Jahre nach dem Eintritt vor, zum einen weil häufig Panelausfälle und in wenigen Fällen auch lediglich fehlende Angaben bei den entsprechenden Variablen vorkommen, zum anderen weil von den Eintritten einige erst in den letzten Erhebungsjahren erfolgt sind. Von den 344 in die Selbständigkeit eingetretenen Personen, die keinen Austritt aufweisen, liegen nur für 119 Personen gültige Angaben zu Erwerbsstatus und Erwerbsform für die 4 auf den Eintritt folgenden Jahre vor, und von diesen sind nochmals

helfender Familienangehöriger selbständig Erwerbstätige und wieder zurück (usw.). Außerdem lassen die Arbeitszeitveränderungen derjenigen, die aus dem mithelfenden Familien-Status in den Status selbständig Erwerbstätiger wechseln, auf rein formale Wechsel schließen, da sich zwar bei einigen die Arbeitszeit erhöht, bei anderen aber verringert; solche Muster liegen auch bei den Austritten vor.

125 Da solche Personen, die im jeweiligen Vorjahr vor der selbständigen Erwerbstätigkeit keine gültigen Angaben zu ihrem Erwerbsstatus bzw. ihrer Erwerbsform aufweisen, nicht als Eintritte definiert worden sind (da bei diesen nicht eindeutig entscheidbar ist, wann sie eingetreten sind); deren Anzahl ist aber so gering, so dass mit keinen hierdurch verursachten Verzerrungen zu rechnen ist.

einige in den Status mithelfender Familienangehöriger gewechselt oder über diesen in Erwerbslosigkeit. Betrachtet man lediglich die Eintrittspersonen, für die relevante Informationen mindestens für vier auf das Eintrittsjahr folgende Jahre vorliegen (n=373), so weisen von diesen mehr als 70% auch einen Austritt auf. Dies ist ein weiterer Beleg für die ausgeprägte Dynamik dieser Erwerbsform. Diese genauer zu analysieren, gilt es in den folgenden Abschnitten.

4.1.2 Ein- und Austritte nach Tätigkeitsmerkmalen

Die Unterscheidung nach Tätigkeitsmerkmalen erfolgt zum einen anhand der hier differenzierten Selbständigen-Subgruppen und zum anderen anhand des Erwerbsumfangs – gemessen an Arbeitszeit und Einkommen. Die Fragestellung ist hierbei, ob sich unter den Ein- und Austritten gehäuft spezifische Selbständigengruppen befinden. Wenn insbesondere eher atypisch beschäftigte Selbständige eine hohe Erwerbsinstabilität aufweisen, so müssten sie unter den Ein- und Austritten (im Vergleich zu den Selbständigen insgesamt) überproportional häufig vertreten sein und entsprechend geringere Anteile am Bestand der Selbständigen ausmachen. Zum Vergleich werden alle Selbständige des Jahres 1991 herangezogen.[126]

Abb. E-8: Selbständigen-Subgruppe bei Ein- und vor Austritt (1984 – 1997) im Vergleich zu allen Selbständigen (1991)

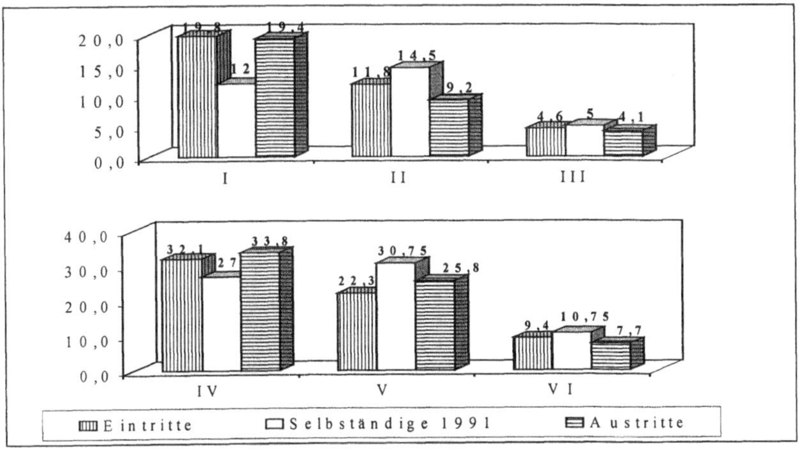

[126] Zum Vergleich soll eine Bestandsgröße herangezogen werden; das Jahr 1991 wird gewählt, damit werden die Vergleichsgrößen, die (möglicherweise) durch Trendentwicklungen beeinflusst sind (z.B. zunehmende Einkommen im Zeitverlauf) aus einem mittleren Jahr des gesamten Erhebungszeitraumes herangezogen, so dass potenzielle Verzerrungen ausgeglichen bzw. gemindert werden.

Zunächst zu den Anteilen der Subgruppen unter den Ein- und Austritten. Abbildung E-8 zeigt, dass Subgruppe I und IV, also solche Selbständige in unqualifizierten Tätigkeiten, im Vergleich zum Bestand der Selbständigen unter den Ein- wie auch den Austritten deutlich überrepräsentiert sind. Besonders stark fällt dies bei denen in „own account“-Tätigkeiten aus. Subgruppe II und IV sind unter den Ein- und Austritten unterrepräsentiert. Bei den Selbständigen in professionalisierten Tätigkeiten, Subgruppe II und VI, entsprechen die Anteile an den Ein- und Austritten ungefähr denen des Selbständigenbestandes.

Ebenso ergeben sich nach Erwerbsumfang Unterschiede hinsichtlich der Ein- und Austritte. Unter den Ein- und Austritten sind Teilzeit-Selbständige leicht und geringfügig Erwerbstätige deutlich überproportional vertreten. Hinsichtlich der Einkommen sind die marginalen Einkommensgruppen – unter 50% des Medianeinkommens aller Vollzeitarbeitnehmer - bei den Ein- und Austritten deutlich überrepräsentiert.

Abb. E-8: Arbeitszeit und Einkommen der Ein- und Austritte (1984 – 1997) im Vergleich zu allen Selbständigen (1991), Anteile in % der jeweiligen Gesamtpopulation

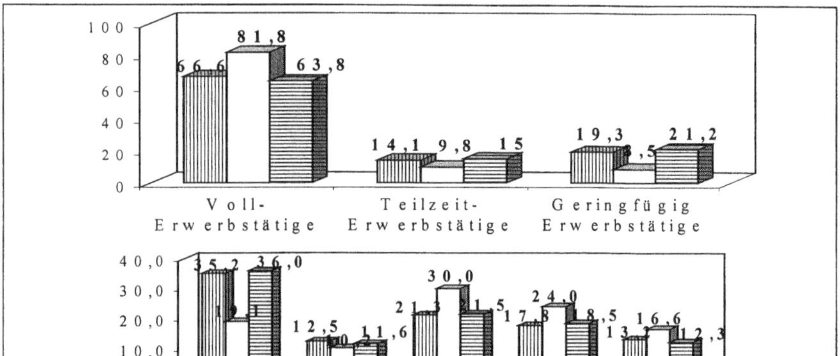

4.1.3 Ein- und Austritte nach personenbezogenen Merkmalen

Zur Beurteilung, ob Personen unter den Eintritten über- oder unterrepräsentiert sind, wird als Referenzgruppe die Wohnbevölkerung im Erwerbsalter, die weder als mithelfende Familienangehörige tätig sind, noch einer selbständigen Erwerbstätigkeit nachgehen, herangezogen. Aus diesen können sich die Eintritte rekrutieren.[127] Potenzielle Austritte sind alle Selbständigen, so dass diese als Referenzgruppe bei der Analyse der Austritte dienen. Anschließend werden der Erwerbsstatus vor Eintritt bzw. nach Austritt und für diejenigen, die sich zuvor bzw. danach in einem abhängigen Beschäftigungsverhältnis befinden, zentrale Merkmale der abhängigen Beschäftigung analysiert. Als Referenzgruppe für diese Erwerbscharakteristika dienen alle Arbeitnehmer. Für alle drei Referenzgruppen werden die Daten des Jahres 1991 herangezogen.

Zunächst wird die Zusammensetzung der Eintritte nach personenbezogenen Merkmalen betrachtet. Frauen und Jüngere (unter 25Jährige) sind bei den Eintritten leicht, Ältere (über 55Jährige) und ausländische Personen deutlich unterrepräsentiert. Was das Humankapital betrifft, so lässt sich hinsichtlich des Schulabschlusses bei Personen mit Abitur eine deutliche Überrepräsentanz und bei solchen ohne Schulabschluss eine ausgeprägte Unterrepräsentanz unter den Eintritten feststellen. Gleiches gilt hinsichtlich der Berufsausbildung für Personen mit Hochschulabschluss oder Fachschule einerseits und solchen ohne Berufsausbildungsabschluss andererseits.

Insgesamt zeigt der Vergleich der sozio-demographischen Zusammensetzung der Eintritte in Selbständigkeit mit der der Wohnbevölkerung im erwerbsfähigen Alter (die nicht selbständig erwerbstätig oder mithelfende Familienangehörige sind), dass segmentationstheoretisch begründete potenzielle Problemgruppen unter den Eintritten nicht überrepräsentiert sind. Ausländische Personen, Jüngere, Ältere und Unqualifizierte sind unterrepräsentiert (Tabelle E-18). Sowohl schulisch als auch beruflich höherqualifizierte Personen sind deutlich überrepräsentiert. Von potenziellen Problemgruppen bzw. am Arbeitsmarkt benachteiligten Gruppen finden sich lediglich westdeutsche Frauen annähernd proportional zu den Anteilen der Rekrutierungspopulation unter den Eintritten. Allerdings ergeben sich hierbei nach Subgruppen differenziert teilweise deutliche Unterschiede. Hinsichtlich der Altersklassen unterscheiden sich die Anteile der Eintritte in die jeweiligen Selbständigen-Subgruppen kaum. Deutlich sind dagegen die geschlechtsspezifischen Unterschiede sowie die nach Deutschen und Ausländern. Frauen und Ausländer sind unter den Eintritten in unqualifizierte Selbständigen-Tätigkeiten nicht unterrepräsentiert, bei den (hoch)qualifizierten Selbständigentätigkeiten allerdings deutlich unterrepräsentiert. Ebenso unterscheiden sich die Anteile nach den Qualifikationsvariablen, was allerdings unmittelbar aus der Definition der Subgruppen folgt.

---

[127] Mithelfende Familienangehörige werden auch ausgeschlossen, da hier nur solche Eintritte analysiert werden, die nicht aus diesem Status heraus erfolgt sind.

Tab. E-18: Eintritte nach personenbezogenen Merkmalen, in % der jeweiligen Eintrittsgruppen (Spaltenprozent)

	Wohnbevölkerung im Erwerbsalter 1991 gesamt	Eintritte in Selbständigkeit gesamt	Eintritte in Selbständigen-Subgruppe I	II u. III	IV	V u. VI
Männer	48,4	56,5	50,4	64,5	53,1	72,3
Frauen	51,6	43,5	49,6	35,5	46,9	27,7
Deutsche	74,0	81,8	76	92,5	66	89,8
Ausländer/innen	26,0	18,2	24	7,5	34	10,2
Altersklassen:						
unter 25	19,7	11,7	15,5	7,5	17,2	7,8
25 b.u. 45	38,9	60,0	65,1	65,4	55,5	66,5
45 b.u. 65	29,7	24,0	17,1	19,6	24,9	23,8
65 und älter	11,7	4,3	2,3	7,5	2,4	1,9
Schulabschluss						
Hauptschulabschluss	46,6	41,3	46,9	38,3	45,9	31,4
Realschulabschluss	18,4	19,7	21,9	18,7	18,0	23,0
Fachhochschulreife	3,3	6,7	4,7	9,3	4,4	7,8
Abitur	9,9	20,6	12,5	29,0	10,7	31,4
Anderer Abschluss	10,7	6,7	9,4	2,8	11,7	4,4
Kein Abschluss	11,2	4,8	4,7	1,9	9,3	2,0
Berufsausbildung						
Lehre/betriebl.Ausb.	34,1	35,1	39,8	33,0	38,6	33,3
Fachschule	13,4	20,0	15,6	23,6	13,9	30,4
FH/TH/Uni/HS_{ausl}	9,2	17,8	8,6	31,2	7,0	27,0
Sonstige Ausbildung	4,0	3,3	5,5	5,6	2,5	1,0
Keine	39,3	23,8	30,5	6,6	38,1	8,3
Gesamt (n)	n = 9012	n = 797				

Unter den Austritten sind Frauen sowie unter 25Jährige deutlich und zwischen 25 bis 35Jährige, ausländische Personen sowie solche ohne Berufsausbildung leicht überrepräsentiert. Die sonstigen Ausbildungsgruppen machen unter den Austritten ungefähr die gleichen Anteile wie unter allen Selbständigen aus (Tabelle E-19).

Auch hierbei variieren die Anteile je nach Subgruppe, diese entsprechen allerdings ungefähr deren Repräsentanz in den jeweiligen Subgruppen. Frauen, Ausländer und Jüngere sind in allen Subgruppen nahezu gleichermaßen überrepräsentiert.

Tab. E-19: Soziodemographische Zusammensetzung der Austritte aus Selbständigkeit, in % der jeweiligen Austrittsgruppe (Spaltenprozent)

	Selbständige 1991 gesamt	Austritte aus Selbständigkeit gesamt	Austritte aus Selbständigen-Subgruppe I	II u. III	IV	V u. VI
Männer	69,0	52,9	44,7	57,7	47,2	69,7
Frauen	31,0	47,1	55,3	42,3	52,8	30,3
Deutsche	84,9	82,0	70,9	87,3	75,0	88,2
Ausländer/innen	15,1	18,0	29,1	12,7	25,0	11,8
Altersklassen:						
unter 25	2,5	7,0	8,7	4,2	8,9	3,9
25 b.u. 45	46,9	53,6	57,3	47,9	61,1	47,8
45 b.u. 65	43,3	32,0	29,1	31,0	28,3	39,3
65 und älter	7,3	7,5	4,9	16,9	1,7	9,0
Schulabschluss						
Hauptschulabschluss	42,6	44,5	52,5	39,4	49,7	35,8
Realschulabschluss	21,2	19,3	16,8	23,9	19,6	19,9
Fachhochschulreife	5,8	5,0	3,0	2,8	4,5	5,7
Abitur	18,5	18,9	9,9	25,4	9,5	29,5
Anderer Abschluss	8,6	8,5	10,9	7,0	10,6	8,0
Kein Abschluss	3,2	3,9	6,9	1,4	6,1	1,1
Berufsausbildung						
Lehre/betriebl. Ausb.	34,5	36,6	37,6	37,1	42,0	34,9
Fachschule	22,2	18,2	6,9	24,3	12,5	26,9
FH/TH/Uni/HS_{ausl}	21,0	17,8	9,0	30,1	7,4	28,6
Sonstige Ausbildung	1,9	3,9	7,9	2,8	2,8	2,3
Keine	19,6	23,5	38,6	5,7	35,2	7,4
Gesamt (n)	n = 410	n = 629				

4.1.4 Erwerbsstatus vor Eintritt und nach Austritt

Wie Tabelle E-20 zeigt, war mit knapp 60% die Mehrheit derjenigen, die im Verlaufe des Analysezeitraumes in die selbständige Erwerbstätigkeit eingetreten sind, im Jahr vor dem Eintritt als Arbeitnehmer erwerbstätig. Jeweils gut 9% kommen aus der Arbeitslosigkeit bzw. der Stillen Reserve und über 20% waren zuvor Nicht-Erwerbspersonen. Vergleicht man die Anteile mit denen der potenziellen Rekrutierungspopulation, die in diesem Falle wieder alle Personen im erwerbsfähigen Alter, die weder selbständig erwerbstätig noch mithelfende Familienangehörige sind, umfasst, so fällt auf, dass lediglich die Nicht-Erwerbspersonen bei den Eintritten unter- und alle anderen Erwerbsstatusgruppen überrepräsentiert sind. Allerdings sind nur Arbeitslose und Personen der Stillen Reserve deutlich überrepräsentiert.

Tab. E-20: Erwerbsstatus vor Eintritt und nach Austritt, absolut und in % aller Ein- und Austritte (Zeilenprozent)

		Erwerbstätige	Arbeitslose	Stille Reserve	Nicht-Erwerbs-personen	Gesamt
vor Eintritt	absolut	473	76	75	173	797
	%	59,4	9,5	9,4	9,4	100
nach Austritt	absolut	352	34	43	200	629
	%	56,0	5,4	6,8	31,8	100
Wohnbe-völkerung	%	59,7	3,1	3,8	33,4	100

Hierbei ergeben sich wiederum deutliche Unterschiede, wenn man die Eintritte nach Subgruppen unterscheidet (Abbildung E-11). Der Anteil derer, die zuvor Arbeitnehmer waren, beträgt bei Arbeitgeber-Selbständigen in (hoch-)qualifizierten Tätigkeiten über 80%, bei den „own account"-Selbständigen in unqualifizierten Tätigkeiten dagegen lediglich knapp über 50%. Bei diesen ist der Anteil der zuvor Arbeitslosen und insbesondere derjenigen, die zuvor Nicht-Erwerbspersonen waren, deutlich höher als bei den Eintritten in die anderen Subgruppen.

Abb. E-10: Erwerbsstatus vor Eintritt

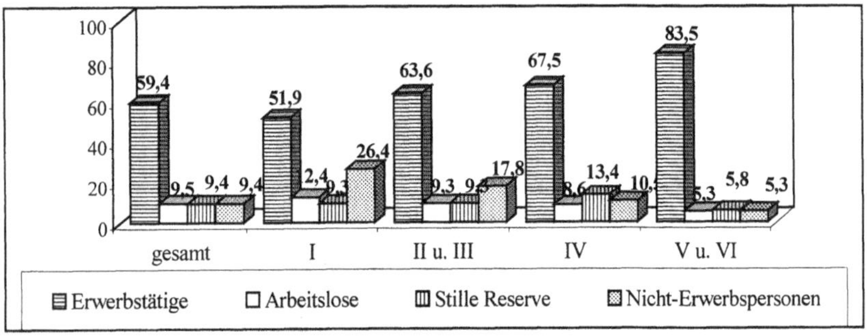

Von allen Austritten[128] zwischen 1984 und 1997, die nicht in den Status mithelfender Familienangehöriger erfolgt sind, ist mit ca. 60% die absolute Mehrheit in Erwerbstätigkeit gewechselt. In Nichterwerbstätigkeit gehen lediglich ca.

[128] Vereinfachend wird von allen Austritten gesprochen, genauer handelt es sich um die jeweils ersten Austritte aller im Zeitraum mindestens einmal ausgetretenen Personen, denn für Personen, die in diesem Zeitraum mehrfach ausgetreten sind, wird der Erwerbsstatus nach dem ersten Austritt herangezogen.

40%, davon 32% in den Status von Nicht-Erwerbspersonen und jeweils ca. 6% in Arbeitslosigkeit oder in den Status der Stillen Reserve (siehe Tabelle E-20). Auch hierbei ergeben sich wieder deutliche Unterschiede bei den Selbständigen-Subgruppen. Von den Selbständigen aus Subgruppe I wechseln unter 40% in Beschäftigung, bei allen anderen Subgruppen sind dies ca. bzw. mehr als 60%. Wechsel in den Status von Nicht-Erwerbspersonen sind mit mehr als 30% bei allen „own account"-Selbständigen deutlich häufiger als bei den Arbeitgeber-Selbständigen.

Abb. E-11: Erwerbsstatus nach Austritt

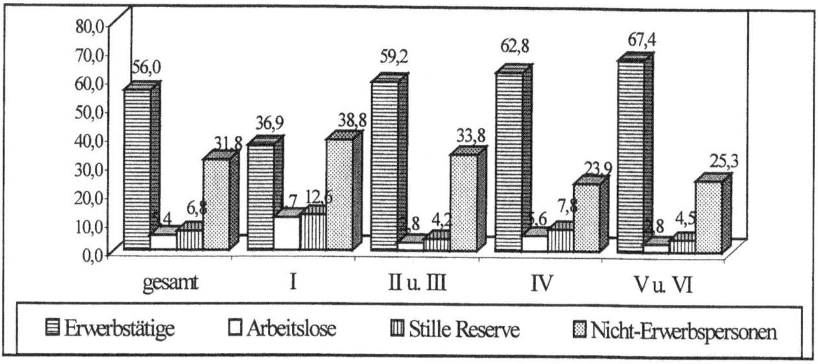

4.2 Multivariate Analyse

4.2.1 Determinanten des Eintritts

In der Literatur findet man unterschiedliche Modelle zur Schätzung der Determinanten des Eintritts in die selbständige Erwerbstätigkeit. Häufig wird als abhängige Variable das Vorliegen eines Selbständigenstatus verwendet. Dies hat den Vorteil höherer Fallzahlen, doch wird mit dieser Variablen nicht die Eintrittswahrscheinlichkeit, sondern Eintritt und Verbleib erfasst. Personen, die eine hohe Eintrittswahrscheinlichkeit, aber zugleich eine hohe Austrittswahrscheinlichkeit aufweisen, sind in den Beständen unterrepräsentiert. Deshalb wird hier als abhängige Variable der Eintritt bzw. die Aufnahme einer selbständigen Erwerbstätigkeit verwendet.

Die Eintrittszahlen in den einzelnen Jahren sind zu gering, um ein Regressionsmodell rechnen zu können; insbesondere, da die Koeffizienten für die jeweiligen Selbständigen-Subgruppen gesondert geschätzt werden sollen.[129] Deshalb

[129] Das logistische Regressionsmodell erfordert zwar weniger restriktive Bedingungen, es sollten aber mindestens 100 Fälle vorliegen (siehe Abschnitt E 1.2).

werden die Daten auch bei dieser Analyse über mehrere Jahre gepoolt. Als Eintritte gelten all diejenigen, die im Zeitraum eine selbständige Erwerbstätigkeit aufgenommen haben. Referenzgruppe sind all diejenigen, die dies im gesamten Zeitraum nicht getan haben, aber mindestens in einem Jahr erwerbstätig oder arbeitslos waren. Letzte Einschränkung erfolgt, da Personen, die über alle Jahre Nicht-Erwerbspersonen sind, aus der Analyse ausgenommen werden sollen. Denn es sollen nicht die Faktoren, die die Entscheidung, ob überhaupt eine Erwerbstätigkeit gesucht oder ausgeübt wird, beeinflussen, analysiert werden.
Die Aggregation der Daten ergibt allerdings das Problem, welcher Zeitpunkt bei den unabhängigen Variablen herangezogen werden soll. Variablen, die nicht zeitveränderlich sind, wie z.B. Geschlecht, sind hierbei unproblematisch, doch bei zeitveränderlichen Variablen stellt sich die Frage, welchen Wert (aus welchem Jahr) man heranziehen soll. Bei den Eintritten wird jeweils das Eintrittsjahr bzw. ein Jahr davor gewählt, doch bei all denen, die nicht in die Selbständigkeit eintreten, erscheint die Wahl weniger plausibel. Nimmt man für diese das letzte Erhebungsjahr (da sie ja nie in die Selbständigkeit eingetreten sind), so mag dies zu systematischen Verzerrungen führen, da das Referenzjahr bei allen Nicht-Eintritten häufig das letzte Erhebungsjahr ist. Bei diesen wird daher der Zeitpunkt des ersten Arbeitnehmerjahres gewählt. Die Verwendung unterschiedlicher Referenzjahre bei solchen, die eine selbständige Erwerbstätigkeit aufnehmen bzw. nicht aufnehmen, mag aber auch bei dieser Lösung Einfluss auf die Ergebnisse nehmen. Zeitspezifische Einflüsse[130] können zu Verzerrungen führen. So dass man einerseits mit einer Aggregation über möglichst viele Jahre die Fallzahlen erhöhen kann, aber andererseits auch potenzielle Verzerrungseffekte erhöht. Es wird daher über die Jahre 1990 bis 1997 aggregiert.[131] Außerdem werden nur die Fälle ausgewählt, die in diesen Jahren immer am SOEP teilgenommen haben. Insgesamt erfüllen 4698 Personen diese Kriterien, davon waren 564 mindestens in einem Jahr selbständig erwerbstätig und von diesen sind wiederum 370 Personen den Eintritten zuzuordnen.

Im Folgenden wird die Wahrscheinlichkeit eines Eintritts in die Selbständigkeit in Relation zum Nicht-Eintritt geschätzt:

[130] Solche Effekte können dann resultieren, wenn die hier verwendeten unabhängigen Variablen in den entsprechenden Jahren signifikant häufiger bestimmte Ausprägungen, z.B. hohe Arbeitslosenquoten, aufweisen, aber auch einfach dadurch, dass ein längerer Zeitraum seit der ersten Befragung vergangen ist - am deutlichsten ist dies natürlich beim Alter, aber z.B. auch der Ausbildungsstand kann dann bei den Nicht-Eintritten dadurch höher sein.

[131] Diese Entscheidung verbleibt natürlich letztendlich relativ willkürlich, daher wurden die Ergebnisse auch anhand anderer Abgrenzungen überprüft. Dabei haben sich bei den zentralen Befunden keine deutlichen Abweichungen ergeben.

$$\frac{P(\text{Eintritt})}{P(\text{Nicht - Eintritt})} = e^{(\alpha + \Sigma(\beta i\ Xi))}$$

Es handelt sich somit um eine Eintrittschance (Odds) und nicht um eine Wahrscheinlichkeit[132].

Zunächst werden die Modellergebnisse für alle Eintritte dargestellt und anschließend die für die Eintritte in die jeweiligen Selbständigen-Subgruppen. Es wird die Zugehörigkeit zu einer der Subgruppen nicht als unabhängige Variable in das Modell einbezogen, sondern für jede Subgruppe ein eigenes Modell geschätzt, da davon auszugehen ist, dass sich die Variableneinflüsse der unabhängigen Variablen bei den Subgruppen jeweils unterscheiden. Aufgrund der Fallzahlen werden lediglich vier Selbständigen-Subgruppen differenziert; solche in qualifizierten und hochqualifizierten Tätigkeiten werden jeweils zusammengefasst.

Übersicht E-6 stell eine Auflistung der verwendeten Modellvariablen sowie deren Ausprägungen dar; zur Analyse der Ein- und Austritten werden die selben abhängigen Variablen verwendet. Es werden hierbei über die in den Deskriptionen hinausgehend noch solche Variablen hinzugenommen, die in der Literatur als zentrale Einflussfaktoren des Existenzgründungsverhaltens betrachtet werden, nämlich als Indikatoren der Kapitalverfügbarkeit das Vermögen, Erbschaften[133] und die berufliche Stellung des Vaters[134]. Diese spielen insofern eine Rolle, als bei beruflicher Selbständigkeit des Vaters ein damit erlangtes Erfahrungswissen, Kontakte oder ein vorhandener Betrieb die Aufnahme einer selbständigen Erwerbstätigkeit erleichtern kann und bei vorhandenem Vermögen zum einen Investitionen eher getätigt werden können bzw. eher zusätzliche Finanzmittel am Kapitalmarkt zu beschaffen sind. Im Unterschied zu den bisher bereits bei den Deskriptionen verwendeten Variablen, spielen die letztge-

---

132 Der Begriff Eintrittschance ist aus methodischen Gründen der geeignetere Begriff, er sollte allerdings nicht in dem Sinne missverstanden werden, dass es sich hierbei um eine Chance der Realisierung eines präferierten Vorhabens handelt.

133 Erbschaften und Vermögen sind im 1988er Haushaltsfragebogen des SOEP erfasst worden; diese Haushaltsdaten sind hier den Personendatensätzen zugespielt worden. Die Erbschaftsvariable (bzw. Vermögen) wird im folgenden mit 1 kodiert, wenn die Personen des Haushalts (gefragt wurde nach bis zu drei Personen) mindestens 20000 DM erbten (bzw. einen entsprechenden Vermögensgesamtwert verfügten). Es wurden sowohl für Erbschaften als auch für Vermögen ebenso andere Beträge zur Abgrenzung herangezogen, diese haben aber zu keiner deutlichen Veränderung der Befunde geführt.

134 Die berufliche Stellung des Vaters zum Zeitpunkt des 15. Lebensjahres der Befragungspersonen wurde 1986 im Rahmen der Biografiedatenerhebung der ersten drei SOEP-Wellen erfasst. Seit 1988 wurden diese Informationen für Personen, dic an den ersten drei Wellen nicht (durchgehend) teilgenommen haben, nacherhoben. Berufliche Selbständigkeit der Mutter wurde leider nicht erfasst.

nannten alle ausschließlich bei der Perspektive der Selbständigkeit als Unternehmertum und nicht bei der Perspektive atypischer Beschäftigungsformen eine Rolle. Dummy-Variablen für die schulische Ausbildung werden nicht verwendet, da diese mit denen der Berufsausbildung hoch korrelieren und zu Schätzfehlern des Modells führen können; außerdem haben Schätzungen inklusive dieser Variablen die Erklärungskraft der Modelle nicht verbessern können.

Übersicht E-6: Modellvariablen der Ein- und Austrittsdeterminanten

abhängige Variable	
Modellgruppe I: Eintritt	1: falls die Person zwischen 1990 und 1997 in die selbständige Erwerbstätigkeit eingetreten ist. 0: falls die Person in keinem der Jahre 1990-1997 selbständige Erwerbstätigkeit angegeben hat und in mindestens einem Jahr erwerbstätig oder arbeitslos ist.
Modellgruppe II: Austritt	1: falls die Person zwischen 1984 und 1997 aus einer selbständige Erwerbstätigkeit ausgetreten ist. 0: falls die Person in mindestens einem der Jahre 1984-1993 selbständige Erwerbstätigkeit angegeben hat und in keinem folgenden Erhebungsjahr ausgetreten ist.
unabhängige Variablen	
Soziodemographische Variablen	
Geschlecht	1: Frauen, 0: Männer
Staatszugehörigkeit	1: Ausländer, 0: Deutsche
Alter (drei Dummy-Variablen)	unter 25Jährige, 45 bis unter 65Jährige, mindestens 65Jährige; Referenzkategorie (0) jeweils 25 bis unter 44Jährige
Humankapitalvariablen	
Beruflicher Ausbildungsabschluss (vier Dummy-Variablen)	ohne Berufsausbildung, Fachschulabschluss, Hochschulabschluss, sonstige Berufsausbildung Referenzkategorie: Lehre/betriebliche Ausbildung
Arbeitsmarktchancen/risiken	
Arbeitslosigkeitserfahrung	1: Arbeitslosigkeit im Jahr vor dem Eintritt 0: keine Arbeitslosigkeit im Jahr vor dem Eintritt
bundeslandspezifische Arbeitslosenquote	metrisch
Kapitalverfügbarkei, Ressourcenzugang und „ererbtes“ Erfahrungswissen	
Vermögen 1988	1: Haushalt verfügt 1988 über einen Vermögensgesamtwert von mindestens 20000 DM 0: sonst
Erbschaft 1988	1: Haushalt hatte nach 1960 eine Erbschaft von mindestens 10000 DM 0: sonst
Berufliche Stellung des Vaters	1: Vater war zum Zeitpunkt des 15. Lebensjahres der Befragungsperson selbständig erwerbstätig 0: sonst

In Tabelle E-21 sind die Schätzergebnisse des Modells für alle Eintritte zwischen 1990 und 1997 dargestellt; signifikante Koeffizienten sind hervorgehoben (Fettdruck).
Alter, Berufsausbildung, vorherige Arbeitslosigkeit und die Selbständigkeit des Vaters haben einen signifikanten Einfluss auf die relative Wahrscheinlichkeit des Eintritts in die Selbständigkeit. Im Vergleich zu den 25-44Jährigen haben unter 25Jährige und 45-64Jährige eine signifikant geringere und über 64Jährige eine signifikant höhere Eintrittschance. Wobei der Effekt bei den über 64Jährigen am stärksten ist. Der Effektkoeffizient ergibt, dass diese eine mehr als viermal so hohe Eintrittswahrscheinlichkeit wie die 25-44Jährigen haben. Der Einfluss der Berufsausbildung fällt etwas geringer aus. Personen ohne Berufsausbildungsabschluss haben im Vergleich zu solchen mit einer Lehrausbildung eine signifikant geringere (eine ca. 0,7fache) und solche mit einer Fachschulausbildung eine signifikant höhere Eintrittschance.

Tab. E-21: Logistische Regression des Eintritts in die Selbständigkeit, Modell für alle Eintritte

Regressoren (unabhängige Variablen)	Koeffizient der Regressoren: b_i	Standardabweichung: s_i	Signifikanzniveau: p	Effektkoeffizienten ($\exp(b_i)$)	Standardisierte Effektkoeffizienten $\exp(b_i \times s_i)$
Konstante	1,7662	0,4054	**0,0000**		
Geschlecht	-0,1592	0,1465	0,2772	0,8529	1,1331
unter 25Jährige	-1,4808	0,3111	**0,0000**	**0,2274**	1,0733
45 bis 64Jährige	-0,5349	0,1714	**0,0018**	**0,5857**	1,1056
über 64Jährige	1,4478	0,5278	**0,0061**	**4,2537**	9,4414
Staatsangehörigkeit	-0,3219	0,2827	0,2549	0,7248	1,2274
ohne Berufsausb.	-0,4157	0,2198	**0,0585**	**0,6599**	1,1561
Fachschulabschluss	0,5344	0,1918	**0,0053**	**1,7065**	1,3872
Fach-/Hochschulabschluss	0,1433	0,1966	0,4659	1,1541	1,2547
sonstiger Abschluss	-0,6597	0,4088	0,1066	0,5170	1,2353
ind. Arbeitslosigkeit	1,1159	0,2458	**0,0000**	**3,0523**	2,1175
Arbeitslosenquote	0,0187	0,0296	0,5264	1,0189	1,0306
Erbschaft 1988	0,1853	0,1849	0,3163	1,2036	1,2493
Vermögen 1988	-0,0346	0,2067	0,8672	0,9660	1,2210
Vater Selbständiger	0,6022	0,1735	**0,0005**	**1,8261**	1,3728

Signifikanz des Gesamtmodells: 0,000; -2 Log Likelihood: 1346,854, $-2LL_0$: 1455,835; R^2 (Nagelkerke): 0,099; Übereinstimmung beobachtetc und vorausgesagte Ausprägung der abhängigen Variablen: 90,31%; n = 2280.
Referenzkategorien (0): Männer, 25 bis unter 44Jährige, Deutsche, betriebl. Ausbildung/ Lehre, keine Erbschaft, kein Vermögen, Vater nicht selbständig erwerbstätig

Personen, deren Vater selbständig erwerbstätig war, haben eine um das 1,8fache höhere relative Eintrittswahrscheinlichkeit als solche, deren Vater nicht selbständig erwerbstätig war. Hochsignifikant ist auch der Einfluss der vorherigen Arbeitslosigkeit. Personen mit vorheriger Arbeitslosigkeit haben eine signifikant höhere Eintrittschance; der Effektkoeffizient beträgt ca. 3,1 und ist somit der zweithöchste im Modell. Alle anderen Variablen nehmen keinen signifikanten Einfluss.

Schätzt man das selbe Modell getrennt für die Selbständigen-Subgruppen, so ergeben sich deutlich unterschiedliche Ergebnisse. Tabelle E-21a stellt die Effektkoeffizienten und Signifikanzwerte, die sich bei den vier Modellen ergeben, gegenüber, Tabelle E-21b liefert einen Überblick über die Einflussrichtung und die Signifikanzniveaus der Koeffizienten, die in mindestens einem Modell einen signifikanten Einfluss ausüben.

Tab. E-21 a: Logistische Regression des Eintritts in Selbständigkeit, Modelle je Subgruppe

Regressoren	Modell a		Modell b		Modell c		Modell d	
	exp (b_i)	p	exp (b_i)	p	exp (b_i)	p	exp (b_i)	p
Geschlecht	1,3666	0,3211	0,9381	0,8382	1,1186	0,6888	0,4537	**0,0037**
unter 25Jährige	0,1954	**0,0105**	0,0009	0,5382	0,3233	**0,0184**	0,2401	**0,0227**
45 bis 64Jährige	0,5541	0,1281	0,5239	**0,0793**	0,7831	0,4465	0,4759	**0,0137**
mind. 65Jährige	0,0123	0,8266	6,0852	**0,0351**	0,0167	0,7366	4,0646	**0,0622**
Staatsangehörigkeit	0,5197	0,1973	0,6768	0,5567	0,5086	0,1641	1,4319	0,5689
ohne Berufs-ausbildungs-abschluss	1,1344	0,7647	0,2071	**0,0390**	0,8047	0,5358	0,4122	**0,0813**
Fachschul-abschluss	1,3472	0,5501	2,4170	**0,0155**	0,3055	**0,0544**	2,6322	**0,0012**
Fach-/Hochschul-abschluss	1,2658	0,5954	1,1811	0,6812	0,5003	0,1279	1,9246	**0,0311**
sonstiger Abschluss	1,7786	0,3239	0,4038	0,3818	0,4898	0,3356	0,0032	0,5183
ind.Arbeitslosigkeit	5,4457	**0,0000**	4,7511	**0,0005**	1,9053	0,2307	1,7023	0,2806
Arbeitslosenquote	0,9990	0,9879	1,0409	0,5200	0,9659	0,5428	1,0531	0,3120
Erbschaft 1988	0,7745	0,6037	1,8445	**0,0774**	1,7544	0,1011	0,9169	0,7830
Vermögen 1988	1,5132	0,4005	0,3917	**0,0136**	0,8378	0,6304	1,5056	0,3263
Vater Selbständiger	1,1234	0,7865	1,8463	0,7976	1,1101	0,8737	2,8490	**0,0001**

Modell a: Eintritte in unqualifizierte „own account- Tätigkeiten: Modellsignifikanz: 0,030; -2 Log Likelihood: 378,479; $-2LL_0$: 403,916; R^2: 0,076; 98,04%; n = 2099.

Modell b: Eintritte in (hoch)qualifizierte „own account- Tätigkeiten: Modellsignifikanz: 0,000; -2 Log Likelihood: 360,629; $-2LL_0$: 427,32; R^2: 0,170; 97,91%; n = 2102.

Modell c: Eintritte in unqualifizierte Arbeitgeber- Tätigkeiten: Modellsignifikanz: 0,2700; -2 Log Likelihood: 485,834; $-2LL_0$: 502,58; R^2: 0,037, 97,44%; n = 2112.

Modell d: Eintritte in (hoch)qualifizierte Arbeitgeber- Tätigkeiten: Modellsignifikanz: 0,0000; 2 Log Likelihood: 547,138; $-2LL_0$: 636,057; R^2: 0,158, 96,62%; n = 2131.

Die Ergebnisse des Gesamtmodells stimmen weitgehend lediglich mit dem Modell, das nur für Eintritte in qualifizierte und professionalisierte Arbeitgebertätigkeiten berechnet wurde, überein. Unterschiede bestehen lediglich darin, dass Frauen eine signifikant geringere Eintrittschance haben und vorherige Arbeitslosigkeit keinen signifikanten Einfluss ausübt. Während Selbständigkeit des Vaters lediglich in diesem Modell hoch signifikant und in allen anderen deutlich insignifikant ist. Vorherige Arbeitslosigkeit ist dagegen ausschließlich in den beiden Modellen für Eintritte in „own account"-Tätigkeiten signifikant. Bezüglich der Altersvariablen besteht lediglich in den beiden Modellen der Eintritte in unqualifizierte Tätigkeiten für die unter 25Jährigen ein signifikant negativer Effekt. Die Variablen Staatsangehörigkeit, Arbeitslosenquote, Erbschaft und Vermögen sind – mit Ausnahme eines gering signifikanten positiven Effektes der Erbschaft bei (hoch)qualifizierten „own account-Tätigkeiten - in keinem der Modelle signifikant.
Mit Ausnahme von Modell c sind alle Modelle signifikant. R^2 fällt bei Modell c wie auch bei a sehr gering aus, allerdings erreichen diese bei logistischen Regressionen i.d.R. keine sehr hohen Werte.

Tab. E-21b: Einflussrichtung und Signifikanzniveau der Koeffizienten verschiedener Eintrittsmodelle

	Alle Eintritte	Modell a	Modell b	Modell c	Modell d
Geschlecht	-	+	-	+	-***
unter 25Jährige	-***	-**	-	-**	-**
45 bis 64Jährige	-***	-	-*	-	-**
mindestens 65Jährige	+***	-	+**	-	+*
ohne Berufsausb.abschluss	-*	+	-**	-	-*
Fachschulabschluss	+***	+	+**	-*	+**
Fach-/Hochschulabschluss	+	+	+	-	+**
sonstiger Abschluss	-	+	-	-	-
ind. Arbeitslosigkeit	+***	+***	+***	+	+
Erbschaft 1988	+	-	+*	+	-
Vater Selbständiger	+***	+	+	+	+***

*: p < 0,1; **: p < 0,05; *** p < 0,01

Insgesamt sprechen die Unterschiede der Variableneinflüsse dafür, dass zwischen den Subgruppen systematisch unterschiedliche Determinanten wirksam sind. Berechnet man solche Modelle für eine Gesamtheit und für Teilpopulationen können zwar die Signifikanzwerte einzelner Variablen allein aufgrund geringerer Fallzahlen in den Teilmodellen variieren (tendenziell sinken), doch verändern sich die Signifikanzwerte nicht generell in die gleiche Richtung. Zudem verändern sich bei einigen Variablen auch die Vorzeichen. Frauen haben lediglich bezüglich (hoch)qualifizierter Tätigkeiten eine geringere Eintrittswahrscheinlichkeit, bei unqualifizierten Tätigkeiten wird der Koeffizient positiv

(wenn auch insignifikant). Ältere (über 65Jährige) haben dagegen lediglich bei qualifizierten Tätigkeiten eine höhere Eintrittswahrscheinlichkeit, bei unqualifizierten wird der Einfluss nicht nur insignifikant, sondern auch negativ.
Interessant erscheinen vor allem die Befunde hinsichtlich der individuellen Arbeitslosigkeit sowie des Erwerbsstatus des Vaters. Arbeitslosigkeit scheint ausschließlich die Wahrscheinlichkeit einer Tätigkeit als „own account"-Selbständige zu erhöhen. Dies gilt auch für qualifizierte „own account"-Tätigkeiten; eine Schätzung für alle sechs Subgruppen hat ergeben, dass der Koeffizient für solche in professionalisierten Tätigkeiten insignifikant wird. Die Einflussstärke ist zudem bei unqualifizierten Tätigkeiten etwas stärker. Solche Tätigkeiten mögen denen, die geringe Beschäftigungschancen als Arbeitnehmer aufweisen, eine Möglichkeit der Erwerbstätigkeit bieten, sei es dass sie eine Existenz gründen oder dass sie nur zu solchen atypischen Beschäftigungsformen Zugang haben. Selbständigkeit des Vaters ist die einzig signifikante Variable aus der Gruppe derer, die vor allem als Einflussgröße im Kontext der Begründung von Unternehmertum und Existenzgründungen eine Rolle spielen. Sie übt ausschließlich bei qualifizierten Arbeitgeber-Selbständigen einen signifikant positiven Einfluss auf die Eintrittschance aus; wobei der Koeffizient mit einem Wert von knapp 3 auf einen starke Erhöhung der Eintrittschance und der Signifikanzwert von 0,0001 auf einen hochsignifikanten Effekt hinweist.

4.2.1. Determinanten des Austritts

Insgesamt verbleiben 569 Selbständige, von denen 361 im Erhebungszeitraum aus der selbständigen Erwerbstätigkeit ausgetreten sind.
Im Folgenden wird die Wahrscheinlichkeit eines Austritts in die Selbständigkeit in Relation zum Nicht-Austritt geschätzt:

$$\frac{P(\text{Austritt})}{P(\text{Nicht - Austritt})} = e^{(\alpha + \Sigma(\beta i \text{ X} i))}$$

Zunächst werden wieder die Modellergebnisse für alle Austritte dargestellt und diskutiert. Im Zusammenhang mit den Austritten aus der selbständigen Erwerbstätigkeit liegen weniger Vermutungen über spezifische Wirkungsweisen der Variablen bei den einzelnen Subgruppen vor. Insgesamt liegen für die Austritte weniger begründete Vermutungen hinsichtlich subgruppenspezifischer Effekte vor. Dennoch werden aus Vergleichsgründen auch jeweils gesonderte Modelle für die einzelnen Subgruppen geschätzt. Deren Ergebnisse werden im Anschluss diskutiert. Zu den Modellvariablen siehe Übersicht E-6.

In Tabelle E-22 sind die Schätzergebnisse des Modells für alle Austritte zwischen 1984 und 1993 dargestellt; signifikante Koeffizienten sind hervorgehoben (Fettdruck). Es haben nur wenige der hier verwendeten Regressoren signifikante Koeffizienten, dennoch ist das Gesamtmodell hochsignifikant und weist mit 0,369 ein R^2 auf, das eine sehr gute Modellgüte bedeutet; insbesondere ist dieser Wert höher als der des Eintrittmodells. Eine signifikant höhere Austrittswahrscheinlichkeit haben Frauen (mehr als die dreifache der Männer) und über 64Jährige (mehr als die siebenfache der 25-44Jährigen), wobei für erstere ein hochsignifikanter und für letztere nur ein gering signifikanter Koeffizient vorliegt. Hochsignifikant negativ wirkt sich die bundesländerspezifische Arbeitslosenquote auf die Austrittswahrscheinlichkeit aus. Personen, die vor dem Eintritt in die Selbständigkeit arbeitslos waren, haben erstaunlicherweise ebenso eine signifikant geringere Austrittswahrscheinlichkeit. Alle anderen Variablen sind insignifikant.

Tab. E-22: Logistische Regression des Austritts aus der Selbständigkeit, Modell für alle Austritte

Regressoren (unabhängige Variablen)	Koeffizient der Regressoren: b_i	Standardabweichung: s_i	Signifikanzniveau: p	Effektkoeffizient : $(\exp(b_i))$	Standardisierter Effektkoeffizient $\exp(b_i \times s_i)$
Konstante	3,3333	1,0695	0,0018		
Geschlecht	1,2172	0,3239	**0,0002**	3,3776	2,986
unter 25Jährige	6,3119	17,0724	0,7116	551,0950	*
45 bis 64Jährige	0,2765	0,3318	0,4046	1,3185	1,549
mindestens 65Jährige	2,0017	1,1141	**0,0724**	7,4019	3814,088
Staatszugehörigkeit	0,7947	0,9937	0,4239	2,2137	9,023
ohne Berufsausbildungsabschluss	0,4451	0,5035	0,3767	1,5606	2,194
Fachschulabschluss	-0,1627	0,3991	0,6835	0,8498	1,404
Fach-/Hochschulabschluss	-0,4673	0,4134	0,2583	0,6267	1,296
sonstiger Abschluss	-1,1394	0,8398	0,1749	0,3200	1,308
ind. Arbeitslosigkeit	-1,0312	0,5171	**0,0462**	0,3566	1,202
Arbeitslosenquote	-0,4126	0,0761	**0,0000**	0,6619	1,052
Erbschaft 1988	-0,4129	0,3812	0,2788	0,6617	1,287
Vermögen 1988	-0,3397	0,4323	0,4319	0,7120	1,360
Vater Selbständiger	0,3629	0,3755	0,3338	1,4375	1,716

Signifikanz des Gesamtmodells: 0,000; -2 Log Likelihood: 266,860; $-2LL_0$: 353,958; R^2 (Nagelkerke): 0,371; Übereinstimmung beobachtete und vorausgesagte Ausprägung der abhängigen Variablen: 74,56%; n = 283.
Referenzkategorien (0): Männer, 25 bis unter 44Jährige, Deutsche, betriebl. Ausbildung/ Lehre, keine Erbschaft, kein Vermögen, Vater nicht selbständig erwerbstätig
* Der standardisierte Effektkoeffizient wird sehr hoch; hier mag aber ein statistischer Artefakt vorliegen; insgesamt sind sehr wenige Personen in dieser Altersklasse Selbständige, der Effekt ist auch gänzlich insignifikant.

Im Rahmen der Austrittsmodelle erweist sich die nach Subgruppen differenzierte Schätzung aufgrund der geringen Fallzahlen besonders problematisch. Deshalb wird auf deren Darstellung im Einzelnen verzichtet. Die Schätzungen haben allerdings nur geringe Veränderungen bei den Koeffizienten ergeben. Der Koeffizient der Arbeitslosenquote ist in allen Modellen signifikant negativ. Der Effekt der individuellen Arbeitslosigkeit besteht nur im Modell für „own account"-Selbständige in (hoch)qualifizierten Tätigkeiten. In allen anderen Modellen ist dieser Koeffizient insignifikant und in den beiden Modellen für Selbständige in unqualifizierten Tätigkeiten deutet er auf einen positiven Einfluss auf die Austrittswahrscheinlichkeit. Frauen haben nach den Schätzungen aller Modelle eine höhere Austrittswahrscheinlichkeit, allerdings ist diese nur bei den Selbständigen in unqualifizierter Tätigkeit signifikant. Ansonsten sind in allen Modellen die Koeffizienten der anderen Variablen insignifikant und jeweils mit unveränderter Wirkungsrichtung.

Austritte aus der Selbständigkeit können unterschiedlich interpretiert werden. Sie können zum einen „übliche" Rentenaustritte bedeuten, ein Scheitern einer selbständigen Tätigkeit oder lediglich einen präferierten Wechsel in ein abhängiges Beschäftigungsverhältnis darstellen. Der geringe Einfluss der Altersvariablen und die hohen Anteile an Wechslern sprechen dafür, dass es sich überwiegend nicht um Ruhestandsbewegungen handelt. Um zu prüfen, ob sich bei Wechseln, die eher als ein Scheitern und solchen, die einen Wechsel der Erwerbsform darstellen, unterschiedliche Zusammenhänge zeigen, wurden jeweils gesonderte Schätzungen für alle Wechsel in Erwerbstätigkeit und in Nicht-Erwerbstätigkeit durchgeführt.[135] Hierbei haben sich allerdings nahezu keine Unterschiede ergeben. Lediglich der Koeffizient für die über 64Jährigen unterscheidet sich deutlich in beiden Modellen; er ist insignifikant bei den Wechseln in Erwerbstätigkeit und, wie zu vermuten war, hochsignifikant positiv bei den Austritten in Nicht-Erwerbstätigkeit. Außerdem wirkt sich vorherige Arbeitslosigkeit lediglich bei den Wechseln in Erwerbstätigkeit signifikant negativ auf die Austrittswahrscheinlichkeit aus; Personen, die vor dem Eintritt in die Selbständigkeit arbeitslos waren, haben eine geringere Chance aus der Selbständigkeit in eine abhängige Beschäftigung zu wechseln. Weiterhin haben Personen ohne Berufsausbildungsabschluss eine signifikant höhere Austrittswahrscheinlichkeit im Modell der Wechsel in Nicht-Erwerbstätigkeit; der fehlende Ausbildungsabschluss hat dagegen keinen Einfluss bei den Austritten in Erwerbstätigkeit, zudem weist bei letzteren der Koeffizient auf eine negative Wirkungsrichtung.

Da man Austritte unterschiedlich interpretieren kann, mag man einerseits eine hohe Austrittswahrscheinlichkeit mit günstigen Beschäftigungschancen als Ar-

---

[135] Personen in geringfügiger Erwerbstätigkeit werden hierbei den Nicht-Erwerbstätigen zugerechnet.

beitnehmer begründen, andererseits mag sie auch auf geringe Erfolge in selbständiger Tätigkeit hinweisen. Anhand des Datenmaterials kann man keine entsprechende Differenzierung von Austrittsarten vornehmen. Austritte mögen auch unterschiedlich zu bewerten sein, je nachdem wie häufig und nach welchem Zeitraum Wechsel stattfinden. Die Fallzahlen sind aber zu gering, um weitere Austrittsmodelle zu differenzieren. Fragen der Erwerbsstabilität werden im folgenden Abschnitt anhand der Differenzierung dreier Stabilitätstypen analysiert.

5. Erwerbsverläufe selbständig Erwerbstätiger

5.1 Stabile und instabile Selbständigkeit

Paneldaten haben den Vorteil, dass man Verläufe analysieren kann. Allerdings ist man hierbei mit dem Problem der Panelmortalität (Personen, die vorzeitig aus der Erhebung ausscheiden) und Ausfällen in einzelnen Erhebungsjahren konfrontiert, die bei Selbständigen relativ häufig vorkommen. Zudem wird eine strukturierte Darstellung der Verläufe dadurch erschwert, dass die Erwerbsverläufe der Selbständigen über alle Erhebungsjahre des SOEP sehr heterogen sind (siehe Tabelle A-16)[136]. Da sich auch bei den Selbständigen, die in allen Erhebungsjahren teilgenommen haben, eine ausgeprägte Instabilität in den Erwerbsverläufen zeigt und Selbständigskeitsphasen von nur einem oder wenigen Erhebungsjahren und wiederholte Ein- und Austritte bei einzelnen Personen nicht sehr selten sind, kann man für Personen, die in einzelnen Erhebungsjahren ausfallen, keine plausiblen Annahmen über deren Erwerbsstatus treffen, so dass eine Korrektur fehlender Werte nicht sinnvoll erscheint. Aus diesen Gründen wurde bei der Analyse der Erwerbsverläufe von einer Ereignisdatenanalyse abgesehen. Zudem sprechen auch die Muster der Erwerbsverläufe dafür, diese in wenige Typen zu differenzieren. Da relativ viele Selbständige bereits nach einem Jahr nicht mehr selbständig tätig sind, erscheint es angebracht, stabile und instabile Selbständige zu unterscheiden. Wenn auch keine eigentliche Ereignisdatenanalyse durchgeführt wird, so sollen - bevor die Erwerbsverlaufstypen analysiert werden - zwei zentrale Größen, die im Rahmen von solchen Analysen ihre besondere Bedeutung haben, zu deskriptiven Zwecken dargestellt werden.

[136] In Tabelle A-16 ist die Häufigkeitstabelle zu einer Erwerbsverlaufsvariablen dargestellt. Diese Variable stellt eine fünfstellige Zahl dar, die derart konstruiert worden ist, dass die erste Ziffer den Erwerbsstatus im Eintrittsjahr, die zweite den im Jahr nach dem Eintritt, die dritte Ziffer den im 2. Jahr nach Eintritt usw. darstellt. Die einstelligen Codewerte für die verschiedenen Erwerbsstatus sind im Anhang zur Tabelle erläutert.

Betrachtet man die Entwicklung der Anteile derjenigen, die in den dem Eintritt folgenden Jahren in der Selbständigkeit verbleiben („Überlebensraten"), sowie die Anteile der jeweiligen Austritte aller bis zum Vorjahr Überlebenden (Hazard Rate)[137], so ergeben sich die in Abbildung E-12 dargestellten Raten.

Abb. E-12: Überlebensraten und Hazard Rates vier Jahre nach Eintritt in die selbständige Erwerbstätigkeit

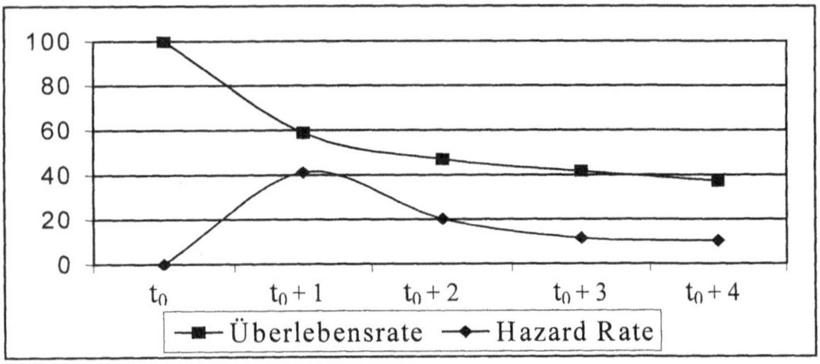

Von den 424 Eintrittspersonen geben im ersten Jahr nach dem Eintritt in die selbständige Erwerbstätigkeit 183 Personen einen anderen Erwerbsstatus an, somit verbleiben lediglich knapp 60% der Eintritte bis zum nächsten Befragungsjahr in der Selbständigkeit. Bis zum vierten Erhebungsjahr nach Eintritt verbleiben nur noch 166 Personen bzw. ca. 39% der Eintritte. Diese Befunde zeigen deutlich höhere Austrittsbewegungen als bei PANNENBERG (1997: 752), der ähnliche Berechnungen anhand der SOEP-Daten durchführt. Dort sind nach einem Jahr noch über 80% selbständig tätig, nach zwei Jahren sind dies mehr als 70% und schließlich erst nach drei Jahren nur noch ca. 64%. Es ist erstaunlich, dass trotz Verwendung der gleichen Datenbasis derartig unterschiedliche Befunde resultieren. Allerdings liegt bei diesen beiden Berechnungen ein wesentlicher Unterschied in der Operationalisierung der Eintritte (siehe Abschnitt E 1.1.4). In der eigenen Analyse werden die Informationen zum Erwerbsstatus bzw. der Erwerbsform zweier aufeinander folgender Jahre verwendet; PANNENBERG verwendet dagegen die Frage zum beruflichen Wechsel. Wie bereits dargelegt worden ist, ergeben sich hierbei deutliche Unterschiede in der Anzahl der Eintritte. Es ist zu vermuten, dass diese Differenzen bei solchen Selbständigkeitsformen, die eher atypischen Beschäftigungsverhältnissen entsprechen oder die dem Bereich marginaler Erwerbstätigkeiten zuzuordnen sind, stärker ausgeprägt sind. Dies mag eine Erklärung dafür sein, warum mit den

[137] Sie bringt quasi die bedingte Austrittswahrscheinlichkeit zum Ausdruck.

Analysen PANNEBERGS instabile Selbständigkeitsformen in geringerem Maße erfasst sind.
Im Folgenden werden die Erwerbsverläufe hinsichtlich der Stabilität unterschieden. Diese Analyse wird auf diejenigen beschränkt, die in allen relevanten Erhebungsjahren teilgenommen haben. Beschränkt man die Analyse auf alle, die im gesamten Erhebungszeitraum, also von 1984 bis 1997, teilgenommen haben, so verringert sich die Personenzahl stark. Da die Anzahl der Selbständigen im SOEP auch ohne diese Einschränkung schon relativ gering ist, würde man bei einem entsprechenden Vorgehen Fallzahlen erhalten, die kaum noch differenzierte Analysen zulassen. Deshalb wurde Stabilität bzw. Instabilität hier nicht über alle Erhebungsjahre, sondern auf Basis der Erwerbsstatus bzw. Erwerbsformen im **Verlauf von vier Jahren nach Aufnahme einer selbständigen Erwerbstätigkeit** definiert. Entsprechend beschränkt sich die analysierte Gesamtheit im Folgenden auf all diejenigen, die zwischen 1984 und 1993[138] eine selbständige Erwerbstätigkeit aufgenommen haben (630 Personen) und in allen vier auf den Eintritt folgenden Erhebungsjahren teilgenommen haben (468 Personen). Abzüglich der Personen, die man keinem Stabilitätstyp zuordnen kann, verbleiben 445 Personen[139]. Will man die Eintritte Segmenten zuordnen, bei denen neben dem Kriterium der Erwerbsstabilität noch die Einkommenshöhe berücksichtigt wird, verbleiben aufgrund relativ vieler fehlender Einkommensangaben nur noch 325 Personen, die man entsprechend typisieren kann. Diese Fallzahl erscheint zu gering, um weitere Analysen durchführen zu können (da weitere Fälle aufgrund fehlender Angaben bei anderen Variablen herausfallen), so dass hierauf verzichtet worden ist. Im Anhang ist die Verteilung aller Eintritte sowie der nach Subgruppen differenzierten Eintritte über vier Segmente dargestellt. Es werden dort unterschieden: stabile und instabile Selbständigkeit mit jeweils hohen (bzw. „normalen) Eintrittseinkommen (mehr als 75% des Normaleinkommens) bzw. niedrigen Eintrittseinkommen (unter 75% des Normaleinkommens) (siehe Tab. A-17).

5.1.1 Deskriptionen

Im Folgenden werden **drei Stabilitäts- bzw. Instabilitätstypen** unterschieden. Als stabile Selbständige werden all diejenigen bezeichnet, die in den vier auf

[138] Für alle Personen, die zu einem späteren Zeitpunkt in die Selbständigkeit eingetreten sind, liegen zum Zeitpunkt der Auswertung weniger als vier folgende Erhebungsjahre vor; deshalb werden sie nicht in die Analyse einbezogen.

[139] Nicht zugeordnet sind solche Personen, die in den vier Jahren nach Eintritt immer selbständig oder mithelfende Familienangehörige waren (18 Personen) und solche, die zwar in allen vier Jahren keinen anderen Erwerbsstatus als Selbständigkeit angegeben haben, aber in einzelnen Jahren keine Angabe zum Erwerbsstatus bzw. der beruflichen Stellung machten (5 Personen).

den Eintritt folgenden Erhebungen immer selbständig erwerbstätig angegeben haben.[140] Instabile Selbständigkeit liegt entsprechend dann vor, wenn in mindestens einem der vier folgenden Erhebungszeitpunkte keine selbständige Erwerbstätigkeit angegeben wird. Hierbei wird nochmals unterschieden, ob die entsprechenden Personen in allen vier Jahren Erwerbstätigkeit oder in einzelnen Jahren auch Erwerbslosigkeit (Arbeitslosigkeit, Stille Reserve oder Nicht-Erwerbspersonen) angegeben haben.[141]

Abb. E-13: Stabilitätstypen selbständiger Erwerbstätigkeit

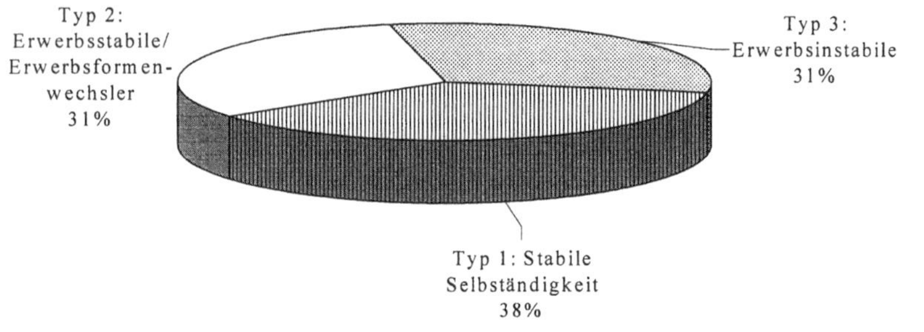

Wie Abbildung E-13 zeigt, verbleiben lediglich knapp 40% der Eintritte in die Selbständigkeit im Verlauf von (mindestens) vier Jahren in diesem Erwerbsstatus. Mehr als 60% verbleiben weniger als fünf Jahre in der Selbständigkeit. Von diesen gibt die Hälfte in dem betrachteten Zeitraum mindestens einmal Erwerbslosigkeit an.

Dabei unterscheiden sich diese Anteile nach den Selbständigen-Subgruppen, denen die Selbständigen bei Eintritt zugeordnet werden können (Abbildung E-14). Die höchsten Anteile stabiler Selbständigkeit weisen mit über 66% die „own account"-Selbständigen in qualifizierten Tätigkeiten auf. Deutlich geringer – 37,1 bzw. 32,8% - ist der der „own account"- und der der Arbeitgeber-Selbständigen in unqualifizierten Tätigkeiten. Auch die Arbeitgeber-Selbstän-

[140] Diese Personen geben mindestens in vier Jahren nach Eintritt zu den Erhebungszeitpunkten selbständige Erwerbstätigkeit als berufliche Haupttätigkeit an. Je nach Eintrittszeitpunkt und zwischenzeitlichen Ewerbsveränderungen kann dies eine ununterbrochene Selbständigkeit von maximal 5 Jahre bedeuten (wenn jemand zu einem Zeitpunkt die selbständige Tätigkeit aufgenommen hat, der nahe am vorherigen Befragungszeitpunkt lag).

[141] Zur Definition der Erwerbsstabilität werden lediglich die Erwerbsstatus zu den Erhebungszeitpunkten herangezogen, ob Personen zwischenzeitlich mehrfach gewechselt haben, wird hierbei nicht berücksichtigt. Man kann aber davon ausgehen, dass z.B. solche Personen, die innerhalb der vier Jahre erwerbslos waren, aber zu den Befragungszeitpunkten wieder eine Erwerbstätigkeit aufgenommen haben, überwiegend solche sind, die nur kurze Erwerbsunterbrechungen aufweisen.

digen in qualifizierten und professionalisierten Tätigkeiten verbleiben zu geringeren Anteilen vier Jahre nach Eintritt durchgehend in der Selbständigkeit, allerdings kann man die Instabilen überwiegend dem Stabilitätstyp 2 zuordnen; d.h., dass sie bei Aufgabe der Selbständigkeit überwiegend in ein abhängiges Beschäftigungsverhältnis und nicht in Erwerbslosigkeit wechseln.

Abb. E-14:Stabilitätstypen selbständiger Erwerbstätigkeit nach Selbständigen-Subgruppen

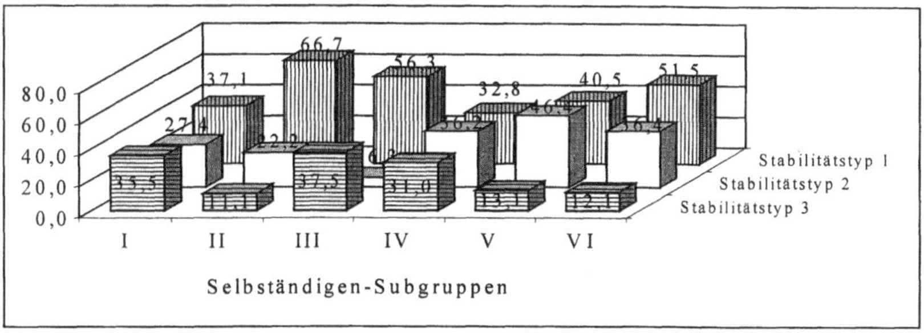

In den Stabilitätsmustern der Selbständigkeit mögen sich Erwerbsverlaufsmuster fortsetzen, die Personen bereits vor dem Eintritt aufgewiesen bzw. erfahren haben. Aus segmentationstheoretischer Perspektive ist zu vermuten, dass instabile Erwerbsverläufe, gleich ob in abhängiger oder selbständiger Erwerbstätigkeit, bei den sogenannten Problemgruppen des Arbeitsmarktes auftreten. Deshalb werden im Folgenden diese Stabilitätstypen nach Geschlecht, Staatszugehörigkeit und Alter differenziert betrachtet. Außerdem mag der Erwerbsstatus vor Eintritt mit unterschiedlichen Erwerbsverläufen der Selbständigkeit einhergehen.

Zunächst zum Erwerbsstatus vor Eintritt in die Selbständigkeit (siehe Abb. A-5a). Was die Anteile derer betrifft, die stabiler Selbständigkeit zugerechnet werden können, scheint Arbeitslosigkeit im Jahr vor dem Eintritt keinen großen Einfluss zu nehmen. Zuvor Arbeitslose wie auch solche, die vor Eintritt der Stillen Reserve zugerechnet werden können, sind mit ca. 7%-Punkten seltener in stabiler Selbständigkeit zu finden als solche, die im Jahr zuvor erwerbstätig waren (über 35% im Vergleich zu gut 43%).[142]

[142] Dieses Ergebnis unterscheidet sich leicht von einer früheren Berechnung, bei der die Anteile stabiler Selbständigkeit zuvor Arbeitsloser und zuvor Erwerbstätiger nahezu gleich hoch ausfielen (vgl. UHLY 1998: 138). Im Unterschied zu der damaligen Berechnung werden hier zusätzlich die Eintritte von 1993 einbezogen und zudem Personen, die zugleich Arbeitslosigkeit und Erwerbstätigkeit angaben, den Erwerbstätigen zugeordnet. Eine Kontrolle anhand der aktuellen Daten hat ergeben, dass der Anteilsunterschied der zuvor Arbeitslosen in stabiler Selbständigkeit allein durch die unterschiedlichen Definitionen der Erwerbsstatus zustande kommt. Im Anhang ist eine entsprechende Abbildung zu finden,

Abb. E-15: Stabilitätstypen selbständiger Erwerbstätigkeit nach Erwerbsstatus vor Eintritt

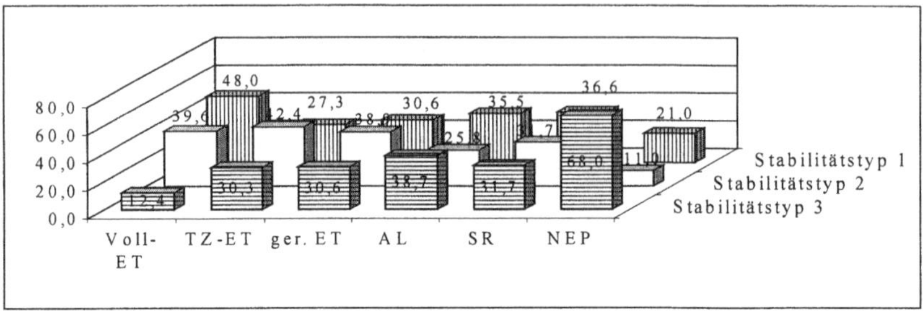

Was diese Erwerbsgruppen voneinander deutlicher unterscheidet, ist, ob bei instabiler Selbständigkeit wieder Erwerbslosigkeitsjahre folgen. Arbeitnehmer, die in Selbständigkeit wechseln, befinden sich nur zu 17% unter solchen, die im Verlauf der ersten vier Jahre nach Eintritt Erwerbslosigkeitsphasen aufweisen. Bei den zuvor arbeitslosen Befragten sowie bei den Personen der Stillen Reserve sind dies dagegen über 30%. Bei solchen, die im Jahr vor der Selbständigkeit Nicht-Erwerbspersonen waren, weisen sogar knapp 70% im Verlauf von vier Jahren nach Eintritt in die Selbständigkeit wieder Phasen der Erwerbslosigkeit auf oder scheiden gänzlich aus dem Erwerbsleben aus. Die Anteile stabiler Selbständigkeit sind bei solchen mit ca. 20% sehr gering. Differenziert man zuvor Erwerbstätige nach ihrem Erwerbsumfang (Abbildung E-15), kann man zudem feststellen, dass hohe Anteile stabiler Selbständigkeit und die sehr niedrigen Anteile des Stabilitätstyps 3 lediglich bei denjenigen vorkommen, die zuvor Vollzeit-Arbeitnehmer waren.

Abb. E-16: Stabilitätstypen selbständiger Erwerbstätigkeit nach Geschlecht

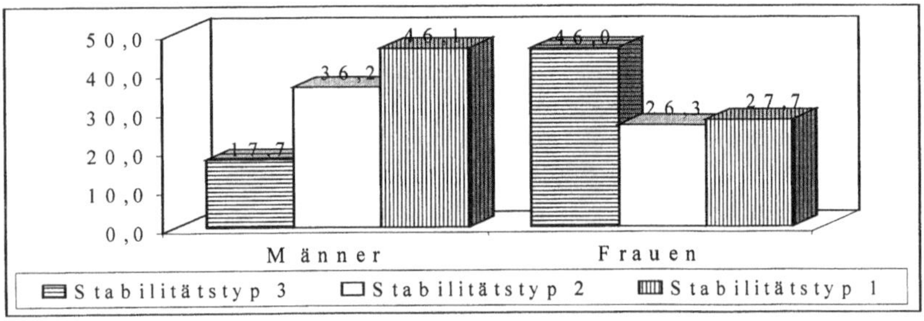

Deutliche Unterschiede ergeben sich auch für Männer und Frauen. Bei Männern und Frauen stellt sich die Verteilung über die Stabilitätstypen gegenläufig dar.

bei der diejenigen, die Arbeitslosigkeit angaben, gleich ob sie auch erwerbstätig waren, den Arbeitslosen zugerechnet werden (siehe Abbildung A-5b).

Die Mehrheit der Frauen (46%) weist vier Jahre nach Eintritt Erwerbslosigkeitsjahre auf. Dagegen findet sich etwa der gleiche Anteil an Männern in stabiler Selbständigkeit.

Weniger ausgeprägt sind die Unterschiede zwischen den Altersklassen. Von allen anderen Altersklassen unterscheiden sich nur diejenigen deutlich, die bei Eintritt bereits ein Rentenalter erreicht haben. Von diesen wechseln über 77% innerhalb der ersten vier Jahre nach Eintritt wieder in Erwerbslosigkeit und zwar vor allem in den Status von Nicht-Erwerbspersonen. Selbständigkeit mag für diese vor allem eine Gelegenheit darstellen, noch einige Jahre über das Ruhestandsalter von Arbeitnehmern hinausgehend erwerbstätig zu sein.

Abb. E-17: Stabilitätstypen selbständiger Erwerbstätigkeit nach Altersklassen

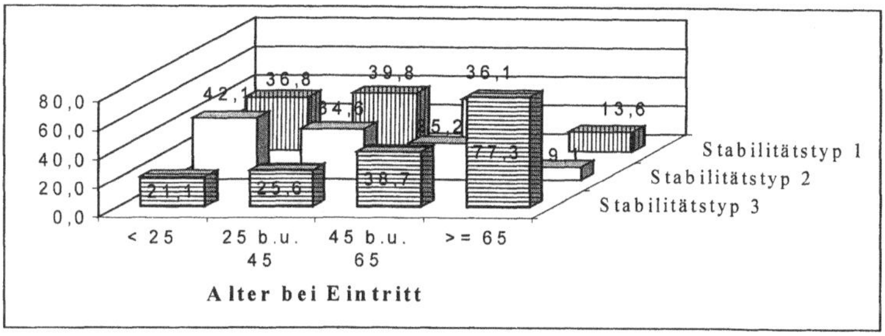

Hinsichtlich des Berufsausbildungsabschlusses, den Personen im Eintrittsjahr aufweisen, bestehen deutliche Abweichungen vor allem bei denjenigen ohne Abschluss, die mit fast 45% dem instabilen Selbständigkeitstyp mit Erwerbslosigkeitsphasen zugeordnet werden können und solchen mit Fachschul- sowie denen mit Fachhochschul- bzw. Hochschulabschluss, die mit vergleichsweise hohen Anteilen stabile Selbständige darstellen (41,5 bzw. 50,7%).

Abb. E-18: Stabilitätstypen selbständiger Erwerbstätigkeit nach Berufsausbildungsabschluss

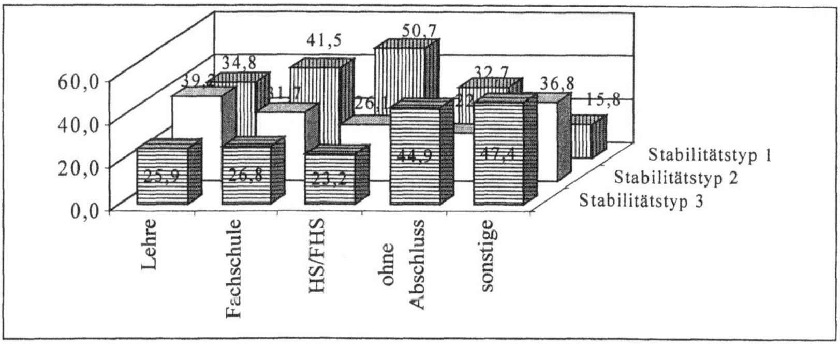

Zwischen Deutschen und solchen, die eine andere als die deutsche Staatsangehörigkeit aufweisen, bestehen nahezu keine Unterschiede (Abbildung A-6).

Insgesamt unterscheiden sich die Selbständigen-Subgruppen, Männer und Frauen, Jüngere und Ältere (vor allem über 65Jährige), Personen mit unterschiedlichen Berufsausbildungsabschlüssen (insbesondere diejenigen ohne und die mit Fachhochschul- bzw. Hochschulabschluss) deutlich hinsichtlich der Stabilität der Selbständigkeit. Die Stabilität der Selbständigkeit steht in deutlichem Zusammenhang zu vorherigen Erwerbsverläufen. Insbesondere von denjenigen, die aus dem Status von Nicht-Erwerbspersonen in die Selbständigkeit wechseln, kehrt die überwiegende Mehrheit innerhalb von fünf Jahren wieder in diesen oder andere Erwerbslosigkeitsstatus zurück. Solche, die aus einem Arbeitnehmerstatus in die Selbständigkeit eintreten, finden sich mehrheitlich in stabiler Selbständigkeit, dies gilt allerdings nur für Vollzeitarbeitnehmer. In Selbständigkeit wechselnde Arbeitnehmer mit „atypischem" Erwerbsumfang weisen zu deutlich höheren Anteilen instabile Selbständigkeit auf. Es ist anzunehmen, dass zwischen all den hier betrachteten soziodemographischen und tätigkeitsbezogenen Merkmalen wechselseitige Zusammenhänge bestehen. Dies wird im Rahmen der multivariaten Analyse berücksichtigt, die im folgenden Abschnitt vorgenommen wird.

5.1.2 Determinanten der Erwerbsstabilität: Multivariate Analyse

Hier wird die Subgruppenzugehörigkeit als unabhängige Variable aufgenommen und nicht je Subgruppe ein gesondertes Modell geschätzt. Zum einen, da vermutet wird, dass sich die Stabilität zwischen den Subgruppen unterscheiden wird und nicht, dass die Determinanten bei den jeweiligen Subgruppen unterschiedlich wirksam sind. Zum anderen, da die Fallzahlen zu gering sind, um pro Subgruppe ein Modell zu rechnen. Es kann also auch nicht geprüft werden, ob sich in den Daten spezifische Einflüsse der Regressoren auf die Stabilität der Selbständigkeit bei den jeweiligen Subgruppen zeigen. In Übersicht E-7 sind die verwendeten Variablen aufgelistet.

Zunächst wird die Wahrscheinlichkeit, dass sich ein Eintritt im Zeitverlauf bis zum vierten Jahr nach Eintritt als stabile Selbständigkeit erweist, in Relation zur Wahrscheinlichkeit, dass Eintritte den anderen beiden Stabilitätstypen zugerechnet werden können, geschätzt:

$$\frac{P(\text{Stabilitätstyp 1})}{P(\text{Stabilitätstyp 2 oder 3})} = e^{(\alpha + \Sigma(\beta i\ Xi))}$$

Übersicht E-7: Variablen der Stabilitätsmodelle

abhängige Variable	
Modell A Stabilitätstyp 1 vs. Stabilitätstyp 2 und 3	1: falls stabile Selbständigkeit 0: falls instabile Selbständigkeit mit oder ohne Erwerbslosigkeit
Modellgruppe B Stabilitätstyp 3 vs. Stabilitätstyp 1 und 2	1: falls instabile Selbständigkeit mit Erwerbslosigkeit 0: falls stabile oder instabile Selbständigkeit ohne Erwerbslosigkeit
Modellgruppe C Stabilitätstyp 3 vs. Stabilitätstyp 1	1: falls instabile Selbständigkeit mit Erwerbslosigkeit 0: falls stabile Selbständigkeit
unabhängige Variablen[143]	
Soziodemographische Variablen	
Geschlecht	1: Frauen, 0: Männer
Staatsangehörigkeit	1: Ausländer, 0: Deutsche
Alter (drei Dummy-Variablen)	unter 25Jährige, 45 bis unter 65Jährige, mindestens 65Jährige; Referenzkategorie (0) jeweils 25 bis unter 44Jährige
Humankapitalvariablen	
Beruflicher Ausbildungsabschluss (vier Dummy-Variablen)	ohne Berufsausbildung, Fachschulabschluss, Hochschulabschluss, sonstige Berufsausbildung Referenzkategorie: Lehre/betriebliche Ausbildung
Arbeitsmarktintegration/Erwerbsstatus	
Erwerbsstatus (fünf Dummy-Variablen)	Nicht-Erwerbspersonen, Stille Reserve, Arbeitslose, mithelfende Familienangehörige, Teilzeit-Arbeitnehmer Referenzkategorie: Vollzeitarbeitnehmer
Selbständigen-Subgruppe	
Subgruppe bei Eintritt (drei Dummy-Variablen)	„own account“-Selbständige in unqualifizierten Tätigkeiten, Arbeitgeber-Selbständige in unqualifizierten Tätigkeiten, Arbeitgeber-Selbständige in (hoch)qualifizierten Tätigkeiten Referenzkategorie: „own account“-Selbständige in (hoch)qualifizierten Tätigkeiten

[143] Die Variablen Branche, berufliche Selbständigkeit des Vaters, Vermögen und Erbschaften wurden nicht aufgenommen, da sie sich als insignifikant erwiesen haben und aufgrund relativ häufig vorkommender fehlender Angaben die Anzahl der analysierten Fälle im Modell zu stark reduzieren.

Tab. E-23: Logistische Regression der Stabilität selbständiger Erwerbstätigkeit: Stabilitätstyp 1 vs. Stabilitätstypen 2 und 3

Regressoren (unabhängige Variablen)	Koeffizient der Regressoren: b_i	Standardabweichung: s_i	Signifikanzniveau: p	Effektkoeffizient ($exp(b_i)$)	Standardisierter Effektkoeffizient $exp(b_i \times s_i)$
Konstante	0,8738	0,5026	0,0821		
Subgruppe I	-0,9274	0,4223	**0,0281**	**0,3956**	1,1818
Subgruppe IV	-1,0085	0,4019	**0,0121**	**0,3647**	1,1579
Subgruppen V u. VI	-0,5447	0,3681	0,1390	0,5800	1,2380
Geschlecht	-0,1566	0,2909	0,5903	0,8551	1,2824
unter 25Jährige	0,2442	0,4375	0,5767	1,2766	1,7481
45 bis 64Jährige	0,2230	0,3040	0,4632	1,2498	1,4622
mindestens 65Jährige	-0,6122	0,8998	0,4962	0,5421	1,6287
Staatsangehörigkeit	-0,0796	0,3476	0,8188	0,9235	1,3785
ohne Berufsausbildungsabschluss	0,2848	0,3668	0,4375	1,3295	1,6285
Fachschulabschluss	0,3448	0,3436	0,3156	1,4117	1,6243
Fach-/Hochschulabschluss	0,4069	0,3735	0,2760	1,5022	1,7525
sonstiger Abschluss	-0,7236	0,7378	0,3267	0,4850	1,4302
Nicht-Erwerbsperson	-1,1327	0,4491	**0,0117**	**0,3222**	1,1557
Stille Reserve	-0,4310	0,4284	0,3144	0,6499	1,3210
Arbeitslose	-0,3969	0,5345	0,4578	0,6724	1,4325
Mithelf. Fam.*	-0,7813	0,5279	0,1389	0,4578	1,2734
TZ-Arbeitnehmer**	-0,7426	0,3910	**0,0575**	**0,4759**	1,2045

*: mithelfende Familienangehörige; ** Arbeitnehmer in Teilzeitbeschäftigung (hier alle unter 35 Wochenstunden)
Signifikanz des Gesamtmodells: 0,0142; -2 Log Likelihood: 395,377; $-2LL_0$: 427,568 R^2 (Nagelkerke): 0,132; Übereinstimmung beobachtete und vorausgesagte Ausprägung der abhängigen Variablen: 64,52; n= 310.

Von den hier verwendeten Regressoren erweisen sich lediglich die Selbständigen-Subgruppen I und IV sowie die vorherigen Erwerbsstatus Nicht-Erwerbspersonen und Arbeitnehmer in Teilzeitbeschäftigung als signifikant. Personen, die in eine Selbständigkeit in unqualifizierten Tätigkeiten eintreten – sei es mit oder ohne Beschäftigte – haben eine signifikant geringere relative Wahrscheinlichkeit in dieser Erwerbsform mindestens vier Jahre zu verbleiben; deren relative Stabilitätswahrscheinlichkeit beträgt ca. 0,4 der Chance der „own account"-Selbständigen in qualifizierten Tätigkeiten. Im Vergleich zu diesen weisen auch diejenigen, die qualifizierte Arbeitgeber-Tätigkeiten aufgenommen haben, lediglich eine 0,58fache Stabilitätschance auf; allerdings ist deren Koeffizient insignifikant. Diejenigen, die im Jahr vor dem Eintritt Nicht-Erwerbspersonen

oder Arbeitnehmer mit weniger als 35 Wochenstunden waren, haben ebenfalls eine signifikant geringe Stabilitätschance. Am deutlichsten ist dies bei Nicht-Erwerbspersonen, bei denen diese Chance lediglich ca. das 0,3fache derjenigen, die zuvor Arbeitnehmer in Vollzeit-Beschäftigung waren, beträgt. Zuvor Arbeitslose und solche, die zuvor der Stillen Reserve angehörten, haben dagegen keine signifikant geringere Stabilitätschance.
Soweit stimmen die Befunde der multivariaten mit der bivariaten Analyse überein. Dagegen unterscheiden sich die Ergebnisse hinsichtlich der geschlechtsspezifischen Stabilitätsmuster deutlich. Frauen sind mit wesentlich geringeren Anteilen unter den stabilen Selbständigen zu finden als Männer, dennoch ist der Koeffizient in der multivariaten Analyse insignifikant. Schätzt man das gleiche Modell mit unterschiedlichen Regressoren, fällt auf, dass der Geschlechter-Dummy dann signifikant wird, wenn man die Variablen Selbständigen-Subgruppe und Erwerbsstatus vor Eintritt herausnimmt. Frauen haben also eine geringere Stabilitätschance, da sie eher in instabile Selbständigen-Subgruppen eintreten und zuvor häufiger nicht als Vollzeit-Arbeitnehmerinnen beschäftigt waren. Außerdem weisen Personen ohne Berufsausbildungsabschluss eine höhere Stabilitätschance auf als solche mit einem Lehrabschluss. Dieser Befund entspricht nicht der Verteilung über die Stabilitätstypen bei der bivariaten Analyse, allerdings ist der Koeffizient deutlich insignifikant. Im Modell ohne Subgruppe und ohne Erwerbsstatus wird zudem lediglich der Fachhochschul/Hochschulabschluss-Dummy, der eine höhere Stabilitätschance anzeigt, signifikant. Der für diejenigen ohne Berufausbildungsabschluss bleibt insignifikant, liegt jetzt aber unter eins und bringt somit eine geringere Stabilitätschance zum Ausdruck.

Das gleiche Modell wurde für Varianten der abhängigen Variablen berechnet, um zu prüfen, ob die hier verwendeten Regressoren deutlichere Einflüsse zeigen, wenn man andere Gegenüberstellungen der Stabilitätstypen vornimmt. Geschätzt wurde zum einen folgende Wahrscheinlichkeitsrelation

$$\frac{P(\text{Stabilitätstyp 3})}{P(\text{Stabilitätstyp 1 oder 2})} = e^{(\alpha + \Sigma(\beta i\ Xi))},$$

also die Wahrscheinlichkeit, dass sich ein Eintritt im Zeitverlauf bis zum vierten Jahr nach Eintritt als instabile Selbständigkeit erweist und Phasen der Erwerbslosigkeit auftreten, in Relation zur Wahrscheinlichkeit, dass Eintritte den anderen beiden Stabilitätstypen zugerechnet werden können. Außerdem wurden im dritten Modell lediglich die beiden „Extremtypen“ gegenübergestellt und folgende Wahrscheinlichkeitsrelation geschätzt

$$\frac{P(\text{Stabilitätstyp 3})}{P(\text{Stabilitätstyp 1})} = e^{(\alpha + \Sigma(\beta i\ Xi))}.$$

Die Ergebnisse dieser Modellvarianten finden sich im Anhang (Tabelle A-18 und Tabelle A-19). Es ergeben sich hierbei keine wesentlich veränderten Koeffizienten und Signifikanzen. Im Modell, das Instabile mit Erwerbslosigkeit einerseits und Stabile wie auch Instabile ohne Erwerbslosigkeit andererseits gegenüberstellt, werden die Koeffizienten für Subgruppe IV und Teilzeit-Beschäftigte insignifikant und der für über 64Jährige signifikant. Stellt man dagegen lediglich die beiden Stabilitätstypen 1 und 3 gegenüber, so wird der Subgruppe IV-Koeffizient wieder signifikant und außerdem noch der für den vorherigen Erwerbsstatus mithelfender Familienangehöriger, die eine deutlich höhere Wahrscheinlichkeit instabiler Selbständigkeit mit Erwerbslosigkeitsphasen aufweisen als solche, die zuvor Vollzeitarbeitnehmer waren. Im Übrigen zeigen sich auch bei diesen Modellvarianten signifikant geschlechtsspezifische Einflüsse, sobald man mindestens eine der Merkmale „Subgruppe" und „Erwerbsstatus vor Eintritt" herausnimmt. Personen ohne Berufsausbildungsabschluss haben allerdings nur dann einen signifikanten Koeffizienten, wenn man die Modelle ohne Subgruppen- und Erwerbsstatus-Variablen schätzt.

5.2 Einkommensentwicklung

Bei der Betrachtung der Erwerbsverläufe ist aus segmentationetheoretischer Perspektive neben der Erwerbsstabilität die Entwicklung der Einkommen von Interesse. Wie bereits erwähnt, sind Einkommensanalysen insbesondere bei den Selbständigen aufgrund hoher fehlender Angaben problematisch. Bei Verlaufsanalysen erscheint dies umso problematischer, als man Daten aus mehreren Jahren benötigt und die Zahl der fehlenden Angaben in dieser Perspektive noch stärkere Ausmaße annimmt. Im Folgenden können hierzu lediglich einige wenige Deskriptionen ohne weitere Differenzierungen nach Teilpopulationen durchgeführt werden. Multivariate Modelle der Einkommensveränderung bei Ein- und Austritt lassen sich mit dem vorliegenden Datenmaterial nicht berechnen. Da sich ein Großteil der Eintritte in die Selbständigkeit als instabil erweist und viele wieder in abhängige Beschäftigung wechseln, ist insbesondere auch die Frage von Interesse, wie sich Selbständigkeitsphasen auf die Arbeitnehmereinkommen auswirken. Betrachtet man die Einkommen der Arbeitnehmer und analysiert den Einfluss vorheriger Selbständigkeit, sind die Fallzahlen ausreichend hoch, um multivariate Modelle zu berechnen.

5.2.1 Deskriptionen

Im Folgenden werden die Einkommensveränderungen bei Wechseln zwischen abhängiger und selbständiger Erwerbstätigkeit betrachtet. Verwendet werden die Bruttomonatseinkommen, da diese eher noch als die Nettoeinkommen eine Vergleichbarkeit zwischen Arbeitnehmer- und Selbständigeneinkommen ermöglichen.

Von den 445 hier analysierten Eintritten waren 242 im Jahr zuvor als Arbeitnehmer beschäftigt. Für 171 von diesen liegen Einkommensdaten zu beiden Zeitpunkten vor. Es werden im Folgenden drei Klassen der Einkommensveränderung unterschieden, nämlich keine bzw. geringe Einkommensveränderung, Einkommenssteigerung und Einkommensminderung. Als unveränderte bis geringveränderte Eintrittseinkommen werden solche bezeichnet, die zwischen 75 und 125% der Arbeitnehmereinkommen im Vorjahr betragen. Verringerung bzw. Erhöhung um mehr als 25% werden entsprechend den anderen beiden Ausprägungen zugeordnet. Demnach ergeben sich bei Eintritt aus Arbeitnehmerstatus die in Tabelle E-24 dargestellten Einkommensentwicklungen.

Tab. E-24: Einkommensveränderung bei Eintritt in die selbständige Erwerbstätigkeit

Einkommen im ersten Selbständigkeitsjahr in Relation zum Einkommen im letzten Arbeitnehmerjahr vor Eintritt	absolut	%
EK-Minderung um mehr als 25%	22	12,9
EK zwischen 75 und 125%	62	36,3
EK-Steigerung um mehr als 25%	87	50,9
Gesamt (n)	171	100

Entsprechend ergibt sich bei einem Vergleich der Durchschnittseinkommen in den beiden Jahren ein deutlicher Anstieg. Das arithmetische Mittel steigt von 3007 im Beschäftigungsjahr vor Eintritt auf 3997 im ersten Selbständigkeitsjahr, der Median steigt von 2720 auf 3300; dabei streuen die Einkommen in der Selbständigkeit stärker als die Arbeitnehmereinkommen (die Standardabweichung steigt von 2588 auf 3846).

Tab. E-25: Entwicklung der Bruttomonatseinkommen (in DM) nach Einkommensklassen vor und bei Eintritt

SK-EK \ AN-EK	unter 1000	1000 b.u. 3000	3000 b.u. 6000	6000 u. mehr	Gesamt
unter 1000	22 (66,7%)	7 (9,2%)	1 (1,8%)		30
1000 b.u. 3000	8 (24,2%)	35 (46,1)	7(12,7)		50
3000 b.u. 6000	3 (9,1%)	28 (36,8)	33 (60,0)	1 (14,3)	65
6000 u. mehr		6 (7,9)	14 (25,5)	6 (85,7%)	26
Gesamt (n)	33	76	55	7	171

AN-EK: Einkommen im Jahr vor Eintritt; SK-EK: Einkommen im ersten Selbständigkeitsjahr

Die in Tabelle E-25 aufgeführte Gegenüberstellung der Einkommensklassen zeigt, dass diejenigen mit sehr geringen Arbeitnehmereinkommen - von unter 1000 DM - auch in der Selbständigkeit in dieser Einkommensklasse verbleiben. In der Gruppe derjenigen mit einem Einkommen zwischen 1000 und 3000 DM erfahren relativ viele einen deutlichen Einkommensaufstieg. Die unklassifizierten Daten ergeben aber, dass insbesondere in der Gruppe derjenigen, die schon als Arbeitnehmer sehr hohe Einkommen erzielten, deutliche Einkommensaufstiege erzielt werden.

Die absolute Mehrheit derjenigen, die aus einem Arbeitnehmerstatus in die Selbständigkeit eintreten, erfahren eine deutliche Einkommensverbesserung und lediglich ca. 13% eine deutliche Verringerung.
Von den 279 Eintritten, die hier als instabile Selbständige typisiert worden sind, liegen für 123 Personen Einkommensangaben für das letzte Selbständigkeits- und das erste Arbeitnehmerjahr nach Austritt vor. Die Einkommensveränderungen sind analog zu denen bei Eintritt operationalisiert. Tabelle E-26 zeigt, dass die Mehrheit (über 40%) derjenigen, die im ersten Jahr nach Austritt einer abhängigen Beschäftigung nachgehen, ähnliche Einkommen wie in selbständiger Tätigkeit (+/- 25%) und jeweils ca. 30% eine Einkommensminderung bzw. -erhöhung um mehr als 25% erzielen.

Tab. E-26: Einkommensveränderung bei Austritt

Einkommen im ersten Arbeitnehmerjahr nach Austritt in Relation zum Einkommen im letzten Selbständigkeitsjahr vor Austritt	absolut	%
EK-Minderung um mehr als 25%	33	27,0
EK zwischen 75 und 125%	49	40,2
EK-Steigerung um mehr als 25%	40	32,8
Gesamt (n)	122	100

Die Durchschnittseinkommen derer, die von der Selbständigkeit in eine abhängige Beschäftigung wechseln, verändern sich nur geringfügig; das arithmetische Mittel beträgt im letzten Selbständigkeitsjahr 3281 und im ersten Austrittsjahr 2956, der Median steigt von 2375 auf 2500. Die Arbeitnehmereinkommen streuen dabei weniger als die Einkommen im letzten Selbständigkeitsjahr (Standardabweichung sinkt von 3095 auf 2435). Betrachtet man die Einkommensveränderung nach Einkommensklassen (siehe Tabelle E-27), so kann man erkennen, dass die überwiegende Mehrheit in der gleichen Einkommensklasse verbleibt, lediglich die wenigen Personen, die im letzten Selbständigkeitsjahr sehr hohe Einkommen erzielten, findet man im ersten Arbeitnehmerjahr überwiegend in geringeren Einkommensklassen.

Tab. E-27 Entwicklung der Bruttomonatseinkommen (in DM) nach Einkommensklassen vor und bei Austritt

SK-EK / AN-EK	unter 1000	1000 b.u. 3000	3000 b.u. 6000	6000 u. mehr	Gesamt
unter 1000	22 (66,7%)	3 (7,9%)	3 (8,3%)		28 (23,0%)
1000 b.u. 3000	7 (21,2%)	24 (63,2%)	6 (16,7%)	6 (40%)	43 (35,2%)
3000 b.u. 6000	4 (12,1%)	10 (26,3%)	24 (66,7%)	6 (40%)	44 (36,1%)
6000 u. mehr		1 (2,6%)	3 (8,3%)	3 (20%)	7 (5,7%)
Gesamt	33 (100%)	38 (100%)	36 (100%)	15 (100%)	122 (100%)

SK-EK: Einkommen im letzten Selbständigkeitsjahr ; AN-EK: Einkommen im ersten Jahr nach Austritt

Insgesamt zeigt sich bei der Mehrheit derjenigen, die zwischen Arbeitnehmerstatus und Selbständigenstatus wechseln, moderate Einkommensveränderungen. Aufgrund der sehr geringen Fallzahlen sind hier nach Teilpopulationen differenzierte Analysen nicht sinnvoll. Was allerdings anhand der SOEP-Daten analysiert werden kann, sind Determinanten der Arbeitnehmereinkommen. Hierbei kann man vorherige berufliche Selbständigkeit als Determinante berücksichtigen. TRZCINSKI (1999) hat eine solche Analyse durchgeführt. Im folgenden Abschnitt soll eine ähnliche Analyse durchgeführt werden.[144] Die Frage ist, ob Arbeitnehmer, die jemals zuvor selbständig erwerbstätig waren, signifikant andere Einkommenshöhen erzielen, als solche, die niemals einer Selbständigkeit nachgingen.

5.2.2 Selbständigkeit als Determinante späterer Arbeitnehmereinkommen?

Da ein Großteil der Selbständigen nach Austritt in abhängige Beschäftigung wechselt, erscheint die Frage von Interesse, welchen Einfluss solche Erwerbsverläufe auf die Einkommen nehmen.

Wenn man Selbständigkeit nicht ausschließlich als Unternehmertum betrachtet, sondern berücksichtigt, dass sich hinter diesem Konstrukt eine Vielzahl von heterogenen Erwerbskategorien verbergen, so muss es sich bei vorübergehender Selbständigkeit nicht ausschließlich um gescheiterte Existenzgründungen handeln. Hinter dem Wechsel von der Selbständigkeit in ein abhängiges Beschäfti-

---

[144] TRZCINSKI hat die Einkommensspelldaten des SOEP sowie die des us-amerikanischen „Panel Study of Income Dynamics“ verwendet (vgl. TRZCINSKI 1999: 178ff.). Hier werden keine Spelldaten herangezogen, da hierbei keine Differenzierung zwischen beruflicher Haupt- und Nebentätigkeit vorgenommen wird. Erwerbsbiografiedaten werden berücksichtigt, indem Variablen konstruiert werden, mit denen Informationen aus allen vorhergehenden Befragungswellen einbezogen werden.

gungsverhältnis können verschiedenste Motive und Ursachen stehen. Einige werden nach einer gescheiterten Existenzgründung wieder eine abhängige Beschäftigung aufnehmen, andere hatten Selbständigkeit nur unfreiwillig ausgeübt oder wollten dies nur vorübergehend tun, für manche mag die Selbständigkeit nur eine Variante von üblicherweise ausgeübten atypischen Erwerbsformen darstellen. Über die Motive soll hier nicht weiter spekuliert werden, aus vorliegendem Datenmaterial lassen sich diese nicht ermitteln. Gefragt werden soll nach den Effekten solcher vorübergehender Selbständigkeitsphasen im weiteren Erwerbsverlauf. Als Indikator solcher Effekte werden hierbei die später erzielten Arbeitnehmereinkommen verwendet. Bislang beschäftigen sich nur wenige Beiträge mit dieser Fragestellung. TRZCINSKI (1999: 181ff.) kommt für Westdeutschland zu einem positiven Effekt der Selbständigkeits-Spells und einem negativen Effekt der Dauer der Selbständigkeit, die aber beide nur bei Männern signifikant sind.[145]

[145] Die Befunde sind für Männer und Frauen heterogen, zudem sind sie dies auch im Vergleich zwischen den USA und Westdeutschland. Für die USA erhält sie beispielsweise einen signifikant negativen Effekt der Dauer der Selbständigkeit, der aber lediglich für Frauen signifikant ist. WILLIAMS (2000) und EVANS/LEIGHTON (1989) erhalten dagegen für die USA einen signifikant positiven Effekt der Dauer der vorherigen Selbständigkeitsphasen, der aber nicht signifikant verschieden von dem positiven Effekt der Dauer vorheriger Arbeitnehmerbeschäftigung ist.

Übersicht E-8: Variablen der Arbeitnehmer-Einkommensmodelle

abhängige Variable	
Arbeitnehmereinkommen	ln (Bruttomonatseinkommen)
unabhängige Variablen	
Soziodemographische Variablen	
Geschlecht	1: Frauen, 0: Männer
Staatsangehörigkeit	1: Ausländer, 0: Deutsche
Alter	metrisch
Humankapitalvariablen und Erwerbsbiografie	
Dauer der Ausbildung	metrisch
Betriebszugehörigkeitsdauer (BZD)	metrisch
Arbeitslosigkeit	1: falls seit 1984 zu mindestens einem Befragungszeitpunkt arbeitslos 0: falls seit 1984 zu keinem Befragungszeitpunkt arbeitslos
Stille Reserve	analog Arbeitslosigkeit
Selbständigkeit Variante 1	analog Arbeitslosigkeit
Selbständigkeit Variante 2 a) Selbständige mit maximal 3 Erwerbsstatuswechseln	1: falls seit 1984 zu mindestens einem Befragungszeitpunkt selbständig erwerbstätig und mit maximal drei Erwerbsstatuswechseln 0: zu keinem Befragungszeitpunkt selbständig erwerbstätig oder mit mehr als drei Erwerbsstatuswechseln
b) Selbständige mit mehr als drei Erwerbsstatuswechseln	1: falls seit 1984 zu mindestens einem Befragungszeitpunkt selbständig erwerbstätig und mit mehr als drei Erwerbsstatuswechsel 0: zu keinem Befragungszeitpunkt selbständig erwerbstätig oder maximal mit drei Erwerbsstatuswechseln
Erwerbsstatuswechsel	Anzahl der Erwerbsstatuswechsel, metrisch (Erwerbsstatus: Arbeitnehmer, Selbständige, Arbeitslose, Stille Reserve, Nicht-Erwerbsperson)
Unternehmensbezogene Merkmale	
Großunternehmen	1: falls Unternehmen mit mindestens 200 Beschäftigten 0: falls Unternehmen mit weniger als 200 Beschäftigten
Branche (9 Dummy-Variablen)	Landwirtschaft, Bau, Handel, Banken/ Versicherungen/Sparkassen, Verkehr/ Nachrichten, Gaststätten, Bildung/Wissenschaft/Sport/ Gesundheit, Rechtsberatung/Immobilien, sonstige Branchen Referenzkategorie: produzierendes Gewerbe
Arbeitszeit	
tatsächliche Arbeitszeit	metrisch (Wochenstunden)

Personen, die im Laufe ihrer Erwerbsbiografie jemals selbständig erwerbstätig sind, mögen sich von solchen, die Erwerbstätigkeit ausschließlich im Rahmen abhängiger Beschäftigungsverhältnisse ausüben, in mehrfacher Hinsicht unterscheiden. Will man den Einfluss von Selbständigkeitsphase auf spätere Arbeitnehmereinkommen messen, sind solche Unterschiede zu berücksichtigen, da diese ebenfalls Einfluss auf die Einkommen nehmen können; unbeobachtete Heterogenität kann sonst zu Verzerrungen der Ergebnisse führen. Im Rahmen der folgenden Regressionsanalyse findet dies Berücksichtigung, indem relevante Einkommensdeterminanten als Kontrollvariablen einbezogen werden. Insofern wird allerdings lediglich beobachtete Heterogenität berücksichtigt. Zudem wird gerade davon ausgegangen, dass vorübergehende Selbständigkeit an sich keinen ursächlichen Einfluss auf spätere Arbeitnehmereinkommen hat, sondern andere Merkmale, die zumindest mit einigen Erscheinungsformen vorübergehender Selbständigkeit korrelieren, die eigentlichen Einflussfaktoren für spätere Arbeitnehmereinkommen darstellen. Eine nach Subgruppen differenzierte Analyse ist aufgrund der Fallzahlen nicht möglich. Doch haben sich insbesondere bei einigen Subgruppen stark instabile Erwerbsbiografien gezeigt, so dass es notwendig erscheint, mit dem Einbezug der Instabilität der Erwerbsbiografie in das Modell solche Effekte zu kontrollieren.

Es werden die Einkommensdeterminanten der Arbeitnehmer des Jahres 1997 herangezogen; hierbei handelt es sich um 4396 Personen. Da mehrere Variablen zu Informationen seit 1984 berücksichtigt werden, werden nur die Fälle in die Analyse aufgenommen, die in allen Wellen teilgenommen haben, so dass 2224 Personen verbleiben. Von diesen gaben 133 (knapp 6%) im Zeitverlauf zwischen 1984 und 1996 in mindestens einer Erhebungswelle Selbständigkeit als berufliche Haupttätigkeit an.[146] Da es sich bei Einkommen um eine metrische Variable handelt, wird ein lineares Regressionsmodell geschätzt. Wie bei solchen Einkommensanalysen üblich, wird als abhängige Variable das logarithmierte Einkommen verwendet.
Der Einfluss der Selbständigkeit wird durch die Aufnahme einer Dummy-Variablen erfasst, die den Wert eins erhält, wenn ein Arbeitnehmer aus 1997 in den Jahren 1984 bis 1996 jemals Selbständigkeit als berufliche Haupttätigkeit angegeben hat; alle anderen erhalten den Wert null. Neben dieser Selbständigkeitsvariablen wird eine weitere Variante konstruiert, die an entsprechender Stelle erläutert wird. Als Erwerbsverlaufsinformationen gehen weiterhin vorherige Arbeitslosigkeit bzw. die Zugehörigkeit zur Stillen Reserve und die Anzahl der Erwerbsstatuswechsel in die Analyse ein.[147] Der Arbeitslosigkeits-Dummy

[146] Von allen 4396 Arbeitnehmern des Jahres 1997 waren dies 197 Personen bzw. ca. 4,7%.
[147] Arbeitslosigkeit und häufige Erwerbsstatuswechsel werden als Indikatoren instabiler Erwerbsbiografien interpretiert, bei denen ein negativer Einfluss auf die Einkommen vermutet werden kann.

wird dabei analog dem Selbständigkeits-Dummy definiert. Als weitere Determinanten der Einkommen werden die personenbezogenen Merkmale Geschlecht, Nationalität, Alter sowie Ausbildungsdauer[148] in Jahren, außerdem die Betriebszugehörigkeitsdauer[149] sowie die unternehmensbezogenen Merkmale Branche[150] und Betriebsgröße (als Dummy-Variable, die für Großunternehmen den Wert eins erhält)[151], schließlich die Arbeitszeit[152] in die Modellgleichung aufgenommen. In Übersicht E-8 sind die Modellvariablen nochmals inklusive der genauen Abgrenzungen aufgelistet.

Im Folgenden werden die Befunde, die man bei unterschiedlichem Einbezug der hier verwendeten unabhängigen Variablen erhält, dargestellt. Zum einen interessiert, in welchem Ausmaß die Hintergrundsvariablen die Einkommensvarianz erklären können, so dass man abschätzen kann, ob solche Variablen in einem zufriedenstellenden Umfang berücksichtigt werden. Schließlich werden die Befunde dargestellt, die man erhält, wenn man berücksichtigt, ob die Arbeitnehmer jemals zuvor selbständig Erwerbstätige waren. In einem nächsten Schritt wird zusätzlich die Anzahl der Erwerbsstatuswechsel seit 1984 berücksichtigt, hiermit soll die Tatsache, dass Selbständige und insbesondere diejenigen, die in ein abhängiges Beschäftigungsverhältnis wechseln, deutlich instabilere Erwerbsbiografien aufweisen, als solche die ausschließlich als Arbeitnehmer erwerbstätig sind, berücksichtigt werden.

Bei der Interpretation der in den Tabellen E-28a und E-28b dargestellten Befunde werden nicht alle hier verwendeten Variablen im Einzelnen interpretiert. Es soll lediglich um die Frage gehen, ob Selbständigkeit im Verlaufe einer Erwerbsbiografie Einfluss auf spätere Arbeitnehmereinkommen hat. Das Hauptaugenmerk gilt also der Selbständigkeits- und den anderen Erwerbsverlaufvari-

---

[148] Die Ausbildungsdauer geht als Humankapitalindikator ein und sollte einen positiven Einfluss auf das Entgelt nehmen, die anderen personenbezogenen Merkmale dienen zur Abgrenzung von Personengruppen, die aufgrund segmentationstheoretischer Überlegungen spezifische Einkommenschancen aufweisen sollten.

[149] Es ist anzunehmen, dass die Betriebszugehörigkeitsdauer zum einen humankapitaltheoretisch begründet über die Entwicklung von betriebsspezifischem Humankapital einen indirekten und zum anderen anreiztheoretisch begründet einen direkten positiven Einfluss auf die Einkommenshöhe aufweist.

[150] Allein schon aufgrund der in Deutschland vorherrschenden Branchentarifverträge, sollte in Einkommensschätzungen ein solche Variable berücksichtigt werden. Zudem mag die quantitative Bedeutsamkeit von Arbeitsmarktsegmenten branchenspezifisch variieren.

[151] Im Falle von Großunternehmen ist zum einen eher von internen Arbeitsmärkten mit günstigen Einkommenschancen auszugehen, zum anderen sind Großunternehmen eher in der Lage, höhere Entgelte im Sinne von Effizienzlöhnen zu zahlen.

[152] Da hier Monatseinkommensdaten verwendet werden, ist die Arbeitzeit als unabhängige Variable mit aufzunehmen.

ablen. Alle anderen Variablen sind lediglich als Kontrollvariablen verwendet worden.
Das Modell ohne den Selbständigkeitsdummy und die Zahl der Erwerbsstatuswechsel (siehe Tabelle A-20, Anhang) ergibt ein Bestimmtheitsmaß von 0,760. Es werden durch diese Variablen also 76% der Varianz der logarithmierten Einkommen erklärt. Dabei erweisen sich fast alle Variablen als signifikant; Ausnahmen sind Staatsangehörigkeit, Arbeitslosigkeit sowie einzelne Branchendummys. Diese Variablen haben somit bereits eine hohe Erklärungskraft hinsichtlich der Arbeitnehmereinkommen. Nimmt man die Variable Selbständigkeit hinzu (siehe Tabelle E-28), verändert sich die Modellgüte nicht.[153] Der Selbständigkeits-Dummy weist einen – wenn auch nur mit relativ geringer Signifikanz - negativen Koeffizienten auf. Phasen beruflicher Selbständigkeit scheinen demnach die Einkommenschancen als Arbeitnehmer zu verringern.

Tab. E-28: Lineare Regression der Arbeitnehmereinkommen 1997

Regressoren	Koeffizient B	Standardfehler	Standardisierter Koeffizient β	Signifikanz
Konstante	6,126	0,081		0,000
Geschlecht	-0,273	0,019	-0,205	0,000
Alter	-0,002	0,001	-0,027	0,047
Staatsangehörigkeit	0,012	0,020	0,007	0,561
Ausbildungsdauer	0,054	0,003	0,218	0,000
BZD	0,008	0,001	0,123	0,000
Arbeitslosigkeit seit 1984	-0,031	0,022	-0,017	0,152
Stille Reserve seit 1984	-0,070	0,021	-0,044	0,001
Selbständigkeit seit 1984	-0,056	0,033	-0,020	0,087
Arbeitszeit	0,032	0,001	0,0550	0,000
Großunternehmen	0,104	0,017	0,079	0,000
Branche	Koeffizienten und Signifikanz der Branchendummys werden hier nicht im Einzelnen aufgeführt, insgesamt ergibt sich ein signifikanter Einfluss der Branche (siehe Tabelle A-21)			

R^2: 0,761; korrigiertes R^2: 0,757

Im Rahmen der in dieser Arbeit durchgeführten Analysen wurde bereits mehrfach auf die ausgeprägte Dynamik der Erwerbsverläufe und der Heterogenität der Erwerbskategorie der Selbständigen hingewiesen. Diese sollte man bei einer solchen Analyse ebenfalls berücksichtigen. Selbständigen-Subgruppen kann man aufgrund der Fallzahlen in diesem Modell nicht differenzieren, doch kann man die Stabilität der Erwerbsverläufe berücksichtigen.

---

[153] Das korrigierte Bestimmtheitsmaß steigt von 0,756 auf 0,757.

Tab. E-28a: Lineare Regression der Arbeitnehmereinkommen 1997

Regressoren	Koeffizient B	Standard-fehler	Standardisier-ter Koeffizient β	Signifikanz
Konstante	6,221	0,080		0,000
Geschlecht	-0,259	0,019	-0,195	0,000
Alter	-0,002	0,001	-0,031	0,020
Staatsangehörigkeit	0,008	0,020	0,005	0,687
Ausbildungsdauer	0,056	0,003	0,226	0,000
BZD	0,007	0,001	0,101	0,000
Arbeitslosigkeit seit 1984	0,096	0,025	0,053	0,000
Stille Reserve seit 1984	0,070	0,025	0,044	0,005
Selbständigkeit seit 1984	0,072	0,035	0,026	0,037
Erwerbsstatuswechsel	-0,067	0,007	-0,194	0,000
Arbeitszeit	0,030	0,001	0,523	0,000
Großunternehmen	0,099		0,075	0,000
Branche	Koeffizienten und Signifikanz der Branchendummys werden hier nicht im Einzelnen aufgeführt, insgesamt ergibt sich ein signifikanter Einfluss der Branche			

R^2: 0,772; korrigiertes R^2: 0,767

Tab. E-28b: Lineare Regression der Arbeitnehmereinkommen 1997

Regressoren	Koeffizient B	Standard-fehler	Standardisier-ter Koeffizient β	Signifikanz
Konstante	6,125	0,081		0,000
Geschlecht	-0,271	0,019	-0,204	0,000
Alter	-0,002	0,001	-0,029	0,031
Staatsangehörigkeit	0,012	0,020	0,008	0,545
BZD	0,054	0,003	0,219	0,000
Ausbildungsdauer	0,008	0,001	0,128	0,000
Arbeitslosigkeit seit 1984	-0,021	0,022	-0,012	0,333
Stille Reserve seit 1984	-0,065	0,021	-0,041	0,002
Selbständige mit maximal 3 Erwerbsstatuswechseln	0,057	0,045	0,015	0,201
Selbständige mit mehr als 3 Erwerbsstatuswechseln	-0,173	0,045	-0,044	0,000
Arbeitszeit	0,031	0,001	0,548	0,000
Großunternehmen	0,102	0,017	0,07	0,000
Branche	Koeffizienten und Signifikanz der Branchendummys werden hier nicht im Einzelnen aufgeführt, insgesamt ergibt sich ein signifikanter Einfluss der Branche			

R^2: 0,763; korrigiertes R^2: 0,758

Unter den Selbständigen finden sich relativ viele Personen mit instabilen Erwerbsverläufen, deutlich mehr als unter den Arbeitnehmern. Mit der Arbeitslosigkeitsvariablen wird dieser Aspekt nur zum Teil berücksichtigt, daher wird zusätzlich noch die Anzahl der Erwerbsstatuswechsel aufgenommen. Diese gibt die Anzahl der Wechsel zwischen den Status Selbständige, Arbeitnehmer, Arbeitslosigkeit (gemeldete Arbeitslosigkeit und Stille Reserve) sowie Nicht-Erwerbspersonen im Zeitraum von 1984 bis 1997 an. Diese betragen im Durchschnitt (arithmetisches Mittel) 1,4 insgesamt, bei den Arbeitnehmern 1997, die zuvor niemals Selbständige waren 1,2 und bei denen, die zuvor mindestens ein Selbständigkeitsjahr aufweisen 4. Der Koeffizient dieser Variablen ist hochsignifikant negativ. Durch Einbezug dieser Variablen ändert sich der Koeffizient des Selbständigkeitsdummys, er wird signifikant positiv. Insgesamt verbessert sich die Modellgüte gemessen am Bestimmtheitsmaß, das auf 0,772 ansteigt, leicht. Das korrigierte Bestimmtheitsmaß verbessert sich im Vergleich der beiden Modelle geringfügig von 0,757 auf 0,767.

Wesentlich stärker als der Einfluss der Selbständigkeit erscheint somit der der Stabilität bzw. Instabilität der vergangenen Erwerbsbiografie. Dieser Befund macht wiederum deutlich, dass berufliche Selbständigkeit nicht pauschal in Analysen eingehen sollte. Noch deutlicher wird dies, wenn man den Einfluss vorheriger Selbständigkeit dergestalt in das Modell einbezieht, dass zwischen Selbständigen mit vergleichsweise geringer und solchen mit hoher Anzahl an Erwerbsstatuswechseln unterscheidet. Hierzu werden zwei Dummy-Variablen einbezogen, wobei mit der einen solche Arbeitnehmer, die seit 1984 mindestens in einem Jahr Selbständigkeit angaben und maximal drei Erwerbsstatuswechsel bis (inkl.) 1997 erfahren haben und mit der anderen jemals selbständig erwerbstätige Arbeitnehmer, die mehr als drei solcher Wechsel aufweisen, von allen anderen Arbeitnehmern 1997 differenziert werden.[154]
Solche Selbständige, die eine vergleichsweise hohe Erwerbsinstabilität aufweisen, erzielen als Arbeitnehmer im Vergleich zu solchen, bei denen keine Selbständigkeitsphase vorliegt, hoch signifikant geringere Einkommen. Bei solchen Selbständigen, die im Erwerbsverlauf eine relativ geringe Anzahl an Statuswechseln erfahren, scheint eher ein positiver Zusammenhang zu späteren Arbeitnehmereinkommen zu bestehen, allerdings ist der entsprechende Koeffizient nicht signifikant.

---

[154] Zur Abgrenzung der beiden Selbständigen-Dummies sind drei Wechsel gewählt worden, da es sich hierbei um den Median der Anzahl der Wechsel handelt. Zur Kontrolle sind die Dummy-Variablen auch für andere Anzahlen von Wechseln vorgenommen worden, dies hat die Ergebnisse nicht deutlich verändert.

Die Möglichkeiten der Analyse der Entwicklung der Einkommen im Zeitverlauf sind leider sehr beschränkt. Eine Vielzahl an interessierenden Fragestellungen können anhand der SOEP-Daten nicht analysiert werden. Allerdings haben bereits die hier vorgenommenen Auswertungen ergeben, dass auch bei diesem Merkmal der Erwerbsverläufe Selbständigkeit keinen generellen Einfluss aufweist, sondern zwischen verschiedenen Erscheinungsformen (hier relativ stabile und stark instabile Erwerbsverläufe) differenziert werden sollte.

F ZUSAMMENFASSUNG UND FAZIT

Im folgenden Kapitel werden die zentralen Ergebnisse der theoretischen sowie der empirischen Analyse nochmals zusammengefasst und die empirischen Befunde vor dem Hintergrund des Theorierahmens reflektiert. Abschließend wird künftiger Handlungsbedarf abgeleitet.

Ausgangspunkt der vorliegenden Arbeit war das zunehmende Interesse, das der beruflichen Selbständigkeit seit den 80er Jahren zukommt. Im Rahmen wirtschafts- und arbeitsmarktpolitischer Programme erhält die Förderung selbständiger Erwerbstätigkeit auf nationaler und internationaler Ebene zunehmend Gewicht. Die Forderung nach einer neuen Gründerwelle ist geprägt durch die großen Erwartungen, die man in Existenzgründungen hinsichtlich deren Potenzials für Beschäftigungs- und Wirtschaftswachstum setzt.
Aktuelle Entwicklungen im Kontext selbständiger Erwerbstätigkeit werden sowohl hinsichtlich der quantitativen Entwicklungen als auch in qualitativer Hinsicht sehr unterschiedlich beurteilt. Zum einen wird in der Entwicklung der Selbständigenquoten eine Trendwende weg von abhängiger hin zur selbständigen Erwerbstätigkeit gesehen, zum anderen wird lediglich von einer Abweichung vom historischen Trend der abnehmenden Bedeutung selbständiger Erwerbstätigkeit ausgegangen. Einerseits wird Selbständigkeit als chancenreiche Erwerbsform betrachtet, die durch eine Mobilisierung von Gründergeist und Eigeninitiative gefördert werden soll. Andererseits wird in ihr ein Reflex auf massive Beschäftigungsprobleme und zunehmende Bestrebungen der Flexibilisierung, Deregulierung und schließlich der Unterwanderung von Arbeitnehmerschutzrechten gesehen. Aufgrund der Jahrzehnte langen Vernachlässigung dieser Erwerbsform, insbesondere seitens der Arbeitsmarktökonomie, liegen bislang nur wenige Befunde vor. Die vorliegende Arbeit soll einen Beitrag zur Fundierung dieser Diskussion leisten.

Kennzeichnend für die aktuelle Diskussion ist, dass die beiden oben genannten Positionen der qualitativen Bewertung jeweils von spezifischen Erscheinungsformen selbständiger Erwerbstätigkeit ausgehen. Die einen setzen diese mit Unternehmertum im Schumpeterschen Sinne gleich, die anderen heben eher solche Formen hervor, die prekäre Beschäftigungsverhältnisse darstellen. Notwendig erscheint daher eine klare begriffliche Abgrenzung. Dass die Residualkategorie der Selbständigen eine äußerst heterogene Erwerbskategorie darstellt, ist unumstritten. Die Abgrenzung des Begriffs „Entrepreneur" von „selbständig Erwerbstätigen" ist dabei eindeutig. Zielt der eine – vornehmlich im Sinne SCHUMPETERS und KNIGHTS – auf Personen mit bestimmten Eigenschaften ab, aufgrund derer sie spezifische Funktionen im Wirtschaftsprozess zu erfüllen trachten bzw. zu erfüllen in der Lage sind, so meint der andere eine spezifische

Vertragsform, in deren Rahmen Personen erwerbstätig sind und die sich von der der abhängigen Beschäftigung unterscheidet. Beide Begriffe weisen hinsichtlich ihrer Begriffsextension eine gemeinsame Schnittmenge auf, in ihrer Begriffsintension unterscheiden sie sich aber eindeutig. Problematisch erscheint dagegen eine präzise Abgrenzung aller Selbständigkeitsformen von der abhängigen Beschäftigung. Die Debatte um aktuelle Reformmaßnahmen zur Bekämpfung von Scheinselbständigkeit zeigt, wie schwierig sich ein solches Vorhaben gestaltet. Zudem scheinen solche Erwerbsformen im Graubereich zwischen abhängiger und selbständiger Erwerbstätigkeit an Bedeutung zu gewinnen.
Im Rahmen dieser Arbeiten wurden keine Fragen des Entrepreneurship thematisiert, sondern Selbständigkeit als eine Erwerbsform analysiert. Das Anliegen war dabei nicht, einen Vorschlag zu einer Abgrenzung von Arbeitnehmern und Selbständigen bzw. von Scheinselbständigkeit zu entwickeln. Vielmehr war es Ziel, vor dem Hintergrund eines arbeitsmarkttheoretischen Analyserahmens Erwerbsbedingungen selbständig Erwerbstätiger empirisch zu analysieren. Dabei sollten insbesondere theoretisch begründete Subgruppen selbständig Erwerbstätiger differenziert werden.

Selbständige Erwerbstätigkeit ist bislang kaum arbeitsmarkttheoretisch analysiert worden. Zwar findet man eine zunehmende Zahl an Beiträgen, doch sind die meisten empirisch explorativer Art. Wenn theoretisch fundierte Analysen vorliegen, dann im wesentlichen neoklassisch orientierte Modelle der individuellen Berufswahlentscheidung, in deren Kontext vor allem ökonometrische Modelle zum Eintritt in die Selbständigkeit geschätzt werden. Diese Ansätze beschränken sich auf die Analyse individueller Erwerbsentscheidungen, die vor dem Hintergrund des Nutzenmaximierungstheorems in erster Linie als Entscheidung über eine Maximierung erzielbarer Einkommen aufgefasst werden. Zentrale Fragestellungen im Kontext der Diskussion um die selbständige Erwerbstätigkeit können im Rahmen solcher Ansätze nicht erfasst werden. Außerdem fokussieren sie auf Unternehmertum. Als Analyserahmen wurde deshalb der Segmentationsansatz gewählt, da er die Integration der verschiedenen Perspektiven erlaubt und insbesondere eine Differenzierung unterschiedlicher Subgruppen selbständig Erwerbstätiger ermöglicht. Segmentationsansätze beschränken sich zwar bislang im Wesentlichen - wie die Arbeitsmarkttheorie insgesamt – auf abhängige Beschäftigung, doch scheint aus der Perspektive der Selbständigkeit als spezifische Erwerbsform eine solche Analyse angebracht. Es ergeben sich hierbei allerdings Probleme der Einordnung selbständiger Erwerbstätigkeit. Bislang sind entsprechende Versuche nur in wenigen Beiträgen unternommen worden. Man kann dabei zwei grundsätzliche Sichtweisen unterscheiden. Zum einen kann man berufliche Selbständigkeit als eine spezifische „Beschäftigungsform" betrachten und z.B. nach den Arbeitsmarktbedingungen solcher Erwerbstätiger fragen. Zum anderen findet man die Betrachtungsweise der Selbständigkeit als eine alternative Erwerbsform, die gerade nicht arbeitsmarktvermittelt ist. Hier wird argumentiert, dass auch bei letzterer Perspektive eine arbeitsmarkttheoretische Betrachtung Ansatzpunkte liefert, da zum einen Selbständigkeit als Alternative zur arbeitsmarktvermittelten Erwerbstätigkeit insbesondere für Problemgruppen des Arbeitsmarkts betrachtet werden kann und zum anderen die Wechsel zwischen abhängiger und selbständiger Erwerbstätigkeit in nicht unbedeutendem Ausmaß vorkommen, so dass sich die arbeitsmarkttheoretische Analyse solcher Erwerbsformen auf Fragestellungen des Erwerbsverlaufs Selbständiger beziehen lässt. Um zwischen beiden Perspektiven zu differenzieren, erscheint es relevant Selbständige nach zwei Merkmalen zu unterscheiden. Zum einen danach, ob sie Mitarbeiter beschäftigen oder nicht. Und zum anderen danach, ob sie ihre Waren und Dienste unmittelbar am Gütermarkt anbieten oder ob sie (überwiegend) für andere Unternehmen tätig sind. Will man eine empirische Analyse anhand des vorliegenden statistischen Datenmaterials durchführen, kann man diese Differenzierung allerdings nicht vornehmen. Leider fehlen auch im Sozio-ökonomischen Panel entsprechende Fragen. Von den beiden Kriterien ist lediglich die Unterscheidung von Selbständigen mit und ohne Beschäftigte praktikabel. Doch auch diese beiden Kategorien umfassen jeweils heterogene Erwerbsgruppen. Vor dem Hintergrund der segmentationstheoretischen Analyse sind die für eine Tätigkeit erforderlichen Qualifikationen maßgebliches Kriterium für die Segmentdifferenzierung. Deshalb wurden in der vorliegenden Arbeit sechs Selbständigen-Subgruppen unterschieden. Selbständige mit und ohne Beschäftigte – die als „own account"-Selbständige und Arbeitgeber-Selbständige bezeichnet wurden – jeweils nach der erforderlichen Qualifikation der Tätigkeit in unqualifizierte, qualifizierte und professionalisierte Subgruppen differenziert.

„Own account"-Selbständige in unqualifizierten Tätigkeiten kann man in sekundären externen Arbeitsmarktsegmenten mit entsprechend ungünstigen Erwerbsbedingungen und instabilen Erwerbsverläufen vermuten. Je höher die erforderlichen Qualifikationen für eine Tätigkeit sind, desto eher werden Arbeitgeber Personalstrategien interner Arbeitsmärkte präferieren; wenn dennoch für (hoch)qualifizierte Tätigkeiten Aufträge an Selbständige vergeben werden, dann dürften hierbei weniger Kosteneinsparungsmotive und die Erhöhung der numerischen Flexibilität des Personaleinsatzes ausschlaggebend sein. Insbesondere ist aufgrund der Angebots- und Nachfragebedingungen auf fachlichen Arbeitsmärkten und der hohen beruflichen Bindung solcher Arbeitskräfte eher mit günstigen Erwerbschancen und einer Erwerbsstabilität bei Arbeitgeber- bzw. Auftraggeberwechsel zu rechnen.

Die empirische Analyse hat vor dem Hintergrund dieser Überlegungen zwei Schwerpunkte gesetzt: Zum einen die Differenzierung nach Subgruppen und zum anderen die Analyse der Erwerbsverläufe der Selbständigen. Zentrale Befunde werden im Folgenden zusammengefasst.

„Own account"-Selbständige in unqualifizierten Tätigkeiten findet man überproportional häufig im primären Sektor und im Bereich „Nachrichten und Verkehr" sowie „Versicherungen" des tertiären Sektors. Sie erzielen vergleichsweise geringe Einkommen, die in etwa denen unqualifizierter Arbeitnehmer entsprechen. Zwar leisten sie im Durchschnitt höhere Arbeitswochenstunden als Arbeitnehmer, doch sind sie deutlich überproportional in marginaler Erwerbstätigkeit, sowohl hinsichtlich der Arbeitszeit als auch der Einkommen - zu finden. Die hohe Varianz der Einkommen ist bei diesen vor allem durch die hohen Anteile solcher, die geringe Einkommen erzielen, bedingt. Unter ihnen sind Männer und Frauen entsprechend deren Anteilen an allen Erwerbstätigen zu finden (ca. 58% bzw. 42%); relativ hoch sind hier auch die Anteile der unter 25Jährigen.
„Own account"-Selbständige in qualifizierten Tätigkeiten findet man eher im sekundären und primären Sektor, zu relativ hohen Anteilen auch in den Bereichen „Handel" sowie „Rechtsberatung/Immobilien" des tertiären Sektors. Im Durchschnitt erzielen sie mittlere Einkommen. Obwohl sie nur zu geringen Anteilen eine marginale Arbeitszeit aufweisen, ist bei diesen der Anteil derer mit sehr geringem Einkommen ähnlich hoch wie bei den „own account"-Selbständigen in unqualifizierten Tätigkeiten. Männer und Deutsche sind hier deutlich überrepräsentiert.
Selbständige in professionalisierten Tätigkeiten konzentrieren sich auf wenige Tätigkeitsbereiche, wie Ärzte, Ingenieure, Architekten, Juristen sowie Wirtschaftswissenschaftler bei denjenigen mit Beschäftigten und Ingenieure, Architekten, Naturwissenschaftler sowie publizistische Berufe bei denjenigen ohne Beschäftigte. Die durchschnittlichen Einkommen liegen deutlich über denen der Arbeitnehmer, bei Arbeitgeber-Selbständigen in professionalisierten Tätigkeiten sind sie sogar mehr als doppelt so hoch. Die hohe Einkommensstreuung ist bei diesen beiden Subgruppen vor allem durch einige Personen mit sehr hohen Einkommen bedingt. Frauen und Personen, die keine deutsche Staatsangehörigkeit aufweisen, sind unter diesen deutlich unterrepräsentiert.
Einkommens- und Arbeitszeitunterschiede, wie sie als typische Differenzen zwischen Arbeitnehmern und Selbständigen betrachtet werden, gelten somit vor allem für hochqualifizierte Selbständige.

Der Anstieg der Selbständigenquoten seit Mitte der 80er Jahre fällt in Westdeutschland zwar im internationalen Vergleich eher moderat aus, doch lassen sich deutliche qualitative Veränderungen erkennen. Bei der Analyse der quantitative Entwicklung der selbständigen Erwerbstätigkeit wurde der Frage nachgegangen, ob insbesondere solche Selbständigkeitsformen zugenommen haben, die eher atypischen oder marginalen Beschäftigungs- bzw. Erwerbsformen entsprechen. Als Indikatoren wurden hierfür die Anteile der verschiedenen Selbständigen-Subgruppen sowie die Anteile von Selbständigen mit verschiedenem

Arbeitsvolumen- und verschiedenen Einkommenshöhen herangezogen. In Westdeutschland lässt sich anhand der Analyse der SOEP-Daten im Zeitraum von 1984 bis 1997 eine deutliche Zunahme des Anteils der „Own account"-Selbständigen, also solchen ohne Beschäftigte, beobachten. Waren dies 1984 noch 31% aller Selbständigen, macht deren Anteil 1997 bereits mehr als 46% aus. Dabei zeigt sich eine nahezu stetig ansteigende Entwicklung, die zudem sowohl mit einem Anstieg der Zahl der „own account"-Selbständigen als auch einer Abnahme der Zahl der Arbeitgeber-Selbständigen, solchen mit Beschäftigten, einher geht. Nach Hochrechnungen ergeben sich in 1997 ca. 1,4 Mio. Selbständige ohne Mitarbeiter und ca. 1,6 Mio. mit Beschäftigten. Insgesamt ist allerdings keine Tendenz zunehmender geringqualifizierter Selbständigentätigkeiten zu erkennen. Die Anteile aller „own account"-Selbständigengruppen nehmen zu. Insgesamt kann man eine Zunahme Selbständiger in qualifizierten Tätigkeiten erkennen, insbesondere in Tätigkeiten, die ein Hochschulstudium erfordern. Allerdings fällt die Zunahme hochqualifizierter Tätigkeiten im Vergleich zu den Entwicklungen der Tätigkeitsgruppen von Arbeitnehmern bei den Selbständigen eher gering aus. Aus diesen Entwicklungen lässt sich somit zwar kein Anstieg solcher Selbständigkeitsformen, die eher atypisch Beschäftigte darstellen und sich in sekundären Erwerbssegmenten vermuten lassen, bestätigen. Auch wenn man Selbständige nach ihrem Erwerbsumfang differenziert, zeigt sich keine deutliche Entwicklung marginaler Selbständigkeitsformen im Analysezeitraum. Allerdings ist hierbei zu berücksichtigen, dass ausschließlich berufliche Haupttätigkeiten erfasst worden sind. Zudem schwanken die Anteile der unterschiedlichen Selbständigengruppen – mit Ausnahme derer in hochqualifizierten Tätigkeiten - im Zeitverlauf deutlich. Dies mag vor allem mit der erheblichen Dynamik der Ein- und Austritte zusammenhängen. Die Ein- und Austrittszahlen variieren während der Erhebungsjahre stark, sie machen in einzelnen Jahren jeweils bis zu 25% der Bestandsgrößen aus. Wobei die Dynamik bei unqualifizierten „own account"-Tätigkeiten und marginalen Erwerbstätigkeiten besonders stark ausgeprägt ist; diese sind sowohl unter den Ein- als auch unter den Austritten deutlich überrepräsentiert.

Die geschätzten Modelle der Eintritte und Austritte bzw. der Stabilität der Selbständigkeit weisen eine relativ geringe Erklärungskraft auf. Dies mag damit zu erklären sein, dass relevante Einflussgrößen nicht erfasst worden sind und die Fallzahlen relativ gering waren. Ein gravierendes Problem bestand allerdings auch darin, dass anhand des Datenmaterials nur unzureichend zwischen verschiedenen Selbständigkeitsformen und Austrittsarten differenziert werden konnte. Dennoch haben sich interessante Effekte einzelner Variablen und im Vergleich der unterschiedlichen Modellspezifikationen ergeben.
Unter den Eintritten in Selbständigkeit sind Männer, Personen deutscher Staatsangehörigkeit, mittlere Altersgruppen und hochqualifizierte überproportional

(im Vergleich zu ihren Anteil an der Wohnbevölkerung) zu finden. Hierbei ergeben sich allerdings deutliche Unterschiede zwischen den Selbständigen-Subgruppen. Die Überrepräsentanz dieser Personengruppen gilt für qualifizierte und hochqualifizierte Selbständigentätigkeiten. Die Frauenanteile unter den Eintritten in unqualifizierte „own account"-Tätigkeiten entsprechen in etwa deren Anteilen an der Wohnbevölkerung; Personen ohne deutsche Staatsangehörigkeit sind bei den Eintritten in unqualifizierten Arbeitgeber-Tätigkeiten überrepräsentiert. Bei diesen beiden Subgruppen entsprechen die Anteile der Personen mit geringer Schulausbildung und derjenigen ohne Berufsausbildungsabschluss ca. deren Bevölkerungsanteilen.
Die Eintrittsdeterminanten unterscheiden sich deutlich nach den Subgruppen. Bei den „own account"-Selbständigen hat sich Arbeitslosigkeit als hochsingnifikant positive Determinante gezeigt, wobei der Einfluss bei denen in unqualifizierten Tätigkeiten am stärksten ist. Berufliche Selbständigkeit des Vaters spielt hier keine Rolle. Diese erhöht die Eintrittschance lediglich bei qualifizierten und hochqualifizierten Arbeitgeber-Tätigkeiten. Nur bei diesen haben Frauen eine signifikant geringere Eintrittschance.

Selbständigkeit zeigt sich als äußerst instabile Erwerbsform, obwohl hier lediglich berufliche Haupt- und keine Nebentätigkeiten analysiert worden sind. Ein Großteil der Selbständigen weist häufige Erwerbsstatuswechsel auf und verbleibt nur kurze Zeit in selbständiger Tätigkeit. In der vierten Befragungswelle nach Eintritt in die Selbständigkeit sind nur noch weniger als 40% in selbständiger Erwerbstätigkeit. Bei über 64Jährigen, Frauen, Personen die vor Eintritt Nicht-Erwerbspersonen waren, und Personen ohne Berufsausbildungsabschluss erweist sich die Selbständigkeit als besonders instabil. Dabei werden vor allem unqualifizierte Selbständigentätigkeiten lediglich vorübergehend aufgenommen.
Die multivariate Analyse hat ergeben, dass die geringen Verbleibschancen in Selbständigkeit bei Frauen ein Effekt ihrer Zugehörigkeit zu instabilen Selbständigen-Subgruppen sowie ihrer geringeren Arbeitsmarktintegration, wie sie sich bereits vor Eintritt gezeigt hat, ist. Ein geschlechtspezifischer Effekt zeigt sich nicht mehr, wenn man diese Variablen kontrolliert. Wenn Frauen qualifizierte und/oder Arbeitgeberinnen-Tätigkeiten aufnehmen, weisen sie keine signifikant geringere Verbleibschancen auf als Männer.
Insgesamt stützen die Befunde zur Erwerbsstabilität die These, dass die Aufnahme einer selbständigen Tätigkeit in einem nicht unbeachtlichen Ausmaß keine Existenzgründungen, sondern häufig lediglich vorübergehend ausgeübte Erwerbstätigkeiten darstellen. Insbesondere für Personen, die nach Erreichen eines Rentenalters eine solche Tätigkeit aufnehmen, aber auch für solche, die vor Eintritt eine geringe Arbeitsmarktintegration aufgewiesen haben. Wobei Arbeitslosigkeit zwar als Eintrittsdeterminante bei unqualifizierten Selbständigentätigkeiten einen starken Einfluss ausübt, nicht aber bei den Austritten. Die

hohe Instabilität der Selbständigkeit zeigt sich insbesondere bei solchen, die zuvor Nicht-Erwerbspersonen, aber auch solchen, die zuvor Teilzeitbeschäftigte waren.

Insgesamt scheinen sich Muster der Erwerbsbiografie über abhängige und selbständige Erwerbstätigkeit fortzusetzten. Dies wird auch durch die Befunde zur Einkommensentwicklung derjenigen, die zwischen abhängiger und selbständiger Erwerbstätigkeit wechseln, bestätigt. Diese Personen erzielen mehrheitlich in beiden Erwerbsformen ähnliche Einkommenshöhen. Lediglich bei solchen, die schon als Arbeitnehmer sehr hohe Einkommen erzielt haben, kann man bei Eintritt in die Selbständigkeit deutliche Einkommenssteigerungen feststellen. Einen allgemeingültigen Einfluss der Selbständigkeit auf spätere Arbeitnehmereinkommen kann man nicht feststellen. Die multivariate Analyse hat ergeben, dass vielmehr das Ausmaß der Instabilität der Erwerbsbiografien und nicht die phasenweise Ausübung einer selbständigen Tätigkeit entscheidend ist.

Einigen im Theorieteil aufgeworfenen Fragen konnte im Rahmen der Analyse der SOEP-Daten nicht nachgegangen werden. Grundsätzlich bietet das Sozioökonomische Panel viele Analysemöglichkeiten, wenn man Erwerbsverläufe betrachtet. Erhebliche Fallzahlenprobleme, aufgrund der geringen Anteile der Selbständigen an allen Befragten und häufig fehlenden Angaben (hohen Panelmortalität und Missings insbesondere bei den Einkommensvariablen) beschränken jedoch die Analysemöglichkeiten, so dass die Erwerbsverläufe hier nur hinsichtlich weniger typisierender Merkmale analysiert werden konnten. Eine differenzierte Analyse der Aufstiegs- und Abstiegsverläufe derjenigen, die nur kurzfristig, wie auch derer, die längerfristig in der Selbständigkeit verbleiben, war daher nicht möglich. Problematisch erwies sich auch die Operationalisierung der Selbständigen sowie die Ausrichtung der Erwerbsfragen auf abhängig Beschäftigte. Sinnvoll wäre zumindest in einer künftigen Befragungswelle spezifische Fragestellungen zur selbständigen Erwerbstätigkeit aufzunehmen. Insbesondere sollte eine andere Abgrenzung verschiedener Selbständigenkategorien vorgenommen werden. Die Neuformulierung von Fragen im Rahmen einer Panelerhebung hat den Nachteil, dass die Daten im Längsschnitt nicht mehr vergleichbar sind, daher sind ergänzende Fragen nach dem Vorbild des britischen Haushaltspanels in einer der künftigen Befragungswelle zu empfehlen. Für alle Erwerbstätigen - ob sie einen Arbeitnehmer - oder einen Selbständigenstatus angegeben haben - erscheinen solche Zusatzfragen sinnvoll. Diese sollten erfassen, ob die Tätigkeit auf Basis eines Werk- bzw. Dienstvertrags oder eines Arbeitsvertrags ausgeübt wird. Bei den Selbständigen sollte außerdem erhoben werden, ob sie überwiegend im Auftrag anderer Firmen tätig sind oder Waren bzw. Dienste für Endverbraucher bzw. Privatpersonen anbieten.

Es mag die These zutreffen, dass grundlegende Veränderungen in den Arbeits- und Lebenswelten stattfinden. Insbesondere scheint daher die althergebrachte Differenzierung der verschiedenen Erwerbsformen und -status überholt und bedarf einer Neuerung (vgl. HAKIM 1988: 445). Insgesamt deuten die Befunde auf eine Zunahme der Polarisierungstendenzen innerhalb der Selbständigen hin (vgl. auch LAGEMANN/FRICK/WELTER 1999: 76). Einerseits nimmt der Anteil der „own account"-Selbständigen zu, bei denen insbesondere diejenigen in unqualifizierten Tätigkeiten - selbst im Vergleich zu entsprechenden Qualifikationsgruppen der Arbeitnehmer - geringe Einkommen erzielen und eine hohe Erwerbsinstabilität aufweisen; andererseits kann man auch eine Zunahme von Selbständigen-Subgruppen in hochqualifizierten Tätigkeiten beobachten, was sowohl für solche ohne Mitarbeiter als auch für die Arbeitgeber-Selbständigen zutrifft. Diese erzielen hohe bis sehr hohe Einkommen, verbleiben eher längerfristig in der selbständigen Tätigkeit oder erfahren bei Austritt aus der Selbständigkeit - gemessen am Einkommen – eher einen beruflichen Aufstieg. Die Selbständigenquoten sind in Westdeutschland noch vergleichsweise gering, vermutlich ist künftig mit einem weiteren Anstieg zu rechnen. Wie sich die qualitativen Entwicklungsmuster künftig entwickeln werden, ist schwer abzusehen. Ob sich das Gesetz zur Bekämpfung von Scheinselbständigkeit in einem geringeren Wachstum der „own account"-Selbständigen niederschlagen wird, oder gar zu einem Rückgang dieser Selbständigengruppen führt, ist nicht abzusehen. Scheinselbständigkeit ist nur eine Form der Erwerbsarbeit in der Grauzone zwischen abhängiger Beschäftigung und Selbständigkeit, so dass die Akteure bei Interesse an solchen „Beschäftigungsformen" auch unter der Bedingung der gegenwärtigen Reformmaßnahmen ausreichend Spielraum zur Interessensdurchsetzung haben.

Vor dem Hintergrund dieser Entwicklungen lässt sich für verschiedene gesellschaftliche Akteure Handlungsbedarf ableiten.
Die Neuregelungen des Gesetztes zur Bekämpfung von Scheinselbständigkeit verwenden für die Definition der Scheinselbständigkeit Kriterien, die auch aus arbeitsmarkttheoretischer Perspektive zentrale Differenzierungsmerkmale zwischen Arbeitnehmern und Selbständigen darstellen. Insbesondere aus arbeitsrechtlicher Perspektive erscheint diese geeignet einen Personenkreis abzugrenzen, für den die gesetzlichen Schutzregelungen greifen sollen. Vor dem Hintergrund der in der vorliegenden Arbeit erhaltenen Befunde erscheint es aus sozialrechtlicher Perspektive sinnvoll, eine Abgrenzung der gesetzlichen Versicherungspflicht an Einkommensgrenzen festzumachen (vgl. BRAND 1996: 411). Insbesondere sollte auch eine Aufnahme in die Arbeitslosenversicherung erfolgen. Die hohe Erwerbsinstabilität der Selbständigen in unqualifizierten Tätigkeiten (auch derer mit Beschäftigten), die nicht durch hohe Einkommen kom-

pensiert wird, ist ein klares Argument für die Notwendigkeit einer Absicherung gegen Arbeitsmarkt- bzw. Erwerbslosigkeitsrisiken.

Handlungsbedarf ergibt sich auch hinsichtlich einer gewerkschaftlichen Interessensvertretung, die auf „kleine“ sowie typischerweise vorübergehend erwerbstätiger Selbständige ausgerichtet ist. Solche Selbständige befinden sich in sekundären Erwerbssegmenten und stellen somit eine Personengruppen dar, für die eine gewerkschaftliche Interessenvertretung geradezu prädestiniert erscheint (vgl. BALLAUF 1996). Die überwiegende Orientierung der Gewerkschaften an „Normalarbeitsverhältnissen“ vergibt Einflusschancen auf eine Gestaltung künftiger Arbeitswelten (vgl. MÜCKENBERGER 1989: 218); zumal diese „flexiblen“ Erwerbsformen nicht in allen Fällen unfreiwillig ausgeübt werden, sondern auch bei Arbeitskräften ein Interesse an gelegentlicher, geringfügiger oder flexibler Erwerbsarbeit bestehen mag.

Schließlich besteht ein erheblicher Forschungsbedarf. Insbesondere im Bereich der Arbeitsmarktökonomie, wo der selbständigen Erwerbstätigkeit zwar zunehmend Aufmerksamkeit gewidmet wird, führt die selbständige Erwerbstätigkeit immer noch ein Schattendasein. Hier ist die Fokussierung auf Arbeitssysteme und Personalstrategien im Kontext interner Arbeitsmärkte zu kritisieren (vgl. Rosenberg 1991). Fragen im Zusammenhang mit flexiblen Erwerbsformen werden meist nur am Rande und allzu pauschalisierend behandelt. Im Rahmen der Diskussion um die Zukunft der Arbeitsmärkte wird zunehmend die unumgängliche Notwendigkeit der Deregulierung und Flexibilisierung der Arbeitsverhältnisse betont. Globalisierung und zunehmender Kostendruck werden dabei quasi als naturgegebene Ereignisse, denen sich die Gestaltung der Arbeitsbeziehungen und –bedingungen unterzuordnen haben, dargestellt. Deshalb besteht eine zentrale Aufgabe der Arbeitsmarktökonomie differenzierte Analysen zu den verschiedenen Flexibilisierungsstrategien bzw. flexiblen Beschäftigungsformen vorzunehmen.

LITERATURVERZEICHNIS

ABELL, PETER; KHALAF, HAIFA; SMEATON, DEBORAH (1995): An Exploration of Entry to and Exit from Self-Employment. London (Centre for Economic Performance, Discussion Paper; 224).

ACS, ZOLTÁN J.; AUDRETSCH, DAVID B.; EVANS, DAVID S. (1994): Why does the Self-Employment Rate vary across Countries and over Time, London (CEPR Discussion Paper; 871).

ALEWELL, DOROTHEA (1993): Interne Arbeitsmärkte. Eine Informationsökonomische Analyse. Hamburg (Diss.).

ALEWELL, DOROTHEA (1998): Warum finanzieren Arbeitgeber transferierbare Weiterbildung? In: Schmalenbachs Zeitschrift für betriebswirtschaftliche Forschung, 50(4): 315-335.

APPAY, BÉATRICE (1998): Economic Concentration and the Externalization of Labour. In: Economic and Industrial Democracy, 19(1): 161 - 184.

ARONSON, ROBERT L. (1991): Self-Employment. A Labor Market Perspective. Cornell (Cornell Studies in Industrial and Labor Relations; 24).

ATKINSON, JOHN (1985): Flexibility, Uncertainty and Manpower Management. Brighton (IMS Report; 89).

ATKINSON, JOHN (1986): Employment Flexibility in Internal and External Labour Markets. Brighton.

ATKINSON, JOHN; MEAGER, NIGEL (1986): New Forms of Work Organisation. Brighton (IMS Report; 121).

AZARIADIS, COSTAS (1975): Implicit Contracts and Unemployment Equilibria. In: Journal of Political Economy, 83 (6): 1183 - 1202.

BAETHGE, MARTIN; BAETHGE-KINSKY, VOLKER (1998): Jenseits von Beruf und Beruflichkeit? - Neue Formen von Arbeitsorganisation und Beschäftigung und ihre Bedeutung für eine zentrale Kategorie gesellschaftlicher Integration. In: Mitteilungen aus der Arbeitsmarkt- und Berufsforschung, 31(3): 442 – 460.

BAILY, MARTIN N. (1974): Wages and Employment under Uncertain Demand. In: Review of Economic Studies, 41: 37 - 50.

BALKIN, STEVEN (1989): Self-Employment for Low-Income People. New York et al.

Ballauf, Helga (1996): Grauzone. Selbständig oder abhängig? In: Mitbestimmung, 42(9): 13 - 16.

Bayliss, Fred J. (1990): Self-Employment in Industrialised Market Economy Countries. Genf (World Employment Programme Research, Working Paper; 38).

Becker, Gary S. (1975): Human Capital, 2nd Ed., New York/London.

Berger, Suzanne; Piore, Michael J. (1980): Dualism and Discontinuity in Industrial Societies. Cambridge et al.

Bernhard, Irwin (1994): Comparativ Advantage in Self-Employment and Paid Work. In: Canadian Journal of Economics, 27(2): 273 – 289.

Biehler, Hermann; Brandes, Wolfgang (1981): Arbeitsmarktsegmentation in der Bundesrepublik Deutschland. Theorie und Empirie des dreigeteilte Arbeitsmarktes. Frankfurt a.M./New York.

Biller, Martin (1989): Arbeitsmarktsegmentation und Ausländerbeschäftigung. Ein Beitrag zur Soziologie des Arbeitsmarktes mit einer Fallstudie aus der Automobilindustrie. Frankfurt a.m./New York.

Birch, David (1979): The Job Generation Process. Cambridge.

Blanchflower, David G.; Oswald, Andrew J. (1990**a**): Self-Employment and the Enterprise Culture. In: Jowell, Roger; Witherspoon, Sharon; Brook, Lindsay. (Eds.): British Social Attitudes. The 1990 Report, Aldershot: 127 - 143.

Blanchflower, David G.; Oswald, Andrew J. (1990**b**): What makes an young Entrepreneur? London (NBER Discussion Paper; 373).

Blanchflower, David G.; Oswald, Andrew J. (1998): What makes an Entrepreneur? In: Journal of Labor Economics, 16(1): 26 - 60.

Blau, David M. (1987): A Time-Series Analysis of Self-Employment in the United States. In: Journal of Political Economy, 95(3): 445 - 467.

Blien, Uwe (1986): Unternehmensverhalten und Arbeitsmarktstruktur. Eine Systematik und Kritik wichtiger Beiträge zur Arbeitsmarkttheorie. Nürnberg (Beiträge zur Arbeitsmarkt- und Berufsforschung; 103).

Blyton, Paul; Morris, Jonathan (Eds.) (1991): A Flexible Future? Prospects for Employment and Organization. Berlin/New York.

Bögenhold, Dieter (1987): Der Gründerboom: Realität und Mythos der neuen Selbständigkeit. Frankfurt a.M.

BÖGENHOLD, DIETER (1995): Selbständige Erwerbsarbeit in sozial- und wirtschaftshistorischer Perspektive, in: Jürgen Schmude (Hrsg.): Neue Unternehmen. Heidelberg: 11 - 23.

BÖGENHOLD, DIETER; STABER, UDO (1990): Selbständigkeit als ein Reflex auf Arbeitslosigkeit?: Makrosoziologische Befunde einer international-komparativen Studie, in : Kölner Zeitschrift für Soziologie und Sozialpsychologie. 42(2): 265 - 279.

BÖGENHOLD, DIETER ; STABER, UDO (1991): The Decline and Rise of Self-Employment. In: Work, Employment and Society, 5(2): 223 - 239.

BÖGENHOLD, DIETER ; STABER, UDO (1993): Notes and Issues of Self-Employment Dynamics. A Reply to Meager. In: Work, Employment and Society, 7(3): 465 - 472.

BÖGENHOLD, DIETER ; STABER, UDO (1994): Von Dämonen zu Demiurgen? Zur (Re-Organisation des Unternehmertums in Marktwirtschaften. Berlin.

BOLLINGER, DORIS; CORNETZ, WOLFGANG; PFAU-EFFINGER, BIRGIT (1991): „Atypische" Beschäftigung - Betriebliche Kalküle und Arbeitnehmerinteressen. In: Semlinger Klaus (Hrsg.): Flexibilisierung des Arbeitsmarktes. Frankfurt a.M./New York: 177 - 199.

BORJAS, GEORGE J.; BRONARS, STEPHEN G. (1989): Consumer discrimination and self-employment. In: Journal of political economy, 97(3): 581 -605.

BÖRSCH-SUPAN, AXEL; PFEIFFER, FRIEDHELM (1992): Determinanten der Selbständigkeit in der Bundesrepublik Deutschland. In: Herausforderungen an den Wohlfahrtsstaat im strukturellen Wandel, Frankfurt a.M./New York: 257 - 287.

BOYER, ROBERT (1988): Division or Unity? Decline or Recovery? In: ders. (Ed.): The Search for Labour Market Flexibility. The European Economies in Transition. Oxford: 194 - 221.

BRAND, JÜRGEN (1996): Die sozialrechtlichen Abgrenzungskriterien der Abhängigkeit/ Selbständigkeit/Scheinselbständigkeit und die Folgen der Einstufung als selbständiger bzw. abhängig Beschäftigter. In: Zeitschrift für Sozialreform, 42(6): 401 - 415.

BREWSTER, CHRIS ET AL. (1996): Working Time and Contract Flexibility in the E.U.

BREWSTER, CHRIS; MAYNE, LESLEY; TREGASKIS, OLGA (1997): Flexible Working in Europe. A Review of the Evidence. In: Managment International Review, 37(1) special issue: 85 - 103.

Brinkmann, Christian; Otto, Manfred; Wiedemann, Eberhardt (1995): Existenzgründungen mit Hilfe der BA. Erste Ergebnisse aus einer IAB-Untersuchung. Nürnberg (IAB Werkstattbericht; Nr. 10/22.11.1995).

Brinkmann, Christian; Otto, Manfred (1996): Überbrückungsgeld hilft arbeitslosen Frauen und Männern beim Sprung in die Selbständigkeit. Strukturmerkmale und Anhaltspunkte zum Erfolg der Förderung. Nürnberg (IAB Werkstattbericht, Nr.6/1.10.1996).

Buch, Holger (1999): Ungeschützte Beschäftigungsverhältnisse. Scheinselbständigkeit und geringfügige Beschäftigung auf dem deutschen Arbeitsmarkt. Frankfurt a.M. et al.

Büchel, Felix (1993a): Perforierte Langzeitarbeitslosigkeit als Strukturtyp der Arbeitslosenforschung. In: Konjunkturforschung, 39/1/2: 49 - 75.

Büchel, Felix (1993b): Die Einkommensstruktur der Perforations-Jobs bei perforierter Langzeitarbeitslosigkeit. Eine Überprüfung der Leistungsfähigkeit mikroökonomischer Arbeitsmarkttheorien in einem peripheren Job-Segment. In: Mitteilungen aus der Arbeitsmarkt- und Berufsforschung, 26(3): 336 - 347.

Büchel, Felix (1994):Die Stabilisierung extrem instabiler Beschäftigungsverläufe. Eine segmentationstheoretische Betrachtung. In: Jahrbücher für Nationalökonomie und Statistik, 213(4): 456 - 470.

Büchel, Felix; Pannenberg, Markus (1992): "Neue Selbständigkeit" in Ostdeutschland. Statusentscheidung, Realisierungschancen und materielle Zufriedenheit. In: Mitteilungen aus der Arbeitsmarkt- und Berufsforschung, 25(4): 544 - 552.

Büchtemann, Christoph F.; Quack, Sigrid (1989): 'Bridges' or 'Traps' ? Non-Standard Employment in the Federal Republic of Germany. In: Rodgers, Gerry; Rodgers, Janine (Eds.): Precarious Jobs in Labour Market Regulation.The Growth of atypical Employment in Western Europe. Geneva: 109 - 148.

Bundesministerium für Arbeit und Sozialordnung (Hrsg.) (1999a): Scheinselbständigkeit und Arbeitnehmerähnliche Selbständige. Bonn.

Bundesministerium für Arbeit und Sozialordnung (Hrsg.) (1999b): Zwischenergebnisse der Beratungen der Kommission „Scheinselbständigkeit". Pressemitteilung vom 13.07.1999.Bonn.

Bundesministerium für Arbeit und Sozialordnung (Hrsg.) (1999c): Kommission „Scheinselbständigkeit" hat ihre Beratungen abgeschlossen. Pressemitteilung vom 23.09.1999. Bonn.

Bundesministerium für Justiz (Hrsg.) (1998): Gesetz zu Korrekturen in der Sozialversicherung und zur Sicherung der Arbeitnehmerrechte. In: Bundesgesetzblatt, 1998(85): 3836 - 3852.

Carley, Mark; Suri, Oliver (1993): Atypische Beschäftigung in Großbritannien. In: WSI-Mitteilungen, 46(9): 600 - 609.

Carnoy, Martin; Castells, Manuel; Benner, Chris (1997): Labour Markets and Employment Practices in the Age of Flexibility. A Case Study of Silicon Valley. In: International Labour Review, 136(1): 27 - 48.

*Casson, Mark (1982):*The Entrepreneur. An Economic Theory. Oxford.

Casson, Mark (1987): Entrepreneur. In: Eatwell, John; Milgate, Murray; Newman, Peter (Eds.): The New Palgrave: A Dictionary of Economics, Vol. 2; London et al.: 151 - 155.

Coate, Stephen T.; Tennyson, Sharon L. (1992): Labor Market Discrimination, Imperfect Information and Self Employment. In: Oxford Economic Papers. 44(2): 272 - 288.

Crouchley, Robert; Abell, Peter; Smeaton, Deborah (1994): An Aggregate Time Series Analysis of Non-Agricultural Self-Employment in the UK. London (Centre for Economic Performance, Discussion Paper; 209).

Delsen, leonardus W.M. (1995): Atypical Employment: An International Perspective.Causes, Consequences and Policy. Groningen

Dennis, William J. (1996): Self-Employment. When nothing else is available? In: Journal of Labor Research, 17(4): 645 - 663.

Dickens, William T.; Lang, Kevin (1992): Labour Market Segmentation Theory. Reconsidering the Evidence. Cambridge (NBER Working Paper; 4087).

Dietrich, Hans (1996): Empirische Befunde zur „Scheinselbständigkeit“ Zentrale Ergebnisse des IAB-Projektes „Freie Mitarbeiter und selbständige Einzelunternehmer mit persönlicher und wirtschaftlicher Abhängigkeit“ Nürnberg (IAB Werkstattbericht Nr. 7/25.11.1996).

*Dietrich, Hans (1998*a*):*Erwerbsverhalten in der Grauzone von selbständiger und abhängiger Erwerbsarbeit Nürnberg (Beiträge zur Arbeitsmarkt- und Berufsforschung; 205).

*Dietrich, Hans (1998*b*):* Möglichkeiten und Grenzen der empirischen Erfassung von „Scheinselbständigkeit“. In: Schupp, Jürgen et al. (Hrsg.): Arbeitsmarkt zwischen Realität und Fiktion. Berlin: 131 - 165.

DNES, ANTONY W. (1996): The Economic Analysis of Franchise Contracts. Survey Article. In: Journal of Institutional and Theoretical Economics, 152(2): 297 - 324.

DOERINGER, PETER B.; PIORE, MICHAEL J. (1971): Internal labor Markets and Manpower Analysis. Lexington.

DÖSE, ANNEGRET ET AL. (1994): Neue Formen und Bedingungen der Erwerbsarbeit in Europa. Eine rechtssoziologische Untersuchung. Baden-Baden.

DÜLL, NICOLA; VOGLER-LUDWIG, KURT (1998): Selbständige Erwerbstätigkeit in Deutschland. In: Europäische Kommission (Hrsg.): Selbständige Erwerbstätigkeit in Europa. (SYSDEM Trends; 31) Luxemburg: 17 - 26.

EUROPÄISCHE KOMMISSION (1998a): Joint Employment Report 1998. Luxemburg.

EUROPÄISCHE KOMMISSION (1998b): Selbständige Erwerbstätigkeit in Europa. (SYSDEM Trends; 31) Luxemburg.

EVANS, DAVID S.; JOVANOVIC BOYAN (1989): An Estimated Model of Entrepreneurial Choice under Liquidity Constraints. In: Journal of Political Economy, 97(4): 808 - 827.

*EVANS, DAVID S.; LEIGHTON, LINDA S. (1989*a*)*: Some empirical Aspects of Entrepreneurship. In: The American Economic Review, 79(3): 519 - 535.

*EVANS, DAVID S.; LEIGHTON, LINDA S. (1989*b*)*: The Determinants of Change in U.S. Self-Employment, 1968 – 1987. In: Small Business Economics, 2(1): 111 - 119.

FELDSTEAD, ALLEN (1991): The Social Organization of the Franchise. A Case of 'Controlled Self-Employment'. In: Work, Employment & Society, 3(1): 37 - 57.

FISCHER, PETER (1995): Die Selbständigen von morgen. Unternehmer oder Tagelöhner? Frankfurt a.M./New York.

FISCHER, ULRICH (1991): Tele-Heimarbeit und Schutz der Arbeitskraft. Zur kritischen Einschätzung einer flexiblen Beschäftigungsform. München/Mering.

FRANZ, WOLFGANG (1996): Arbeitsmarktökonomik, 3. Aufl., Berlin u.a.

FREDLAND, JOHN E.; LITTLE, ROGER D. (1981): Self-Employed Workers. Returns to Education and Training. In: Economic of Education Review, 1(2): 315 - 337.

FRIEDRICH, WERNER (1985): Maßnahmen zur altersadäquaten Anpassung der Arbeitsbedingungen. Gegenwärtiger Stand und Möglichkeiten einer Humanisierungsstrategie für ältere Arbeitnehmer, Köln (Forschungsbericht).

FRIEDRICH-EBERT-STIFTUNG (HRSG.) (1996): Prekäre Beschäftigungsverhältnisse. Die Bundesrepublik Deutschland auf dem Weg in die Tagelöhnergesellschaft? Bonn.

FUJII, EDWIN T.; HAWLEY, CLIFFORD B. (1991): Empirical Aspects of Self-Employment. In: Economics Letters, 36(3): 323 - 329.

GAREN, JOHN (1998): Self-Employment, Pay Systems, and the Theory of the Firm. An Empirical Analysis. In: Journal of Economic Behavior & Organization, 36(2): 257 - 274.

GEORGELLIS, YANNIS; WALL, HOWARD J. (1998): Gender Differences in Self-Employment. Panel Evidence from the Former West Germany. London.

GOLDBERG, JÖRG (1987): Die „neuen Selbständigen". Vor einer Renaissance der Privatinitiative? In: Blätter für deutsche und internationale Politik, 32(3): 309 - 320.

GRAY, COLIN (1989): From Unemployment to Self-Employment. A Manageable Change? In: Economia & Lavoro, 23(3): 119 - 139.

GRIMSHAW, DAMIAN; RUBERY, JILL (1998): Integrating the Internal and External Labour Markets. In: Cambridge Journal of Economics, 22 (2): 199 – 220.

GRIP, ANDRIES DE; HOEVENBERG, JEROEN; WILLEMS, ED. (1997): Atypical Employment in the European Union. In: International Labour Review, 136(1): 49 - 71.

HAISKEN-DE NEW, JOHN P.; FRICK, JOACHIM R (EDS.) (1998): Desktop Companion to the German Socio-Economic Panel Study (GSOEP) Version 2.2 Berlin.

HAKIM, CATHERINE (1988): Self-Employment in Britain. Recent Trends and Current Issues. In: Work, Employment & Society, 2(4): 421 - 450.

HAKIM, CATHERINE (1990): Core and Periphery in Employers' Workforce Strategies. In: Work, Employment & Society. In: Work, Employment Society, 2(4): 157 - 188.

HAKIM, CATHERINE (1998): Social Change and Innovation in the Labour Market. Oxford.

HANEFELD, UTE (1987): Das Sozio-ökonomische Panel. Grundlagen und Konzeptionen. Frankfurt a.M./New York.

HODENIUS, BIRGIT (1994): Berufliche Selbständigkeit von Frauen - Ein Aufbruch zu neuen Ufern? Theoretische Verortung und Untersuchung der neueren Entwicklungen. Bamberg (Diss.).

HOFFMANN, EDELTRAUT; WALWEI, ULRICH (1998): Normalarbeitsverhältnis ein Auslaufmodell. Überlegungen zu einem Erklärungsmosell für den Wandel der beschäftigungsformen. In: Mitteilungen aus der Arbeitsmarkt- und Berufsforschung, 31(3): 409 - 425.

HÖLAND, ARMIN (1994): Typik und Atypik von Erwerbsarbeit. Theoretische und vergleichende Aspekte. In: Döse, Annegret et al.: Neue Formen und Bedingungen der Erwerbsarbeit in Europa.Eine rechtssoziologische Untersuchung. Baden-Baden: 5 - 39.

HOLMSTROM, BENGT; MILGROM, PAUL (1994): The Firm as an Incentive System. In: The American Economic Review, 84(4): 972 - 991.

HOLST, ELKE; MAIER, FREDERIKE (1998): Normalarbeitsverhältnis und Geschlechterordnung. In: Mitteilungen aus der Arbeitsmarkt- und Berufsforschung, 31(3): 506 - 518.

HROMADKA, WOLFGANG (1997): Arbeitnehmerbegriff und Arbeitsrecht. Zur Diskussion um die „neue Selbständigkeit“. In: Neue Zeitschrift für Arbeitsrecht, 14(11): 569 - 624.

HÜBLER, OLAF (1991): Was unterscheidet Freiberufler, Gewerbetreibende und abhängig Beschäftigte? Eine ökonometrische Untersuchung über Gruppenheterogenität, Einkommensdeterminanten und Statuswechsler. In: Mitteilungen aus der Arbeitsmarkt- und Berufsforschung; 24(1): 101 - 114.

HÜBLER, OLAF (1992): Selbständige in Ostdeutschland. Eine theoretische und mikro-ökonomische Analyse. In: Vierteljahreshefte zur Wirtschaftsforschung, 61(3/4): 107 - 130.

INTERNATIONAL LABOUR ORGANIZATION (1982): Resolution Concerning Economically Active Population, Employment, Unemployment and Underemployment. Genf (http:// www.ilo.org/public/english/120stat/res/ ecacpop.htm; Stand Juli 2001)

INTERNATIONAL LABOUR ORGANIZATION (ILO), BUREAU OF STATISTICS (1993): Resolution concerning the International Classification of Status in Employment adopted by the Fifteenth International Conference of Labour Statisticans. Genf (http://www.ilo.org/ public/english/120stat/res/icse.htm; Stand: Juli 2001).

KAISER, MANFRED; OTTO, MANFRED (1990): Übergang von Arbeitslosigkeit in berufliche Selbständigkeit. In: Mitteilungen aus der Arbeitsmarkt- und Berufsforschung, 23(2): 284 - 299.

KELLER, BERNDT; SEIFERT, HARTMUT (HRSG.) (1995): Atypische Beschäftigung. Verbieten oder Gestalten? Köln.

KERR, CLARK (1954): The Balkanization of Labor Markets. In: Bakke, Edward W. (Ed.): Labor Mobility and Economic Opportunity. Cambridge: 92 - 110.

KERSCHBAUMER, JUDITH; TIEFENBACHER, TORSTEN (1999): Änderungen im Bereich Scheinselbständigkeit. In: Arbeit und Recht, 47(4): 121 - 126.

KLEBER, MICHAELA (1987): Arbeitsmarktsegmentation nach dem Geschlecht. Eine kritische Analyse ökonomischer Theorien über Frauenarbeit und Frauenlöhne. München.

KLEINBAUM, DAVID G. (1994): Logistic Regression. A Self-Learning Text. New York et al.

KLEINHENZ, GERHARD D. (1998): Zum Wandel der Organisationsbedingungen von Arbeit. Eine Einführung. In: Mitteilungen aus der Arbeitsmarkt- und Berufsforschung, 31(3): 405 - 408.

KNIGHT, FRANK H.(1971): Risk, Uncertainty and Profit (Originalausgabe erschienen 1921) Chicago/London.

KÖHLER, CHRISTOPH; GRÜNER, HANS (1988): Stamm- und Randbelegschaft - Ein überlebtes Konzept? München (SAMF Arbeitspapier; 1988-9).

KÖSTERS, WIM; BELKE, ANSGAR (1992): Arbeitslosigkeit in Westeuropa: Ein Hysteresis-Phänomen? In: Belke, Ansgar (Hrsg.): Beschäftigungsentwicklung und Arbeitsmarktpolitik. Berlin: 9 - 43.

KRESS, ULRIKE (1998): Vorm Normalarbeitsverhältnis zur Flexibilisierung des Arbeitsmarktes. Ein Literaturüberblick. In: Mitteilungen aus der Arbeitsmarkt- und Berufsforschung, 31(3): 488 - 505.

LAGEMANN, BERNHARD; FRICK, SIEGFRIED; WELTER, FRIEDERIKE (1999): Kultur der Selbständigkeit. In: Ridinger, Rudolf; Weiss, Peter (Hrsg.): Existenzgründungen und dynamische Wirtschaftsentwicklung. Berlin (Veröffentlichungen des Round Table Mittelstand; 2).

LAZEAR, EDWARD P. (1981): Agency, Earnings Profiles, Productivity, and Hours Restrictions. In: The American Economic Review, 71(4): 606 - 620.

LECHNER, MICHAEL (1995): Ökonometrische Modelle für qualitative Paneldaten. Das Beispiel der selbständigen Erwerbstätigkeit in den neuen Bundesländern. Frankfurt a.M./New York.

LECHNER, MICHAEL; PFEIFFER, FRIEDHELM (1993): Der Weg in die selbständige Erwerbstätigkeit am Beginn der Marktwirtschaft. In: ZEW-Wirtschaftsanalysen, 1(1): 45 - 65.

LEICHT, RENE (1995): Die Prosperität kleiner Betriebe. Das längerfristige Wandlungsmuster von Betriebsgrößen und –strukturen. Heidelberg (Diss., Beiträge zur Mittelstandsforschung ; 3)

LONG, JAMES E. (1982): The Income Tax and Self-Employment. In: National Tax Journal, 35(1): 31 - 42.

LOUTFI, MARTHA F. (1991): Self-Employment Patterns and Policy Issues in Europe, in: International Labour Review, 130(1): 1 - 19.

LOVERIDGE, RAYMOND (1983): Labour Market Segmentation and the Firm. In: Edwards, John (Ed.): Manpower Planning Strategy and Techniques in an Organizational Context. Chichester et al.

LOVERIDGE, RAYMOND; MOK, ALBERT L. (1979): Theories of Labour Market Segmentation. A Critique. Den Hag/Boston/London.

LUBER, SILVIA; GANGL, MARKUS (1997): Die Entwicklung der selbständigen Erwerbstätigkeit in Westeuropa und den USA 1960-1995, Mannheim (MZES Working Paper; I 16).

MARSHALL, ADRIANA (1989): The Sequel for Unemployment. The changing Role of Part-Time and Temporary Work in Western Europe. In: Rodgers, Gerry; Rodgers, Janine (Eds.): Precarious Jobs in Labour Market Regulation. The Growth of atypical Employment in Western Europe. Geneva: 17-48

MAYER, UDO R. (1999): Arbeitnehmer oder Selbständige. Aktuelles aus Rechtsprechung und Politik zur Abgrenzungsproblematik. In: Arbeitsrecht im Betrieb, 20(4): 207 - 220.

MAYER, UDO; PAASCH, ULRICH (1990): Ein Schein von Selbständigkeit. Ein-Personen-Unternehmen als neue Form der Abhängigkeit. Köln.

MEAGER, NIGEL (1991): Self-Employment in the United Kingdom. Brighton (IMS Report; 205).

MEAGER, NIGEL (1992): Does Unemployment lead to Self-Employment? In: Small Business Economics, 4(2): 87 - 103.

Meager, Nigel (1993): Self-Employment and Labour Market Policy in the European Community. Berlin. (WZB Discussion Paper; FS I 93 - 201).

Meager, Nigel (1995): Arbeitsmarktpolitik für Existenzgründer. Internationale Erfahrungen der Existenzgründungsförderung von Arbeitslosen. Berlin. (WZB Discussion Paper; FS I 95 - 209).

Meager, Nigel; Kaiser, Manfred; Dietrich, Hans (1992): Self-employment in the United Kingdom and Germany, London 1992.

Milgrom, Paul; Roberts, John (1992): Economics, Organization and Management. Englewood Cliffs, N.J.

Mückenberger, Ulrich (1985): Die Krise des Normalarbeitsverhältnisses. Hat das Arbeitsrecht noch Zukunft?. In: Zeitschrift für Sozialreform, 31(7/8): 415 - 434.

Mückenberger, Ulrich (1989): Der Wandel des Normalarbeitsverhältnisses unter Bedingungen einer "Krise der Normalität". In: Gewerkschaftliche Monatshefte, 40(4): 211 - 223.

Mückenberger, Ulrich (1990): Zur Rolle des Normalarbeitsverhältnisses bei der sozialstaatlichen Umverteilung von Risiken. In: Büchtemann, Christoph F.; Neumann, Helmut (Hrsg.): Mehr Arbeit durch weniger Recht? Chancen und Risiken der Arbeitsmarktflexibilisierung. Berlin: 169 - 192.

Mückenberger, Ulrich (1995): Ist der »Sozialraum Europa« noch auf der historischen Agenda? Neue Beschäftigungsformen und deren europäische Regulierung. In: Keller, Berndt; Seifert, Hartmut (Hrsg.): Atypische Beschäftigung. Verbieten oder gestalten? Köln: 202 - 229.

Nagelkerke, N.J.D. (1991): A note on a general definition of the coefficient of determination. In: Biometrika, 78(3): 691-692

Norusis, Marija J. (1992): SPSS Advanced Statistics. Chicago.

OECD (1986): Employment Outlook, Chapter II (Self-Employment in OECD Countries), Paris.

OECD (1992): Employment Outlook, Chapter 4 (Recent Developments in Self-Employment) Paris.

OECD (1998): Fostering Entrepreneursphip. The OECD Jobs Strategy. Paris.

OECD (2000): Employment Outlook, Chapter V (The Partial Renaissance of Self-Employment). Paris.

Offe, Claus; Hinrichs, Karl (1977): Sozialökonomie des Arbeitsmarktes und die Lage »benachteiligter« Gruppen von Arbeitnehmern. In: Offe, Claus (Hrsg.): Opfer des Arbeitsmarktes. Zur Theorie der strukturierten Arbeitslosigkeit. Neuwied/Darmstadt.

Oi, Walter Y. (1962): Labour as a Quasi-Fixed Factor. In: Journal of Political Economy, 70(6): 538 - 555.

Osterman, Paul S. (1994): Internal Labor Markets: Theory and Change. In: Kerr, Clark; Staudhar, Paul D. (Eds.): Labor Economics and Industrial Relations. Cambridge/London: 303 - 339.

*Paasch, Udo (1991):*Abhängige Selbständigkeit. Rechtliche, politische, ökonomische und soziale Aspekte sowie mögliche Ansatzpunkte tarifvertraglicher Regelung. In: WSI-Mitteilungen, 44(4): 216 - 226.

Pannenberg, Markus (1997): "Neue Selbständigkeit" in Deutschland in den Jahren 1990 bis 1995. In: DIW Wochenbericht, 64(41): 749 - 753.

Pfahler, Thomas (1994): Hysterese am Arbeitsmarkt in der Bundesrepublik Deutschland. Statistische Erfassung und die Rolle der Arbeitsmarktpolitik. Fuchsstadt (Diss.).

Pfeiffer, Friedhelm (1994): Selbständige und abhängige Erwerbstätigkeit. Arbeitsmarkt- und industrieökonomische Perspektiven. Frankfurt a.M./New York.

Pfeiffer, Friedhelm; Reize, Frank (1998): Business Start-ups by the Unemployed – An Econometric Analysis Based on Firm Data. Mannheim (Discussion Paper; 98-38).

Pfeiffer, Friedhelm (1999): Existenzgründerpotentiale unter Arbeitssuchenden. Empirische Evidenz auf der Basis des Mikrozensus. Mannheim (Discussion Paper; 99-02).

Polivka, Anne E.; Nardone, Thomas: (1989): On the Definition of "Contingent Work". In: Monthly Labor Review, 112(12): 9 - 15.

Pollert, Anna (1988): The 'Flexible Firm'. Fixation or Fact? In: Work, Employment & Society, 2(3): 281 - 316.

Pull, Kerstin (1992): Risikoallokation im Arbeitsvertrag. Trier (Quint-Essenzen; 22).

Reich, Michael; Gordon, David. M; Edwards, Richard C. (1978): Arbeitsmarktsegmentation und Herrschaft. In: Sengenberger, Werner (Hrsg.):

Der gespaltene Arbeitsmarkt. Probleme der Arbeitsmarktsegmentation. Frankfurt a.M./New York: 55 - 66.

Rheinisch-Westfälisches Institut für Wirtschaftsforschung (RWI) (1998): Kleine und mittlere Unternehmen im sektoralen Strukturwandel. Essen (Gutachten im Auftrag des Bundesministeriums für Wirtschaft).

Rodgers, Gerry (1989): Precarious Work in Western Europe: The State of the Debatte. In: Rodgers, Gerry; Rodgers, Janine (Eds.): Precarious Jobs in Labour Market Regulation. The Growth of atypical Employment in Western Europe. Geneva : 1 - 16.

Rosenberg, Sam (1991): From Segmentation to Flexibility. A Selective Survey. In: Review of Radical Political Economics, 23(1/2): 71 - 79.

Rubery, Jill (1989): Precarious Forms of Work in the United Kingdom. In: Rodgers, Gerry; Rodgers, Janine (Eds.): Precarious Jobs in Labour Market Regulation. The Growth of Atypical Employment in Western Europe. Geneva: 49 - 73.

Rubery; Jill; Earnshaw, Jill; Burchell, Brendan (1993): New Forms and Patterns of Employment. The Role of Self-Employment in Britain. Baden-Baden.

Rürup, Bernd; Sesselmeier, Werner (1995): Gesamtwirtschaftliche Kosten-Nutzen-Überlegungen zu neuen Beschäftigungsformen: Werkvertragsarbeitnehmer und EU-Selbständige in der Bauwirtschaft. In: Hamburger Jahrbuch für Wirtschafts- und Gesellschaftspolitik, 40: 89 - 102.

Schäfer, Claus (1996): Armut trotz Arbeit. „Ungerechte“ Niedriglöhne in Deutschland und Europa. In: Pohl, Gerd; Schäfer, Claus (Hrsg.): Niedriglöhne. Die unbekannte Realität: Armut trotz Arbeit. Hamburg: 57 - 77

Scheuer, Markus (1987): Zur Leistungsfähigkeit neoklassischer Arbeitsmarkttheorien. Bonn.

Schmid, Günther (1993): Übergänge in die Vollbeschäftigung. Formen und Finanzierung einer zukunftsgerechten Arbeitsmarktpolitik (WZB Discussion Paper; FS I 93 – 208).

Schmidtberg (1981): Chancenverteilung auf dem Arbeitsmarkt : Zugangs- und Verbleibrisiken der Arbeitslosigkeit, Frankfurt a.M./New York

Schneider, Martin (1998): Personalpolitische Anpassungen als Risikomanagement. München/Mering (Diss.).

Schömann, Klaus; Kruppe, Thomas; Oschmiansky, Heidi (1998): Beschäftigungsdynamik und Arbeitslosigkeit in der Europäischen Union. Berlin. (WZB Discussion Paper; FS I 98 - 203).

Schumpeter, Joseph A. (1928): Unternehmer. In Böhm, Stephan (Hrsg.) (1987): Joseph A. Schumpeter. Beiträge zur Sozialökonomik. Wien: 137 - 157.

Schumpeter, Joseph A. (1964): Theorie der wirtschaftlichen Entwicklung. Eine Untersuchung über Unternehmergewinn, Kapital, Kredit, Zins und den Konjunkturzyklus. 6.Aufl. Berlin (amerikanisches Original 1912).

Schumpeter, Joseph A. (1972): Kapitalismus, Sozialismus und Demokratie, 3. Auflage. München (amerikanisches Original 1942).

Semlinger, Klaus (1995): Arbeitsmarktpolitik für Existenzgründer. Plädoyer für eine arbeitsmarktpolitische Unterstützung des Existenzgründungsgeschehens. Berlin (WZB Discussion Paper; FS I 95-204).

Sengenberger, Werner (1978): Einführung. Die Segmentation des Arbeitsmarktes als politisches und praktisches Problem. In: ders. (Hrsg.): Der gespaltene Arbeitsmarkt. Probleme der Arbeitsmarktsegmentation. Frankfurt a.m./New York.

Sengenberger, Werner (1984): Zur Flexibilität im Beschäftigungssystem. Ein Vergleich zwischen den USA und der Bundesrepublik Deutschland. Paderborn (SAMF Arbeitspapier; 1984 -3).

Sengenberger, Werner (1987): Struktur und Funktionsweisen von Arbeitsmärkten. Die Bundesrepublik Deutschland im internationalen Vergleich. Frankfurt a.m./New York.

Sesselmeier, Werner; Blauermel, Gregor. (1997): Arbeitsmarkttheorien. Ein Überblick, 2. Aufl., Heidelberg.

Sessions, John G. (1994): Unemployment Stigma and Multiple Labour Market Equilibria: A Social-Psychological Interpretation of Hysteresis. In: Labour 8 (3): 355 - 375.

Smeaton, Deborah (1992): Self Employment. Some preliminary Findings. London (Centre for Economic Performance, Discussion Paper; 96).

Statistisches Bundesamt (1998): Statistisches Jahrbuch für die Bundesrepublik Deutschland, Stuttgart 1998.

STEINMETZ, GEORGE; WRIGHT, ERIK O. (1989): The Fall and Rise of the Petty Bourgeoisie: Changing Patterns of Self-Employment in the Postwar United States. In: American Journal of Sociology, 94(5): 973 – 1018.

STEINMEYER, HEINZ-DIETRICH (1996): Die Problematik der Scheinselbständigkeit. In: Zeitschrift für Sozialreform, 42(6): 348 - 386.

SZYDLIK, MARC (1990): Die Segmentierung des Arbeitsmarktes in der Bundesrepublik Deutschland. Eine empirische Analyse anhand der Daten des sozioökonomischen Panels, 1984 - 1988 (Beiträge zur Sozialökonomik der Arbeit; 24). Bonn.

TAYLOR, MARK P. (1996): Earnings, Independence or Unemployment. Why become Self-Employed? In: Oxford Bullentin of Economics and Statistics, 58(2): 253 - 266.

TERBERGER, EVA (1994): Neo-institutionalistische Ansätze. Entstehung und Wandel - Anspruch und Wirklichkeit. Wiesbaden.

THUROW, LESTER C. (1978): Die Arbeitskräfteschlange und das Modell des Arbeitsplatzwettbewerbs. In: Sengenberger, Werner (Hrsg): Der gespaltene Arbeitsmarkt. Probleme der Arbeitsmarktsegmentation. Frankfurt a.M./New York: 117 - 137.

TRZCINSKI, EILEEN (1997): The Choice of Self-Employment, Wage and Salary Employment, versus Nonemployment. A Comparision of Germany and the United States. In: Vierteljahreshefte zur Wirtschaftsforschung, 66(1) 62 - 70.

TRZCINSKI, EILEEN (1999): Returns of Self-Employment Experience in the Wage and Salary Sector: A Comparative Analysis of Germany and the United States. In: Vierteljahreshefte zur Wirtschaftsforschung, 68(2) 177 - 183.

UHLY, ALEXANDRA (1998): "Neue" Selbständigkeit: Chance für mehr Beschäftigung oder Ausdruck aufgekündigter Sozialstaatlichkeit? Empirische Befunde zu Eintrittsmotiven sowie der Dynamik "neuer" Selbständigkeit in Deutschland. In: Smekal, Christian; Starbatty, Joachim (Hrsg.): Der Aufbruch ist möglich: Standorte zwischen Globalisierung und Regulierungsdickicht. Mittelstand und "Neue Selbständigkeit" als Innovationskräfte im Strukturwandel? Köln: 130 - 142

URBAN, DIETER (1993): Logit-Analyse. Statistische Verfahren zur Analyse von Modellen mit qualitativen Response-Variablen. Stuttgart et al.

VALERIUS, GABRIELE (1993): Neue Selbständige - neue Karrieren? In: BISS public. 3(12): 39 - 57.

VONDERACH, GERD (1980): Die „neuen" Selbständigen. 10 Thesen zur Soziologie eines unvermuteten Phänomens. In: Mitteilungen aus der Arbeitsmarkt- und Berufsforschung, 13(2): 153 - 169.

VOß, GÜNTER G.(1998): Die Entgrenzung von Arbeit und Arbeitskraft. Eine subjektorientierte Interpretation des Wandels der Arbeit. In: Mitteilungen aus der Arbeitsmarkt- und Berufsforschung, 31(3): 473 - 487.

VOß, GÜNTER G.; PONGRAZ, HANS J. (1998): Der Arbeitskräfteunternehmer. Eine neue Grundform der Ware Arbeitskraft? In: Kölner Zeitschrift für Soziologie und Sozialpsychologie. 50(1): 131 - 158.

WACHTER, MICHAEL L.; WRIGHT, RANDALL D. (1990): The Economics of Internal Labor Markets. In: Industrial Relations, Vol. 29(2): 240 - 262.

WAGNER, THOMAS; JAHN, ELKE J. (1997): Neue Arbeitsmarkttheorien. Düsseldorf.

*WALWEI, WERNER (1995*a*):* Atypische Beschäftigungsformen. Kongruenz und Divergenz der Interessen. In: Keller, Berndt; Seifert, Hartmut (Hrsg.): Atypische Beschäftigung. Verbieten oder gestalten? Köln: 9 - 24.

*WALWEI, WERNER (1995*b*):* Wachstum atypische Beschäftigungsformen in EU-Ländern. Bestimmungsfaktoren und Effekte. In: Keller, Berndt; Seifert, Hartmut (Hrsg.): Atypische Beschäftigung.Verbieten oder gestalten? Köln: 182 - 201.

*WALWEI, WERNER (1998*a*):* Längerfristige Entwicklung von Erwerbsformen in Westdeutschland. Beschäftigung: Formenvielfalt als Perspektive? Teil 1. Nürnberg IAB Kurzbericht, Nr. 2/27.1.1998).

*WALWEI, WERNER (1998*b*):* Bestimmungsfaktoren für den Wandel der Erwerbsformen. Beschäftigung: Formenvielfalt als Perspektive? Teil 2. Nürnberg (IAB Kurzbericht, Nr. 3/28.1.1998).

WANDNER, STEPHEN A. (ED.) (1992): Self Employment Programs for Unemployed Workers (Unemployment Insurance Occasional Paper ; 92-2).

WANK, ROLF (1992): Die „neue Selbständigkeit". In: Der Betrieb, 45(2): 90 - 92

WANK, ROLF (1996): Franchisenehmer und Scheinselbständigkeit. In: Zeitschrift für Sozialreform, 42(6): 387 - 400.

WIEßNER, FRANK (1997): Wege aus der Arbeitslosigkeit – berufliche Mobilität von Existenzgründern. Nürnberg (IAB Werkstattbericht, Nr.12/12.9.1997).

*WIEßNER, FRANK (1998*a*):* Positive Zwischenbilanz für „Überbrückungsgeld-Empfänger". Nürnberg (IAB Kurzbericht, Nr.1/19.1.1998).

*WIEßNER, FRANK (1998b):*Der Sprung in die Selbständigkeit. Eine Zwischenbilanz der Förderung von Existenzgründungen durch die Arbeitsämter. In: Materialien aus der Arbeitsmarkt- und Berufsforschung, (4): 1 - 11.

WIEßNER, FRANK (1998c): Das Überbrückungsgeld als Instrument der Arbeitsmarktpolitik : eine Zwischenbilanz. In: Mitteilungen aus der Arbeitsmarkt- und Berufsforschung. 31(1): 123 - 142.

WIETHÖLTER, DORIS; BOGAI, DIETER (1998): Existenzgründungen von Arbeitslosen. Chancen und Risiken. In: Arbeit und Sozialpolitik, 51(7-8): 45 - 51.

WILLIAMS , D.R. (2000): Consequences of Self-Employment for Woman and Men in the United States, Labour Economics 7, 665 - 687.

*WILLIAMSON, OLIVER E. (1987):*Transaction Cost Economics. The Comparative Contracting Perspective. In: Journal of Economic Behavior and Organisation, 8: 617 - 625.

WILLIAMSON, OLIVER E. (1990): A Comparison of Alternative Approaches to Economic Organization. In: Journal of Institutional and Theoretical Economics, 146: 61 - 71.

WILLIAMSON, OLIVER E. (1998): The Institutions of Governance. In: AEA Papers and Proceedings, May: 75 - 79.

WILLIAMSON, OLIVER; WACHTER, MICHAEL L.; HARRIS, JEFFREY E. (1975): Understanding the Employment Relation. The Analysis of Idiosyncratic Exchange. In: Bell Journal of Economics, 6(1): 250 – 280.

WILSON, SANDRA; ADAMS, ARVIL V. (1994): Self-Employment for the Unemployed. Experience in OECD and Transitional Economies. Washington (World Bank Discussion Paper; 263).

WINTER-EBMER, RUDOLF (1992): Persistenz von Arbeitslosigkeit, Frankfurt a.M./New York.

WINTER-EBMER, RUDOLF.; ZWEIMÜLLER, JOSEF (1992): Do they come back again? Job Search, Labour Market Segmentation and State Dependence as Explanations of Repeat Unemployment. In: Empirical Economics, 17: 273 - 292.

WIT, GERRIT DE (1993): Determinants of Self-Employment. Heidelberg.

WOOD, DOUGLAS; SMITH, PATTEN (1988): Employers' Labour Use Strategies. First Report on the 1987 Survey. London (Research Paper Series; 63).

ANHANG: TABELLEN UND ABBILDUNGEN

Tab. A-1: Gegenüberstellung der Angaben zur beruflichen Stellung als Selbständige und zur Mitarbeiterzahl des Unternehmens, in dem man arbeitet, Westdeutschland 1997

	Selbständigen-Kategorien (berufliche Stellung)					
Anzahl der Mitarbeiter (MA) des Unternehmens	Selbständige Landwirte	Freie Berufe etc.	Sonstige ohne MA	Sonstige bis 9 MA	Sonstige mit 10 und mehr MA	Gesamt
1 bis unter 5 MA	8	18	23	106	1	168
5 bis unter 20 MA	1	15	1	40	10	69
20 bis unter 200 MA	0	5	3	1	2	12
200 bis unter 2000 MA	0	5	0	0	0	5
2000 und mehr MA	0	1	4	3	0	8
Selbständige ohne MA	22	26	110	13	1	176
Gesamt	31	70	141	163	14	438

Übersicht A-1a: Operationalisierung der Eintritte in die Selbständigkeit anhand der Angaben zweier aufeinanderfolgender Erhebungsjahre

Vorjahr (t-1)	Folgejahr (t)
Nicht-Erwerbspersonen	**Selbständig Erwerbstätige (ohne**
Stille Reserve	**mith. Familienangehörige)**
Arbeitslose	**und**
Arbeitnehmer/innen	**nicht zugleich Arbeitnehmer/innen**

Übersicht A-1b: Die Erhebung der berufliche Veränderung im SOEP

Haben Sie Anfang des vorigen Jahres, also seit Januar 1996, die Stelle gewechselt oder eine Arbeit neu aufgenommen?

Ja .... ❒ Nein .... ❒

Welche Art von beruflicher Veränderung war das?

☞ ***Falls Sie mehrfach die Stelle gewechselt haben, sagen Sie es bitte für den letzten Wechsel.***

	1992 im Monat	1993 im Monat
Habe erstmals in meinem Leben eine Erwerbstätigkeit aufgenommen	☐☐	☐☐
Habe nach einer Unterbrechung jetzt wieder eine Erwerbstätigkeit aufgenommen	☐☐	☐☐
Habe eine Stelle bei einem neuen Arbeitgeber angetreten (auch ABM)	☐☐	☐☐
Habe eine neue Tätigkeit als Selbständiger aufgenommen	☐☐	☐☐
Bin vom Nachfolgebetrieb / der neuen Dienststelle übernommen worden (auch ABM)	☐☐	☐☐
Habe innerhalb des Unternehmens die Stelle gewechselt	☐☐	☐☐

nein nichts davon .... ❒

Tab. A-2: Eintritte nach Angaben zu Erwerbsstatus/form 1992 und 1993 sowie zur beruflichen Veränderung 1993, Fallzahlen im Vergleich

	Eintritte (Vergleich der Angaben zweier Jahre)
Selbständig gemacht (berufliche Veränderungen)	38
keine berufliche Veränderung	34
erstmals oder nach Unterbrechung wieder erwerbstätig	6
Wechsel im Unternehmen	2
neuer AG	1
Gesamt	81
	Selbständig gemacht (berufliche Veränderung)
Eintritte (Vergleich der Angaben zweier Jahre)	38
1992 bereits selbständig erwerbstätig	12
keine Angabe 1992	4
Arbeitnehmer 1993	2
Gesamt	56

Tab. A-3: Fehlende Werte bei Einkommensangaben, Arbeitnehmer und Selbständige, Westdeutschland 1997 (SP)

	gültige Angaben		fehlende Werte	
	absolut	%	absolut	%
Arbeitnehmer	4098	93,2	298	6,8
Selbständige	297	70,9	122	29,1

Übersicht A-2: Die Operationalisierung des Erwerbsstatus

	Fragen zum Erwerbsstatus, zu Arbeitslosigkeit und zu künftiger Erwerbstätigkeit
Erwerbspersonen, davon	Erwerbstätige, Arbeitslose und Stille Reserve
Erwerbstätige	Voll erwerbstätig oder in Teilzeitbeschäftigung oder in Berufsausbildung/Lehre oder geringfügig/unregelmäßig erwerbstätig (auch wenn zugleich arbeitslos gemeldet)
Arbeitslose	Arbeitslos gemeldet und nicht erwerbstätig
Stille Reserve	Nicht erwerbstätig und Absicht spätestens innerhalb des kommenden Jahres wahrscheinlich oder sicher eine Erwerbstätigkeit aufnehmen
Nicht-Erwerbspersonen	Nicht-Erwerbstätig und weder Arbeitslose noch Stille Reserve

Üben Sie derzeit eine Erwerbstätigkeit aus?
Was trifft für Sie zu?
☞ *Rentner mit Arbeitsvertrag gelten hier als erwerbstätig.*

Voll erwerbstätig .... ❒
In Teilzeitbeschäftigung .... ❒
In Berufsausbildung/Lehre ❒
Geringfügig oder unregelmäßig erwerbstätig .... ❒

Mutterschafts-/Erziehungsurlaub .... ❒
Als Wehrpflichtiger beim Wehrdienst/Zivildienst .. ❒
Nicht erwerbstätig .... ❒

Sind Sie zur Zeit beim Arbeitsamt arbeitslos gemeldet?

Ja .... ❒ Nein .... ❒

Beabsichtigen Sie, in der Zukunft (wieder) eine Erwerbstätigkeit aufzunehmen?

Nein, ganz sicher nicht .... ❒
Eher unwahrscheinlich ❒
Wahrscheinlich ❒
Ganz sicher ❒

Wann etwa wollen Sie Ihre Erwerbstätigkeit aufnehmen?

Möglichst sofort .... ❒
Innerhalb des kommenden Jahres .... ❒
In 2 bis 5 Jahren .... ❒
Erst später, in mehr als 5 Jahren ❒

Übersicht A-3: Die Operationalisierung des Erwerbsumfangs

	Tatsächliche Arbeitszeit (in Wochenstunden)	Erwerbsstatus (falls Missing bei Arbeitszeit)
Vollzeiterwerbstätige	≥ 35	Voll erwerbstätig
Teilzeiterwerbstätige	15 bis unter 35	In Teilzeitbeschäftigung
Erwerbstätige mit marginalem Erwerbsumfang	< 15	Geringfügig oder unregelmäßig Erwerbstätig

Und wieviel beträgt im Durchschnitt Ihre tatsächliche Arbeitszeit einschließlich eventueller Überstunden?

☐☐,☐ Stunden pro Woche

Üben Sie derzeit eine Erwerbstätigkeit aus?
Was trifft für Sie zu?

Voll erwerbstätig ❒
In Teilzeitbeschäftigung ❒
In Berufsausbildung/Lehre ❒
Geringfügig oder unregelmäßig erwerbstätig ❒

Mutterschafts-/Erziehungsurlaub ❒
Als Wehrpflichtiger beim Wehrdienst/Zivildienst ❒
Nicht erwerbstätig ❒

Übersicht A-4: Die Operationalisierung der schulischen und beruflichen Ausbildung

Welchen Schulabschluss haben Sie?

Falls Sie mehrere Abschlüsse haben, nennen Sie nur den höchsten.

Volksschul-/Hauptschulabschluss ❒
Mittlere Reife, Realschulabschluss .... ❒
Fachhochschulreife (Abschluss einer Fachoberschule) ❒
Abitur (Hochschulreife) .... ❒
Anderer Abschluss .... ❒

Nichts davon, habe (noch) keinen Schulabschluss .. ❒

Haben Sie eine abgeschlossene Berufsausbildung oder Hochschulausbildung? Wenn ja: Welche?

Falls Sie mehrere Ausbildungen abgeschlossen haben, geben Sie bitte jeden an.

Gewerbliche oder landwirtschaftliche Lehre ...... ❒
Kaufmännische oder sonstige Lehre .... ❒
Berufsfachschule/Handelsschule ❒
Schule des Gesundheitswesens .... ❒
Fachschule (z.B. Meister-, Technikerschule) ❒
Beamtenausbildung .... ❒
Fachhochschule, Ingenieurschule .... ❒
Universität/ Hochschule ❒
sonstigen Ausbildungsabschluss .... ❒

Nichts davon, habe (noch) keinen Ausbildungsabschluss ❒

Bei den hier verwendeten Variablen wurde auch beim Berufsausbildungsabschluss jeweils nur der höchste Abschluss berücksichtigt; Berufsfachschule bis Fachschule wurden in einer Kategorie zusammengefasst, außerdem wurde Beamtenausbildung unter sonstige subsumiert. Die beiden „Lehr"-Kategorien waren bereits bei den generierten SOEP-Variablen zusammengefasst.

Tab. A-4a: Erwerbs- und Nicht-Erwerbspersonen, Westdeutschland 1984 – 1997 (hochgerechnet)

	1984	1985	1986	1987	1988	1989	1990
Erwerbspersonen, davon:	29597	29869	29377	30800	30896	30639	30510
Arbeitslose	1598	1984	1895	1941	1850	1523	1334
Stille Reserve	1954	1824	1614	1898	1667	1582	1408
Erwerbstätige, davon:	26045	26061	25869	26961	27378	27534	27768
selbständig Erwerbstätige	2842	2712	2708	2767	2845	2701	2733
abhängig Beschäftigte	23202	23349	23161	24195	24533	24833	25035
Nicht-Erwerbspersonen	19829	19324	19912	19175	19832	19959	20709
Mith. Fam.angehörige*	471	409	430	356	322	231	219
Nicht zuzuordnen	165	216	499	169	223	282	254
SQI ((S/ET)*100)	10,91	10,41	10,47	10,26	10,39	9,81	9,84
SQII ((S/EPI)*100)	10,28	9,67	9,75	9,57	9,73	9,30	9,39
SQIII ((S/EPII*100)	9,60	9,08	9,22	8,98	9,21	8,82	8,96

	1991	1992	1993	1994	1995	1996	1997
Erwerbspersonen, davon:	31261	31299	31726	31345	30361	30780	30947
Arbeitslose	1199	1525	1907	2451	2353	2355	2371
Stille Reserve	1411	1664	1485	1434	1319	1313	1326
Erwerbstätige, davon:	28651	28111	28335	27460	26690	27112	27251
selbständig Erwerbstätige	2849	2739	2869	2580	2743	2910	2953
abhängig Beschäftigte	25802	25372	25466	24879	23947	24203	24298
Nicht-Erwerbspersonen	20149	20417	20369	20971	20363	20105	20094
Mith. Fam.angehörige*	222	199	233	215	174	197	135
Nicht zuzuordnen	349	145	117	234	236	240	142
SQI ((S/ET)*100)	9,94	9,74	10,12	9,40	10,28	10,73	10,83
SQII ((S/EPI)*100)	9,54	9,24	9,49	8,63	9,44	9,87	9,97
SQIII ((S/EPII*100)	9,11	8,75	9,04	8,23	9,03	9,45	9,54

* Mithelfende Familienangehörige

Abb. A-1: Erwerbspersonen in Westdeutschland 1984 – 1997 (hochgerechnet), absolut

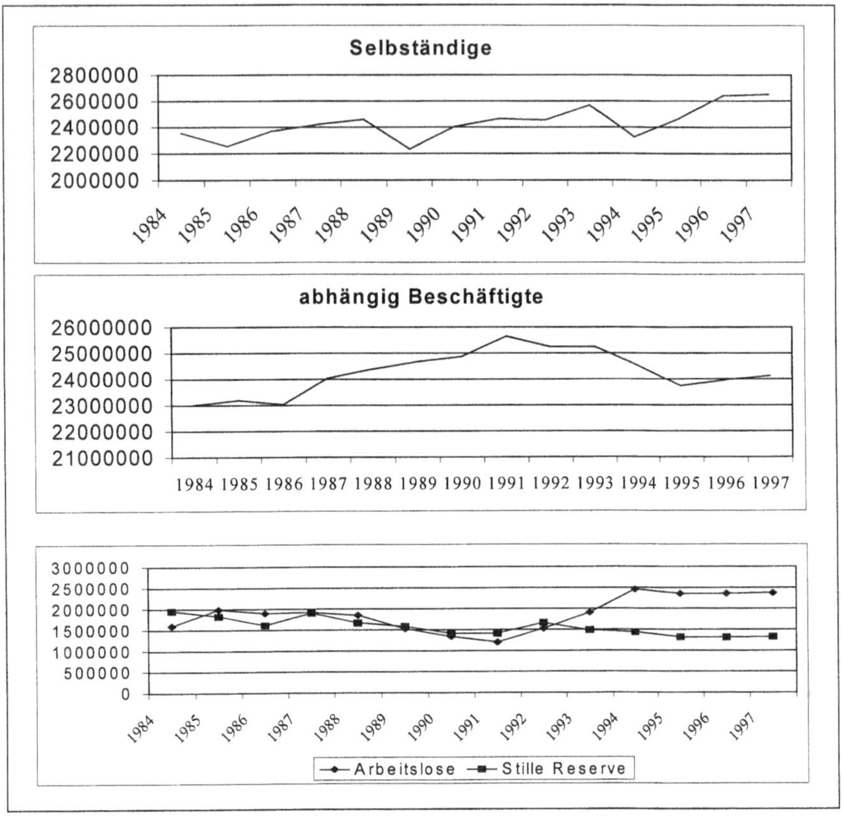

Tab. A4b: Erwerbs- und Nicht-Erwerbspersonen sowie Selbständigenquoten, Westdeutschland 1984-1997 (SP)

	1984	1985	1986	1987	1988	1989	1990
Erwerbspersonen, davon:	8072	7400	7028	7157	6798	6522	6350
Arbeitslose	439	509	458	474	457	325	317
Stille Reserve	584	496	418	491	436	404	359
Erwerbstätige, davon:	7049	6395	6152	6192	5905	5793	5674
selbständig Erwerbstätige	526	473	460	462	454	414	410
abhängig Beschäftigte	6523	5922	5692	5730	5451	5379	5264
Nicht-Erwerbspersonen	4057	3554	3462	3251	3141	3100	3073
Mith. Fam.angehörige*	75	78	63	67	46	39	39
Nicht zuzuordnen	41	58	93	41	38	49	57
SQI ((S/ET)*100)	7,46	7,40	7,48	7,46	7,69	7,15	7,23
SQII ((S/EPI)*100)	7,02	6,85	6,96	6,93	7,14	6,77	6,84
SQIII ((S/EPII*100)	6,52	6,39	6,55	6,46	6,68	6,35	6,46

	1991	1992	1993	1994	1995	1996	1997
Erwerbspersonen, davon:	6378	6245	6202	5995	5858	5724	5590
Arbeitslose	277	325	389	500	486	473	512
Stille Reserve	338	346	325	306	303	308	263
Erwerbstätige, davon:	5763	5574	5488	5189	5069	4943	4815
selbständig Erwerbstätige	410	419	424	413	399	418	419
abhängig Beschäftigte	5353	5155	5064	4776	4670	4525	4396
Nicht-Erwerbspersonen	2992	2998	2950	2945	2880	2822	2837
Mith. Fam.angehörige*	45	32	33	37	25	32	19
Nicht zuzuordnen	52	30	21	24	35	28	21
SQI ((S/ET)*100)	7,11	7,52	7,73	7,96	7,87	8,46	8,70
SQII ((S/EPI)*100)	6,79	7,10	7,21	7,26	7,18	7,72	7,87
SQIII ((S/EPII*100)	6,43	6,71	6,84	6,89	6,81	7,30	7,50

* Mithelfende Familienangehörige

Tab. A5: Erwerbs- und Nicht-Erwerbspersonen sowie Selbständigenquoten außerhalb der Landwirtschaft, Westdeutschland 1984-1997 (hochgerechnet), in Tausend

	1984	1985	1986	1987	1988	1989	1990
Erwerbspersonen, davon:	28920	29255	28901	30277	30372	30008	30018
Arbeitslose	1599	1984	1894	1913	1851	1523	1334
Stille Reserve	1954	1823	1614	1897	1667	1582	1408
Erwerbstätige, davon:	25368	25448	25393	26466	26854	26903	27276
selbständig Erwerbstätige	2354	2254	2370	2419	2460	2233	2404
abhängig Beschäftigte	23014	23193	23025	24046	24395	24670	24872
Nicht-Erwerbspersonen	19829	19324	19911	19175	19832	19959	20708
Mith. Fam.angehörige*	356	386	346	319	290	190	183
Nicht zuzuordnen	164	216	468	168	223	282	254
SQI ((S/ET)*100)	9,28	8,86	9,33	9,14	9,16	8,30	8,81
SQII ((S/EPI)*100)	8,73	8,22	8,68	8,52	8,57	7,86	8,40
SQIII ((S/EPII*100)	8,14	7,71	8,20	7,99	8,10	7,44	8,01

	1991	1992	1993	1994	1995	1996	1997
Erwerbspersonen, davon:	30716	30881	31200	30734	29868	30269	30488
Arbeitslose	1199	1525	1906	2451	2353	2355	2371
Stille Reserve	1411	1663	1485	1434	1318	1313	1325
Erwerbstätige, davon:	28106	27693	27809	26849	26196	26602	26791
selbständig Erwerbstätige	2463	2452	2566	2325	2461	2642	2653
abhängig Beschäftigte	25644	25241	25243	24524	23736	23960	24139
Nicht-Erwerbspersonen	20149	20417	20369	20970	20363	20105	20094
Mith. Fam.angehörige*	191	190	215	168	153	181	130
Nicht zuzuordnen	348	146	117	229	236	240	142
SQI ((S/ET)*100)	8,76	8,85	9,23	8,66	9,39	9,93	9,90
SQII ((S/EPI)*100)	8,40	8,39	8,64	7,93	8,62	9,12	9,10
SQIII ((S/EPII*100)	8,02	7,94	8,22	7,56	8,24	8,73	8,70

* Mithelfende Familienangehörige

Tab. A6: Erwerbs- und Nicht-Erwerbspersonen sowie Selbständigenquoten außerhalb der Landwirtschaft, Männer Westdeutschland 1984-1997 (hochgerechnet), in Tausend

Männer	1984	1985	1986	1987	1988	1989	1990
Erwerbspersonen, davon:	17339	17247	16983	17677	17666	17432	17571
Arbeitslose	935	1129	953	1068	1024	808	743
Stille Reserve	714	687	611	670	587	642	553
Erwerbstätige, davon:	15691	15431	15419	15939	16054	15981	16275
selbständig Erwerbstätige	1481	1537	1552	1545	1567	1426	1658
abhängig Beschäftigte	14209	13894	13868	14393	14488	14555	14617
Nicht-Erwerbspersonen	5495	5566	5999	5693	6063	6112	6409
Mith. Fam.angehörige*	86	50	26	45	22	22	4
Nicht zuzuordnen	92	109	233	77	94	114	109
SQI ((S/ET)*100)	9,44	9,96	10,06	9,69	9,76	8,92	10,19
SQII ((S/EPI)*100)	8,91	9,28	9,48	9,09	9,17	8,49	9,74
SQIII ((S/EPII*100)	8,54	8,91	9,14	8,74	8,87	8,18	9,44

Männer	1991	1992	1993	1994	1995	1996	1997
Erwerbspersonen, davon:	17635	17589	17794	17487	16751	16791	17177
Arbeitslose	675	895	1182	1402	1281	1194	1294
Stille Reserve	533	591	600	578	569	422	475
Erwerbstätige, davon:	16427	16103	16012	15507	14900	15175	15408
selbständig Erwerbstätige	1637	1626	1702	1588	1517	1688	1602
abhängig Beschäftigte	14791	14477	14310	13919	13384	13487	13806
Nicht-Erwerbspersonen	6216	6293	6272	6304	6154	6122	5926
Mith. Fam.angehörige*	38	24	21	19	45	75	15
Nicht zuzuordnen	200	50	33	162	91	152	53
SQI ((S/ET)*100)	9,96	10,10	10,63	10,24	10,18	11,13	10,40
SQII ((S/EPI)*100)	9,57	9,57	9,90	9,39	9,37	10,31	9,59
SQIII ((S/EPII*100)	9,28	9,24	9,57	9,08	9,06	10,06	9,32

* Mithelfende Familienangehörige

Tab. A7: Erwerbs- und Nicht-Erwerbspersonen sowie Selbständigenquoten außerhalb der Landwirtschaft, Frauen Westdeutschland 1984-1997 (hochgerechnet), in Tausend

Frauen	1984	1985	1986	1987	1988	1989	1990
Erwerbspersonen, davon:	11581	12008	11918	12600	12706	12576	12447
Arbeitslose	664	855	941	845	827	715	591
Stille Reserve	1240	1136	1003	1227	1080	940	855
Erwerbstätige, davon:	9677	10017	9974	10527	10800	10922	11001
selbständig Erwerbstätige	873	717	818	874	893	807	746
abhängig Beschäftigte	8805	9299	9157	9653	9907	10115	10255
Nicht-Erwerbspersonen	14334	13758	13912	13482	13769	13847	14299
Mith. Fam.angehörige*	270	336	320	274	268	168	179
Nicht zuzuordnen	72	107	235	91	129	168	145
SQI ((S/ET)*100)	9,02	7,16	8,20	8,30	8,27	7,39	6,78
SQII ((S/EPI)*100)	8,44	6,60	7,49	7,69	7,68	6,94	6,43
SQIII ((S/EPII*100)	7,54	5,97	6,86	6,94	7,03	6,42	5,99

	1991	1992	1993	1994	1995	1996	1997
Erwerbspersonen, davon:	13081	13292	13406	13247	13117	13478	13311
Arbeitslose	524	630	724	1049	1072	1161	1077
Stille Reserve	878	1072	885	856	749	891	850
Erwerbstätige, davon:	11679	11590	11797	11342	11296	11427	11383
selbständig Erwerbstätige	826	826	864	737	944	954	1051
abhängig Beschäftigte	10853	10764	10933	10605	10352	10473	10333
Nicht-Erwerbspersonen	13933	14124	14097	14666	14209	13983	14168
Mith. Fam.angehörige*	153	166	194	149	108	106	115
Nicht zuzuordnen	148	96	84	67	145	88	89
SQI ((S/ET)*100)	7,07	7,12	7,32	6,49	8,35	8,35	9,23
SQII ((S/EPI)*100)	6,77	6,76	6,90	5,94	7,63	7,58	8,43
SQIII ((S/EPII*100)	6,32	6,21	6,44	5,56	7,19	7,08	7,89

* Mithelfende Familienangehörige

Tab. A-8: Ein- und Austritte selbständiger Erwerbstätigkeit, Westdeutschland 1985 – 1997 (hochgerechnet), in Tausend

Westdeutschland	**1985**	**1986**	**1987**	**1988**	**1989**	**1990**
insgesamt						
Eintritte gesamt	524	566	479	440	432	498
Austritte gesamt	478	476	494	342	519	489
Eintritte nicht aus mith. F.*	411	474	396	375	416	447
Austritte nicht in mith. F.*	417	389	424	296	475	441
Männer						
Eintritte gesamt	249	289	175	228	234	331
Austritte gesamt	140	230	245	151	271	193
Eintritte nicht aus mith. F.*	199	254	170	195	234	301
Austritte nicht in mith. F.*	136	199	230	151	258	177
Frauen						
Eintritte gesamt	276	278	304	213	198	166
Austritte gesamt	338	246	249	191	249	297
Eintritte nicht aus mith. F.*	212	220	226	180	182	146
Austritte nicht in mith. F.*	281	190	194	145	218	264

Westdeutschland	**1991**	**1992**	**1993**	**1994**	**1995**	**1996**	**1997**
insgesamt							
Eintritte gesamt	468	363	504	343	663	519	447
Austritte gesamt	381	314	424	499	402	256	410
Eintritte nicht aus mith. F.	435	295	495	309	604	484	385
Austritte nicht in mith. F.	326	273	383	442	340	210	374
Männer							
Eintritte gesamt	240	184	243	169	273	312	217
Austritte gesamt	241	176	192	209	200	121	277
Eintritte nicht aus mith. F.	235	164	243	169	266	312	174
Austritte nicht in mith. F.	229	165	189	206	163	118	265
Frauen							
Eintritte gesamt	228	178	260	174	390	207	230
Austritte gesamt	141	139	232	290	202	135	134
Eintritte nicht aus mith. F.	201	131	252	140	338	172	211
Austritte nicht in mith. F.	97	108	195	236	177	92	110

* mithelfenden Familienangehörigen-Status

Tab. A-9: Selbständige nach Angabe zur Beschäftigtenzahl des Gesamtunternehmens, Westdeutschland 1984 – 1997 (SP), absolut und in % aller Selbständigen

	1984	1985	1986	1987	1988	1989	1990
Unternehmensgröße				**absolut**			
ohne weitere MA	148	136	123	122	129	164	148
mit bis zu 20 MA	322	251	229	221	225	211	204
mit 20 und mehr MA	41	36	38	38	28	30	35
keine Angabe	15	50	70	81	72	9	23
				valide %			
ohne weitere MA	28,96	32,15	31,54	32,02	33,77	40,49	38,24
mit bis zu 20 MA	63,01	59,34	58,72	58,01	58,90	52,10	52,71
mit 20 und mehr MA	8,02	8,51	9,74	9,97	7,33	7,41	9,04

	1991	1992	1993	1994	1995	1996	1997
Unternehmensgröße				**absolut**			
ohne weitere MA	127	128	143	126	157	145	172
mit bis zu 20 MA	247	239	248	232	208	217	223
mit 20 und mehr MA	30	30	27	26	30	27	24
keine Angabe	6	22	6	29	4	29	0
				valide %			
ohne weitere MA	31,44	32,24	34,21	32,81	39,75	37,28	41,05
mit bis zu 20 MA	61,14	60,20	59,33	60,42	52,66	55,78	53,22
mit 20 und mehr MA	7,43	7,56	6,46	6,77	7,59	6,94	5,73

Abb. A-2: Selbständige nach Mitarbeiterzahl, Westdeutschland 1984-1997 (hochgerechnet), absolute Häufigkeiten

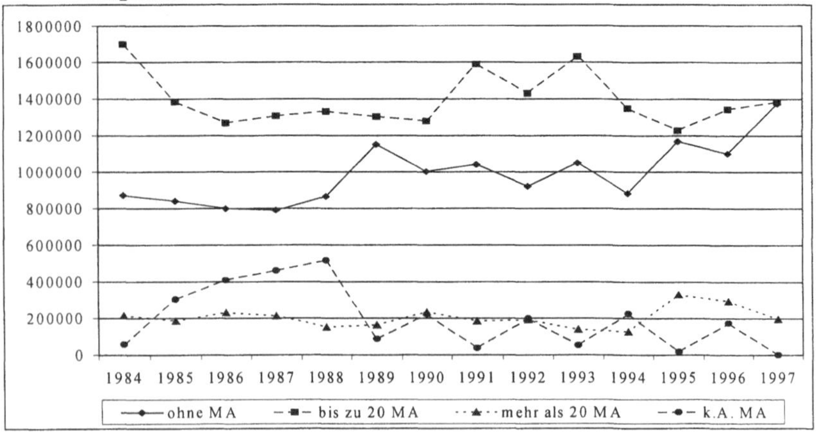

Tab. A-10: Selbständige nach erforderlicher Ausbildung der Tätigkeit, Westdeutschland 1984 – 1997 (Stichprobe), absolut und in % aller Selbständigen

	1984	1985	1986	1987	1988	1989	1990
				absolut			
Keine Ausbildung	69	52	42	45	41	40	39
Einweisung	28	13	19	11	18	28	27
Einarbeitung	74	58	57	54	54	43	52
Kurse	37	31	32	34	33	29	20
Berufsausbildung	245	217	188	186	182	198	182
Studium	68	56	56	57	55	64	63
keine Angabe	5	46	66	75	72	12	27
				valide %			
Keine Ausbildung	13,2	12,2	10,7	11,6	10,7	10,0	10,2
Einweisung	5,4	3,0	4,8	2,8	4,7	7,0	7,0
Einarbeitung	14,2	13,6	14,5	14,0	14,1	10,7	13,6
Kurse	7,1	7,3	8,1	8,8	8,6	7,2	5,2
Berufsausbildung	47,0	50,8	47,7	48,1	47,5	49,3	47,5
Studium	13,1	13,1	14,2	14,7	14,4	15,9	16,4

	1991	1992	1993	1994	1995	1996	1997
				absolut			
Keine Ausbildung	42	41	50	44	45	41	33
Einweisung	26	23	23	22	26	16	25
Einarbeitung	48	38	51	42	42	42	42
Kurse	43	44	38	39	40	34	51
Berufsausbildung	182	185	186	166	177	185	196
Studium	63	64	70	66	63	69	67
keine Angabe	6	24	6	34	6	31	5
				valide %			
Keine Ausbildung	10,4	10,4	12,0	11,6	11,5	10,6	8,0
Einweisung	6,4	5,8	5,5	5,8	6,6	4,1	6,0
Einarbeitung	11,9	9,6	12,2	11,1	10,7	10,9	10,1
Kurse	10,6	11,1	9,1	10,3	10,2	8,8	12,3
Berufsausbildung	45,0	46,8	44,5	43,8	45,0	47,8	47,3
Studium	15,6	16,2	16,7	17,4	16,1	17,9	16,2

Tab. A-11: Selbständigenquote und Erwerbstätige nach erforderlicher Ausbildung der Tätigkeit, Westdeutschland 1984 – 1997 (hochgerechnet), (in Tausend)

erforderliche Ausbildung der Tätigkeit	1984	1985	1986	1987	1988	1989	1990
SQ Keine/Einweisung/ Einarbeitung	10,9	8,9	9,9	8,3	8,5	8,9	10,0
Erwerbstätige, davon:	8125	7099	6582	7093	7147	7947	8133
selbständig Erwerbstätige	884	632	649	591	606	703	816
abhängig Beschäftigte	7241	6467	5933	6502	6541	7243	7316
SQ Schulung/Kurse	12,0	10,5	9,9	9,8	12,0	11,5	6,4
Erwerbstätige, davon:	1817	1674	1729	1824	1837	1711	1580
selbständig Erwerbstätige	218	175	171	179	220	197	101
abhängig Beschäftigte	1600	1499	1558	1645	1616	1514	1480
SQ Berufsausbildung	10,4	10,4	9,9	10,2	9,6	9,5	9,1
Erwerbstätige, davon:	13377	12748	11725	12151	12362	14043	13297
selbständig Erwerbstätige	1390	1323	1160	1239	1187	1340	1206
abhängig Beschäftigte	11987	11426	10565	10913	11176	12702	12091
SQ Fachschule/Uni	11,8	9,6	11,1	10,8	10,5	11,7	12,0
Erwerbstätige, davon:	2620	2667	2621	2714	2804	3245	3174
selbständig Erwerbstätige	308	257	290	293	295	381	381
abhängig Beschäftigte	2312	2410	2331	2421	2509	2864	2793

erforderliche Ausbildung der Tätigkeit	1991	1992	1993	1994	1995	1996	1997
SQ Keine/Einweisung/ Einarbeitung	10,2	7,6	8,3	9,1	9,6	9,6	8,2
Erwerbstätige, davon:	8196	7224	7625	6517	6251	6017	6334
selbständig Erwerbstätige	839	552	636	592	602	578	519
abhängig Beschäftigte	7356	6672	6989	5925	5649	5439	5815
SQ Schulung/Kurse	10,7	11,7	13,6	13,2	14,8	15,4	21,7
Erwerbstätige, davon:	1859	1772	2045	1814	1629	1469	1918
selbständig Erwerbstätige	200	207	279	239	241	226	417
abhängig Beschäftigte	1659	1565	1766	1575	1388	1243	1502
SQ Berufsausbildung	8,9	9,0	9,5	8,2	9,4	10,3	10,3
Erwerbstätige, davon:	14775	14406	14356	13250	14257	12900	14241
selbständig Erwerbstätige	1317	1292	1366	1080	1336	1333	1469
abhängig Beschäftigte	13458	13114	12990	12170	12921	11568	12771
SQ Fachschule/Uni	13,1	13,6	14,7	12,0	12,2	13,4	11,3
Erwerbstätige, davon:	3403	3393	3823	3815	4270	4203	4433
selbständig Erwerbstätige	446	463	561	458	522	564	499
abhängig Beschäftigte	2957	2930	3262	3356	3747	3640	3933

Tab. A-11a: Selbständigen- Subgruppen, Westdeutschland 1984 – 1997 (SP), absolut und in % aller Selbständigen

	1984	1985	1986	1987	1988	1989	1990
				absolut			
I: „own account“-Selbständige in unqualifizierter Tätigkeit	65	57	49	52	56	68	60
II: „own account“-Selbständige in qualifizierter Tätigkeit	62	60	53	51	53	69	62
III: „own account“-Selbständige in professionalisierter Tätigkeit	19	17	19	18	18	23	22
IV: Arbeitgeber-Selbständige in unqualifizierter Tätigkeit	138	95	98	89	89	70	78
V: Arbeitgeber-Selbständige in qualifizierter Tätigkeit	179	154	133	133	127	126	119
VI: Arbeitgeber-Selbständige in professionalisierter Tätigkeit	43	36	34	36	35	39	39
				valide %			
I	12,8	13,6	12,7	13,7	14,8	17,2	15,8
II	12,3	14,3	13,7	13,5	14,0	17,5	16,3
III	3,8	4,1	4,9	4,7	4,8	5,8	5,8
IV	27,3	22,7	25,4	23,5	23,5	17,7	20,5
V	35,4	36,8	34,5	35,1	33,6	31,9	31,3
VI	8,5	8,6	8,8	9,5	9,3	9,9	10,3

	1991	1992	1993	1994	1995	1996	1997
				absolut			
I: „own account“-Selbständige in unqualifizierter Tätigkeit	48	49	64	54	66	54	71
II: „own account“-Selbständige in qualifizierter Tätigkeit	58	59	56	51	67	65	73
III: „own account“-Selbständige in professionalisierter Tätigkeit	20	18	20	17	22	23	27
IV: Arbeitgeber-Selbständige in unqualifizierter Tätigkeit	108	95	98	93	86	77	80
V: Arbeitgeber-Selbständige in qualifizierter Tätigkeit	123	125	127	114	109	119	123
VI: Arbeitgeber-Selbständige in professionalisierter Tätigkeit	43	46	47	47	41	46	40
				valide %			
I	12,0	12,5	15,5	14,4	16,9	14,1	17,1
II	14,5	15,1	13,6	13,6	17,1	16,9	17,6
III	5,0	4,6	4,9	4,5	5,6	6,0	6,5
IV	27,0	24,2	23,8	24,7	22,0	20,1	19,3
V	30,8	31,9	30,8	30,3	27,9	31,0	29,7
VI	10,8	11,7	11,4	12,5	10,5	12,0	9,7

Tab. A-12: Selbständige nach Arbeitszeit, Westdeutschland 1984 – 1997 (SP), absolut und in % aller Selbständigen

	1984	1985	1986	1987	1988	1989	1990
Arbeitszeit (AZ)				**absolut**			
Vollzeit	433	394	388	376	361	334	329
Teilzeit	63	40	42	44	43	49	44
marginale AZ	30	39	30	42	51	31	37
				valide %			
Vollzeit	80,48	83,30	84,35	81,39	79,34	80,68	80,24
Teilzeit	11,71	8,46	9,13	9,52	9,45	11,84	10,73
marginale AZ	5,58	8,25	6,52	9,09	11,21	7,49	9,02

	1991	1992	1993	1994	1995	1996	1997
Arbeitszeit (AZ)							
Vollzeit	325	331	348	334	319	328	342
Teilzeit	53	50	39	34	37	50	46
marginale AZ	32	38	37	45	43	40	31
Vollzeit	79,27	79,00	82,08	76,78	74,01	72,57	76,51
Teilzeit	12,93	11,93	9,20	7,82	8,58	11,06	10,29
marginale AZ	7,80	9,07	8,73	10,34	9,98	8,85	6,94

Tab. A-13: Erwerbstätige nach Einkommensklassen und Erwerbsform, Westdeutschland 1984 – 1997 (hochgerechnet), absolut (in Tausend)

	1984	1985	1986	1987	1988	1989	1990
selbständig Erwerbstätige	1997	1802	1925	1834	1854	1855	1884
< 50% des Ekmed	634	415	447	494	576	389	411
50 b.u. 75% des	193	224	345	264	246	409	349
75 b.u. 125% des	429	414	472	434	366	463	478
125-200% des Ekmed	501	432	351	285	414	374	367
>= 200% des Ekmed	240	317	310	357	251	221	278
abhängig Beschäftigte	20840	20871	20983	22087	22346	22736	22573
< 50% des Ekmed	4247	4078	3970	4415	4633	4139	4413
50 b.u. 75% des	3240	3305	3243	2984	2993	3244	2830
75 b.u. 125% des	8449	8562	8916	9782	9584	10153	10022
125-200% des Ekmed	4089	4042	3824	3865	4121	4165	4298
>= 200% des Ekmed	815	883	1030	1040	1016	1035	1010

	1991	1992	1993	1994	1995	1996	1997
selbständig Erwerbstätige	1800	1769	1841	1871	1973	2046	1995
< 50% des Ekmed	476	481	426	493	391	354	409
50 b.u. 75% des	284	202	224	268	419	448	344
75 b.u. 125% des	394	424	439	410	516	599	621
125-200% des Ekmed	349	386	360	435	359	398	389
>= 200% des Ekmed	297	275	392	265	288	246	231
abhängig Beschäftigte	22943	22848	23216	22801	21959	22186	22186
< 50% des Ekmed	4510	4319	4390	4228	4157	4397	4481
50 b.u. 75% des	3261	3110	3144	3489	3073	3571	3346
75 b.u. 125% des	9831	10162	9938	10050	9778	9541	9443
125-200% des Ekmed	4431	4328	4662	4013	3960	3664	4039
>= 200% des Ekmed	910	928	1083	1022	992	1014	877

Tab. A-14: Erwerbstätige nach Arbeitszeit, Westdeutschland 1984 – 1997 (hochgerechnet), absolut (in Tausend)

	1984	1985	1986	1987	1988	1989	1990
Selbständige	2842	2712	2708	2767	2863	2702	2733
Vollzeit	2240	2224	2255	2229	2253	2184	2081
Teilzeit	410	264	261	274	239	328	372
marginale AZ	192	224	192	264	371	190	280
Arbeitnehmer	22987	23235	23092	24041	24462	24747	24969
Vollzeit	19093	19036	19290	20087	19987	20785	20492
Teilzeit	2720	2769	2486	2777	2922	2873	3179
marginale AZ	1175	1431	1316	1176	1553	1088	1298

	1991	1992	1993	1994	1995	1996	1997
Selbständige	2848	2739	2869	2580	2743	2909	2953
Vollzeit	2252	2081	2221	1944	2093	2080	2356
Teilzeit	359	369	267	278	305	425	342
marginale AZ	237	289	381	358	345	404	255
Arbeitnehmer	25744	25257	25330	24640	23855	24152	24263
Vollzeit	20957	20539	20464	19814	18879	18903	18763
Teilzeit	3550	3476	3651	3517	3526	3706	3855
marginale AZ	1238	1243	1215	1308	1451	1544	1645

Abb. A-3: Selbständigenquoten[1] nach Arbeitszeitklassen, Westdeutschland 1984-1997 (hochgerechnet)

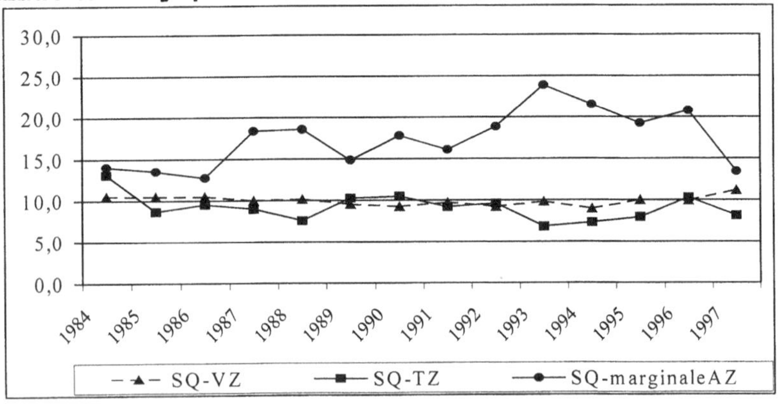

[1] Hier wird die Selbständigenquote I verwendet, da ausschließlich Erwerbstätige einbezogen werden.

Tab. A-15: Selbständigenquoten nach Einkommensklassen, Westdeutschland 1984-1997 (hochgerechnet)

	1984	1985	1986	1987	1988	1989	1990
$SQ_{<50}$	13,0	9,2	10,1	10,1	11,1	8,6	8,5
SQ_{50-75}	5,6	6,3	9,6	8,1	7,6	11,2	11,0
SQ_{75-125}	5,6	4,8	3,8	2,8	4,1	3,5	3,5
$SQ_{125-200}$	10,9	9,7	8,4	6,9	9,1	8,2	7,9
$SQ_{200u.m.}$	22,8	26,4	23,2	25,6	19,8	17,6	21,6

	1991	1992	1993	1994	1995	1996	1997
$SQ_{<50}$	9,5	10,0	8,8	10,4	8,6	7,4	8,4
SQ_{50-75}	8,0	6,1	6,6	7,1	12,0	11,2	9,3
SQ_{75-125}	3,4	3,7	3,5	4,1	3,5	4,0	4,0
$SQ_{125-200}$	7,3	8,2	7,2	9,8	8,3	9,8	8,8
$SQ_{200u.m.}$	24,6	22,9	26,6	20,6	22,5	19,5	20,9

$SQ_i = SQI = ((S_i/ET_i)*100)$; i: Einkommensklassen

Abb. A-4: Selbständigenquoten nach Einkommensklassen, Westdeutschland 1984-1997 (hochgerechnet)

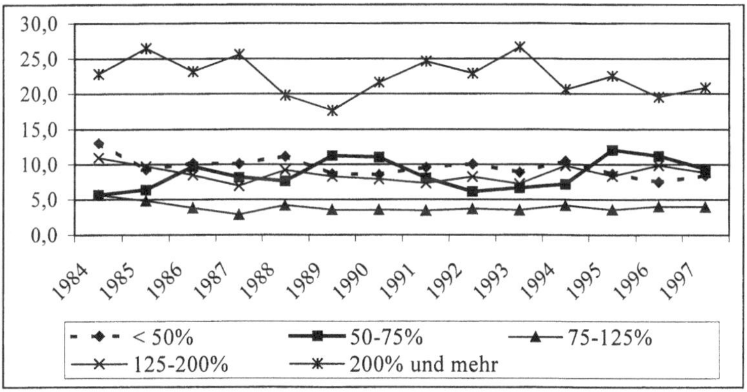

Tab. A-16: Erwerbsverlauf vier Jahre nach Eintritt in die Selbständigkeit, Westdeutschland (SP, gepoolt Eintritte 1984-1993)

Verlauf	abs.	%	Verlauf	abs.	%	Verlauf	abs.	%	Verlauf	abs.	%
11111	166	35,5	11563	1	0,2	13315	1	0,2	15655	1	0,2
11112	2	0,4	11611	1	0,2	13318	1	0,2	16111	2	0,4
11113	14	3,0	11613	2	0,4	13322	2	0,4	16133	1	0,2
11114	1	0,2	11663	1	0,2	13331	2	0,4	16211	1	0,2
11115	1	0,2	11665	1	0,2	13333	35	7,5	16212	1	0,2
11116	3	0,6	11666	8	1,7	13334	6	1,3	16262	1	0,2
11121	2	0,4	11811	1	0,2	13335	1	0,2	16316	1	0,2
11122	1	0,2	12111	4	0,9	13336	1	0,2	16333	6	1,3
11126	2	0,4	12112	2	0,4	13346	1	0,2	16366	2	0,4
11131	4	0,9	12116	1	0,2	13361	1	0,2	16444	1	0,2
11133	13	2,8	12121	1	0,2	13365	2	0,4	16566	1	0,2
11153	1	0,2	12132	1	0,2	13366	2	0,4	16616	1	0,2
11161	1	0,2	12146	1	0,2	13388	2	0,4	16631	2	0,4
11165	1	0,2	12211	1	0,2	13431	1	0,2	16644	1	0,2
11166	1	0,2	12212	1	0,2	13433	1	0,2	16651	1	0,2
11168	1	0,2	12221	1	0,2	13443	1	0,2	16661	1	0,2
11181	1	0,2	12222	2	0,4	13453	2	0,4	16662	1	0,2
11221	1	0,2	12262	1	0,2	13553	1	0,2	16665	1	0,2
11225	1	0,2	12332	1	0,2	13633	2	0,4	16666	25	5,3
11233	1	0,2	12366	1	0,2	13655	1	0,2	18111	3	0,6
11266	2	0,4	12566	1	0,2	13666	1	0,2	18133	1	0,2
11311	3	0,6	12622	1	0,2	13813	1	0,2	18166	1	0,2
11326	1	0,2	12633	1	0,2	14111	2	0,4	18333	2	0,4
11331	2	0,4	12666	2	0,4	14313	1	0,2	18551	1	0,2
11332	1	0,2	13111	10	2,1	14433	2	0,4	18613	1	0,2
11333	20	4,3	13113	1	0,2	14444	1	0,2			
11338	1	0,2	13121	2	0,4	15111	1	0,2			
11343	1	0,2	13131	1	0,2	15331	1	0,2			
11383	1	0,2	13133	4	0,9	15333	3	0,6			
11413	1	0,2	13223	1	0,2	15336	1	0,2			
11431	1	0,2	13233	2	0,4	15511	1	0,2			
11433	2	0,4	13311	8	1,7	15533	1	0,2			
11511	1	0,2	13313	3	0,6	15556	1	0,2	Gesamt	468	100

Variable Verlauf:

erste Ziffer: Eintrittsjahr, 2. Ziffer: erstes Jahr nach Eintritt, 3. Ziffer: zweites Jahr nach Eintritt...

1: Selbständig erwerbstätig, 2: mith. Familienangehörige, 3: Arbeitnehmer, 4: Arbeitslose, 5: Stille Reserve, 6: Nicht-Erwerbspersonen, 8: keine Angabe

Tab. A-17: Eintritte in die Selbständigkeit und Segmentzugehörigkeit

Segmente	Eintritte gesamt		Eintritte Subgruppe I		Eintritte Subgruppe I und IIII		Eintritte Subgruppe IV		Eintritte Subgruppe V und VI	
	abs.	%	abs.	%	abs.	%	abs.	%	abs.	%
Stabil/hohe Einkommen	75	23,1	10	20,4	18	41,9	14	17,7	30	32,6
Stabil/niedrige Einkommen	46	14,2	8	16,3	9	20,9	9	11,4	10	10,9
Instabil/hohe Einkommen	91	28,0	12	24,5	13	30,2	28	35,4	34	37,0
Instabil/niedrige Einkommen	113	34,8	19	38,8	3	7,0	28	35,4	18	19,6
Gesamt	325	100	72	100	36	100	87	100	68	100

Abb. A-5a: Stabilitätstypen selbständiger Erwerbstätigkeit nach Erwerbsstatus vor Eintritt

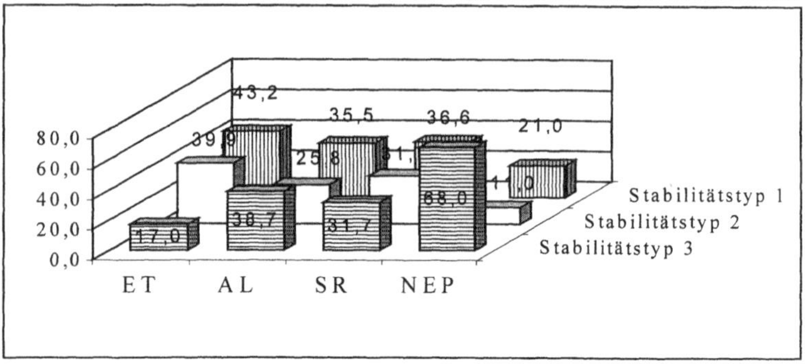

AL: Arbeitslose gemeldet und nicht zugleich Erwerbstätigkeit angegeben

Abb. A-5b: Stabilitätstypen selbständiger Erwerbstätigkeit nach Erwerbsstatus vor Eintritt

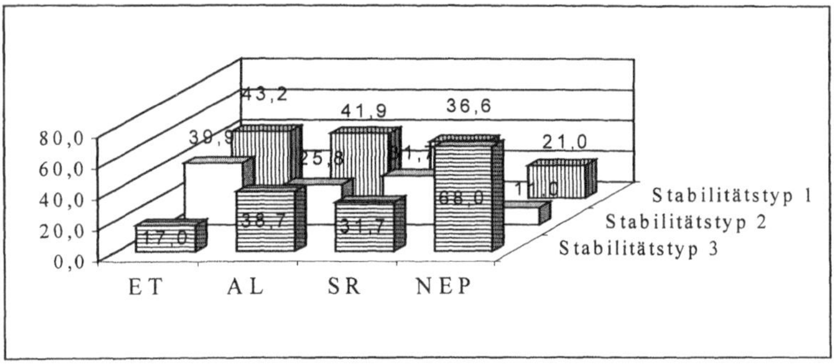

AL: Arbeitslose gemeldet (auch wenn zugleich Erwerbstätigkeit angegeben)

Abb. A-6: Stabilitätstypen selbständiger Erwerbstätigkeit nach Staatszugehörigkeit

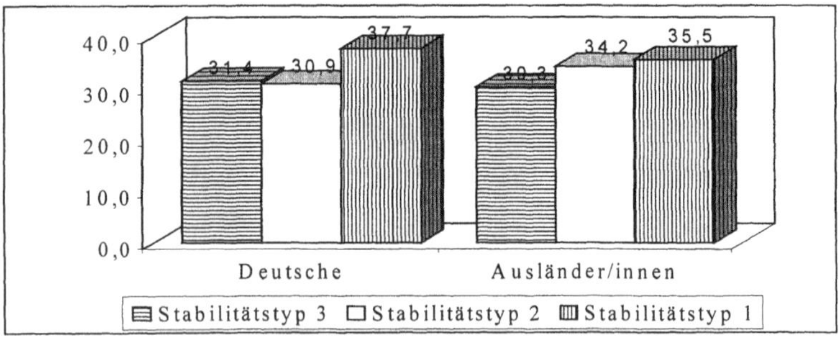

Tab. A-18: Logistische Regression der Stabilität selbständiger Erwerbstätigkeit, Stabilitätstyp 3 vs. Stabilitätstypen 1 und 2

Regressoren (unabhängige Variablen)	Koeffizient der Regressoren: b_i	Standardabweichung: s_i	Signifikanzniveau: p	Effektkoeffizient: $(\exp(b_i))$	Standardisierter Effektkoeffizient $\exp(b_i \times s_i)$
Konstante	-3,3042	0,7058	0,0000		
Subgruppe I	0,9098	0,5375	**0,0905**	**2,4838**	3,800
Subgruppe IV	0,7410	0,5124	0,1481	2,0980	2,930
Subgruppen V u. VI	-0,7775	0,5698	0,1724	0,4596	1,299
Geschlecht	0,3973	0,3709	0,2842	1,4878	1,736
unter 25Jährige	-0,6199	0,5911	0,2943	0,5380	1,374
45 bis 64Jährige	0,1355	0,3830	0,7235	1,1451	1,550
mind. 65Jährige	2,0841	0,9598	**0,0299**	**8,0373**	2239,931
Staatsangehörigkeit	-0,0408	0,4361	0,9255	0,9601	1,520
ohne Berufsausbildungsabschluss	0,6730	0,4565	0,1404	1,9601	2,447
Fachschulabschluss	0,3580	0,4749	0,4510	1,4304	1,972
Fach-/Hochschulabschluss	0,5875	0,5280	0,2658	1,7995	2,586
sonstiger Abschluss	1,0624	0,7363	0,1491	2,8934	8,418
Nicht-Erwerbsperson	1,8932	0,4948	**0,0001**	**6,6403**	26,726
Stille Reserve	0,8495	0,5246	0,1054	2,3385	3,410
Arbeitslose	1,1961	0,6244	**0,0554**	**3,3072**	7,885
Mithelf. Fam.*	0,9123	0,6834	0,1819	2,4899	5,483
TZ-Arbeitnehmer**	0,6361	0,5252	0,2259	1,8891	2,697

*: mithelfende Familienangehörige; ** Arbeitnehmer in Teilzeitbeschäftigung

Signifikanz des Gesamtmodells: 0,0000; -2 Log Likelihood: 261,069; $-2LL_0$: 333,625; R^2 (Nagelkerke): 0,317; Übereinstimmung beobachtete und vorausgesagte Ausprägung der abhängigen Variablen: 80,97; n = 310.

Tab. A-19: Logistische Regression der Stabilität selbständiger Erwerbstätigkeit, Stabilitätstyp 3 vs. Stabilitätstypen 1

Regressoren (unabhängige Variablen)	Koeffizient der Regressoren: b_i	Standardabweichung: s_i	Signifikanzniveau: p	Effektkoeffizient: $(\exp(b_i))$	Standardisierter Effektkoeffizient $\exp(b_i \times s_i)$
Konstante	-27456	0,7779	0,0004		
Subgruppe I	1,1809	0,5834	**,0430**	**3,2573**	6,6880
Subgruppe IV	1,1419	0,5708	**,0455**	**3,1327**	5,9784
Subgruppen V u. VI	-0,5698	0,6001	,3424	0,5656	1,4041
Geschlecht	0,3054	0,4268	,4743	1,3571	1,7846
unter 25Jährige	-0,4027	0,6551	,5388	0,6685	1,5495
45 bis 64Jährige	-0,1616	0,4373	,7117	0,8508	1,4507
mindestens 65Jährige	1,4308	0,9640	,1377	4,1819	56,3370
Staatsangehörigkeit	-0,0569	0,4834	,9064	0,9447	1,5788
ohne Berufsausbildungsabschluss	0,3596	0,5078	,4788	1,4887	2,1297
Fachschulabschluss	-,0835	0,5246	,8735	0,9198	1,6202
Fach-/Hochschulabschluss	0,3979	0,5723	,4869	1,4887	2,3443
sonstiger Abschluss	1,0450	0,9425	,2676	2,8434	14,5837
Nicht-Erwerbsperson	2,0605	0,5604	**,0002**	**7,8499**	81,3763
Stille Reserve	0,8857	0,5680	,1189	2,4247	3,9639
Arbeitslose	1,2853	0,6920	**,0633**	**3,6156**	12,2068
Mithelf. Fam.*	1,6021	0,7997	**,0452**	**4,9632**	52,9353
TZ-Arbeitnehmer**	0,9325	0,5737	,1041	2,5409	4,2961

*: mithelfende Familienangehörige; ** Arbeitnehmer in Teilzeitbeschäftigung

Signifikanz des Gesamtmodells: 0,0000; -2 Log Likelihood: 208,522; $-2LL_0$: 271,155; R^2 (Nagelkerke): 0,354; Übereinstimmung beobachtete und vorausgesagte Ausprägung der abhängigen Variablen: 76,93; n= 213.

Tab. A-20: Lineare Regression der Arbeitnehmereinkommen 1987

	Koeffizient B	Standardfehler	Standardisierter Koeffizient	T-Wert	Signifikanz
Konstante	6,127	0,081		75,78	0,000
Geschlecht	**-0,272**	0,019	-0,205	-	**0,000**
ALTER	**-0,002**	0,001	-0,029	-	**0,036**
Staatsangehörigkeit	0,012	0,020	0,007	0,572	0,567
Arbeitszeit	**0,032**	0,001	0,550	40,55	**0,000**
BZD	**0,008**	0,001	0,127	8,586	**0,000**
Ausbildungsdauer	**0,053**	0,003	0,217	16,14	**0,000**
Arbeitslosigkeit	-0,031	0,022	-0,018	-	0,147
Stille Reserve	**-0,069**	0,021	-0,044	-	**0,001**
Großunternehmen (1: ja)	**0,105**	0,017	0,080	6,277	**0,000**
Land/Forstwirtschaft	-0,059	0,085	-0,008	-	0,488
Energie/Wasser	0,287	0,068	0,051	4,189	**0,000**
Bergbau	0,241	0,102	0,027	2,364	**0,018**
Chemische Industrie	0,275	0,043	0,088	6,368	**0,000**
Kunsstoffver. u. Ton/Steine/Erden	0,158	0,058	0,034	2,725	**0,006**
Eisen/Stahlverarbeitung	0,236	0,038	0,096	6,247	**0,000**
Maschinen/Fahrzeugbau	0,295	0,038	0,117	7,675	**0,000**
Elektro/Feinmechanik	0,287	0,040	0,104	7,199	**0,000**
Holz/Papier/Druck	0,276	0,051	0,069	5,403	**0,000**
Textil	0,132	0,065	0,024	2,034	**0,042**
Nahrung/Genußmittel	0.006	0,052	0,014	1,139	0,255
Bauhauptgewerbe	0,237	0,041	0,083	5,814	**0,000**
Ausbau/Bauhilfsgewerbe	0,132	0,065	0,025	2,033	**0,042**
Großhandel u. Handelsvermittlung	0,080	0,053	0,019	1,498	0,134
Bahn/Post	0,141	0,056	0,032	2,523	**0,012**
sonst.Verkehr/Nachrichten	0,114	0,050	0,029	2,275	**0,023**
Banken/Versicherungen	0,228	0,044	0,071	5,169	**0,000**
Gaststätten	-0,110	0,059	-0,023	-	**0,063**
sonstige Dienstleistungen	-0,005	0,072	-0,001	-	0,944
Bildung/Wiss./Sport	0,277	0,038	0,114	7,278	**0,000**
Gesundheitswesen	0,165	0,037	0,064	4,439	**0,000**
Rechtsberatung/Immobilien	0,071	0,050	0,018	1,423	0,155
Org.ohne Erwerbscharakter/ Private HH	0,132	0,045	0,038	2,933	**0,003**
Gebkörperschaften/ Sozialversicherungen	0,288	0,035	0,131	8,240	**0,000**

R^2: 0,760; korrigiertes R^2: 0,756

Tab. A-21: Lineare Regression der Arbeitnehmereinkommen 1997

	Koeffizient B	Standardfehler	Standardisierter Koeffizient	T-Wert	Signifikanz
Konstante	6,126	0,081		75,81	0,000
Geschlecht	-0,273	0,019	-0,205	-	**0,000**
ALTER	-0,002	0,001	-0,027	-	**0,047**
Staatsangehörigkeit	0,012	0,020	0,007	0,581	0,561
Arbeitszeit	0,032	0,001	0,550	40,57	**0,000**
BZD	0,008	0,001	0,123	8,178	**0,000**
Ausbildungsdauer	0,054	0,003	0,218	16,23	**0,000**
Selbständigkeit zwischen 1984 u. 96 (1: ja)	-0,056	0,033	-0,020	-1,711	**0,087**
Arbeitslosigkeit	-0,031	0,022	-0,017	-	0,152
Stille Reserve	-0,070	0,021	-0,044	-	**0,001**
Großunternehmen (1: ja)	0,104	0,017	0,079	6,214	**0,000**
Land/Forstwirtschaft	-0,055	0,085	-0,008	-	0,515
Energie/Wasser	0,285	0,068	0,051	4,159	**0,000**
Bergbau	0,239	0,102	0,027	2,347	**0,019**
Chemische Industrie	0,275	0,043	0,088	6,368	**0,000**
Kunsstoffver. u. Ton/Steine/Erden	0,156	0,058	0,034	2,690	**0,007**
Eisen/Stahlverarbeitung	0,236	0,038	0,096	6,244	**0,000**
Maschinen/Fahrzeugbau	0,295	0,038	0,117	7,674	**0,000**
Elektro/Feinmechanik	0,285	0,040	0,104	7,173	**0,000**
Holz/Papier/Druck	0,274	0,051	0,068	5,366	**0,000**
Textil	0,133	0,065	0,025	2,049	**0,041**
Nahrung/Genußmittel	0,062	0,052	0,015	1,188	0,235
Bauhauptgewerbe	0,235	0,041	0,082	5,766	**0,000**
Ausbau/Bauhilfsgewerbe	0,137	0,065	0,026	2,102	**0,036**
Großhandel u. Handelsvermittlung	0,079	0,053	0,018	1,475	0,140
Bahn/Post	0,141	0,056	0,032	2,523	**0,012**
sonst.Verkehr/Nachrichten	0,118	0,050	0,030	2,340	**0,019**
Banken/Versicherungen	0,229	0,044	0,071	5,200	**0,000**
Gaststätten	-0,100	0,059	-0,021	-	**0,090**
sonstige Dienstleistungen	-0,004	0,072	-0,001	-	0,952
Bildung/Wiss./Sport	0,277	0,038	0,114	7,292	**0,000**
Gesundheitswesen	0,164	0,037	0,063	4,416	**0,000**
Rechtsberatung/Immobilien	0,076	0,050	0,019	1,518	0,129
Org.ohne Erwerbscharakter/Private HH	0,134	0,045	0,039	2,983	**0,003**
Gebkörperschaften/ Sozialversicherungen	0,288	0,035	0,131	8,246	**0,000**

R^2: 0,761; korrigiertes R^2: 0,757

Peter Lang · Europäischer Verlag der Wissenschaften

Vera Döring

Verbesserung der Motivation und Wissensvermittlung zur Selbständigkeit

Möglichkeiten der Förderung von unternehmerischem Interesse und unternehmerischem Handeln bei Jugendlichen

Frankfurt/M., Berlin, Bern, Bruxelles, New York, Oxford, Wien, 2001.
XXV, 437 S., 25 Abb., 19 Tab.
Studien zur Wirtschaftspolitik. Bd. 68 Herausgegeben vom Forschungsinstitut für Wirtschaftspolitik an der Universität Mainz e.V.
ISBN 3-631-36804-6 · br. DM 128.–/€ 65.40*

Die Bedeutung des selbständigen Unternehmertums kann in der Sozialen Marktwirtschaft kaum hoch genug angesetzt werden. Deshalb ist es wichtig, mit der Vorbereitung auf unternehmerische Selbständigkeit schon frühzeitig, d. h. bei Jugendlichen und jungen Erwachsenen, zu beginnen. Im Mittelpunkt stehen dabei die Motivation und die Wissensvermittlung zur Selbständigkeit. Die Studie zeigt, daß es in Deutschland eine Reihe von Projekten gibt, die sich die Vorbereitung von Jugendlichen auf eine unternehmerische Selbständigkeit zum Ziel gesetzt haben. Die einzelnen Maßnahmen werden vorgestellt und kritisch gewürdigt. Dabei stellt sich insbesondere heraus, daß viele Maßnahmen lediglich punktuell ansetzen und häufig vom Engagement einzelner Personen abhängen. Um jedoch tiefgreifende Verbesserungen zu erzielen, müssen die diversen Einzelprojekte in ein umfassendes Programm eingebunden werden. In dieser Arbeit ist ein Vorschlag entwickelt, wie ein solches Programm aussehen könnte und welche Institutionen für die Durchführung in Frage kommen.

Aus dem Inhalt: Unterschiedliche Maßnahmen und Projekte in der schulischen und außerschulischen Praxis · Vorbereitung von Jugendlichen auf die unternehmerische Selbständigkeit · Ideen und Anregungen für Organisationen und Einzelpersonen.

Frankfurt/M · Berlin · Bern · Bruxelles · New York · Oxford · Wien
Auslieferung: Verlag Peter Lang AG
Jupiterstr. 15, CH-3000 Bern 15
Telefax (004131) 9402131

*inklusive der in Deutschland gültigen Mehrwertsteuer
Preisänderungen vorbehalten

Homepage http://www.peterlang.de

FSC
www.fsc.org
MIX
Papier | Fördert gute Waldnutzung
FSC® C083411

Kolibri 360 GmbH
Ferdinand-Jühlke-Straße 7
99095 Erfurt, Deutschland
produktsicherheit@kolibri360.de

Druck:
CPI Druckdienstleistungen GmbH
im Auftrag der
Kolibri 360 GmbH
Ferdinand-Jühlke-Str. 7
99095 Erfurt